兢 ◆ 主编

刘宝根 ◆ 副主编

儿童早期阅读读写能力发展研究

华东师范大学出版社

·上海·

图书在版编目(CIP)数据

汉语儿童早期阅读与读写能力发展研究/周兢主编. —上海:华东师范大学出版社,2019

ISBN 978 - 7 - 5675 - 5095 - 7

Ⅰ.①汉… Ⅱ.①周… Ⅲ.①学前儿童－阅读教学－教学研究②学前儿童－语言教学－教学研究 Ⅳ.①G613.2

中国版本图书馆 CIP 数据核字(2019)第 296244 号

汉语儿童早期阅读与读写能力发展研究

主　　编　周　兢
副 主 编　刘宝根
责任编辑　沈　岚
特约审读　蓝先俊
责任校对　金桐宇　时东明
装帧设计　卢晓红　宋学宏

出版发行　华东师范大学出版社
社　　址　上海市中山北路 3663 号　邮编 200062
网　　址　www.ecnupress.com.cn
电　　话　021 - 60821666　行政传真 021 - 62572105
客服电话　021 - 62865537　门市(邮购)电话 021 - 62869887
地　　址　上海市中山北路 3663 号华东师范大学校内先锋路口
网　　店　http://hdsdcbs.tmall.com

印 刷 者　浙江临安曙光印务有限公司
开　　本　787×1092　16 开
印　　张　24.5
字　　数　382 千字
版　　次　2020 年 5 月第 1 版
印　　次　2021 年 9 月第 2 次
书　　号　ISBN 978 - 7 - 5675 - 5095 - 7
定　　价　69.00 元

出 版 人　王　焰

(如发现本版图书有印订质量问题,请寄回本社客服中心调换或电话 021 - 62865537 联系)

前　言

　　有关儿童早期阅读和读写能力发展的研究,是过去若干年国际儿童语言和认知研究的热点问题。研究发现,儿童早期阅读和读写经验是书面语言学习的重要准备,早期阅读和读写能力的发展预示了入学以后读写能力的高低。因而,近年来国际教育界提倡儿童阅读和读写教育已经成为一种共识。随着国际早期阅读与读写教育思潮的引入,我国幼儿教育界迅速关注和重视了早期阅读教育。然而,有关汉语儿童早期阅读与读写发展问题,研究鲜少聚焦于中国文化情境下儿童早期阅读能力发生发展过程的探讨,也一直缺少完整的早期文字习得发展过程架构信息提供实践运用,因而无法满足国内早期阅读与读写教育实践的迫切需要。我们认为,研究的匮乏,学理的不强,可能是导致中国幼儿教育实践中,很多将早期阅读等同于早期识字写字做法的根本原因。与此同时,汉语语言文字的文化特性,提醒我们在思考和研究汉语儿童阅读和读写发展的问题上,应当具有中国文化和中国教育立场。为了更好地回应中国文化情境下儿童早期阅读教育的问题,我们申请了教育部人文社会科学研究重点研究基地重大课题,在幼儿园实践场地开展了实证性的研究。

　　今天的我们,在回想当初研究过程的时候,有一种复杂情感交织的回忆。这是我们第一次团队组合作战的经历,由多名博士生硕士生组成的研究团队,在幼儿园教育场景中与幼儿园教师密切配合开展研究;这是在中国第一次尝试用眼动仪观察记录学前儿童图画书阅读过程,我们综合采用眼动研究法、实验法、观察法等多种研究方法,对大样本的学前儿童进行了早期阅读与读写发展过程的实证性探讨;这也是我们这个研究团队集中力量出成果的一个研究项目,在项目结束后仍有博士生延续研究,整个研究团队共计完成了6篇相关博士生论文,5篇硕士生论文,在国际国内学术杂志上发表论文近30篇;标志性的研究成果论文获得上海市哲学社会科学一等奖。

时光的行进流逝，仿佛是在不经意间发生的。今天的我们，在回顾这个研究的课题工作时想说，有关汉语儿童早期阅读与读写的系列研究，结果证实了汉语学前儿童的阅读和读写发展，表现出"从图像到文字"的发展过程。从汉语文字的文化特殊性角度，我们认为，汉语儿童阅读与读写的认知加工与发展过程中，儿童视觉阅读与读写的几个方面值得予以高度关注：（1）汉语儿童从图像到文字的视觉关注水平发展；（2）汉语儿童从图像到文字的关键信息关注水平的发展；（3）汉语儿童从图像到文字的汉字视觉解析能力发展；（4）汉语儿童从图像到文字的汉字视觉表现能力发展。汉语学前儿童读写能力的成长过程，也体现出来自汉语语言和文字特点的文化独特性，需要我们认真考量早期阅读与读写教育的特点规律。

本书主编周兢，副主编刘宝根，全书文字由主编和副主编统整。本书共计十章内容，第一章至第十章分别由李传江、张义宾、高晓妹、李林慧、王津、闵兰斌、马鹰、刘宝根、曹思敏、陈思、周兢撰写，周晓负责了参考文献整理。

在本书即将问世之际，我们感谢华东师范大学出版社，感谢王焰社长、周颖分社长的鼎力支持。我们希望这本书的出版，将有利于我们将这些研究结果落实到教育情境中去，能够更好地促进中国的早期阅读与读写教育发展。

周　兢

目　录

第一章

早期儿童阅读的
脑科学研究进展

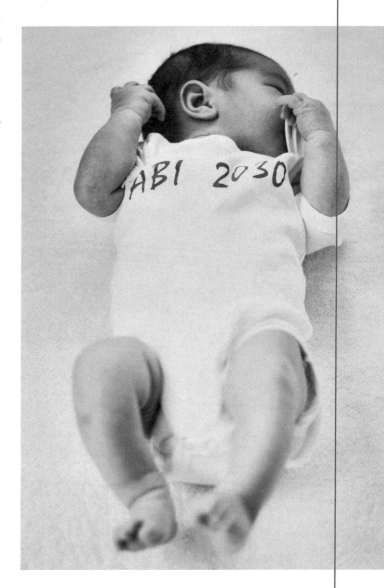

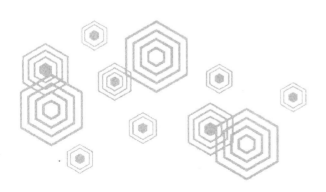

对于早期儿童而言,无论是进行图画书阅读还是尝试书面文字阅读,阅读都是一项复杂的认知工程,大脑负责视觉、语言、注意力、记忆甚至思维等多种功能的区域将参与其中。儿童无论是独自阅读图画书,还是和父母共同阅读图画书,都需要依靠视觉和听觉等基本神经中枢系统,进而与记忆、语言和认知神经网络整合,最终实现对图画书的加工和学习过程,也帮助做好对书面文字的阅读准备。未来正式的书面文字阅读亦是如此,由于历史的短暂性(五千年左右)和复杂性(多种语言文字),人类还不足以进化出阅读活动的特异性的脑结构和功能区,因此我们的大脑仍然是通过重组已有的视觉、听觉和语言等基本功能网络,从而支持其阅读活动(Dehaene & Cohen,2007)。并且不同语言和文字的长期阅读和学习经验,甚至可能塑造出不同类型的阅读神经网络,从而构成语言功能区的文化特异性(Xu et al.,2017)。

时至今日,关于早期儿童阅读的生理基础、神经机制及其发展过程,以及与此密切相关的阅读障碍神经发育问题,我们仍然知之甚少。神经成像技术的发展与进步,比如核磁共振成像(MRI)、事件相关电位(ERPs)、功能性近红外光谱技术(fNIRS)等,为我们打开"阅读脑"持续发展的奥秘、了解儿童阅读发展过程提供了重要的条件。认知神经科学的研究,弥补了行为研究的不足,为认知神经科学向教育神经科学的实践转化提供了可能,为营造更为适宜的早期阅读环境和开展更为有效的早期阅读教育提供了方向。

从读写萌发和编码解构的理论视角来看,早期儿童的阅读在内容上经历了从图像到文字的变化。来自正常儿童早期阅读及文字阅读发展的追踪研究以及发展性阅读障碍儿童的行为研究和脑成像研究早已证明,早期阅读技能的习得对儿童未来正式书面阅读的良好发展起着至关重要的作用。本章将从儿童的图画书前阅读阶段到初步单词阅读阶段再到成熟正式阅读阶段的纵向发展过程,尝试梳理早期儿童阅读的生理基础及神经机制发展的相关研究,并关注早期图画书阅读对儿童未来阅读脑发育的影响。

第一节　早期儿童阅读的脑基础研究

一、儿童阅读的发展过程及阅读脑的变化

弗里思(Frith，1985)曾经提出经典的儿童三阶段阅读习得模型：图形阶段(pictorial reading)、字素—音素阶段(grapheme-to-phoneme reading)、正字法阶段(orthographic reading)(Dehaene，2009：259-268)。图形阶段主要发生于五六岁以前,此时儿童主要依靠形状、颜色、字母、弯曲等视觉特征,试图将物体和图形与整体单词连接起来。在正式接受书面文字教育之前,他们通常仅能辨认自己的名字、一些具有突出特点的单词如商标。也就是说,在没有特定线索的条件下,他们还不能解码单词的内部结构,比如很容易将 Chinchilla 认成 CocaCola。在第二阶段,儿童不再依靠对单词的整体图像记忆进行解析,而是开始对单词进行解码,试图将字素和音素对应起来,语音意识逐渐增强。但是儿童还不能准确区分相同语音所代表的词素,阅读时间受单词复杂度的影响较大。当一个儿童达到第三阶段时,他已经对单词字素、音素和词素结构非常熟悉,解码能力显著提高,阅读的时间不再受限于单词的长度或字母组合的复杂度,这意味着儿童进入真正的阅读阶段。该模型对解释初步阅读者的阅读行为变化和阅读障碍儿童的阅读问题具有很大价值,但对学龄儿童和成人的阅读理解以及流畅度的关注较少。

后续研究者又将儿童和成人阅读者划分为萌发阅读者(emerging pre-reader)、初级阅读者(novice reader)、解码阅读者(decoding reader)、流畅理解阅读者(fluent comprehending reader)和专家阅读者(expert reading)(Wolf & Stoodley，2008：103)。萌芽阅读者类似于 Frith 的处于图形阶段的儿童,阅读图画,倾听故事,接触文字,一般对话,甚至涂涂画画等都是此时期阅读者的主要语言活动。读写萌发(emergent literacy)是

接受正式阅读教育前幼儿掌握的一种读写技能、知识和态度，是儿童积极主动构建更加复杂和更加符合常规的读写规则的开始（Whitehurst & Lonigan，1998）。初级阅读者类似于处于字素—音素阶段的儿童，逐步建立起语音合成和分解，将语音和语义进行对应等。解码阅读者与正字法阶段的儿童类似，解码能力显著增强，能够认识常用的附着词素，而且阅读声音逐渐平稳，经过系统阅读学习后，逐渐成为流畅的阅读者。接下来当儿童不仅能够快速解码而且能够有效理解的时候，儿童逐渐进入流畅理解阅读的发展阶段，阅读速度和流畅度大大提高，并且能够将注意力分配到诸如推测、理解和预测等方面，开始掌握阅读理解的策略，比如能够理解隐喻和反讽等语言现象。而专家级阅读者或许达到了阅读的最高水平，单词解码、阅读理解以及流畅性都处于稳定的良好水平，专家级阅读甚至能够改变成人的思维方式，比如阅读与个人生活经验结合后，形成诗人的不同风格。

因此，早期儿童的阅读主要经历萌发阅读、初级阅读和解码阅读阶段，即经历着从图画书阅读和日常生活阅读中感知符号和文字，到文字意识逐渐增强，能够感知语素、词素和字素的结构，最终知晓正式书面语言阅读的形式和规则，开始学习简单的阅读技巧和策略等一系列过程。

1. 阅读脑基础——视觉神经系统

当早期儿童在阅读图画书的时候，随着年龄的增长，他们能够逐渐理解画面内容，逐渐感知故事的结构和内容，甚至故事角色的情感变化等。在与成人一起阅读图画书的时候，甚至能够就图画书内容进行讨论。儿童在图像阅读的时候，主要依靠视知觉、语言和记忆等神经通路在大脑中进行物体识别和建立情景表象等，在这一过程中又反向锻炼了视觉和语言等基本神经通路，塑造了认知及情绪情感等复杂加工的高级神经网络。

现今对视觉及图像感知的研究已非常细致，我们在此只是粗略地介绍视觉神经系统的基础通道以及大脑如何对图像做初步的反应。如图1.1所示，当图像信息投射到视网膜后，颞侧的视神经纤维沿同侧传递，鼻侧的视神经纤维沿内侧经过视交叉处汇合，然后由于视网膜的弯曲效应，左视野所有信息投射到右半球，右视野所有信息投射到左半球。进入大脑以后，图像信息经过视网膜到丘脑的外侧膝状体细胞（LGN）之后投射到枕叶的初级视觉皮层，当然一小部分视神经纤维会传到上丘和枕核等皮下组织。

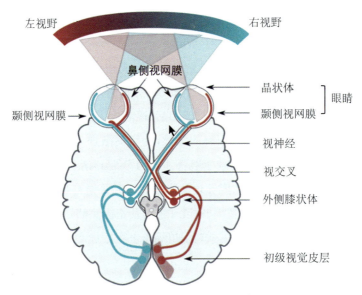

图 1.1　视觉系统的初级投射通道(Lianarh，2018)①

注：红色表示左侧视野图像的神经通道，蓝色表示右侧视野图像的神经通道。

　　视觉信息进入左右脑的初级视觉皮层后将被加工，这意味着开始进入真正的视觉世界。目前主流假说认为，大脑将通过双通道模型来处理视觉信息，而这是一个非常复杂的加工过程(Milner & Goodale，2006)。通俗来讲，经由初级视觉皮层通过辅助视觉皮层(包含部分颞下回)再到颞叶皮层的腹侧通道主要负责鉴别视觉信息"是什么"，其间也完成色彩感知等信息处理。而经由初级视觉皮层到辅助视觉皮层(包含部分颞上回)再到顶叶皮层的背侧通道主要负责判断视觉信息的空间知觉，即"在哪里"或"如何做"，同时也完成对眼球运动的控制。两个通道并非绝对分离，而且任何通道出现问题，都会导致视觉障碍问题或疾病，比如腹侧通道障碍会导致面孔失认症的发生。

　　还有一种现象值得关注，当早期儿童坐在爸爸或妈妈的腿上，全神贯注听他们讲故事的时候，他们的大脑是如何运作的呢？这里需要考虑表象(或想象)与知觉和记忆之间的关系，当听到"长鼻子大象"时，儿童是否就像亲眼看到长鼻子大象一样，其视觉表象是否与视觉激活同样的神经通道呢？关于该议题，目前许多神经心理学家仍在讨论中，但许多学者认为表象和知觉的确具有共同的加工过程，知觉记忆可能是对知觉通道的再度激活，也就是说想象的视觉景象可能会激活大脑视觉相关脑区，想象的听觉景象可能会

① https://azretina.sites.arizona.edu/node/269。

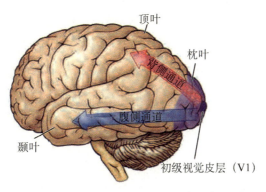

图 1.2　图像信息处理的双通道模型(Kolb & Whishaw，2012)①

激活听觉相关脑区,想象的味觉景象可能会激活嗅觉相关脑区。比如克莱因等人(Klein et al.，2000)采用事件相关的功能磁共振脑成像方法(ER-fMRI)去分析人们在对单一物体的视觉想象条件下的距状沟(包含初级视觉皮层)的激活状况,具体来看就是考察参与者在评估某个心理想象特征时,该区域是否会出现瞬时激活。他们让 8 个成年人被试做了单一物体的视觉想象和评价任务,任务范式是首先听到某个动物名称(比如猫),被试有 14 秒的时间可以去想象该动物形象;紧接着被试会听到动物的具体表征特点(比如耳朵是尖的)或抽象表征特点(比如性情温顺),然后让被试尽快评价和判断是否属于该动物的具体特征。他们的研究首先发现,无论被试是评估和判断具体特征还是抽象特征,距状沟的瞬时激活都会显著增强。这足以说明视觉表象和视觉神经通道具有共同激活的特点。

也有许多研究关注到了早期儿童听故事情境下的视觉表象或心理想象(mental imagery)时的大脑激活范围。楔前叶区域尤其左侧楔前叶被证明是儿童听故事情境下的视觉想象核心脑区之一,并且与未来阅读能力密切相关(例如,Horowitz-Kraus et al.，2013；Hutton et al.，2015；Schmithorst et al.，2006)。换言之,儿童在听故事时能够"看到故事情景",并且这种心理想象能力能够促进阅读能力的发展。而这些区域也是视觉神经环路中腹侧通道的重要组成部分,这意味着在早期儿童时期就已经建立起视觉表象需要激活视觉神经通道的联系。因此,早期儿童听故事,能够帮助他们连通视觉和听觉以及语言神经环路的联系,能够发展他们创造性的心理想象能力(比如童话故事和神话故事等),能够发展他们的叙事及阅读理解能力。

_____

① Kolb, B. & Whishaw, I. Q. (2012). An introduction of brain and behavior, 4th edition. New York：Worth Publishers，296.

以上是关于视觉以及阅读活动的脑神经基础的介绍,无论是广义的图画书阅读还是正式的书面文字阅读,都需要其基本视觉神经中枢的参与,而学前阶段是视觉、听觉、语言等基本神经系统发展的敏感时期或重要阶段。让早期儿童阅读图画书,听各种故事,逐渐认识身边的字母、符号和文字,都是促进儿童阅读发展的重要方式,也在广义程度上促进着"阅读脑"的发育。视觉、语言、听觉和认知等神经网络的逐渐成熟是未来阅读脑的重要神经基础。

2. 词汇阅读的神经基础

来自英语儿童阅读的研究认为,一些早期儿童,由于经常接触到正式书面文字,并且尝试使用字母串联单词,已经有了较强的文字意识。读写能力较强的儿童甚至开始阅读句子和篇章。可以认为,这些儿童正在逐渐进入书面阅读的萌发和发展阶段,从而成为了初级阅读者。初级阅读者接受系统的学校阅读教育后,也会变成解码阅读者和流畅阅读者。儿童阅读是一个长期发展的过程,这个过程潜移默化地塑造着儿童的阅读脑。

当早期儿童在初级阅读(主要指解码单词)时,从宏观的阅读行为到微观的脑神经活动是如何联系起来的呢? 有研究者以金字塔模型形象地对其进行了描述(图 1.3)。比

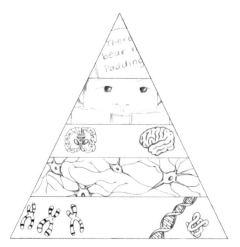

图 1.3 单词阅读行为的金字塔模型(Wolf & Stoodley,2008)①

① Wolf,M.,& Stoodley,C. J. (2008). Proust and the squid: The story and science of the reading brain. New York: Harper Perennial,20.

如，当儿童尝试阅读"bear"这个单词时，该阅读行为便展示在金字塔的顶层，在第二层的认知层面，包含有注意、知觉、概念、语言和运动等的加工过程也在快速运转着。关于这些认知加工过程的内在机制，许多心理学家和认知神经科学家耗其毕生精力求索，他们认为在遗传基因和环境的互相作用下（第五层），一些神经元细胞不断被激活和重组（第四层），构成了支持阅读活动的脑组织和结构（第三层）。正是因为阅读活动还没有神经特异化，因此它才不能像视觉或语言一样，能够轻松地被婴幼儿习得。

无论是进行初级阅读还是解码阅读，单词的阅读都是一个基础但又复杂的认知过程，包括对书面文字的视觉分析、单词形式的再认以及从正字法到语音和语义的转换过程等（Perfetti & Liu, 2005）。神经成像研究表明（见图1.4），与单词再认相关的神经网络与视觉感知和语言运用脑区直接相关，包括①左背侧颞顶叶（left dorsal temporo-parietal），位于经典的韦尼克区，包括后颞上回（posterior superior temporal gyrus）和缘上回（supramarginal）以及下顶叶上的角回构成，这个背侧系统与语音基础上的阅读过程相关（比如，语音表征）；②左腹侧颞枕叶（left ventral occipito-temporal），主要包括外纹状体、梭状回和负责视觉词形区的下颞叶组成，这个腹侧系统主要与记忆基础上的视觉-正字法单词再认有关；③左侧额下回区域，主要位于经典的布洛卡区周围，包括额下回和中央前回，主要负责语义、句法和语音加工。由此，词汇阅读脑区组成经典的双通道分布模型，主要分为正字法信息处理的腹侧通道（Olulade et al.，2013）和语音信息处理的背侧

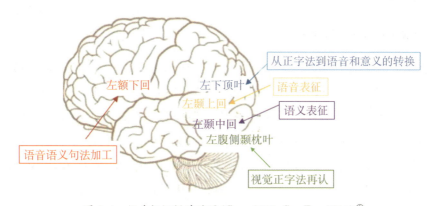

图1.4　经典词汇阅读脑区（Cao，2016；Cao F.，2016）①

① Neuroimaging studies of reading in bilinguals. Bilingualism：Language and Cognition，19(4)，683 - 688.

通道(Nakamura,2005)。背侧通道是将书面字母或者字母串(字素)转化为对应的声音(音素),这主要是通过语言中的字素-音素转化来实现。在整个过程中,阅读者可以获得有关单词的发音。腹侧通道则是将视觉词形与词汇进行匹配和再认,即词汇语义加工过程。在这个通道中,阅读者能够获得常规熟词和非常规熟词的语音表征和语义信息。某种程度上,词汇阅读的双通道模型与视觉处理的双通道模型有相通之处。

由初级阅读向高阶解码阅读和流畅阅读的长期发展过程中,儿童的词汇阅读脑也是随之变化的。比如,负责语音加工的背侧通道在阅读中的作用将会降低,腹侧通道的作用将会提高,或许是因为儿童在阅读中对语音的依赖有所降低而对视觉单词加工的依赖有所增强(Church et al.,2008)。不过研究者也认为,成人与儿童在视觉单词加工中仍以重叠脑区为主(Martin et al.,2015)。但是研究发现并没有特定的只负责阅读的脑区,只是当阅读任务产生时,这些多功能脑区便会发挥作用(Vogel et al.,2013)。在这些脑区中视觉词形加工区(visual word form area,VWFA)是阅读中的核心脑区之一,而且具有跨文化和跨语言特性,中文阅读和英文阅读都需要该区域的参与。视觉词形加工区位于左梭状回中部外侧的枕颞沟,主要负责平行、快速提取视觉词形的抽象信息,具有词形尺寸、大小写、字体、视野为止的恒常性、视觉通道特异性的特点(单春雷,李静薇,翁旭初,2008)。

近年来,认知神经科学研究更注重从神经网络的角度去思考词汇解码阅读的神经机制,在经典双通道模型基础上又衍生出了三通道模型和联结主义神经模型,这些研究关注不同阅读脑区之间的相互作用机制(杨剑锋等,2018)。

3. 复杂阅读的神经基础

早期儿童在独自阅读图画书的过程中,以及解码和流畅阅读者在阅读句子或篇章的时候,他们不仅依靠语音解码、正字法识别和心理词典抽取语义等基本语言技能,而且能够轻松调动注意控制、语义整合、检索处理、错误监控以及工作记忆等认知能力的参与,其阅读行为高度整合复杂脑区和神经网络。区别于词汇阅读,我们可以将这种复杂的过程和能力简单归纳为复杂阅读。在双通道经典阅读脑网络模型基础上,复杂阅读脑的功能网络将更加优化,其神经通道的连接效率也将有所提高。额下回、颞中回和枕颞沟等皮层在复杂阅读活动中仍然占据重要地位(图1.5a),同时大脑白质纤维束等结构的连接也更加稳定(图1.5b),包括弓状束(arcuate fasciculus,AF)、下纵束(inferior longitudinal fasciculus,ILF)、额枕下束(inferior fronto-occipital fasciculus,IFOF)和垂直枕束(vertical occipital fasciculus,VOF)。

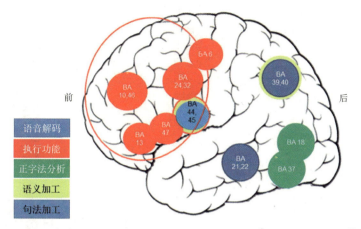

图 1.5a　复杂阅读的脑功能网络(Horowitz-Kraus & Hutton，2015)①

　　总之,早期儿童阅读发展是一项长期的系统工程(图 1.6),我们应该遵从早期儿童阅读能力及阅读脑的发展规律,同时意识到儿童语言、读写能力和认知能力是交叉整合发展的,这些能力又与儿童接触的家庭和教育环境直接相关。因此,促进儿童阅读能力的发展,既要从外围环境切入,提供适宜的语言环境和教育支持,又要尊重儿童阅读能力和阅读脑发展的基本规律。同时,还要观察儿童阅读和语言发展行为是否出现迟缓和异常,从外围环境和儿童自身两方面寻找原因,做到早发现,早干预。

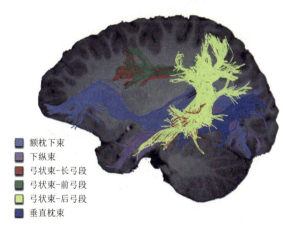

图 1.5b　复杂阅读脑网络的白质纤维束连接(Broce et al.，2019)②

① Horowitz-Kraus，T.，& Hutton，J. S.（2015）. From emergent literacy to reading：how learning to read changes a child's brain. Acta Paediatrica，104(7)，648 – 656.
② Broce，I. J.，Bernal，B.，Altman，N.，Bradley，C.，Baez，N.，Cabrera，L.，... & Dick，A. S.（2019）. Fiber pathways supporting early literacy development in 5 – 8-year-old children. Brain and cognition.

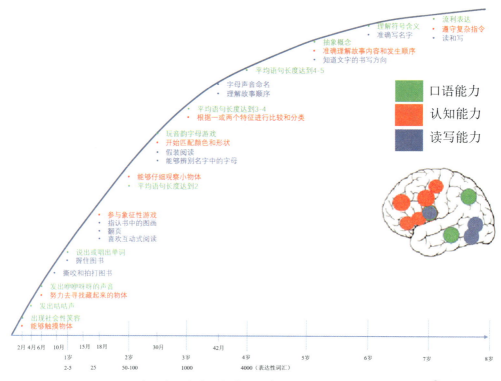

图 1.6　0-8岁儿童阅读能力发展里程碑(Horowitz-Kraus et al.，2017)①

二、早期儿童阅读脑研究的神经影像技术

技术的推进带来阅读研究的革新,使得阅读研究从传统的行为路径转向认知神经科学路径。具有高时空分辨率的非侵入性和无辐射的脑成像方法,使得在短时间内理解儿童的阅读脑成为现实。早期的这类技术主要应用于成人,目前这些研究手段也逐渐向儿童和婴儿拓展。在阅读和读写领域中,目前最常使用的手段是 MRI、EEG 和 fNIRS。

1. 磁共振成像(MRI)

MRI 使用磁场和射频脉冲来对组织进行成像,对观察诸如白质和灰质软组织的类型差异具有非常重要的作用,它主要分为结构 MRI 和功能 MRI。

---

① Horowitz-Kraus，T.，Schmitz，R.，Hutton，J. S. & Schumacher，J. (2017). How to create a successful reader? Milestones in reading development from birth to adolescence. Acta Paediatrica，106(4)，534－544.

结构 MRI。大脑的结构 MRI 图像可用于多种分析。结构图像允许研究人员确定某些大脑结构的大小(例如,杏仁核的体积)或某一区域的皮质厚度。MRI 的空间分辨率只有几毫米。结构 MRI 图像对功能 MRI 的分析也是必不可少的。每个人的大脑形状和大小,以及每个个体的结构图像都基于模板转化为标准的三维脑模式图。将相同的变换应用于功能性数据,可以比较个体之间的不同脑区。MRI 扫描仪还可以获取弥散张量成像(DTI)。DTI 可以将大脑灰质的特征进行可视化,使得研究人员可以看到大脑不同区域如何相连。

功能 MRI。功能 MRI 并不直接测量实际的神经元活动,而是测量血氧水平(BOLD)信号。活跃的神经细胞具有较高的代谢需求,需要通过附近的动脉将附加的葡萄糖和氧元素运送到这些活性细胞中。因为氧气是通过血红蛋白分子进行运输的,当某一区域的细胞活跃增加时,会消耗更多的氧气,使得该区域脱氧血红蛋白的比例增加。因此,BOLD 不测量神经元活动的直接属性,而是测量与其紧密耦合的代谢反应。BOLD 信号在区域激活后几秒钟会出现峰值,也就是说,MRI 的时间分辨率不会超过几秒钟。

尽管使用 MRI 在阅读研究上取得了诸多进展,但是使用 MRI 或任何神经成像工具来研究阅读仍然存在重大挑战。这些挑战根据具体的研究而有所不同,主要涉及两个方面。首先,理解阅读脑的首要困难就是阅读本质本身。阅读是一个非常复杂的过程,当要求被试在 MRI 扫描仪下默读时,与语音、正字法、语义等阅读成分相关的脑区都得到了激活。句子的阅读则更加复杂,所以基于此,大多数的研究都限定在特定的研究问题上,倾向于了解单字水平上的大脑激活状态。其次,用 MRI 研究阅读的第二个挑战是,MRI 研究中使用的特定任务以及计算方法对结果有重大影响。在大多数情况下,功能 MRI 实验采用减法方法,从感兴趣的任务的激活中减去用于控制任务的激活,以便分离与感兴趣的任务相关的激活,控制任务可以是静息状态或较低水平的任务。例如,阅读实验可能会将阅读单词与查看无意义字母串相对照。但使用不同的控制任务可能会导致非常不同的结果。例如,阅读单词>阅读非单词的对比任务对比会比阅读单词>休息状态的对比任务产生更少的激活差异,因为两个阅读任务都具有很多重叠的加工过程。

2. 脑电测量(EEG)

人脑存在着不同频段的自发节律性振荡,它反映了神经元集群兴奋性的周期性变化,并与特定的认知功能有密切的关系。脑电图(EEG)主要通过测量大脑头皮的电活动获得。当神经元放电时,会产生轻微的电荷变化。当多个神经元同时向同一个方向放电时,便可以使用 EEG 检测该信号。EEG 记录反映的是大脑的总体电活动,对探讨认知过程存在一定局限。因此,研究倾向于使用 EEG 作为衡量事件相关电位(ERP)的一种方法,ERP 是嵌在 EEG 中的细微信号,通过叠加平均便可以提取该信号,而且这一信号反映了与特定认知事件相关的神经活动,因此被称为事件相关电位。

3. 功能性近红外光谱技术(fNIRS)

fNIRS 是利用血液的主要成分对 600 - 900 nm 近红外光良好的散射性,从而获得大脑活动时氧合血红蛋白和脱氧血红蛋白的变化情况。目前该技术开始运用于自然情境下的高级认知、发展心理学、异常心理学等多个领域的研究。从目前使用 fNIRS 报告出来的结果可以发现,fNIRS 具有造价较低、便携性好,无噪音、无创性和对实验过程中被试动作不是特别敏感等优点,可以运用于各种脑功能成像的研究中,特别适于以低幼儿童、老人以及特殊人群为对象的脑功能成像研究。此外,fNIRS 在时间分辨率和空间分辨率之间实现了折中,比 fMRI 有更好的时间分辨率,比 ERP 有更好的空间分辨率,能基本满足研究者对时间分辨率和空间分辨率的要求。作为一种新兴的脑功能成像技术,fNIRS 也存在许多的不足,主要表现为空间分辨率和探测深度有限,因此大部分使用 fNIRS 的研究主要报告大脑皮层的激活情况。

不同脑功能成像技术有着各自的优劣之处,为了准确、全面、实时地测量大脑在认知过程中的活动,公认最佳的脑功能成像策略是将不同的方法进行整合。比如,目前许多研究者开始尝试将 fNIRS 和功能 MRI 技术结合,一方面,功能 MRI 技术被认为是脑功能测量的"金标准",通过两种技术的结合,可以弥补 fNIRS 在空间分辨率和探测范围上的不足。另一方面,fNIRS 可以解决功能 MRI 在时间进程中的不足(刘宝根,周兢,李菲菲,2011)。

第二节　早期儿童图画书阅读与大脑发育的相关研究

虽然幼儿在出生之前,其大脑神经元便开始发育,但神经元细胞之间的突触连接,主要发生在出生以后,并且在 3 岁前都保持着较高的发展速度;直到 15 岁左右,大量神经元由于缺乏使用而逐渐消失,同时业已形成的突触连接网络由于持续锻炼和接受刺激而不断增强和增殖,这一修剪过程促进了大脑结构的发育和功能的生成。而影响突触连接的必要条件之一是外界学习经验的刺激,正是经验的刺激使得大脑保持长久的可塑性。早期阅读图画书,正是给儿童大脑发育提供良好刺激的重要方式途径。

一、图画书阅读是对儿童大脑发育的良性刺激

我们早已知道,语言的刺激,或者说语言的习得,会对婴幼儿大脑的发育产生直接的影响。婴儿出生后尤其是在前 6 个月对任何语言都具有敏感性,能够分辨出不同语言的差异,新生儿甚至能区分妈妈和陌生人的声音(Mehler, Bertoncini, Barriere & Jassik-Gerschenfeld,1978;Kisilevsky et al. ,2003)。有研究显示,当新生儿接触妈妈语(infant-directed speech)时,前额叶血氧浓度激活水平显著高于接触成人语(adult-directed speech)时,同时妈妈语对婴儿情绪发展具有促进作用(Saito et al. ,2007)。从 6 个月到 12 个月,婴儿开始建立对母语的依赖,对其他语言的分辨能力逐渐降低直至消失(Kuhl,2004),大脑神经元的增殖和修剪也在这一过程中逐渐完成,即语言脑区或神经网络逐渐形成。

近年的研究发现,亲子之间的图画书阅读在帮助幼儿准备正式的文字阅读中扮演着重要角色,大量的调查研究和行为实验研究早已证实,亲子阅读能够促进幼儿语言能力和读写技能的发展,这有助于他们尽快适应学校生活(e. g. , Ezell & Justice, 2005;Sénéchal & LeFevre,2002;Snow, Burns & Griffin, 1998;Zuckerman & Khandekar, 2010)。在图画

书阅读过程中,幼儿学会基本的翻书技能,理解图画的丰富内容和故事的多元结构,理解文字和口语的一一对应关系,尝试自己阅读,在阅读后写写画画,感知文字的基本结构,这些都奠定了未来文字阅读和篇章阅读的基础(Bus, Van Ijzendoorn & Pellegrini, 1995)。

图画书阅读,作为影响儿童大脑发育的重要刺激源,必然对婴幼儿大脑功能和结构产生影响。从婴儿期开始,随着早期阅读的接触和强化,负责视觉、语言、注意和工作记忆等功能的大脑区域和网络便逐渐整合到复杂阅读脑网络中,并且呈现动态的发展趋势(Dehaene & Cohen, 2007)。这一神经生物学过程在 5 岁以前变化极为迅速(Knudsen, 2004),也奠定了早期读写技能和未来文字阅读和书写所需的知识和态度的脑神经网络基础(Whitehurst & Lonigan, 1998),直至儿童乃至成年人进行不同文字系统的文本阅读,长期的阅读经验最终塑造出不同的阅读脑网络(Dehaene & Cohen, 2007)。随着认知神经科学的发展和非侵入性脑成像研究技术的进步,一些研究尝试揭开图画书阅读影响儿童大脑发育的面纱,并逐步取得一些成果。

二、亲子阅读行为与儿童大脑发育

实施亲子分享式阅读活动,有助于早期儿童语言和阅读能力等方面的发展,这似乎不言而喻,许多研究也证明了这一观点(例如,National Early Literacy Panel, 2008; Storch, Whitehurst, 2002; Zucker et al., 2013),但关于亲子阅读活动对大脑的影响研究还较为欠缺。来自日本的一项研究发现,对于 2 岁左右的婴儿而言,亲子分享式阅读情境下婴儿左右额叶激活强度要显著高于亲子观看视频阅读情境(Ohgi, Loo & Mizuike, 2010)。亲子共读时,除了母亲阅读图书内容的话语,剩下的母亲话语被分类为引发注意、阐述评论、提问和反馈四个类别,儿童话语被分类为指向图书内容、回应母亲提问、自定义问题和评论四个类别,亲子之间的非言语互动行为主要指母亲与婴儿用手指向的关注行为。该研究发现,亲子分享式阅读情境下,母亲话语量、婴儿话语量和亲子非言语互动行为数量也都显著高于视频阅读情境,同时亲子话语量都与婴儿左右额叶的血氧浓度呈显著的正相关关系。这个研究表明母亲与婴儿之间语言和社会性互动调节着婴儿的大脑额叶激活状况,依托图画书开展的分享式阅读能够促进婴儿大脑认知功能的发展。

赫顿(Hutton et al., 2017a)团队采用功能磁共振成像的研究方法,分析了亲子分享式阅读情境中母亲的语言互动及儿童的参与度等指标与处境不利儿童听故事(叙事理解)时大脑激活的关系。参考国际研究中比较成熟的分享式阅读观察和培训体系(比如,是否采纳 CROWD 和 PEER 等阅读策略，Buysse et al.，2011），他们对亲子阅读中母亲的语言交流和互动行为进行评估打分，发现这些指标能够显著预测儿童左半球负责复杂语言表达、社会情绪处理和执行功能的脑区（额下回、额极、颞极、前脑岛等）的激活水平（见图 1.7）。该团队（Hutton et al.，2017b）还对儿童在阅读中的参与度进行了观察打分，比如"总是分心做其他事情"得分为 0，"全神贯注参与阅读活动"得分为 3。他们发现越是全神贯注参与亲子阅读活动的儿童，他们在听故事时的右侧小脑也将获得越强的激活，同时这些区域与语言和执行功能脑区的连接也更紧密，而且有意思的是，他们并未发现儿童参与度与听故事时语言和执行功能脑区的激活有直接关系，或许就是小脑作为一个"中继器"在中间发挥了重要作用。这也就是说，高度参与分享式阅读的儿童，他们在叙事理解任务中的脑激活模式可能并不是简单的线式串联模式。总之，该团队认为鼓励儿童参与阅读和表达，能够帮助儿童构建用口语表达他们所看到和所听到的信息的神经网络（Monzalvo ＆ Dehaene-Lambertz，2013），帮助儿童生成用于深层次阅读理解和复杂语义分析的神经网络（Binder ＆ Desai，2011；Binder，Desai，Graves ＆ Conant，2009；Gasquoine，2014；Olson，Plotzker ＆ Ezzyat，2007），帮助儿童塑造高级认知功能的神经网络（Barredo，Öztekin，＆ Badre，2013）。他们认为改善家庭阅读环境，实施分享式阅

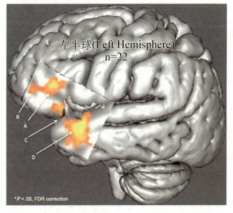

图 1.7　亲子阅读质量对幼儿听故事时脑区激活的回归映射的 3D 图（Hutton et al.，2017a）[1]

注：A 表示额下回布洛卡区 BA44－45，B 表示额极 BA10，C 表示前脑岛，D 表示颞叶 BA38。

---

[1] Hutton, J. S., Phelan, K., Horowitzkraus, T., Dudley, J., Altaye, M. ＆ Dewitt, T., et al. (2017a). Shared reading quality and brain activation during story listening in preschool-age children. The journal of pediatrics，191，204－211.

读干预计划,将是促进弱势儿童大脑健康发育的有效措施。

近年来多人交互同步技术的出现使我们能够探索多人交互的神经机制(李玉华,陈睿,& 何清华,2018)。超扫描技术是指在一项任务中同时对两人或多人的脑活动进行记录的方法。具有安全性能高、受头动影响小、身体限制少、成本低、时空分辨率均较高、便携及适合长时间重复测量等优点的功能性近红外光谱技术(fNIRS)逐渐成为社会互动领域脑机制研究的有效工具。比如,有研究探讨合作情境时男女搭配干活不累的原因(Cheng,Li & Hu,2015),有研究关注师生之间教与学关系的同步机制以及师生交互质量是否对教学效果产生影响(Holper et al.,2013;Zheng et al.,2018;耿彬彬,2017),还有关注心理咨询师与患者之间的咨询交谈关系背后的脑机制(Zhang et al.,2018)。目前关于分享式阅读的相关脑研究仍局限在将亲子阅读行为进行编码,进而与儿童句子理解及早期读写任务中的脑成像模式进行相关分析,而这种交互同步技术的出现或许能够帮助我们探讨生态情境中的亲子阅读交互的脑机制原理。

三、家庭阅读环境与儿童大脑发育

赫顿团队采用磁共振研究发现大量的亲子共读和良好的家庭阅读环境能够让儿童的大脑产生可见的改变:在听故事(叙事理解)的脑成像实验中,在家接受早期阅读活动愈多的儿童,其大脑负责语义处理(帮助我们从语言中获取意义)和心理想象的脑区激活程度愈高。他们的研究发现在控制家庭收入的影响下,儿童早期阅读活动接触量与大脑左侧颞枕顶联合皮层中负责语义处理的核心脑区激活程度成正比,这一核心脑区不仅对于儿童口语发展至关重要,而且与未来自主阅读脑区密切相关。研究同样证明,儿童听故事时与图像和视觉有关的大脑区域(左楔前叶和左枕叶,Brodman7 区和 19 区)得到强烈激活,这使得儿童能够"看到故事",能够帮助儿童进行心理想象和叙事理解。而当儿童接触未来正式文字阅读后,这种文本想象和理解能力便显得尤为重要。或许我们可以这样认为,该研究从脑神经科学的角度,关注了早期阅读对儿童脑发展的重要性,也尝试解释了早期阅读为什么能够预测未来读写能力和阅读理解的发展。

尽管该研究被美国诸多杂志(如美国儿科学会)、新闻媒体(如美国有线电视新闻网和纽约时报)和网络博客报道和转载,但是也不乏质疑和争辩。有研究者(Reese,2015)从研究设计角度去讨论该研究的严谨性,比如利用家长报告早期阅读频率的形式来搜集家庭阅读环境信息缺乏可信性,她认为当代许多研究已经摒弃这种方式。她认为该研究样本量小(19)且幼儿的家庭阅读频率的范围小(13-19),表现出整体高阅读频率的特征,或许与问卷填写时的"社会期望效应"有关。同时,赫顿等人对变量控制不足,儿童语言的发展不仅仅与早期阅读有关,也与亲子之间的谈话质量密切相关,这些都干扰了研究结果的科学性。但毋庸置疑,该研究利用脑成像研究方法探讨早期阅读对儿童大脑发育的影响已经吸引了社会大众和研究者的关注,也为后续开展早期阅读如何塑造阅读脑的研究进一步奠定了基础。

该团队在后续研究中分析了母亲自身的阅读流畅度与4岁儿童听故事时(叙事理解)大脑激活情况之间的关系(Horowitz-Kraus et al.,2018)。他们让母亲在45秒内快速读出一份单词清单表(TOWER,可评估阅读解码),同时在3分钟内静默阅读一系列句子(TOSREC,可评估阅读理解和流利程度),通过这两种方式评估母亲的阅读流畅度。然后在儿童倾听5个简短故事时,采用磁共振扫描他们的大脑。最后研究发现,儿童在听叙事故事时,未来的阅读脑网络(包含视觉处理脑区BA17、18、19、37,执行功能脑区BA24,和语言处理脑区BA20、21、22)和参与执行功能(BA13、43、44)和语言处理(BA41、42)的脑网络之间的功能连接程度竟然与母亲的上下文阅读流畅度显著正相关(如图1.8)。对于这

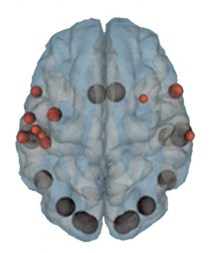

图1.8 母亲阅读流畅度与幼儿听故事时脑功能连接程度的相关性(Horowitz-Kraus et al.,2018)①
注:黑色表示儿童未来的阅读脑网络,红色表示与语言处理和执行功能相关的脑网络。

① Horowitz-Kraus, T., Hutton, J. S., Phelan, K. & Holland, S. K. (2018). Maternal reading fluency is positively associated with greater functional connectivity between the child's future reading network and regions related to executive functions and language processing in preschool-age children. Brain and cognition, 121,17-23.

样的结论他们如此解释：母亲与幼儿的对话，尤其是在分享式阅读活动中的对话、提问和启发等语言线索能够激发幼儿的语言表达(Deckner，Adamson & Bakeman，2006)，而流利的阅读能力不仅需要文字解码等阅读技巧，还需要执行功能的监控，更需要建立在良好的阅读理解基础上(Horowitz-Kraus，2016)，因此当母亲的阅读流畅度受损时，她不能在分享阅读中充分使用语言线索激发幼儿语言表达，只能把注意力都分配给了语言解码而不是阅读理解(LaBerge & Samuels，1974)。所以母亲的阅读流畅度越高，儿童执行功能区和语言区与阅读脑网络的融合程度才会越高。与此同时他们还分析了儿童静息态下的未来阅读脑网络功能连接与母亲的阅读流畅度之间的关系(Greenwood et al.，2019)，与上述儿童任务态研究的结果相反，静息态下的儿童语言和未来阅读网络的功能连接与母亲阅读流畅度呈显著负相关。

对于阅读流畅度较低的父母，该研究团队建议他们可以与儿童一起听阅读流畅度较高的故事音频，同时充分使用对话式阅读研究中建议的那些共读策略来和孩子互动。同时，筛查和预估一个儿童的语言发展是否处于阅读障碍和高危风险状态，也需要监控父母的阅读水平和语言发展(Horowitz-Kraus & Toro-Serey，2015)。总之，这些研究为"塑造儿童未来阅读脑需要外部读写环境或家庭阅读环境的支持"这一假设提供了神经生物学的研究证据。儿童语言发展的生态模型认为儿童发展依赖于与环境的互动，家庭读写环境的不足，可能包含家庭社会经济地位较低、母亲读写能力和阅读流利程度较弱等方面，将对早期儿童的阅读频率和质量产生负面作用，也影响着儿童阅读的参与程度(Horowitz-Kraus，Hutton，Philean & Holland，2017)，进而阻碍儿童脑的发展(Raikes et al.，2006)。

第三节　有关儿童阅读障碍的脑科学研究进展

关于儿童阅读发展及脑的发育,一个不可忽视的议题是儿童阅读障碍及其脑机制的研究。阅读障碍能够对个体阅读、学业乃至人生发展产生广泛的负面影响,而阅读障碍往往在儿童早期就已经在大脑生理基础及阅读脑机制层面产生了异化,探究阅读障碍的缺陷本质具有十分重要的理论价值和实践意义。"及早发现、及早干预"是预防及改善阅读障碍表现的重要原则。本节将梳理有关儿童阅读障碍的生理基础、相关机制及干预影响的研究。

一、儿童阅读障碍的生理基础

阅读困难或障碍,是一种不明原因的阅读准确性或流畅性困难,影响了大约5%-12%的儿童(Lyon, Shaywitz & Shaywitz, 2003；Peterson & Pennington, 2012)。很多研究发现,阅读障碍会影响儿童的教育成就和学业自尊。此外,阅读困难儿童的阅读水平往往远远低于同龄人,导致阅读能力差距扩大(Norton, Beach & Gabrieli, 2015)。在过去的15年中,神经成像的研究已经为揭开阅读障碍的大脑差异提供了大量证据,相关研究发现与阅读障碍相关的主要脑区包含:灰质、白质、胼胝体、小脑和颞平面(图1.9)。

1. 灰质

大脑神经结构和功能的研究发现,与正常儿童相比,阅读障碍儿童在三个脑区上存在显著的差别,这包括左后侧颞顶联合区、左侧额下回以及左侧枕颞区域(比如视觉词形区)。研究发现,阅读障碍者语音加工异常出现在大脑的左背侧颞顶皮层,而单词再认系统的问题则出现在大脑的腹侧枕颞区域,这些结论在跨正字法语言,包括汉语和语音文

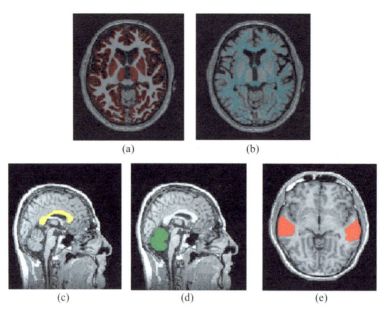

图1.9　MRI扫描下的阅读障碍脑区：(a)灰质(暗红色)；(b)白质(蓝绿色)；(c)胼胝体(黄色)；(d)小脑(绿色)；(e)颞平面(红色)(Elnakib et al.，2014)

字阅读的研究中都得到了证实。

　　研究者对早期尸体解剖研究发现的颞平面周围的颞叶和顶颞区域进行研究后发现，顶颞皮层包裹着颞上回，其在语音加工中发挥着非常重要的作用，而顶颞区域也在单词倾听中得到激活，并在语音记忆中有重要地位。通过对阅读障碍者的研究发现，阅读障碍者顶颞皮层体积存在减少的情况，而且出现了异常的不对称。而在阅读障碍者大脑的其他区域比如左侧或者右侧颞叶也都出现了体积减小的情况。从功能性研究来看，阅读障碍儿童大脑的左侧、右侧和双侧颞叶和顶叶区域都与正常控制组存在显著的激活差异，而且在左侧颞下回的激活也比较弱。阅读障碍者颞枕叶区域靠近梭状回的中部区域也存在一定的障碍。这一区域即视觉词形区，其对快速再认熟悉单词、学习单词解码规则等是非常重要的。研究发现，阅读障碍儿童在进行动词—名词联系任务的过程中，过度激活了双侧的梭状回；而在音律任务中，阅读障碍儿童大脑的左侧梭状回的激活要显著差于正常儿童。除上述区域之外，额下回也是语言障碍儿童障碍出现的重要区域之一。额下回中存在大量有关脑岛、顶岛盖颞上回、颞下皮层以及小脑的联结，其对于接受语音信息，并进行言语产出是至关重要的。对阅读障碍者的研究发现，他们在右侧额下回区域的激活要比左侧更显著;对儿童的研究则发现,相比正常儿童,语言障碍儿童大脑的额下回区域的激活要更弱。

对皮质深层次结构变化的研究增加了对脑灰质功能异常的认识。使用 VBM(voxel-based morphometry,基于体素的形态学分析),研究者发现阅读障碍个体的左侧颞叶、左右两侧梭状回、双侧小脑前叶以及右侧缘上回的灰质体积减小。布朗(Brown)的研究发现,阅读障碍个体左侧颞叶、双侧颞—顶—枕叶的连接处、额叶、尾状核、丘脑以及小脑等的体积减少。布朗巴蒂(Brambati)等发现了双侧颞平面、颞下皮层和小脑中央核灰质体积的异常。西拉尼(Silani)等鉴定出左中和左下颞横回以及左侧弓状束区域灰质和白质密度的变化。埃克特(Eckert)等发现了左、右舌回,左下叶和小脑的灰质体积之间的差异。温肯博斯(Vinckenbosch)等发现大脑颞叶的灰质,特别是左颞叶的颞中回和颞下回的体积减少。此外,该研究还发现中央前回有双侧灰质密度增加的情况出现。赫夫特(Hoeft)等的研究发现左侧顶叶区域的灰质体积减少。斯坦布林克(Steinbrink)等发现,阅读困难个体大脑两个半球的颞上回灰质减少。佩尔内(Pernet)等的研究发现左颞上回,枕颞皮层和小脑灰质的变化(Elnakib et al.,2014)。

2. 白质

很多研究发现不同灰质区域之间的联结(即白质)与阅读障碍有关。例如,西拉尼(Silani)等采用基于体素的形态学分析方法发现,阅读障碍人群的左侧颞下回和颞中回以及左侧弓状束都出现了白质密度的改变。

阅读障碍儿童、阅读障碍潜在风险儿童的轴突束通常也是异常的,而且阅读障碍个体也呈现出弓状束(联结颞顶后补与额叶的轴突,在阅读和语言加工中具有重要作用)分数各向异性(分数各向异性反映出大脑纤维的密度、轴突直径和髓鞘形成情况)减少的情况。左侧弓状束出现病变的病人会出现不同阅读能力的缺陷,包括语音加工、阅读流畅性以及语言理解等。对学龄儿童来说,左侧弓状束的分数各向异性与语音意识密切关联,也可以作为未来阅读成就的预测因子。此外,5 - 9 岁儿童弓状束体积的改变可以预测其阅读流畅的发展阶段。此外,很多其他的白质路径,比如左上侧纵束、左下侧纵束以及左侧额枕下束,也与成功的阅读密不可分(Langer et al.,2017)。

3. 胼胝体

胼胝体是大脑中最大的纤维束,负责在两个半球对应区域之间感觉、运动和认知信息的传递。由于人类阅读技能受到半球之间的沟通障碍的高度影响,因此检测阅读困难个体胼胝体的异常已成为一个新的研究增长点。

早期的阅读困难研究集中在胼胝体的 2D 分析上。例如,普勒森(Plessen)等计算了阅读障碍个体和正常个体胼胝体平均大小,并发现胼胝体的长度可以作为区分阅读障碍与正常被试的标志。为了对阅读障碍组和控制组之间胼胝体的解剖学差异进行更准确的定量分析,卡萨诺瓦(Casanova)和埃尔纳基布(Elnakib)等人使用了胼胝体表面的 3D 分析方法。为了确保完整的 3D 分析,他们将整个胼胝体表面映射到圆柱体上,以便准确比较各种阅读困难和正常个体的胼胝体,他们的研究发现阅读困难者胼胝体表现为整体体积的增加,以及尾部体积的减少(Elnakib et al. ,2014)。

4. 颞平面和小脑

研究发现,其他的脑区,如颞平面和小脑,也与阅读障碍存在关联。颞平面是位于大脑外侧裂听觉皮层后方的高度侧异化的皮层区域,是韦尼克区(书面和口头语言理解)的核心区域。研究发现该结构具有大脑半球的不对称性,即左侧区域要明显大于右侧区域。布朗巴蒂(Brambati)等人使用基于体素的形态学分析发现,颞平面的灰质体积存在异常,而对两侧平面对称性的研究发现,阅读障碍个体的对称性达到 70%,而正常对照组仅有 30%。海因德(Hynd)发现,阅读障碍个体左侧颞平面更小。布卢姆(Bloom)等的研究也印证了阅读障碍儿童左侧不对称性的显著降低。

此外,阅读障碍个体的小脑灰质密度也会发生变化。布朗(Brown)等发现,阅读困难个体脑的灰质体积降低。克朗比希勒(Kronbichler)等发现前小脑双侧的灰质发生改变。佩尔内(Pernet)等发现小脑外侧和中部的灰质变化。莱科克(Laycock)等发现,阅读障碍组的双侧小脑灰质体积都增大了。由于这些研究的数量有限,需进行更多研究,以便更准确地梳理关于颞平面和小脑异常与发育障碍之间的关系(Elnakib et al. ,2014)。

二、儿童阅读障碍的认知缺陷与脑

1. 语音加工缺陷的大脑基础

很多研究者提出了阅读障碍的语音加工缺陷理论。阅读障碍者不能操纵语音来实现字母—声音的匹配和自动化,这就导致语音编码过程不能准确和流畅地与单词再认结合在一起,也就是说,字素—音素的匹配障碍是导致语音缺陷的核心。语音加工不仅仅对于字母文字的正字法的学习至关重要,而且对很多非字母文字的正字法学习,比如汉字,也是非常重要的。MEG 的研究发现,正常个体在看到单词的 200 毫秒内激活了左下侧枕颞皮层,但是阅读障碍者即使在 700 毫秒内的激活也显著低于正常个体。这表明,语音加工的障碍是由于后侧神经系统的问题导致的。在显性阅读中,阅读障碍者的左基底颞回、小脑以及枕中回的激活都明显下降,这些区域是与语音检索密切相关的;而在内隐阅读中,阅读障碍者也表现出左侧颞顶皮层区域中顶下皮层、颞中皮层、颞下皮层以及后侧基底颞回皮层激活的降低。其中左中/基底颞叶区域激活的降低,表明阅读障碍者在词汇—语音检索上存在困难,这也是发展阅读障碍原初障碍的主要来源(Brunswick,2010)。

对前阅读阶段阅读障碍儿童的功能磁共振成像(fMRI)研究发现,与没有阅读障碍家族史的儿童相比,这些儿童在执行语音匹配任务时大脑左侧枕颞区域和颞顶区域以及双侧小脑区域的激活都比较弱。这就证实了阅读障碍的出现可能来自语音的缺陷。对学前儿童快速听力加工能力的实验研究表明,阅读障碍家族史的儿童在左侧半球的前额叶区域激活要明显低于没有家族病史的儿童,而且这一区域的激活程度与其语音加工得分以及大脑腹侧和背侧区域激活之间都存在显著的相关。这些结果都表明,儿童的听力和语音加工受损可能是阅读障碍的重要预测指标(Ozernov-Palchik & Gaab,2016)。

2. 正字法加工缺陷的大脑基础

正字法加工过程出现缺陷,将直接影响阅读的流畅度和耗费时间,同样导致阅读障碍的发生。正字法加工与视觉词形区域(VMFA)密切相关,更快速地阅读将引起正常儿童 VWFA 区域左侧梭状回皮层的高强度激活,但阅读障碍儿童左侧梭状回的激活却较为微弱。比如来自挪威 6 岁高风险和低风险阅读障碍儿童的比较研究就发现,高风险儿童组在完成那些需要高级正字法参与的任务中大脑双侧枕颞区域的激活更弱,但是双侧岛叶、右侧丘脑以及右侧颞叶区域的激活则显著增强。这表明部分阅读障碍儿童确实存在书面文字加工的缺陷(Ozernov-Palchik & Gaab,2016)。

当然,由于阅读是一个复杂的过程,包含字形加工、形音转换、形义转换以及语义提取等环节,任何环节出现问题都可能导致阅读障碍的发生。阅读障碍可能表现为在语言层面和认知层面多种缺陷构成的复杂性障碍。由此可以看出,对阅读障碍表现出的各种缺陷和认知神经机制尚有待进一步分析。

三、阅读干预计划与儿童大脑发育研究

1. 儿童阅读障碍诊断与评估

一直以来,阅读障碍的研究呈现"及早筛查,及早干预"的临床发展趋势,或许在不久的将来,早期阅读能力的发展指标或评估指标将成为有效的晴雨表,从而帮助筛查阅读障碍。早期阅读干预也将是治疗阅读障碍的有效措施。可以预见,神经成像技术将进一步帮助我们对阅读障碍进行评估、鉴定和干预治疗,未来研究应尽可能地建立从儿童到成年的阅读神经网络发展轨迹图,并且丰富家庭读写环境、父母阅读行为甚至社会环境等背景信息,从基因、神经环路、行为发展和生态环境多角度评估和筛查儿童阅读障碍。

神经成像研究在很大程度上弥补了上述行为研究在诊断阅读障碍中的不足。其在诊断标准中的作用主要有两个方面:(1)为现有理论中可能存在争议的部分提供反对性或支持性的神经生物学证据;(2)提供行为研究所不能解释的独特和敏感的洞察力。需要注意的是,由于诸如成本高和成像偏倚等因素,通常使用基于大样本来执行不同阅读障碍鉴定标准的神经成像研究很困难。但有几项研究已经对阅读障碍鉴定标准的不同实验模型进行了研究。

例如,脑电研究发现,对干预做出和没做出响应的阅读障碍儿童之间在神经活动的基线水平上存在差异。做出响应的阅读障碍儿童的左侧颞叶区域表现出更大的活动,这对于字形音素整合和语音处理是非常重要的。干预前颞叶区域的活动量预测了阅读流畅性干预后的收益(Rezaie et al.,2011)。此外,研究者进行了语音处理的功能磁共振成像(fMRI)研究,以研究低成就者是否表现出类似于具有分散性的脑激活模式。这种证据将支持行为研究中的差距模式。研究发现低成就者(阅读差和智商差)和差距性阅读能力较差者之间(阅读差但与智商存在差距)并没有表现出明显的大脑功能性差异。因此,神经成像的研究支持了行为证据,即基于低成就的阅读障碍诊断似乎在神经生物学上也是合理的(Black et al.,2015)。

除了继续努力提供神经认知信息以验证诊断标准外,另一个前沿是利用神经影像来改善识别标准。也许对这一努力最重要的是,将神经成像数据作为遗传学和行为学的中间型(特征型),其在鉴定阅读障碍中具有更高的灵敏度(Cannon & Keller,2006)。神经成像研究可以测量阅读相关脑区活动。通过 ERP 技术,我们可以区分阅读障碍风险婴

儿和正常婴儿在出生后几天或者几小时的语音反应,并以此来预测存在家庭阅读障碍风险与未来语言和阅读成就的关系。例如,来自事件相关电位研究的结果发现,婴儿的ERP模式能够预测学龄儿童的阅读能力(Espy, Molfese, Molfese & Modglin, 2004)。ERP与其他成像方式的优势在于其成本效益高、广泛的普及性和非侵入性,从而为新生儿早期阅读困难的标记提供了基础。所以依靠大脑的数据可以在一定程度上预测儿童的阅读成就,这为早期儿童阅读能力的评估提供了新的维度。

由于早期阶段不能进行前阅读方面的测试,比如字母知识、词汇、语音意识和快速命名等,儿童的家族病史就被认为是产生阅读障碍最有力的风险因素之一。因此,寻找那些可以反映阅读障碍的评估指标显得尤为重要。大量的神经成像技术,包括MRI,都可以检测儿童的阅读能力。虽然MRI可能不是早期识别和预测治疗效果的手段(成本高、普及度差),但其潜在优势在于具有较大空间覆盖能力,可以探测更深的脑结构。此外,还可以将相关知识转移到其他更易于获取的成像技术中(例如,近红外光谱技术。Cui, Bray, Bryant, Glover & Reiss, 2011)。大脑的功能和结构成像数据不仅能够预测阅读结果,而且还可以预测标准阅读测试所不能获取的结果。

尽管最近使用神经成像作为生理指标的尝试似乎很有潜力,但仍应关注当前研究的局限性。首先,神经成像研究不会揭示阅读障碍的原因,尽管它可能是测量环境和基因对阅读行为交互影响的理想工具。其次,大多数研究仅仅关注某个短期范围内的儿童干预项目。再次,像其他神经成像研究一样,样本量很小,容易产生偏差。此外,通常不会进行交叉验证,这限制了模型推广到其他样本群体中的机会。

2. 通过阅读干预改善儿童阅读脑发育

阅读教育不仅能塑造儿童的阅读脑网络,改善相关脑区的功能连接和结构连接,而且越来越多的研究发现,阅读干预计划对阅读障碍儿童的大脑修复和功能锻炼也具有积极意义。

短期和长期的阅读教育均会对儿童的阅读脑产生塑造作用。一项针对6岁和9岁儿童的听觉理解单句任务的研究发现(Monzalvo & Dehaene-Lambertz, 2013),在颞上沟和额下回等大脑外侧裂区域,这些儿童表现出显著的左侧主导激活模式,这也是许多研究证实的儿童语言左半球优势(Ahmad et al., 2003;Lidzba et al., 2011)。其次他们发现即使短期(一年左右)的阅读教育指导也会促使幼儿语音表征区(颞上回后部)和单句整合区(颞极)激活强度的增加,而接受3年左右的阅读教育实践使得9岁儿童的环绕在经典视觉词形加工区(visual word form area，VWFA)的左侧颞下回也显著激活。研究证明了儿童接受阅读教育，动态化地构建了儿童阅读脑区。

一项纵向研究(Meyler et al.，2008)对 5 年级阅读能力较差的儿童进行了半年的阅读补救计划，在干预计划前、结束后和跟踪一年以后分别进行了阅读测试和句子理解脑成像实验；同时，以 5 年级阅读能力良好的儿童作为控制组同样进行了这些测试。研究发现，在干预计划前，阅读能力差的儿童与阅读能力良好的儿童在句子理解任务上大脑激活模式具有明显不同，阅读能力差的儿童在双侧顶叶皮层激活明显较弱。而经过系统干预后，这些实验儿童不仅在阅读能力上得到有效提高，而且在左侧角回和左侧顶上小叶激活强度显著提高。此外，一年以后这些脑区同样得到激活，这表明阅读补救计划产生了长期效应，达到了正常儿童的激活效果。该研究团队不仅发现阅读补救项目对阅读能力较弱儿童的阅读能力和脑区功能产生影响，而且进一步发现，大脑结构经过阅读干预也会产生质的变化，建立了阅读水平提高与脑组织变化之间的关系。Timothy Keller 和 Marcel Just(2009)发现对阅读能力较差的儿童(8－10 岁)系统进行 100 小时的阅读补救计划，不仅能够促使大脑自身进行优化和重新连接，而且能够创造新的大脑白质以利于脑内部的交流，使信号传递更加有效；此外，这些儿童的语音解码能力也得到了一定程度的提高。"这项研究对解决阅读困难和其他发展困难，如自闭症等问题，有较大启示"，Just 这样说到。

针对阅读障碍儿童的干预研究项目有很多，比如美国阅读促进项目(Reading Acceleration Program，RAP)在改善阅读障碍儿童和成人的阅读速度和准确性方面发挥了积极价值(Breznitz et al.，2013；Niedo，Lee，Breznitz & Berninger，2014)，而且有研究(Horowitz-Kraus et al.，2014)发现，在实施该项目中，4 周的短期训练就可以显著增强阅读障碍儿童(8－12 岁)负责执行功能的右侧前额叶的激活，并且使其阅读理解能力也获得大幅度提升，这表明神经补偿机制开始起效。

第二章

汉语学前儿童早期图画书阅读发展的眼动研究

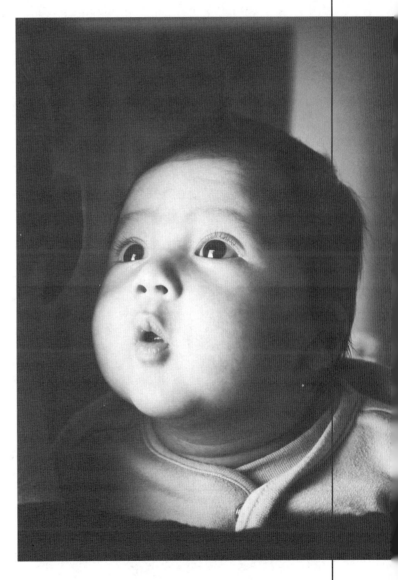

　　图画书是学前儿童阅读的主要阅读材料,早期图画书阅读对幼儿词汇能力、认知能力、情感和社会性发展有着积极的促进作用。本章内容聚焦探讨幼儿在图画书阅读过程中的认知机制,采用眼动研究法对幼儿阅读过程进行更为清晰的探查了解,试图揭示汉语学前儿童图画书阅读的发展过程,从而为幼儿图画书阅读指导提供更精准、更有效的支持。

第一节　研究背景与研究设计

一、研究背景

1. 图画书阅读对儿童发展的价值

图画故事书通过文字和图画共同传达故事信息,具有独特的节律、独特的组织结构和叙述技巧。其中图画是图画故事最主要的表达媒介,叙事性是其本质特征(康长运,2002)。在图画书中,除了文字之外,图画本身也是另一种叙述语言,用以表现和完善故事。图画书中图画的独特艺术特征,就表现在图画中也存在着一个叙述者,图画的叙述者有它本身的个性和特点,这些个性和特点是文字所无法涵盖和取代的,画家通过这些个性和特点来展现文字所讲述的故事在视觉中所进行的故事面貌(谢芳群,2003)。著名儿童心理学家皮亚杰认为 2-7 岁的学前儿童处于前运算阶段,在整个学前阶段,具体形象思维是其思维的主要形式,其表征主要依靠表象,离开具体的表象,儿童思维则无法进行。图画书中图画所具有的叙事性特征,给学前儿童提供了一种适合其心理发展阶段特点的"图画语言",直观地、浅显地、有趣味地使儿童在阅读中既领略到文学的精彩,同时又通过图画书的阅读,促进阅读能力的不断发展。

相关研究表明,图画书阅读的最大价值之一就是促进儿童语言的迅速发展。英国"阅读起跑线"(Book Start)阅读研究中心 2005 年发布的研究数据表明,1-3 岁婴儿期的语言习得机会有近 50% 出现在图画书阅读中。很多研究者都认为图画书阅读是学前阶段促进儿童语言和读写技能发展的重要活动,对此大力提倡(比如,Adams, 1990; Bus, van IJzendoorn & Pellegrini, 1995; Dunning, Mason & Stewart, 1994; Lonigan, 1994;

Sulzby & Teale，1987)。研究者们认为，学前阶段儿童如果有机会接触书籍并能和家长一起阅读，对于他们熟悉书面语言符号、理解复杂句子、促进词汇量增长、获得与阅读相关的技能、提高语言流畅性以及提高对阅读活动的兴趣等等(Dickinson & Snow，1987；Dickinson & Tabor，2001；Sénéchal，M. & LeFevre，J. A.，Thomas & Daley，1998；Snow，1983)都大有裨益。图画书阅读对于儿童发展的重要意义已经成为共识，正如日本儿童文学出版专家松居直先生所言："图画书是成人送给孩子的最好的礼物。"

2. 儿童图画书阅读的发展阶段

(1) 伊丽莎白·萨尔兹比（Elizabeth Sulzby）的发展阶段研究

从儿童尝试阅读"最喜欢"的图画书给成人听的角度分析，萨尔兹比(Sulzby，1985)对 2-5 岁儿童图画书阅读行为进行了录像，对儿童阅读中的行为和产出的语言进行编码，提出了学前儿童的阅读发展阶段：从非叙事到叙事性语言，从类似口语到类似书面用语叙事性表达，从图画主导到文字主导的阅读。

阶段一：图画主导的阅读行为，没有形成故事。即这一阶段中，幼儿的图书阅读以看图画为主，阅读图书的本质是在阅读图画。幼儿在阅读图画时，通常指着图画，说出所画的物品名称；儿童伴随着图书每一页的语言好像是对离散的图画书页的反应，也就是说语言上没有关联，好像读的不是一本书，而是单独的一页一页的图画。如果一个人听到这时儿童独自发出的语言，他不能推断那是个故事。

在这一阶段中，儿童在图画书阅读中还会有两种不同的表现：命名和评价以及伴随着动作的语言。儿童在读书阅读时会翻到一页，指着一个绘画的物品，然后给它命名或者给出一个描述的符号，比如"小狗""马""狗和猫"。评价是指对于他们描述的物品或者图画书中的重点部分给出更多的信息，比如"上床睡觉"；有时甚至是比较完整的语句，比如"他是一个魔鬼"。对于更小年龄的孩子来说，在阅读时语言经常伴随着拍手或者动作。而 5 岁儿童在动作上会有所控制，但是他们的动作也包括象征性的动作或者指示。

阶段二：图画主导的阅读行为，形成口语故事。即儿童依然以阅读图画为主，但是儿童可以边翻书边看画面，跟随画面内容，用讲述故事的语音语调说话，串连起一个完整的故事。儿童的故事讲述有两种不同类型：对话式故事讲述和独白式故事讲述。

儿童针对图画中的人物给出对话就是对话式的故事讲述，但是这种对话很少会说明说话的人或者叙述的关系。孩子用一种讲故事的语调（而不是阅读的语调）来陈述故事就是独白式故事讲述，这种故事的讲述是依赖故事内容的，并假定儿童阅读者和成人都能看到书中的图画,从一个孩子独白式故事讲述中,听者可以理解一个完整的故事。

阶段三:图画主导的阅读行为,形成书面语言故事。即儿童阅读时还是以看图画为主,但是幼儿可以看着图画念读,念读的字句和语调,好像在读书。这一阶段分成三种情况:(1)阅读和故事讲述混合在一起。这个阶段是一种口语和书面语言的转换阶段。孩子在阅读时,在语调或者措辞(或同时包括这两个方面)上,会在像口头语言的表达中插入听起来像是书面语言的部分。(2)类似于原始故事的阅读。孩子好像在通过文字阅读,尽管他的措辞不是逐字的,但是他把故事一页一页地讲。他在看着图画,但是他的语调像一种表达性的口语阅读,带有缓慢的韵律和更多具有表现性的重音。(3)类似于逐字的故事阅读。儿童显示出对一种故事文本展开的意识和部分的记忆。一些儿童可以几乎逐字地背诵整个故事。无论儿童是逐字地背诵整个故事还是故事的一部分,这个水平上的儿童显示出一种自我修正的行为,这表明儿童在尽力回到目前的故事中(即展现故事的原貌)。现在的研究表明,儿童不是在死记硬背地记忆,而是会使用策略,是一种充满努力的、受到概念化驱策的行为。在后面的两种情况中,儿童的语言措辞是像书面语言的和确定的,或者不看图画地、充分地去情境化来理解故事。在没有形成故事的阶段,儿童使用的语言比他一般使用的语言要幼稚;相反的,在形成书面语言故事阶段,孩子的语言听起来比一般的谈话,或者故事讲述更加复杂和更加正式。这时儿童的阅读行为好像是在阅读图画(这并不意味着儿童不知道文字的使用)的最后阶段。

阶段四:文字主导的阅读行为。即儿童在图书阅读中开始阅读文字了。有四种情况:(1)拒绝阅读。儿童经常开始拒绝阅读的尝试,当他们学习了更多关于阅读的过程,特别是当他们知道人们阅读的是文字而不是图画的时候。这种拒绝被称为"高水平的"或者"文字主导的"拒绝(Sulzby & Otto, 1982)。孩子拒绝阅读的尝试,不代表他们不能阅读,为了能够阅读,他们需要知道更多关于文字的知识。对于大年龄的孩子来说,好像有一个转换时期,从在看图画时是一个非常熟练的类似书面语言的阅读,到突然地拒绝阅读。孩子自己解释这种行为是"我不认识字""但是我不能读——我需要你帮我读出那些字""我真的不能读——我仅仅是假装在读"。(2)部分地阅读。在儿童成为一个独立的阅读者之前,他经常开始关注文字的一个或两个方面,而排除其他的方面。他们开始依赖文字,开始知道他可以使用一些东西作为帮助或者线索来区分出文字。在阅读中,幼儿可能关注几个知道的单词,或者几个字母和相联系的发音,或者记忆中的文本,无论他关注哪个方面或者几个方面,他都会试图使用文字。幼儿的阅读能力看起来是倒退了,那些能够使用阅读语调朗读整篇故事的孩子仅仅朗读页面上他能认识的单词。这一阶段的重要特点是,儿童"不能把全部的内容放到一起"。(3)伴随不平衡策略地阅读。这阶段的阅读者往往过分地忽略不认识的单词,用其他"认识的单词"来代替;过分地读出单词,经常留下"无意义的"单词不做纠正;或者过度依赖预测的或者记忆的内容而不是书面的内容。(4)独立地阅读。"伴随不平衡策略地阅读"和"独立地阅读"之间的区别在于儿童表现出的自我调节的总数和他能够做出自我纠正的灵活性。伴随不平衡策略阅读的儿童好像知道阅读的所有部分,但是好像过度依赖某种自己偏好的策略,极少去尝试其他策略。而独立阅读阶段的儿童有时能够"完美措辞地"阅读,或者可能有很多失误,但是当他失误时,他能够做出更充分的自我纠正,这也能显示出儿童知识面的广度。对一个他不能立刻识认的单词,他可以找出一个词来代替,并推断其意义。

伴随不平衡策略地阅读和独立地阅读也称之为"整体的阅读行为",这是相对于"部分的阅读"的不完整特点提出的。这阶段的孩子好像能把全部内容放到一起然后通过文字读出来。在最高水平的独立阅读阶段,儿童整合阅读的所有方面(理解,字母—发音知识,认识的单词),形成通过文字灵活的、自我调节的阅读能力。

研究者从不同的社会阶层或者文化背景的角度对萨尔兹比的研究进行了验证研究。加拿大学者吉姆(Jim,1999)参照萨尔兹比的研究选取了工薪阶层家庭的15名儿童(年龄从4岁9个月到5岁8个月)进行了验证研究。要求他们选择最喜欢的图画书分两次读给研究者听。摄录下儿童图画书阅读的情况并进行了转录,然后根据萨尔兹比(Sulzby,1985)研究中提出的发展阶段进行了编码,把研究结果和萨尔兹比基于中产阶层家庭背景儿童的研究结果进行了比较,结果有两个主要发现。首先,该研究中儿童对故事的复述在研究初期比萨尔兹比(Sulzby,1985)研究中儿童的水平要低,但是和埃尔斯特(Elster,1994)对工薪阶层儿童进行的研究结果一致。埃尔斯特认为,他的研究结果和萨尔兹比的研究结果的差异可能是因为他研究中的儿童"是来自于低社会经济背景,因此他们很少有家庭阅读图书的经验"。而萨尔兹比研究中的儿童来自于中产阶级家庭。其次,该研究中的儿童没有表现出萨尔兹比(Sulzby,1985)研究中儿童所表现出的发展性的进步。事实上,15个儿童中有11个在这个发展时间段里没有任何进步。一些研究者(比如,Katt,1995)认为,早期阅读理论描述了中产阶级家庭背景的儿童读写的发展,但是这种发展阶段可能不适合那些来自于非主流群体的儿童。这项研究也证明,萨尔兹比的发展阶段可能不适合用来描述那些来自于非主流家庭儿童的读写发展状况。但是研究者也认为,假如给予足够时间的话,该研究中的儿童能够取得同样的进步。换句话说,当儿童在一年级后获得更多的图书阅读经验后,他们可能进步到萨尔兹比研究中的儿童在幼儿园阶段能够达到的"文字主导"阶段。

（2）**中国台湾学者杨怡婷的研究**

我国台湾学者杨怡婷（1995，见黄瑞琴，1997：23－25）在萨尔兹比（Sulzby）的研究基础上，探究台湾儿童阅读"新的图画故事书"时所呈现的阅读行为，将汉语学前儿童图书阅读行为发展分成三个阶段，其中又细分为八种阅读行为类别。

第一阶段：看图画，未形成故事。A. 指名和述说；B. 注意图画中的行动；C. 口语说故事，未形成故事。这个阶段的幼儿，从跳动翻页，说出食物名称，到手指图画，述说画面中人物行动，逐步发展起用口语说图画内容的能力，但是还不能形成完整的故事。

第二阶段：看图书，形成故事。D. 口语说故事，形成故事。在这个阶段，幼儿能够从图书中看出故事的连贯性，开始用口语说出与书上部分情节内容相似的故事。

第三阶段：试着看文字。E. 部分地读；F. 以不平衡的策略读；G. 独立地读；H. 独立且完全阅读。这个阶段，幼儿开始注意到书上的文字，他们从部分地读，到以不平衡策略读，再进一步独立地读，最后学习独立而且完全阅读。

总结研究者对于儿童阅读发展阶段的研究，我们发现：儿童的阅读遵循从图画阅读到文字阅读的发展过程；在图画阅读阶段，儿童的语言发展经历"没有形成故事"到"形成口语故事"再到"形成书面语言故事"的过程。但是这些研究结论是基于英语儿童和我国台湾地区儿童研究得出的，我们不能把这些结论简单地加诸汉语学前儿童身上。另外，虽然儿童阅读发展阶段的研究为我们呈现了儿童早期阅读发展过程中经历的阶段，但这些研究都是以观察法为主，不可避免地带有主观性；有限的几个实证性研究也是通过对儿童阅读过程进行摄像，对儿童阅读中的语言和非语言的行为进行编码分析，从儿童图画书阅读时语言产出的类型角度探讨儿童的阅读发展过程。另外研究中有限的样本量也使得研究结果在推广性方面受到限制。

3. 有关图画书阅读的眼动研究

眼动法是心理学领域进行阅读研究的一种重要方法。眼动仪可以记录被试阅读时的眼动轨迹。眼动仪可以获得阅读时的许多重要数据，比如，注视位置、注视时间、注视次数、回视、眼跳等。通过这些眼动数据可以研究阅读的心理加工问题。这种方法是用阅读时间作为研究阅读的一个指标，通过分析阅读时间来揭示读者的理解过程。而对阅读时间的解释主要基于贾斯特（Just）和卡彭特（Carpenter）提出的两种理论假设之上。第一个是及时加工假说（immediacy assumption），该假说认为，读者只有在对所注视的词完成所有的加工后(包括对词的编码、选择词义、搞清楚指代关系、搞清楚词在句子和语段中的作用等)眼睛才继续移动,进行下一步阅读。第二个是眼—脑假说(eye-mind assumption),该假说认为,被试对那个词的注视与对该词的心理加工是同时进行的。也就是说,被试所加工的词正是他所注视的那个词,所以对某个词的总注视时间就是对该词的加工时间(沈德立,2001:73-74)。贾斯特和卡彭特的理论获得了一定的实验证据支持。眼动法使阅读过程的研究成为了现实。(1)它实现了对读者阅读过程的客观测量。读者在阅读材料的时候,眼动仪记录其每一刻对阅读材料内容的加工情况,获得一系列的眼动指标,比如,注视时间、注视点个数、注视频率、注视顺序以及瞳孔直径变化,利用它们可以更为准确、客观地说明读者是如何对阅读材料内容进行加工的。比如,在利用眼动仪进行的文字阅读研究中发现,学生在理解阅读材料的过程中,对每一句话的注视时间、注视点个数都不一样。(2)眼动法实现了对读者阅读过程的同时测量。眼动法通过注视时间、注视点个数、回视次数、回视方式等指标来说明每一时刻读者是如何对阅读材料内容进行加工的。具体地说,通过眼动记录,我们可以清楚地说明读者对阅读材料的某一内容注视的时间是多少,注视的次数是多少;哪些内容是注视完后又进行注视的(即回视),哪些内容是注视完后不再注视的;什么内容没被注视,什么内容被多次注视;不同年龄读者在阅读时,采用什么方式对阅读材料内容进行了加工。(3)眼动法实现了对读者阅读过程的真实性测量。所谓真实性,就是指采用眼动方法研究读者的阅读情况时,既能测量读者阅读材料的过程,又不对读者正常阅读过程进行任何干扰,使实验室条件下的阅读研究同其在现实生活中的阅读一样。这同当代发展心理学研究主张的实验研究"生态化"相吻合。总之,眼睛的运动直接明确地展示了人们对信息的视觉和认知的加工(Rayner,1977),眼动方法提供了一种可靠的(reliable)、有效的(valid)、即时的(on-line)研究视觉加工的方法(Keith Rayner,1998)。眼动技术的进步、眼动仪器的越来越便携化,都为眼动研究开辟了广阔的研究前景。

美国维吉尼亚大学的学者劳拉 M. 贾斯蒂丝(Laura M. Justice)及其同事利用眼动仪对学前儿童亲子共读时对图画书中文字的注视情况进行了研究。她们分别在2002年和2005年报告他们的研究。在这两项研究中,研究者得出相同的结论:在亲子共读中,儿童很少关注文字,儿童在文字区域的注视点个数所占比例大约为4%,注视时间长度所占比例约为2.50%(2002)。另外,图画书的文字表现特征影响了儿童对文字的注视,儿童在阅读文字凸显的故事书时,文字上的注视点更多,在文字区域上停留了更多时间。玛丽·安·埃文斯(Mary Ann Evans)和让-阿因特·奥宾(Jean aint-Aubin)使用眼动仪研究了母语为法语的儿童在亲子共读中儿童对故事书中文字的注视情况(2005)。结果发现,在亲子共读中,儿童极少关注文字。无论阅读哪种文本-图画结构的图画书,儿童几乎都不关注文字,偶尔对文字的关注也没有一致性。阅读中儿童花费在文字上的时间都非常少;相反地,他们花费了更多的时间看图画。并且,花费在图画上的时间随着故事书的不同而不同:文本内容和图画丰富的故事,花费在图画上的时间就更长些;图画简单的故事花费时间就短。而安妮·罗伊·查兰(Annie Roy-Charland,2007)则以幼儿园和一到四年级儿童为研究对象,在埃文斯等人(Evans et al.,2005)的研究结果基础之上,考察了儿童图画书阅读中的年龄发展情况。结果显示,学前儿童阅读中依然极少关注文字,一年级儿童对于简单文本的故事书的文字关注显著增多,二年级到四年级儿童对三本图画书文字的注视时间分别为45%、55%和65%。这项儿童阅读发展的眼动研究说明,随着儿童年级水平的增高和阅读技能的提高,儿童对文字表现出更高比例的注视时间、更高比例的注视点个数,以及更高比例的类似阅读的眼跳。并且,儿童阅读他们阅读能力范围内的材料比那些超出他们阅读能力的阅读材料对文字的注视时间更多。

以上这些关于儿童图画书阅读的眼动研究的重点是探讨儿童图画书阅读中对文字和图画的关注情况,即儿童图画书阅读中是关注文字还是关注图画。然而,这些儿童图画书阅读的眼动研究虽然以学前儿童为研究对象,但主要是在亲子共读情境下的图画书阅读的眼动研究。因此,研究结果能否推广到儿童自主阅读图画书的情境中还有待商榷。并且这些研究中的儿童的母语为字母文字(即英语和法语),难以推广到汉语儿童。同时,这些研究也存在样本量较小的不足。本研究试图通过眼动观测的研究方法,从汉语学前儿童图画书阅读的眼动基本状况、汉语学前儿童图画书阅读的视线集散状态、汉语学前儿童图画书阅读的视觉阅读模式和汉语学前儿童图画书阅读的视觉关键信息四个方面,分析儿童图画书阅读中的眼动轨迹,揭示汉语学前儿童图画书阅读的发展过程。

二、研究设计

1. 研究对象

我们从幼儿园选取适龄学前儿童为研究对象。对幼儿园的选择参照如下几个标准:首先,基于对家长教育背景的要求,所选幼儿园都为上海市一级幼儿园;其次,为了尽可能了解儿童自然的阅读发展阶段,所选择幼儿园均没有开设专门的早期阅读教育课程,如拼音、识字课程等;再次,为了避免研究对象的单一性对研究结果造成影响,我们一共选取了5所幼儿园。在确定幼儿园并征得幼儿园的同意后,我们从中选择符合条件的幼儿,即进行阅读眼动实验的时候,儿童年龄为36个月、48个月、60个月和72个月(前后可以有一个月的浮动);同时,家长学历为大专或本科以上;儿童性别为男女各半;经教师报告,这些儿童均没有学习困难,没有听说语言障碍,没有视力问题。选择好符合条件的儿童后,向儿童家长发放《研究知情同意书》,将获得家长同意的儿童确定为我们的研究对象。

研究最终获得眼动资料的3岁组儿童为41名,年龄跨度从35到37个月;4岁组儿童为43名,年龄跨度为47到49个月;5岁组儿童为38名,年龄跨度为59到61个月;6岁组儿童为40名,年龄跨度为71到73个月。这些儿童分别从上海市五所幼儿园选取。情况如下表所示。

表2.1　被试基本情况表

年龄组 人数		性别 (男/女)	年龄 (月)	平均年龄 (月)	选取的幼儿 园个数
3 岁组	41	21/20	35 – 37	36.02	5
4 岁组	43	21/22	47 – 49	47.95	5
5 岁组	38	19/19	59 – 61	60.15	5
6 岁组	40	20/20	71 – 73	72.43	5

2. 研究设备

设备为 Tobii T60 眼动仪。该眼动仪为一体式遥测型眼动仪,由一台电脑和一台 17 英寸液晶显示器构成,眼动仪集成于 LCD 显示器内,采样频率为 60Hz。被试者无需使用头套或是固定支架,头部可以自由移动。Tobii T60 眼动追踪系统的最大特点是采用了更先进的广角无线遥测追踪技术,允许头部进行大范围的三维移动(头部移动范围为 $44 \times 22 \times 30 \mathrm{cm}$),同时采集双眼的准确数据。Tobii T60 眼动仪与显示器整合在一起,使被试看不出有任何"追踪设备",允许幼儿轻度的头部活动。这样就可以获得完全自然状态下的真实的眼动数据。

3. 研究材料

材料为中文简体版图画书《好饿的毛毛虫》，著名儿童图画书作家艾瑞·卡尔著，郑明进翻译，明天出版社 2008 年 4 月第一版。开本为 298×210 毫米，16 开。该图画书符合"经典""新""儿童喜欢读""图画和文字都可以自己讲述故事"的特点。

研究材料使用液晶显示器呈现，研究对图画书进行了如下处理：使用扫描仪把图画书单页扫描入电脑，使用 Photoshop 对两个单页进行了合并。合并成自然状态下阅读图画书时会看到的合页的状态。然后把合成后的图页的像素调整为 1 024×768，以便于在眼动仪的显示器上呈现。图画书除了是以电子文本的形式呈现在眼动仪屏幕上之外，图画书的其他特征（比如色彩，文字等）不做任何改变。

4. 眼动实验程序

（1）被试坐在椅子上，距离眼动仪的显示器 60 厘米。研究者坐在被试后面，主要起两个方面的作用：一是为了陪伴被试，给予安全感，使被试可以更自然地阅读图画书。同时，在被试偶尔出现分心的时候，比如眼睛往别处看，提醒他继续阅读。这点对于小年龄段幼儿尤其重要。另一个原因是在眼动仪定标时，给出提示语指导。

（2）对被试进行五点定标，即上下左右中五个方位定标。研究者给出提示语指导："一会这上面会出现一个小红球，它会跳来跳去，你用眼睛盯着小红球看，看看它都会跑到哪里好不好？"幼儿基本上都会配合，90％的幼儿可以一次定标成功。如果儿童无法定标成功，则放弃对此儿童的眼动数据采集。

（3）呈现材料，每页呈现 10 秒，眼动仪进行自动记录。

（4）儿童阅读结束后，研究者会表扬儿童，并送一张贴纸或者卡片作为礼物。

在阅读的眼动研究中,有关图画书阅读过程中的注视点个数和注视时间长度被纳入考察范畴,同时,汉语儿童图画书阅读眼动的视线集散状态,也成为研究反映阅读者阅读情况的重要眼动指标。

一、汉语学前儿童阅读图画书的视觉关注程度

3-6岁四个年龄组共采集到162个幼儿阅读图画书《好饿的毛毛虫》的眼动数据。图画书《好饿的毛毛虫》共分成17页,研究进行数据分析时,去除了封面扉页和封底等信息,只提取和故事有关的主要页面的眼动数据,即从第5页到第15页,一共11页。我们在进行分析时,按照单页为一个眼动数据计算,那么一个儿童就有11个眼动数据,全部162名儿童我们一共获得1 743个有效的眼动数据。研究依据这1 743个有效眼动数据,通过SPSS 16.0进行统计分析,报告汉语儿童图画书阅读的注视点个数和注视时间长度这两个眼动指标的情况。

1. 汉语学前儿童图画书阅读中视觉注视点个数

表2.2为各年龄组儿童阅读图画书《好饿的毛毛虫》的平均注视点个数情况表,反映了不同年龄组儿童阅读该书的平均注视点个数以及组间差异情况。我们可以发现各年龄组儿童图画书阅读时的注视点个数有随着年龄增长而递增的发展趋势。3岁组单页上注视点个数最多为35个,平均注视点个数为18.71个;4岁组单页上注视点个数最多为34个,平均注视点个数为19.96个;5岁组单页上注视点个数最多为36个,平均注视点个数为21.08个;6岁组单页上注视点个数最多为37个,平均注视点个数为21.91个。

表 2.2　各年龄组儿童阅读图画书的注视点个数(个)表

年龄组	眼动数据数量	平均值	标准差	最小值	最大值	总值
3 岁组	438	18.71	5.49	5.00	35.00	8 194.00
4 岁组	457	19.96	5.25	5.00	34.00	9 122.00
5 岁组	413	21.08	5.05	5.00	36.00	8 707.00
6 岁组	435	21.91	5.58	5.00	37.00	9 531.00

　　经 Kolmogorov-Smirnov 的正态检验,各年龄组儿童阅读图画书时的注视点个数呈正态分布。采用单因素方差分析法对不同年龄儿童的注视点个数的差异进行分析,结果发现不同年龄儿童阅读图画书的注视点个数差异显著($F_{(3, 1739)} = 29.45$, $p < 0.01$),经事后多重检验(LSD)发现:3 岁组和 4 岁组的组间差异极其显著($p < 0.01$);5 岁组和 3 岁组、4 岁组的组间差异都是极其显著($p < 0.01$);6 岁组和 5 岁组也是差异显著($p < 0.05$),和另外两个组间差异极其显著($p < 0.01$)。这说明,儿童图画书阅读的平均注视点个数随着年龄增长而递增,显示出儿童年龄越大,对图画书阅读的兴趣和关注度越高。

2. 汉语学前儿童图画书阅读中视觉注视时间长度

　　在汉语儿童阅读图画书《好饿的毛毛虫》的时候,他们的视觉眼动注视视觉长度如何? 观察表 2.3,我们发现不同年龄组儿童在注视时间长度上的情况,儿童阅读时对图画书的注视时间长度有随着儿童年龄增长而递增的发展趋势。3 岁组单页上注视时间长度最长为 9.95 秒,最短为 0.96 秒,平均注视时间长度为 7.40 秒;4 岁组单页上注视时间长度最长为 9.95 秒,最短为 0.72 秒,平均注视时间长度为 7.72 秒;5 岁组单页上注视时间长度最长为 9.88 秒,最短为 0.85 秒,平均注视时间长度为 7.83 秒;6 岁组单页上注视时间长度最长为 10 秒,最短为 0.98 秒,平均注视时间长度为 7.90 秒。

表 2.3　各年龄组儿童阅读图画书的注视时间长度(秒)表

年龄组	眼动数据数量	平均值	标准差	最小值	最大值	总值
3 岁组	438	7.40	2.05	0.96	9.95	3 239.58
4 岁组	457	7.72	1.94	0.72	9.95	3 529.37
5 岁组	413	7.83	1.86	0.85	9.88	3 232.66
6 岁组	435	7.90	1.72	0.98	10.00	3 435.86

进一步检验各年龄组儿童在平均注视时间长度上的组间差异情况(见表2.4)。经 Kolmogorov-Smirnov 的正态检验,各年龄组儿童阅读图画书时的注视时间长度呈正偏态分布。采用单因素方差分析法对不同年龄儿童的平均注视时间长度的差异进行分析,结果发现不同年龄儿童阅读图画书的平均注视时间长度差异显著($F_{(3,1739)}=5.96$,$p=0.00$),经事后多重检验(LSD)发现:3岁组和其他三个年龄组儿童在图画书阅读时的注视时间长度上都有显著差异($p<0.01$),而4岁组、5岁组和6岁组之间没有差异($p>0.05$),这说明3岁组儿童的注视时间长度显著短于另外三个年龄组,而4岁组儿童在注视时间长度上和5岁组、6岁组相似。

表2.4 各年龄组儿童平均注视时间长度组间差异比较表

	最小差异比较	平均数差	p 值
3 岁组	4 岁组	−0.33	0.01
	5 岁组	−0.43	0.00
4 岁组	6 岁组	−0.50	0.00
	5 岁组	−0.10	0.42
5 岁组	6 岁组	−0.18	0.17
	6 岁组	−0.07	0.58

上述分析或许可以揭示两点。第一,从阅读眼动时的注视时间长短反映被试对阅读目标的关注程度看,3岁组儿童在图画书阅读时对阅读目标的关注度最低,反映在阅读行为上就是3岁组儿童在图页上的注意力集中程度较差。在请3岁组儿童阅读图书时,研究者一定要陪在儿童旁边,不时地通过语言提醒儿童去关注眼动仪上呈现的画面。而在其他三个年龄组的眼动数据收集过程中,这种需要研究者不断提醒关注图页的现象大大减少。第二,4岁组儿童阅读该书的注视时间长度虽然短于5岁组和6岁组儿童的注视时间长度,但是没有差异($p>0.05$)。这说明,4岁组儿童对图画书阅读的兴趣显著提高,在阅读图画书时的注意力集中程度和5岁组、6岁组儿童类似。我们由此推测,4岁可能是儿童阅读能力显著提高的时期。

3. 汉语学前儿童图画书阅读眼动的视线集散状态

为进一步探讨儿童阅读时对图画书"感兴趣的区域",我们以眼动仪记录的"热点图"

为参照,来考察汉语儿童图画书阅读时的眼动视线集散状态。阅读时视线的集中和分散可以反映出阅读时对信息把握的情况。眼动注视点随意、无目的性就表现出视线分散的特征,这说明阅读者无法把握阅读材料的重点,无法捕捉阅读材料中包含的信息。而眼动视线在阅读材料的某些区域的集中在眼动轨迹上则表现出有目的性,显示出阅读者在阅读材料时的信息捕捉能力,这都是成熟的阅读者应该具有的特征。研究将从儿童图画书阅读时眼动注视点分布状态的角度对汉语学前儿童的图画书阅读眼动轨迹进行深入研究。

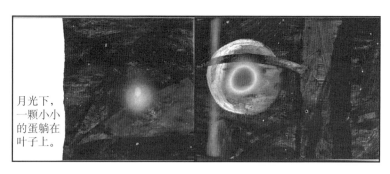

图 2.1 《好饿的毛毛虫》内页

第一,研究发现各年龄组儿童在热点和非热点区域的注视情况存在差异。通过 One-Way ANOVA 对各年龄组儿童在热点区域和非热点区域上的注视点个数进行了分析。如表 2.5 和表 2.6 所示,从各年龄组儿童在热点区域上的注视点个数的总数来看,3 岁组在热点区域上的注视点总个数为 3 209 个,4 岁组为 3 895 个,5 岁组和 6 岁组的热点区域注视点总个数分别为 4 071 个和 5 180 个,这说明,随着儿童年龄增长,热点区域的注视点总个数也随之增加。从热点区域的平均注视点个数上也反映了这样一种年龄发展趋势。

表 2.5 各年龄组儿童阅读图画书的区域注视点个数(个)表

项目	年龄组	眼动数据个数	平均值	标准差	总数
热点区域 注视点个数	3 岁组	438	7.33	4.91	3 209.00
	4 岁组	457	8.52	4.37	3 895.00
	5 岁组	413	9.86	4.27	4 071.00
	6 岁组	435	11.91	4.81	5 180.00

项目	年龄组	眼动数据个数	平均值	标准差	总数
非热点区域注视点个数	3 岁组	438	11.18	5.65	4 897.00
	4 岁组	457	11.03	5.04	5 042.00
	5 岁组	413	11.23	5.55	4 636.00
	6 岁组	435	10.00	5.57	4 351.00

表2.6　各年龄组儿童阅读图画书的区域注视点个数组间差异表

区域	最小差异比较		平均数差	p 值
热点区域注视点个数	3 岁组	4 岁组	−1.20	0.00
		5 岁组	−1.04	0.00
		6 岁组	−2.03	0.00
	4 岁组	5 岁组	0.16	0.00
		6 岁组	−0.84	0.00
	5 岁组	6 岁组	−1.00	0.00
非热点区域注视点个数	3 岁组	4 岁组	0.15	0.69
		5 岁组	−0.04	0.91
		6 岁组	1.18	0.00
	4 岁组	5 岁组	−0.19	0.60
		6 岁组	1.03	0.01
	5 岁组	6 岁组	1.22	0.00

　　采用单因素方差分析法对不同年龄儿童在热点区域的注视点个数的差异进行分析，结果发现，儿童在热点区域的注视点个数在年龄的主效应显著（$F_{(3,1739)} = 14.26$，$p = 0.00$），经事后多重检验（LSD）发现：四个年龄组之间都是有极其显著的差异（$p = 0.00$）。儿童在非热点区域的注视点个数在年龄的主效应显著（$F_{(3,1739)} = 4.87$，$p = 0.00$），经事后多重检验（LSD）发现：3 岁组和 6 岁组之间差异显著（$p = 0.00$），4 岁组和 6 岁组，5 岁组和 6 岁组之间差异也显著（$p < 0.05$）。从热点区域注视点个数的这种年龄发展趋势上看，随着年龄增长，儿童在阅读图画书时，对于热点区域的关注越来越多，这显示出儿童

随着年龄增长,阅读中捕捉信息的能力随之增强。同时,因为5岁组和6岁组儿童的热点区域都涉及文字区域,也说明了,5岁和6岁儿童在阅读中对文字的关注越来越多,对文字的敏感性要强于其他两个低年龄组儿童。

第二,各年龄组儿童在热点和非热点区域的注视时间长度存在差异。各年龄组儿童在热点区域的注视时间长度见表2.7,采用单因素方差分析法对不同年龄儿童在热点区域的平均注视时间长度的差异进行分析,儿童在热点区域的平均注视时间长度有随着儿童年龄增长而递增的趋势,而热点区域的总的注视时间长度也是递增趋势。而从非热点区域的注视时间长度来看,3岁组儿童的平均注视时间长度为3.94秒,4岁组儿童的平均注视时间长度为3.52秒,5岁组儿童的平均注视时间长度为3.46秒,6岁组儿童的平均注视时间长度为2.88秒。在非热点区域的注视时间长度随着儿童年龄增长而递减。

表2.7 各年龄组儿童阅读图画书的区域注视时间长度表

项目	年龄组	眼动数据数量	平均值	标准差
热点区域 注视时间长度	3 岁组	438	3.39	2.24
	4 岁组	457	3.96	2.02
	5 岁组	413	4.37	2.12
	6 岁组	435	5.02	2.18
非热点区域 注视时间长度	3 岁组	438	3.94	2.21
	4 岁组	457	3.52	1.72
	5 岁组	413	3.46	1.80
	6 岁组	435	2.88	1.76

各年龄组儿童在热点区域的注视时间长度见表2.7,采用单因素方差分析法对不同年龄儿童在热点区域的平均注视时间长度的差异进行分析,儿童在热点区域的平均注视时间长度有随着儿童年龄增长而递增的趋势,而热点区域的总的注视时间长度也是递增趋势。而从非热点区域的注视时间长度来看,3岁组儿童的平均注视时间长度为3.94秒,4岁组儿童的平均注视时间长度为3.52秒,5岁组儿童的平均注视时间长度为3.46秒,6岁组儿童的平均注视时间长度为2.88秒。在非热点区域的注视时间长度随着儿童年龄增长而递减。

研究结果发现,不同年龄儿童在热点区域的注视时间长度差异显著($F_{(3,1739)}=5.78$,

p＝0.00)，经事后多重检验(LSD)发现：四个年龄组之间都是有极其显著的差异(p＝0.00)。儿童在非热点区域的注视时间长度在年龄的主效应显著($F_{(3,1\,739)}$＝23.26，p＝0.00)，经事后多重检验(LSD)发现：除了4岁组和5岁组之间没有差异(p＝0.61)，其他各年龄组之间差异也是极其显著的(p＝0.00)，见表2.8。从四个年龄组儿童在热点区域和非热点区域的注视时间长度上的差异分析显示，儿童年龄越大，在热点区域上的注视时间越长，在非热点区域上的注视时间越短。

表2.8　各年龄组儿童阅读图画书的区域注视时间长度组间差异表

区域	最小差异比较		平均数差	p 值
热点区域 注视时间长度	3 岁组	4 岁组	−0.57	0.00
		5 岁组	−0.26	0.00
		6 岁组	−0.17	0.00
	4 岁组	5 岁组	0.31	0.00
		6 岁组	0.40	0.00
	5 岁组	6 岁组	0.09	0.00
非热点区域 注视时间长度	3 岁组	4 岁组	0.42	0.00
		5 岁组	0.48	0.00
		6 岁组	1.06	0.00
	4 岁组	5 岁组	0.06	0.61
		6 岁组	0.64	0.00
	5 岁组	6 岁组	0.58	0.00

　　本章内容报告了对汉语学前儿童图画书阅读关注点及注视时间长度的研究结果，反映出儿童阅读者关注程度和兴趣程度的逐步成长过程。与此同时，通过对有关阅读热点区域的分析，我们发现了在图画书阅读过程中，儿童对于图画书图页中的热点区域的注视差异，一方面说明儿童阅读时理解图页的内容很重要，另一方面也说明了汉语学前儿童在图画书阅读时对图页中信息的捕捉能力呈现出随着年龄增长而增强的发展趋势。

儿童图画书实际上是由"图画"和"文字"两个基本构成要素组成的。儿童在阅读过程中,他们的视觉关注和眼动轨迹可能展现出对这两大要素的不同注视情况。探讨汉语学前儿童阅读眼动的视线集中与分散状况,考察不同年龄段儿童对图页中的图画区域和文字区域的不同注视情况,对汉语学前儿童图画书阅读中展现出来的眼动轨迹特征进行研究,实际上就是研究图画书阅读的视觉阅读模式。

一、学前儿童阅读图画书的眼动注视从优先关注图画区域开始

学前儿童在阅读图画书时,关注图画还是文字?研究结果显示:汉语儿童图画书阅读的眼动轨迹表现出视线集中的特征,并且不同年龄段汉语儿童都表现出这样的眼动视线集中特征。

首先,儿童图画书阅读过程中,对于图画区域的关注是优先开始的,并且存在着平均注视点数随着年龄增长而递增的趋势。汉语儿童图画书阅读时,平均一半的眼动注视点个数和注视时间长度集中于图页中的热点区域,而热点区域所占图页面积比例在8%以下,这充分说明儿童阅读图画书时,眼动视线表现出集中的特征。从表2.9我们可以发现,3岁组在图画区域的平均注视点个数为18.51个,而4岁组、5岁组和6岁组在图画区域的平均注视点个数分别为19.56个、19.59个和19.36个。而从各年龄组在文字区域的平均注视点个数来看,3岁组的注视点个数为0.20个,4岁组的注视点个数为0.40个,5岁组的注视点个数为1.49个,6岁组的注视点个数为2.55个,显示出随着儿童年龄增长而递增的趋势。

表2.9　各年龄组儿童在图画区域和文字区域的注视点个数(个)比较表

项目	年龄组	眼动数据数量	平均值	标准差
图画区域	3 岁组	438	18.51	5.47
	4 岁组	457	19.56	5.34
	5 岁组	413	19.59	5.71
	6 岁组	435	19.36	6.72
文字区域	3 岁组	438	0.20	0.58
	4 岁组	457	0.40	1.03
	5 岁组	413	1.49	2.67
	6 岁组	435	2.55	3.64

表2.10　各年龄组儿童在图画区域和文字区域的注视点个数组间差异表

区域	最小差异比较		平均数差	p 值
图画区域	3 岁组	4 岁组	−1.05	0.01
		5 岁组	−1.08	0.01
		6 岁组	−0.85	0.03
	4 岁组	5 岁组	−0.03	0.93
		6 岁组	0.19	0.62
	5 岁组	6 岁组	0.23	0.57
文字区域	3 岁组	4 岁组	−0.20	0.19
		5 岁组	−1.29	0.00
		6 岁组	−2.35	0.00
	4 岁组	5 岁组	−1.09	0.00
		6 岁组	−2.14	0.00
	5 岁组	6 岁组	−1.06	0.00

其次,汉语儿童图画书阅读眼动的视线集中区域具有一定的特征。通过对不同年龄段儿童在热点区域单个注视点的注视时间长度、各图页平均注视点个数以及平均注视时间长度三个方面的分析,我们得出下面的结论:汉语儿童在热点区域上的眼动差异表

明,儿童在图画书阅读中对信息捕捉能力表现出随着年龄增长而发展的趋势。儿童阅读图画书时,眼动注视上体现出图画区域优先文字区域的特征。同时吸引儿童视线关注的热点区域都是图页中富含信息的区域,并具有以下特征:(1)画面中的新信息比旧信息更易引起儿童注视;(2)画面信息在画面中处于中心位置较之边远位置更易引起儿童注视;(3)画面中大面积的信息较之小面积的信息更易引起儿童关注;(4)画面中色彩鲜艳的信息较之暗淡的信息更易引起儿童的视觉关注。

再次,汉语儿童的图画书阅读眼动的视线集散状态存在着对文字区域兴趣逐步增长的情况。我们在研究中发现,大年龄儿童在图画书阅读时,在图页中的文字区域也出现了视线集中的现象,而小年龄儿童在文字区域上的视线集中情况却很少。分析表2.11我们可以发现,儿童阅读图画书时,在文字区域的注视时间长度远远少于在图画区域的注视时间长度,而且每个年龄儿童都反映出这样的眼动情况。对图画区域的注视时间长度为6岁组儿童最短;对文字区域的注视时间长度以6岁组儿童最长。这种结果说明了儿童在文字区域的注视时间长度,有随着年龄增长而递增的发展趋势。在文字区域的注视时间长度的年龄发展趋势和文字区域的注视点个数反映的年龄发展趋势一致,都是随着儿童年龄增长而递增,且各年龄组间差异都极其显著。这个结果告诉我们,随着年龄的增长,儿童在阅读过程中逐步增加了对图画书文字的兴趣。他们的阅读模式不是一成不变的。

表2.11 各年龄组儿童在图画区域和文字区域的注视时间长度(秒)比较表

区域	年龄组	眼动数据数量	平均值	标准差
图画区域	3 岁组	438	7.32	2.04
	4 岁组	457	7.48	1.96
	5 岁组	413	7.11	2.13
	6 岁组	435	6.44	2.27
文字区域	3 岁组	438	0.08	0.23
	4 岁组	457	0.25	0.82
	5 岁组	413	0.72	1.35
	6 岁组	435	1.46	2.05

表 2.12　各年龄组儿童在图画区域和文字区域的注视时间长度组间差异表

区域	最小差异比较		平均数差	p 值
图画区域	3 岁组	4 岁组	−0.15	0.27
		5 岁组	0.22	0.13
		6 岁组	0.89	0.00
	4 岁组	5 岁组	0.37	0.01
		6 岁组	1.039	0.00
	5 岁组	6 岁组	0.67	0.00
文字区域	3 岁组	4 岁组	−0.17	0.05
		5 岁组	−0.65	0.00
		6 岁组	−1.39	0.00
	4 岁组	5 岁组	−0.46	0.00
		6 岁组	−1.21	0.00
	5 岁组	6 岁组	−0.74	0.00

二、儿童图画书阅读从单一阅读走向联合阅读模式

在分析学前儿童阅读图画书时对图画和文字的眼动关注情况之后,我们发现各年龄组汉语儿童阅读图画书时,有主要注视图画区域的现象。但是儿童对文字区域的关注情况,呈现出随着儿童年龄增加而增长的发展趋势。由此研究认为,汉语儿童图画书视觉阅读眼动模式,存在两种类型:(1)只注视图画区域,不关注文字区域的单一式视觉阅读模式;(2)既关注图画区域又会关注文字区域的联合式视觉阅读模式。我们可以认为,儿童在阅读图画书时存在不同的视觉阅读模式,而且不同年龄段儿童的视觉阅读模式不同。我们把眼睛注视点只落点于图画区域而不会关注文字区域的眼动轨迹模式称为单一式视觉阅读模式;把眼睛注视点会同时关注图画区域和文字区域的眼动轨迹模式称为联合式视觉阅读模式。

研究发现,汉语学前儿童图画书视觉阅读模式的年龄发展趋势为:单一式视觉阅读模式的人数比例随儿童增长而递减,联合式视觉阅读模式的人数比例随着儿童年龄增长而递增(见表 2.13 和图 2.2)。单一式视觉阅读模式有两种类型的眼动轨迹特点。第一

种类型是眼动轨迹涉及的图画面积范围比较大;眼动轨迹在热点区域之外或者只在一个热点区域上出现;注视点分散,分布的随意性较强。第二种类型是眼动轨迹涉及的图画面积范围较小;注视点主要集中在画面的热点区域;同时,热点区域注视长度占总注视长度比值越高,注视点在热点上的集中程度越高。

表2.13 各年龄组儿童阅读该书的文图区域人数比例(%)

页码	只阅读图画的人数比例%				既阅读图画也阅读文字的人数比例%			
	3岁组	4岁组	5岁组	6岁组	3岁组	4岁组	5岁组	6岁组
第五页	90.00	81.40	44.74	50.00	10.00	18.60	55.26	50.00
第六页	79.49	76.74	62.16	37.50	20.51	23.26	37.84	62.50
第七页	78.05	67.44	56.76	25.00	21.95	32.56	43.24	75.00
第八页	78.05	79.07	50.00	32.50	21.95	20.93	50.00	67.50
第九页	95.12	80.95	44.74	35.00	4.88	19.05	55.26	65.00
第十页	85.00	78.57	55.26	40.00	15.00	21.43	44.74	60.00
第十一页	85.00	68.29	47.37	30.00	15.00	31.71	52.63	70.00
第十二页	95.12	95.12	65.79	52.50	4.88	4.88	34.21	47.50
第十三页	95.12	83.33	63.16	42.50	4.88	16.67	36.84	57.50
第十四页	92.68	78.05	65.79	61.54	7.32	21.95	34.21	38.64
第十五页	78.05	97.62	73.68	57.50	21.95	2.38	26.32	42.50
平均值	86.52	80.60	57.22	42.19	13.48	19.40	42.78	57.82

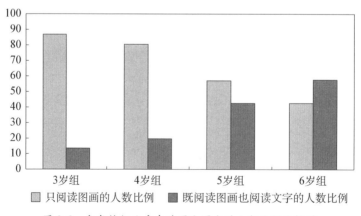

图2.2 各年龄组儿童在读图和图文的人数比例比较图

联合式视觉阅读模式也分两种情况：文字区域无回视和文字区域有回视。大年龄儿童在文字区域有回视的出现比例要高于小年龄儿童,对文字区域回视次数的多少也和年龄大小有关系。联合式视觉模式的眼动轨迹特点反映出儿童在文字阅读上的不成熟状态。儿童在阅读图画书中的文字的时候,对文字区域回视次数的多少没有影响到儿童阅读文字的特征,即注视点主要在寻找认识的汉字,因此眼动轨迹随意;对认识的汉字会反复注视;这种割裂的辨认汉字的特点使得儿童无法理解文字所要表达的内容。

从图画书各图页上的人数比例分布看,只阅读图画的人数比例随着儿童年龄增长递减,既阅读图画又阅读文字的人数比例则递增。这种年龄上的发展变化趋势在各页上是一致的。从整本图画书的阅读情况来看,3 岁组儿童在阅读图画书时,有 86.52％的儿童只阅读图画书的图画区域,仅有 13.48％的儿童在图书阅读中阅读了文字。4 岁组中有80.60％的儿童只阅读图画书的图画区域,有 19.40％的儿童在阅读图画区域的同时阅读了文字。5 岁组儿童中仅仅阅读图画区域的人数比例在降低,为 57.22％,而既阅读图画又阅读文字的儿童比例人数在增加,达到 42.78％;6 岁组儿童在阅读中涉及文字区域的人数比例最高,达到 57.82％,相应的,仅仅阅读图画区域的人数比例也最低,为42.19％。从以上的数据可以说明儿童图画书阅读年龄发展趋势,那就是:随着年龄增长,儿童图画书的阅读过程遵循由图画到文字的发展趋势。

图 2.3 进一步呈现出不同年龄组儿童在图画书阅读时的视觉阅读模式差异情况。3岁组和 4 岁组儿童阅读图画书时以单一式视觉阅读模式为主,5 岁组和 6 岁组儿童阅读图画书时出现联合式视觉阅读模式的人数比例大大增加。从年龄发展上,表现出单一式

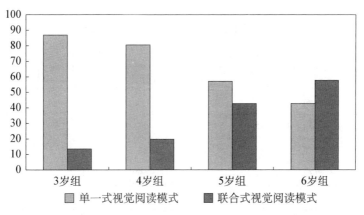

图 2.3　不同年龄组儿童的视觉阅读模式人数比例(％)分布图

视觉阅读模式的人数比例随着儿童年龄增长而递减,联合式视觉阅读模式的人数比例随着儿童年龄增长而递增的变化趋势。

因此我们可以认为,从图画书阅读中对图画的观察能力以及故事的理解角度而言,单一式视觉阅读模式优于联合式视觉阅读模式。虽然如此,随着儿童年龄发展,由于儿童对文字的接触和理解的发展,儿童图画书阅读从单一式视觉阅读模式过渡到联合式视觉阅读模式是必然的发展趋势。

三、汉语学前儿童联合式视觉阅读模式的阅读眼动特征

联合式视觉阅读模式的儿童在图画书阅读时,眼睛注视点既落于图画区域,也落于文字区域。我们观察那些在文字区域注视点有2个及以上个数的儿童的眼动轨迹时,发现这些儿童在阅读中表现出一个特点,那就是有些儿童在阅读文字区域时出现了回视现象,有些儿童没有出现回视现象。所谓回视是指读者的注视点退回到之前读过的内容上,对已经阅读过的内容进行再次阅读。回视与注视时长一样,有可能是因为兴趣,也有可能是因为阅读困难而导致。它是分析读者对阅读对象加工程度的一个重要指标。

从表2.14我们可以发现,"文字区域无回视"的情况是:从3岁组到6岁组,在阅读中这种情况出现得越来越多。这种变化趋势和各年龄组儿童对文字区域注视的变化趋势有关。而在文字区域出现的回视次数为1次到5次,其中1次回视最多,其次是2次回视,再次是3次回视。这种规律在四个年龄组中相同。而4次回视和5次回视的数据都极少,5次回视的只在5岁组的一名儿童阅读的一页图页上出现。

表2.14　各年龄组儿童文字区域有无回视情况表

		文字区域	文字区域有回视				
			1次回视	2次回视	3次回视	4次回视	5次回视
眼动数据	3 岁组	7	9	1	1	0	0
	4 岁组	18	19	8	2	1	0
	5 岁组	32	55	24	8	2	1
	6 岁组	56	85	40	18	2	0
	全部	113	168	73	29	5	1

		文字区域	文字区域有回视				
			1次回视	2次回视	3次回视	4次回视	5次回视
出现的儿童人数	3 岁组	6	7	1	1	0	0
	4 岁组	11	10	5	2	1	0
	5 岁组	20	21	15	6	2	1
	6 岁组	27	30	23	11	2	0
	全部	64	68	44	20	5	1

从各年龄组在文字区域回视的情况看，3 岁组儿童在注视文字区域时，以"无回视"和"1 次回视"为主；4 岁组儿童也是以"无回视"和"1 次回视"为主，但是也出现了"2 次回视"和"3 次回视"以及 1 次"4 次回视"；5 岁组儿童则是以"无回视""1 次回视"和"2 次回视"为主，"3 次回视"的情况多于 4 岁组儿童，并出现了 2 次"4 次回视"和 1 次"5 次回视"；6 岁组儿童虽然和 5 岁组儿童一样，也是以"无回视""1 次回视"和"2 次回视"为主，但是人次高于 5 岁组儿童，同时出现"3 次回视"的人次也高于 5 岁组儿童。因此，从对文字区域回视的情况分析来看，我们可以认为，儿童图画书阅读中，对文字区域的回视次数有随着儿童年龄增长而增加的发展趋势。但是，无论回视次数多少，儿童在文字区域的阅读眼动轨迹依然表现出寻找认识的汉字来阅读的特点，还没有在图画和文字之间建立联系。但已经有眼动轨迹表现出在图画和文字之间建立联系的倾向。

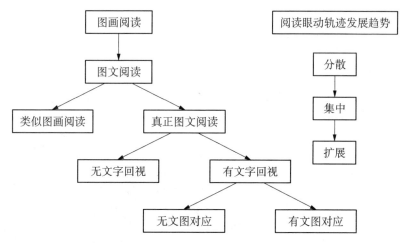

图 2.4 汉语儿童图画书视觉阅读发展阶段

总结以上的研究结果，我们认为汉语儿童图画书阅读时，随着儿童年龄增长，其视觉阅读表现出下列发展阶段：从图画阅读到图文同时阅读；图文阅读中第一层次为类似图画阅读，第二层次为文字区域有无回视出现，又分为无回视和有回视两种。有回视中第一层次为无文图对应，第二层次为有文图对应。而眼动视线上表现出从分散到集中再到扩展的发展特征。图画和文字是图画书两种基本的表达系统，图画书中的文字和图画相互阐述和解说，各自为故事的表达发挥着独特的作用。文字和图画又是两种不同的表达方式，图画书阅读不仅依赖儿童对图画和文字两者本身的理解，还依赖于对两者相互交叉关系的理解。图画书的独特性就是表现在用两种不同的符号语言表达故事信息并形成一个整体的意义（康长运，2002）。因此，对于开始注视文字的大年龄儿童来说，学习阅读图画的技能依然是重要的，但是不能仅仅局限在对图画重点区域的阅读上，还要能够涉及图画中有利于故事深入理解的附加信息的注视和理解。同时，对于文字的注视，不能是一味地寻找自己认识的汉字，而是要引导儿童在文字和图画之间建立联系。比如，图画中出现了苹果，那么就请儿童去找找看文字中有没有苹果这两个字，向儿童说明文字符号和图画之间的对应关系。这对于建立儿童对文字的敏感性以及口语和书面语言之间的联系都是非常重要的。

第三章

汉语儿童早期图画书阅读理解发展的眼动研究

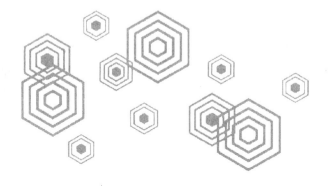

　　理解是阅读的目的，也是一项重要的阅读技能。学前儿童阅读理解相关研究的匮乏、图画故事书阅读在儿童早期多元读写能力实践与发展中的重要作用，以及近年来国内图画书阅读热的兴起，使得学前儿童图画故事书阅读理解成为值得探索的重要研究领域。眼动研究表明学前儿童阅读图画故事书时以读图为主，然而却鲜有研究者对儿童通过图画视觉认知理解故事内容的这一过程进行探究。基于故事语法和视觉语法理论，本章研究从图画形象、事件行动和角色状态三个维度考察汉语学前儿童对图画故事书的阅读理解发展，通过眼动实验考察儿童在视觉语法的基本单元—图画形象上的眼动控制，从而探讨儿童在阅读图画故事书时其视觉认知对阅读理解的影响，为教育与干预实践提供理论和实践依据。

第一节 研究背景与研究设计

一、研究背景

阅读是学习的基础,阅读能力是学业成就的主要表现,也是一个人未来成功从事各项工作的基本条件(周兢,2007)。理解是阅读的主要目的(Snow, Burns & Griffin, 1998; Snow, 2005; Elish-Piper, 2010),也是阅读的五项重要技能之一(Alonzo, Basaraba, Tindal & Carriveau, 2009),因而受到心理学、语言学与教育学等领域研究者的广泛关注。

儿童在进入小学正式阅读(conventional reading)之前,早就开始通过与环境中书面语言的互动发展其早期读写能力(early childhood literacy)了(Snow, Burns & Griffin, 1998;),而且这种早期读写能力能够预测儿童今后在学校的阅读理解、写作和数学成绩(Wells, 1985;1986)。图画书阅读正是学前阶段儿童与书面语言互动的普遍方式,许多有关儿童早期读写能力发展的研究聚焦于儿童与父母等成人共同进行的图画书分享阅读活动,从中发现了读故事给儿童听为儿童口头语言能力、书面语言知识以及阅读理解发展所带来的好处(Wells, 1985;1987; Clay, 1991; Rosenhouse, Feitelson, Kita & Goldstein, 1997)。随着多元读写能力逐渐受到重视,研究者也开始关注视觉读写能力(visual literacy),即儿童理解并运用图画表征的能力。然而,由于图画书中图文之间存在着不同的互动关系(Nikolajeva, 2006)、阅读理解的过程非常复杂(Kintsch & Rawson, 2005;康长运,2003)以及评估不识字儿童阅读理解水平存在较大的困难(Bourg, Bauer & van den Broek, 1997)等原因,使得相关的研究要么孤立地考察儿童对单幅图画美学语言的感知(Nikolajeva, 2006),要么仅指出图画和插图等视觉信息有助于引起儿童的阅读兴趣(Stewig，1975)、有助于儿童更好地理解文本内容(Nicholas，2007)，却忽视了儿童如何理解图画的叙事内容、如何通过图画和语言文字的互动建构意义等问题。眼动技术的兴起使得研究者能够更直观准确地考察儿童在阅读过程中对图画和文字的视觉认知。这些研究发现，学前儿童在阅读过程中很少注意文字，主要是看图画(Justice & Lankford，2002；Justtice，Skibbe & Canning et al.，2005；Evans & Saint-Aubin，2005)，这表明学前儿童对图画故事内容的理解主要来自于对图画的观察与感知。

有关儿童图画视觉阅读理解的研究以及儿童图画书阅读的眼动研究都显示出图画感知对于儿童理解故事内容的重要性。然而，到目前为止还鲜有研究深入探究儿童是如何对图画进行感知，以及对图画的感知是如何影响儿童的故事理解的，本研究希望在这一领域进行初步的探索。以下，将从早期阅读理解的理论阐释、儿童图画视觉阅读理解研究，以及儿童图画书阅读的眼动研究等方面对相关文献进行综述，以提出本研究的具体思路。

1. 早期阅读理解的理论阐释

阅读是读者与文本之间的互动(Alderson，2000)，需要读者将自己的阅读目的、生活经验与文本中符号表征的意义相联系，依赖于读者对符号系统及符号系统运用文化习惯的掌握。因而，阅读不仅仅是一种个人行为，更是一种文化活动；阅读所获得的不仅仅是信息，更重要的是一种文化思维(literate thinking)。从这个意义上来说，阅读理解并不仅仅是书面语言的识别过程，而是意义建构的过程(Martinez，Roser & Dooley，2006)。

当代社会意义表征的模式越来越多元化，纵观我们的工作与日常生活当中，无论是报纸、杂志等书面媒体，还是电视、网络等电子媒体，它们所呈现的文本内容都不再仅仅是文字，而是充满了图画、图像、图表等视觉信息，与文字共同传达意义。在这种社会背景下，"多元读写能力"(multiliteracy)的概念开始出现并逐渐受到重视，研究者和教育者们意识到读写教育不能只局限于语言文字符号的运用，对图画、图像等视觉符号的理解与运用也是儿童读写能力发展的重要内容(Cope & Kalantzis，2000)。

由于图画故事书由图画和文字构成，故事意义的产生建立在图画与文字互动的基础之上，因而图画故事书阅读为儿童创造了与图画和文字等符号表征系统互动、发展多元读写能力的机会。然而，儿童在阅读的过程中是如何从图画、文字或语言，以及两者的互动中建构意义的呢？"故事语法"和"视觉语法"两种理论的提出可以帮助我们建立对这一问题的基本认识，从而了解儿童早期图画故事书阅读理解产生的过程。

故事语法首先由鲁梅尔哈特(Rumelhart,1975,1977)提出,随后更多学者(Mandler & Johnson,1977);Thorndyke,1977;Glenn,1978;Stein & Glenn,1979)对故事语法有了不同的发展(鲁忠义,彭聃龄,1990;Cortazzi,2002)。故事语法模型中,首先是故事的背景,接着是由一系列事件所组成的故事情节。在情节中,以故事主角为线索,首先是某件事情的发生引起主角的反应或是让主角有了想要达成的目标,接着主角展开行动或尝试去实现目标,之后则以主角尝试后的结果或结局结束情节。情节中的事件可以是一个接着一个发生,也可能是一个事件镶嵌在另一个事件之中。儿童在早期参与听他人讲故事、与他人一起阅读故事、独立阅读故事、与他人在对话中共同叙述故事、与同伴在游戏中扮演故事等社会文化活动中,通过与语言、图画及文字的互动逐渐形成故事语法结构。反之,儿童已有的故事语法结构会影响其对图画书故事内容的理解。因为,正如戈尔登和鲁梅尔哈特(Golden & Rumelhart,1993)所指出的"故事理解可以定义为在部分特定的故事线索中推断最可能缺失掉的信息"(引自 Sipe,2000a),具有丰富故事语法结构经验的儿童,会在阅读过程中根据故事发展的一般结构,如背景、情节、结局等,联系前后的图画或语言文字线索在故事结构框架中补充可能发生的事件,从而建构完整的故事意义。

克雷斯和范·莱文(Kress & Van Leeuwen,1996)在其著作《阅读图画:视觉设计语法》中阐述了视觉语法(visual grammar)的概念,书中指出正如语言的语法描述了词汇如何组成从句、语句和语篇,视觉语法描述的是图画所描绘的人物、地点以及事物如何在视觉上形成不同复杂程度或范围的"陈述"。在这种"陈述"中,基本的语法单元是表征参与者(represented participant),即物质世界中的人物、事物及其所在情境的视觉表征形式所构成的图画中人物、事物、时间、地点等图画形象。通过大小、位置、颜色、光线、在图画中的凸显程度或人物的体态、视线等等方式对这些图画形象作出定义、分析或分类即表征了不同的概念,由发展线索将这些图画形象联接起来,即表征了行动、事件、变化过程和暂时空间安排等等叙事过程。在阅读图画故事书时,儿童首先要识别图画形象所表征的人、物、景,理解其表征的不同概念,然后通过图画形象之间的关系理解其所表征的行动、变化等叙事过程,才能最终达成对图画整体所表征意义的理解。

2. 儿童图画故事书阅读理解研究

有关儿童图画故事书理解的相关研究聚焦于分享阅读、集体阅读以及独立阅读等情境之中,主要通过两个视角考察儿童对故事的理解。一些研究以故事语法理论为基础,结合叙事分析与提问的方式,以儿童复述故事中所包含故事结构要素的多少以及对问题回答的正确与否考察其对故事理解水平的高低;另一些研究则以文学反应理论为基础,通过观察儿童的表情、动作、体态、语言等反应描述儿童在图画书阅读过程中对意义的建构。

研究表明,故事语法结构是影响儿童阅读理解成绩的重要因素(Chall & Stahl,1985),帮助儿童增强有关故事结构的知识是提高儿童阅读理解水平的有效手段之一(Sencibaugh,2007)。对于学前儿童来说,由于直接通过标准化测试的方法考察其故事阅读理解不太可行,因而研究者尝试以图画故事书为阅读材料,在儿童阅读或是听完故事后引发儿童复述故事,然后按故事语法结构框架对儿童的叙事进行分析,以儿童所能复述出的故事结构要素多少作为考察其故事理解水平的指标。帕里斯等人(Paris et al.,2001,2003)采用三本无字图画书,通过图画浏览、故事复述和回答问题三种任务,考察了158名5-8岁儿童的阅读理解。结果表明儿童对故事的理解具有相似的模式,对大多数有关图画中明确信息的问题回答较好,对大多数有关图画中隐含信息的问题回答较差,同时也证实儿童的故事复述得分和回答理解问题任务得分之间存在较高的相关性。林(Lin,1999)采用问卷访谈、图画排序和故事复述三个任务作为考察60名台湾5-6岁儿童故事理解的工具,比较了戏剧表演、小组讨论以及成人讲述对儿童故事理解的影响,结果表明,对于不同的故事,儿童能够复述出的故事语法结构要素对应的事件有所不同,故事表演活动有利于增进儿童对故事的理解。瓦格纳(Wagner,1999)等人通过故事复述、看图讲述以及回答问题等任务考察了28名瑞典5岁语言障碍儿童的叙事水平和故事内容理解能力,结果表明,与正常儿童相比,语言障碍儿童对故事的理解非常不足,复述的故事中所包含的故事语法结构要素显著少于正常儿童,同时,对有关故事中明确信息问题的回答要好于对有关故事中隐含信息问题的回答。

文学反应理论认为读者在阅读的过程中建构意义,每个读者都会将不同的经验带入所阅读的作品之中,对作品产生不同的态度,并受自身文化和心理的影响去理解作品,对作品产生丰富的反应(Sipe,2000a)。儿童在阅读作品时会联系自己的经验建构意义:他们通过自己的生活经验理解故事各个方面的内容,如通过想象自己是故事中的角色去判断角色的感受,与故事产生"生活—文本"链接(Hickman,1981;Martinez et al.,1992;MaGee,1992;Short,1992;Sipe,1998;Wollman-Bonilla,1989;Wollman-Bonilla & Werchadlo,1995);他们通过以前的阅读经验理解当前的作品,如解释和分析故事的语言、叙事要素以及符号表征,理解故事角色的样貌、感受、动机,理解故事情节,与故事产生"文本—文本"链接(Sipe,2000b),通过探索各种各样的故事,儿童学会分析故事,理解故事角色的功能、情节顺序、背景以及其他叙事要素，从而建立了有关故事的认知图式（Sipe，2001）。戴（Day，1996）分别为小学三、四年级的儿童读了三本图画故事书，然后让儿童每5-6人为一组讨论图画书内容，她发现这些儿童对图画书的讨论主要涉及了五个方面的内容，其中41%是对图画中描绘的对象的命名，43%是解释图画中描绘的对象代表某种意义，10%有关绘画技巧，另外各有3%是对其他文学作品中内容的引述以及有关图画中角色的对话。她还指出，儿童对这些内容的讨论显示出他们在说出图画中对象的名称时能很快形成有关对象的某些推理，如由破旧的房屋推理出主人家里的状况糟糕；他们能够通过前后对照对之前没有理解的图画作出推断；他们能够用已有的阅读经验建构当前的故事意义并拓展思考，如通过联想在其他书中看到过的图画理解当前图画书中的对象；他们在没有理解某些图画时会带着问题往后阅读，利用新的信息寻找问题的答案；他们在个人生活经验的帮助下进入故事的想象世界，解释所看到的图画，并结合各自的经验共同建构意义；他们能理解故事的内容，理解故事中人物的情感状态等等。库珀（Cooper，2008）从社会文化和儿童发展等理论观点出发，结合自己的教学经验指出，要诠释对图画的理解，儿童必须识别出图画中不同的形象及其之间的关系，联想起相关的生活经验，激活已有的认知图式，并且能够运用语言标签与完整的图画形象相对应。比如，儿童可能可以分别认出图画中的小鸡、鸭子、奶牛和猪等形象，如果这些动物在图画中处于同一地点，儿童可能依据生活经验将这一地点理解为"动物园"或"农场"；如果图画显示一只鸭子穿过波士顿的大街，生活在城市中的儿童可能会觉得图画中的信息与实际生活不一致，而看过《让路给鸭子》这本图画书的儿童则会认出这幅图画。在分享阅读中，家长也常常会和儿童讨论图画，比如，吸引儿童看图画（看这儿！），对图画中的内容提问（这是什么？他们在做什么？接下来是什么？你还看见了什么？），给图画中的形象命名（这是××，那儿有个××，这是在做××），在儿童对图画作出评论后给予反馈（是的这是××，那很漂亮）等等（Bruner，1983）。在这种对话的过程中，儿童学会了识别图画中的形象，学会了对各种具体的图画形象和抽象的动作进行命名，学会了对图画和故事内容进行评价，学会了用口头语言表达眼中所看到的图画的意义。

3. 儿童图画书阅读的眼动研究

眼动法历经了由肉眼观察到机械传动再到电流和光学记录等几个发展阶段，由于能够客观、实时、真实地测量读者的阅读过程，获取注视位置、注视时间、注视次数、回视、眼跳等数据，在阅读研究领域得到越来越广泛的运用。尤其是随着眼动技术的发展，眼动测试设备不再需要被试佩戴相关装置,只需要注视阅读材料,这使得测试的过程更接近于自然阅读状态,同时也更适合于以年幼儿童为对象开展研究。因而近年来,一些研究者开始运用眼动法探索儿童阅读图画书的过程。

以贾斯蒂斯(Justice)和埃文斯(Evans)为代表的一批美国和加拿大学者以探讨文字关注与儿童文字意识发展之间的关系为目的,使用眼动法对学前儿童分享阅读图画书时的眼动情况进行了研究。其结果表明,在听成人讲故事时,儿童很少看文字,更多的时间是在看图画,即使是阅读文字凸显的图书时也仍然如此。贾斯蒂斯(Justice)和兰克福德(Lankford)于 2002 年分别采用文字凸显和文字不凸显的两本图画故事书,考察了 4 名52 - 68 个月的儿童在听成人读故事时眼睛关注图画和文字的情况,结果发现儿童很少注视文字,即使图画书中的文字比较凸显,儿童对文字的注视时间也只有图画书总注视时间的 5.60%。埃文斯(Evans)和森特·奥宾(Saint-Aubin)于 2005 年采用 3 本彩色、2 本单色,且图画与文字位置关系各不相同的图画书,先后考察了 5 名 48 - 61 个月和 10 名52 - 60 个月的儿童在图画书分享阅读时的眼动注视情况,结果发现即使图画和文字的空间安排不同,儿童还是以关注图画为主,极少关注文字,在文字上的注视时间平均只占图画书总注视时间的 7%;当额外增加了阅读时间时,儿童还是会利用这一时间看图画而非文字。

国内学者高晓妹于 2009 年对 162 名 3 - 6 岁汉语儿童独立阅读图画故事书时的眼动情况进行了考察,提出如图 3.1 所示的儿童图画书视觉阅读发展阶段:儿童阅读图画书时,图画是其理解故事内容的主要信息来源;随着儿童视觉阅读能力的发展,儿童开始关

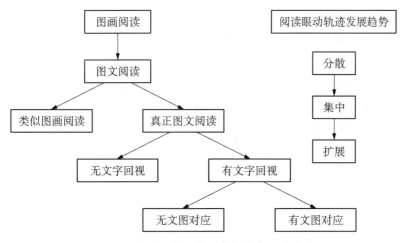

图 3.1　汉语儿童图画书视觉阅读发展阶段(高晓妹,2009)

注文字,但此时儿童对文字并没有产生真正的理解,还是一种类似图画阅读的方式;再往后,儿童对文字的关注逐渐增加,开始在图画与文字之间建立联系,从无文字回视到有文字回视,从无文图对应到有文图对应。

除此之外,她还指出儿童阅读时视线集中的热点区域是图页中承载着丰富信息的区域;儿童对图画书的视觉关注具有"图画优先、新信息优先、位置优先、色彩优先"等特点;儿童年龄越大,在各页阅读时注视到的视觉关键信息数量越多,表明其对重要信息区域的把握能力越强。此后,周兢、刘宝根等人通过以2-6岁汉语学前儿童为对象的一系列眼动研究,进一步指出儿童阅读能力的发展经历了"由图画到文字"的过程,学前阶段儿童以读图为主,且对图画关键信息及文字的关注水平随年龄增长逐渐提高(周兢等,2010;刘宝根等,2011)。韩映虹等人则着眼于比较3-4岁和5-6岁汉语儿童在自主阅读和分享阅读两种阅读方式中的眼动,结果发现,不论以何种方式阅读,儿童都更多地关注图画、图画中的主体,以及主体的面部等关键信息区域(韩映红等,2011;2011)。

二、研究设计

1. 研究的问题与思路

有关儿童图画书阅读理解的研究表明,儿童复述故事中所涉及的故事语法结构要素的多少以及儿童对阅读理解问题的回答都能反映其对图画书故事内容的理解,两者具有较高的相关性;从儿童在阅读过程中的反应来看,儿童对故事内容意义的建构更有可能是建立在对图画形象的识别、对图画形象之间关系的推理基础之上,而儿童已有的故事语法经验、生活经验和阅读经验都有助于这一意义建构过程。

有关儿童图画书阅读的眼动研究通过客观的眼动数据证实:无论阅读方式如何,儿童主要通过注视图画获得对故事的理解,并且,两方面的因素可能影响儿童的眼动,一是图画的色彩、大小、位置等视觉特征,二是图画所包含信息量的丰富性。然而,还没有研究具体探讨上述的这些因素是如何影响儿童对图画的观察,从而影响儿童对图画的认知与理解的。

从视觉语法理论的视角思考上述的研究结论,可以发现"图画形象"是进一步探讨儿童通过图画建构意义过程的关键切入点。首先,图画形象是视觉语法的基本单元,在意义建构过程中发挥的作用正如语言文字中的"词汇"一样;其次,图画形象本身就是对人、物、情景的表征,图画形象之间的关系则是对事件行动和变化等叙事过程的表征,因而是吸引儿童视觉关注的"富含信息量"的图画区域。因此,本研究拟以"图画形象"作为基本分析单元,探讨汉语学前儿童阅读图画故事书时通过图画视觉认知获得意义理解的过程。

研究开展的关键之一是建立基于图画形象认知的阅读理解评估框架,以考察儿童识别了哪些图画形象,并通过推理图画形象之间的关系理解了故事中的哪些行动和变化等。因而,本研究从三个维度考察儿童对图画故事书的理解。一是儿童对于图画形象的理解水平,分析儿童视觉阅读过程中图画建构意义发展状况;二是儿童对于事件行动的认知水平,考察儿童阅读图画书时能否连接不同图画形象并推理图画形象之间的关系;三是儿童对于图画书角色状态信息的捕获水平,了解儿童阅读图画书过程中,对故事行动主体特征及状态变化的理解情况。

研究开展的关键之二是从图画形象的视觉特征和视觉语法两方面因素分析儿童图画认知时的眼动控制,以探讨如何观察图画会有助于形成更好的理解。图画形象的视觉特征包括色彩、大小、位置等。视觉语法特征包括两个:一是指图画形象的语义表征难度,涉及图画形象识别的难易程度,与图画形象在生活中是否常见、儿童是否熟悉等有关;二是图画形象之间的语法关系,涉及两者之间是否表征某一"行动"。

围绕汉语学前儿童图画视觉认知获得意义理解的过程,本研究探讨以下几个问题:

问题1:儿童阅读图画故事书时对图画形象、事件行动和角色状态的理解如何?

问题2:儿童对图画的视觉认知有何特点,是否受到图画形象视觉特征和视觉语法特征影响?

问题3:怎样的眼动模式更有利于儿童对图画故事书内容的理解?

2. 研究方法

(1) 研究对象

研究对象来自上海市5所没有开设拼音、识字等课程的一级或示范幼儿园,均为视觉、听力正常,语言能力发展正常,无认知、运动和神经心理障碍的适龄儿童,其家长中至少一人学历为大专以上。在征得家长同意后,最终获得3岁(平均月龄36.00个月)28名、4岁(平均月龄47.81个月)30名、5岁(平均月龄60.15个月)27名和6岁(平均月龄71.89个月)30名儿童的有效眼动和阅读理解数据,其中男孩58名,女孩57名。

（2）　**实验材料**

选取在中国出版不久的世界知名图画书《好饿的毛毛虫》（2008 年 4 月出版）为实验阅读材料。首先这是一本经典的图画书，由著名的美国儿童图画书作家艾瑞·卡尔创作，被翻译成了 47 种语言版本，销量超过 3 000 万册，在全球范围内受到小读者们的广泛喜爱，在我们的预研究中教师和幼儿的选择率也非常高。其次，这是一本"图画和文字都可以自己讲述故事"的图画书（高晓妹，2009），图画与文字之间是对称的关系，即提供相同的信息，叙述同一个故事。在这种图文关系下，以读图为主的 3 - 6 岁儿童能够从图画中获得较为完整的理解，而不会受到识字水平的影响，有利于表现出图画故事书认知与理解的真实水平。第三，这本书中图画的背景简单，"图画形象"及其之间的关系容易区分，便于从视觉语法的角度考察儿童的眼动。

（3）　**实验仪器**

采用瑞典 Tobii Technology AB 公司生产的 T60 眼动仪。该眼动仪为一体式遥测型，由一台电脑和一台 17 英寸液晶显示器构成，显示器分辨率为 1 280×1 024，眼动仪的采样频率为 60 Hz，采样精度为 0.5°，允许 44 cm×22 cm×30 cm 的头动范围。实验中儿童无需佩戴头盔，且看不出有任何"追踪设备"，确保了儿童能够在较为自然的状态下完成在眼动仪上的阅读过程，保证了眼动数据采集的可行性和可靠性。

（4）　**实验过程**

事先采用高清扫描仪和 Photoshop 图像处理软件将阅读材料制作成电子书，以合页形式呈现在电脑显示器上，未改变图画书的色彩和文字等特征。儿童先进行眼动实验，坐在距离眼动仪的显示器 60 厘米的座位上，调整显示器以确保儿童的眼睛能平视屏幕中央，采用五点定标法对儿童的视线采集进行定标，图画书每一合页在显示器上呈现 10 秒，总阅读时间为 190 秒，眼动仪自动记录儿童的眼动数据。眼动实验完成后，请儿童一边翻看纸质图画书一边回答阅读理解问题。问题事先依据每页图画的内容编制，首先提问"这里发生了什么？"，然后依据幼儿的回答追问"它是谁（这里有谁）？""还有什么？""它怎么样了？""为什么会这样？"等，了解幼儿能否识别图画形象，并在此基础上理解图画形象之间的关系所表征的行动和变化。每位儿童实验时间总计为 20 分钟左右，所有数据采集在 2008 年 9 月至 12 月期间完成。

（5）　**阅读理解评分方法**

参考表 3.1 所示阅读理解分析对照表，对儿童回答阅读理解问题时所说出的图画形象名称对应的名词、事件行动对应的动词以及角色状态所对应的形容词等关键词进行计分,完全正确计 1 分,意思接近计 0.5 分,不正确或未说出关键词计 0 分。

表3.1 阅读理解分析对照表

页码	图画形象	事件行动	角色状态
P5	蛋 月亮 叶子	躺	小小的
P6	毛毛虫 太阳	爬出来	又小又饿
P7	毛毛虫 苹果 太阳	找 吃	饿
P8	毛毛虫 梨	吃	饿
P9	毛毛虫 李子	吃	饿
P10	毛毛虫 草莓	吃	饿
P11	毛毛虫 橘子	吃	饿
P12	毛毛虫 巧克力蛋糕 冰淇淋甜筒 腌黄瓜 奶酪 火腿 棒棒糖 樱桃派 香肠 纸杯蛋糕 西瓜	吃	痛
P13	毛毛虫 叶子	吃	舒服
P14	毛毛虫 茧	造 包 住 咬破 钻	又肥又大
P15	蝴蝶	变成	漂亮

(6) 眼动分析区域的划分

以图画书正文页(5 - 15 页)为分析对象,总计 32 个图画形象。数据采集之后采用 Tobii Studio 软件在每幅页面上沿文字四周边缘划出文字区域,文字区域以外则是图画区域(如图 3.2);沿每个图画形象的边缘划出图画形象区域(如图 3.3)。第 8 - 11 页上有

图 3.2 图画区域的划分样例

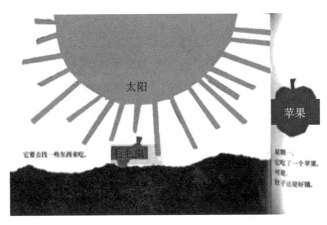

图 3.3　图画形象区域的划分样例

重复的水果形象,由于儿童的注视主要集中在第一个水果上,因而只划出第一个水果区域作为分析对象。参照次数分布表的分组方法,依据每个图画形象占整幅页面面积的比例,将图画形象按面积大小分为大、中、小三组;依据儿童在回答阅读理解问题时识别图画形象的平均得分,由高到低将图画形象按语义表征难度分为易、中、难三组。

(7)　**眼动分析指标**

将研究对象的视线在注视目标上停留时间超过 100 毫秒的停留点作为一个注视点,主要分析的眼动指标包括注视时间(fixation length, FL)、注视次数(fixation count, FC)、首次注视时间(time to first fixation, TFF)和回视次数(regression count, RC)等。注视时间指儿童在注视目标上的所有注视点的停留时间之和;注视次数指儿童在注视目标上注视点的数量;首次注视时间指儿童第一次注视到注视目标并形成注视点的时间;回视指儿童注视点回到原来曾经注视过的位置,回视出次数指注视点落到某个目标区域开始从该区域发生回视的次数;回视入次数指回视落入某个区域的次数;回视次数则为回视入次数与出次数的总和。

本部分将从汉语儿童对图画故事书的阅读理解以及汉语儿童早期图画故事书阅读的眼动控制两个方面呈现研究的结果并进行分析。

一、儿童对图画形象、事件行动和角色状态理解的整体情况分析

《好饿的毛毛虫》图画书中的图画形象包括蛋、毛毛虫（出现 9 次）、蝴蝶、月亮、叶子（出现两次）、太阳（出现两次）、苹果、梨、李子、草莓、橘子、巧克力蛋糕、冰淇淋甜筒、腌黄瓜、奶酪、火腿、棒棒糖、樱桃派、香肠、纸杯蛋糕、西瓜和茧等 32 个；事件行动包括躺、爬出来、找、吃（出现 7 次）、造、包、住、咬破、钻、变成等 16 个；角色状态包括小小的、又小又饿、饿（出现 5 次）、痛、舒服、又肥又大、漂亮等 11 个。不同年龄儿童在图画形象、事件行动和角色状态上的理解得分以及占总分百分比情况见表 3.2。

表 3.2　不同年龄儿童对图画形象、事件行动和角色状态的理解

	图画形象		事件行动		角色状态	
	得分	百分比	得分	百分比	得分	百分比
3 岁	8.467	0.265	1.419	0.089	0.778	0.071
4 岁	14.442	0.451	4.419	0.276	1.602	0.146
5 岁	16.733	0.523	6.903	0.431	1.920	0.175
6 岁	20.423	0.638	7.756	0.485	1.997	0.182
平均数	15.125	0.473	5.179	0.324	1.583	0.144
F 检验	280.952***		390.527***		54.332***	

注：*：$p < 0.05$；**：$p < 0.01$；***：$p < 0.001$

随着年龄的增长,儿童能够表达出的图画形象、事件行动和角色状态的数量以及比例都逐渐增加。单因素方差分析(One-way ANOVA)表明,儿童在图画形象、事件行动和角色状态上的理解得分和占总分的百分比在年龄上的主效应都显著($F=280.952$,$p<0.001$;$F=390.527$,$p<0.001$;$F=54.332$,$p<0.001$)。经事后多重检验(Post Hoc)发现,在对图画形象和事件行动的理解上,3、4、5、6岁各年龄组儿童的组间差异都极其显著($p<0.001$);在对角色状态的理解上,3岁和4、5、6岁组儿童的组间差异极其显著($p<0.001$),4岁与6岁组儿童的组间差异显著($p<0.01$),4岁与5岁以及5岁与6岁组儿童之间没有显著性差异。

帕里斯等人(Paris et al.,2001,2003)的研究发现,随着年级的增长,儿童在叙事和访谈两个理解任务中的得分逐渐增加,各年级之间的差异显著,即与低年级儿童相比,高年级的儿童能够讲述出更多与故事结构要素相对应的事件行动,对有关故事角色和角色感受、事件行动以及情节推理等问题的回答也更好。本研究中儿童阅读理解得分的整体情况显示出同样的年龄发展趋势,表明3-6岁有可能是儿童图画故事书阅读理解能力大发展的重要时期,儿童对图画形象和事件行动的理解能力在这一阶段持续快速发展,儿童对角色状态的理解能力在3-5岁期间有较大提高,但在5-6岁期间进步缓慢。

二、儿童对图画形象、事件行动和角色状态理解的比较分析

分别对3-6岁儿童在访谈任务中的图画形象、事件行动和角色状态理解的百分比进行两两配对样本t检验,结果发现不同年龄儿童在事件行动理解上的分数都显著落后于在图画形象理解上的分数($t=33.497$,$p<0.001$),不同年龄儿童在角色状态理解上的分数又都显著落后于在图画形象和事件行动理解上的分数($t=58.991$,$p<0.001$;$t=32.282$,$p<0.001$)。为进一步分析各年龄阶段儿童对图画形象、事件行动和角色状态理解上的差异,分别做各年龄阶段的理解百分比两两配对样本t检验,结果如表3.3和图3.4所示。

3岁至6岁期间,各年龄阶段儿童在事件行动理解上的百分比始终落后于在图画形象理解上的百分比,儿童在角色状态理解上的百分比又始终显著落后于在图画形象和事件行动理解上的百分比。3岁儿童在事件行动和角色状态理解上的百分比都非常低,接近于零,到4岁时这一分数才开始增加,并在之后持续提高。随着年龄的增长,儿童在事件行动理解和图画形象理解上的百分比之间的差异有逐渐减小的趋势;然而,儿童在角

表 3.3　不同年龄儿童图画形象、事件行动和角色状态理解比较

		图画形象	事件行动
事件行动	3	$t=23.968***$	
	4	$t=17.899***$	
	5	$t=8.868***$	
	6	$t=21.578***$	
角色动态	3	$t=20.986***$	$t=2.120*$
	4	$t=28.194***$	$t=12.694***$
	5	$t=31.451***$	$t=27.307***$
	6	$t=57.976***$	$t=35.640***$

注：$*$：$p<0.05$；$**$：$p<0.01$；$***$：$p<0.001$

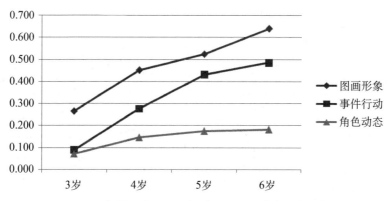

图 3.4　不同年龄儿童图画形象、事件行动和角色状态理解比较

色状态理解上的百分比与儿童在图画形象和事件行动理解上的百分比之间的差异则呈现出逐渐增加的趋势。

　　这一结果表明 3 岁儿童以理解图画故事书中的图画形象为主,对事件行动和角色状态的理解不足。4 岁可能是儿童图画故事书阅读理解,尤其是事件行动和角色状态理解发展的一个关键起点:由 4 岁到 6 岁,儿童对事件行动的理解能力与对图画形象的理解能力一样持续快速发展,并逐渐接近对图画形象的理解水平;同一时期,儿童对角色状态的理解能力也持续发展,但与儿童图画形象和事件行动理解能力的发展相比速度较慢,且虽然儿童对角色状态的理解在 4 岁和 5 岁时较 3 岁儿童有较大提高,但在 5-6 岁之间

则进步不大。由此可以判断,3－6岁儿童对图画故事书的理解遵循由图画形象到事件行动再到角色状态的发展顺序,3岁儿童以图画形象理解为主,4岁可能是儿童阅读理解能力,尤其是事件行动和角色状态理解能力发展的关键期。

三、儿童在图画形象理解上的难易点分析

《好饿的毛毛虫》图画书中的图画形象一共有32个,可分为主角图画形象和事物图画形象两大类。主角图画形象包括蛋、毛毛虫(出现9次)和蝴蝶,事物图画形象包括月亮、叶子(出现2次)、太阳(出现2次)、苹果、梨、李子、草莓、橘子、巧克力蛋糕、冰淇淋甜筒、腌黄瓜、奶酪、火腿、棒棒糖、樱桃派、香肠、纸杯蛋糕、西瓜和茧等。以下,我们将分别报告儿童对不同主角图画形象和不同事物图画形象的理解情况。

儿童在三种主角图画形象理解上的得分如表3.4和图3.5所示,其中"毛毛虫"一项是出现9次的毛毛虫图画形象理解得分的平均分。

表3.4　儿童在不同主角图画形象理解上的得分

	蛋	毛毛虫	蝴蝶
3 岁	0.113	0.409	0.715
4 岁	0.156	0.661	0.783
5 岁	0.253	0.794	0.928
6 岁	0.367	0.899	0.966
平均数	0.225	0.695	0.850
F 检验	28.380***	148.562***	37.358***

随着年龄增长,3－6岁儿童对毛毛虫三种主角图画形象的理解都越来越好。同时,不同年龄儿童对毛毛虫三种主角图画形象的理解呈现出相同的难易度趋势,即儿童对"蝴蝶"形象的理解最好,对"毛毛虫"形象的理解其次,对"蛋"的理解最差。

儿童在不同事物图画形象理解上的得分如表3.5和图3.6、图3.7所示。其中"太阳"作为背景事物以相似的图画表现方式出现了2次,因而取儿童对出现2次的太阳图画形象理解的平均分作为对"太阳"图画形象的理解得分。"叶子"分别作为背景事物和毛毛虫动作施予的对象(食物)在书中出现2次,且每次的图画表现方式不同,因而分别

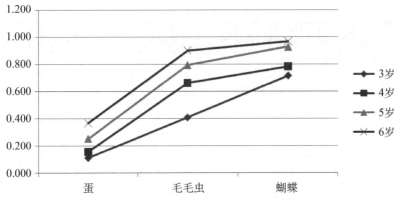

图 3.5　儿童在不同主角图画形象理解上的得分

注：*：p＜0.05；**：p＜0.01；***：p＜0.001

呈现儿童对"叶子1"和"叶子2"的理解得分。

表3.5　儿童在不同事物图画形象理解上的得分

	月亮	叶子1	太阳	苹果	梨
3 岁	0.139	0.113	0.483	0.576	0.354
4 岁	0.280	0.165	0.558	0.763	0.855
5 岁	0.393	0.285	0.467	0.853	0.889
6 岁	0.571	0.472	0.485	0.966	0.966
平均数	0.350	0.263	0.498	0.793	0.770
F 检验	51.570***	46.233***	4.061**	58.602***	198.419***
	李子	草莓	橘子	叶子2	茧
3 岁	0.000	0.573	0.187	0.424	0.015
4 岁	0.036	0.819	0.441	0.678	0.123
5 岁	0.171	0.853	0.639	0.787	0.195
6 岁	0.267	1.000	0.601	0.798	0.321
平均数	0.121	0.815	0.470	0.674	0.167
F 检验	49.984***	76.550***	64.522***	46.780***	56.248***
	巧克力蛋糕	冰淇淋甜筒	腌黄瓜	奶酪	火腿
3 岁	0.129	0.147	0.056	0.040	0.073

	巧克力蛋糕	冰淇淋甜筒	腌黄瓜	奶酪	火腿
4 岁	0.188	0.222	0.137	0.211	0.145
5 岁	0.177	0.282	0.161	0.249	0.177
6 岁	0.460	0.400	0.244	0.497	0.322
平均数	0.243	0.266	0.151	0.254	0.182
F 检验	70.733***	47.605***	33.373***	69.014***	24.675***
	棒棒糖	樱桃派	香肠	纸杯蛋糕	西瓜
3 岁	0.300	0.000	0.003	0.091	0.222
4 岁	0.516	0.000	0.207	0.229	0.431
5 岁	0.495	0.105	0.285	0.141	0.357
6 岁	0.698	0.092	0.564	0.271	0.598
平均数	0.506	0.050	0.271	0.184	0.406
F 检验	39.134***	22.142***	108.464***	27.512***	34.644***

注：*：$p < 0.05$；**：$p < 0.01$；***：$p < 0.001$

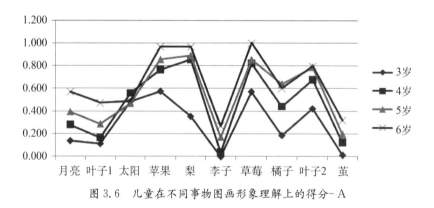

图 3.6　儿童在不同事物图画形象理解上的得分-A

随着年龄增长，3—6岁儿童对各个事物图画形象的理解越来越好。同时，不同年龄的儿童对21个事物图画形象的理解呈现出相同的难易度趋势，即儿童对"草莓""苹果""梨""叶子2""棒棒糖""太阳""橘子""西瓜"和"月亮"等事物图画形象的理解较好，对"香肠""冰淇淋甜筒""叶子1""奶酪""巧克力蛋糕""纸杯蛋糕""火腿""茧""腌黄瓜""李子"

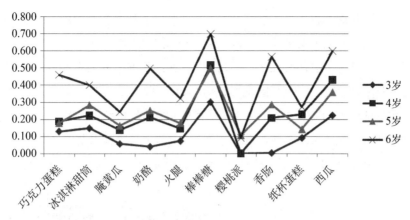

图 3.7　儿童在不同事物图画形象理解上的得分-B

和"樱桃派"等事物图画形象的理解较差。

对上述的结果进行分析发现,图画形象的大小、色彩等视觉特征以及图画形象所表征的意义(视觉语法特征),可能对儿童的理解产生影响。以图画书中三种主角的图画形象为例,面积的大小、色彩以及出现次数的多少影响了儿童对这三种图画形象的观察与理解。如图 3.8 所示,"蝴蝶"是其所在图页上唯一的形象,位置居中且占据很大面积,儿童打开这一页马上就会看到;"毛毛虫"和"蛋"在图画中所占面积都很小,不太容易引起儿童的注意,不过"毛毛虫"的颜色比较鲜艳,且在图画书中出现了 9 次,"蛋"则是白色且只出现过 1 次,因而与"蛋"相比,"毛毛虫"会有更多的机会引起儿童的注意。那么,对于很快就能注意到的"蝴蝶"形象,儿童便有充分的时间进行观察,同时联系相关的生活、阅读与认知经验而形成正确的理解。对于"毛毛虫"形象,儿童可能开始没有很快注意到,但随着毛毛虫一次又一次地出现,儿童也会较快注意到并对其进行观察理解。然而,对于只出现了一次的既小又暗淡的"蛋",儿童无法很快注意到,因而也没有充分的时间来观察理解。

图 3.8　毛毛虫不同角色图画形象视觉特征比较

再以毛毛虫吃的几种水果"苹果""梨""李子""草莓"和"橘子"为例,儿童对这些图画形象的理解受到其所表征的意义——现实世界中对应的水果的影响。"苹果""梨""草莓""李子"和"橘子"都是日常生活中常见的水果,在图画书中的大小、色彩和位置等视觉特征相似。只是,如图3.9所示,图画书中的"苹果""梨""草莓"和"橘子"的形象与其所表征的日常生活中的相应水果外观一致,因而儿童很容易理解;而图画书中"李子"的形象表征的是西方常见的维多利亚品种的李子,与中国生活中常见的李子外观不同,很多儿童没见过这种李子,缺乏相关的经验,因而无法理解,说不出这是什么水果。

"李子"图画形象

维多利亚李子

中国李子

图3.9 "李子"图画形象与生活中的"李子"外观比较

第三节　汉语儿童图画故事书阅读与眼动关注

眼动控制主要涉及两方面的问题，一是哪些因素决定读者何时移动眼睛，二是哪些因素决定读者的眼睛移向何处（白学军等，2015）。本研究主要探讨图画形象的视觉特征和视觉语法特征两方面因素如何影响儿童阅读图画书时的眼动。《好饿的毛毛虫》这本书的图画简洁，以空白为主要背景，以主角及其吃的食物为主要表现形象，位置一般在页面上居中且色彩鲜艳，32个图画形象在视觉上以面积大小为主要变化特征，在视觉语法上语义表征难度表现为儿童回答阅读理解问题时在识别图画形象上的平均得分，图画形象之间的语法关系表现两者之间是否表征某一"行动"。

一、儿童在图画形象区域上的整体视觉关注分析

10秒的显示时间里，儿童在图画书整幅页面上的注视时间平均为8.24秒，注视次数平均为19.07次，这其中平均91％的注视时间和94％的注视次数都集中在图画区域。图3.10和图3.11则显示出在注视图画区域的过程中，儿童的注视时间和注视次数则又高度集中在图画形象区域。儿童在图画区域的注视时间平均为7.45秒，其中72％即5.35秒集中在图画形象区域；儿童在图画区域的注视次数平均为17.88次，其中69％即12.37次落在图画形象区域。

分别计算儿童在图画区域上的注视时间、注视次数占整幅页面注视时间、注视次数的比例以及儿童在图画形象区域上的注视时间、注视次数占整幅页面注视时间、注视次数的比例。以年龄为自变量，以儿童在图画区域和图画形象区域上的注视时间比例、注视次数比例分别做单因素方差分析，结果如图3.12和图3.13所示。随着年龄增长，儿童在图画区域上的注视时间比例有所下降（F＝65.534，p＜0.001），注视次数比例也有

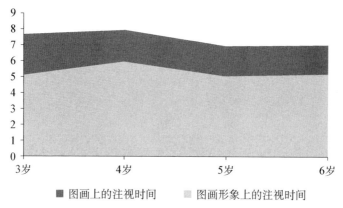

■ 图画上的注视时间　　■ 图画形象上的注视时间

图 3.10　不同年龄儿童在图画和图画形象上的注视时间

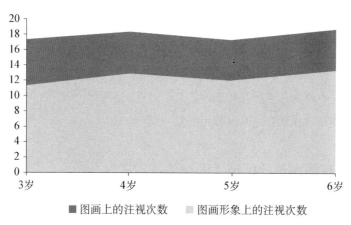

■ 图画上的注视次数　　■ 图画形象上的注视次数

图 3.11　不同年龄儿童在图画和图画形象上的注视次数

所下降（F=54.701，p<0.001）。经事后多重检验发现，儿童在图画区域上的注视时间比例和注视次数比例除了 3 岁和 4 岁儿童之间的差异不显著，其他各年龄组两两之间的差异都显著（ps<0.01）。这表明儿童在 4 岁后对图画区域的视觉关注程度降低。但与此同时，儿童在图画形象区域上的注视时间比例呈显著上升趋势（F=9.711，p<0.001），注视次数比例也呈显著上升趋势（F=7.511，p<0.001）。经事后多重检验发现，3 岁与 4 岁和 6 岁儿童以及 5 岁与 6 岁儿童在图画形象区域上的注视时间比例和注视次数比例的组间差异显著（ps<0.001），表明 4 岁后儿童在图画形象区域上的视觉注视程度显著提高。

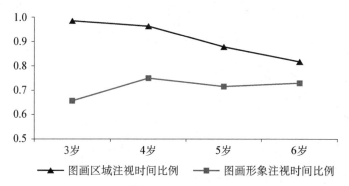

图 3.12　不同年龄儿童在图画区域和图画形象区域的注视时间比例

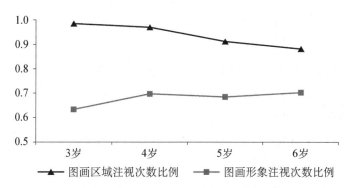

图 3.13　不同年龄儿童在图画区域和图画形象区域的注视次数比例

二、儿童在不同面积图画形象区域上的视觉关注分析

以儿童的年龄和图画形象的面积大小等级为自变量,以儿童在各图画形象上的首次注视时间、注视时间和注视次数为因变量,做多元方差分析(MANOVA),结果有以下发现。

在首次注视时间上,面积等级的主效应显著($F = 26.998$, $p < 0.001$),事后多重检验表明,儿童在不同面积等级图画形象上的首次注视时间两两之间差异都显著($ps < 0.01$),随面积等级由小到大,儿童首次注视到图画形象的时间由晚到早(如图 3.14);在首次注视时间上年龄的主效应以及年龄与面积的交互效应都不显著。

在注视时间上,年龄的主效应显著($F = 7.708$, $p < 0.001$),事后多重检验表明,4 岁

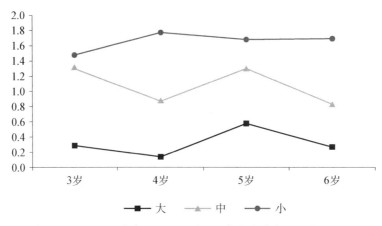

图 3.14　儿童在不同面积图画形象上的首次注视时间

儿童在图画形象上的平均注视时间长于 3 岁、5 岁和 6 岁儿童(ps<0.001)。面积等级的主效应显著(F=1 387.407，p<0.001)，事后多重检验表明，儿童在不同面积等级图画形象上的平均注视时间两两之间差异都显著(ps<0.001)，随面积等级由小到大，儿童在图画形象上的平均注视时间由短到长。年龄和面积等级的交互效应也显著(F=4.217，p<0.001)，简单效应分析表明，一方面对于不同面积等级的图画形象，儿童注视时间的年龄差异表现不同：在面积小的图画形象上，4 岁儿童的注视时间显著长于 3 岁、5 岁和 6 岁儿童(ps<0.01)，在面积中等的图画形象上，3 岁和 4 岁儿童的注视时间显著长于 5 岁和 6 岁儿童(ps<0.05)，在面积大的图画形象上，4 岁儿童的注视时间显著长于 3 岁和 5 岁儿童(ps<0.05)；另一方面不同年龄儿童在不同面积等级图画形象上的注视时间两两之间差异都显著，且非常一致地表现为随面积等级由小到大注视时间由短到长(ps<0.001)。总体而言，如图 3.15 所示，由 3－4 岁，儿童在面积等级为大和小的图画形象上的注视时间显著增加；而无论年龄如何，3－6 岁儿童都一致地表现出在面积大的图画形象上注视时间最长，在面积中等的图画形象上的注视时间其次，在面积小的图画形象上的注视时间最短。

在注视次数上，年龄的主效应显著(F=10.294，p<0.001)，事后多重检验表明，4 岁和 6 岁儿童在图画形象上的平均注视次数显著多于 3 岁和 5 岁儿童(ps<0.05)。面积等级的主效应显著(F=2 319.218，p<0.001)，事后多重检验表明，儿童在不同面积等级图画形象上的平均注视次数两两之间差异都显著(ps<0.001)，随着面积等级由小到大，儿

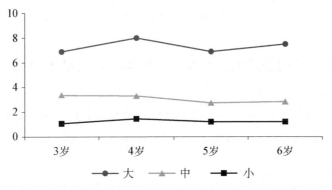

图 3.15　儿童在不同面积图画形象上的注视时间

童在图画形象上的平均注视次数由少到多。年龄和面积等级的交互效应也显著(F＝
3.894，p＜0.001)，简单效应分析表明，一方面对于不同面积等级的图画形象，儿童注视
次数的年龄差异表现不同：在面积小的图画形象上，4 岁、5 岁和 6 岁儿童的注视次数显
著多于 3 岁儿童(ps＜0.05)，在面积中等的图画形象上，4 岁和 6 岁儿童的注视次数显著
多于 5 岁儿童(ps＜0.05)，在面积大的图画形象上，6 岁儿童的注视次数显著多于 3 岁和
5 岁儿童(ps＜0.01)；另一方面不同年龄儿童在不同面积等级图画形象上的注视次数两
两之间差异都显著，且非常一致地表现为随面积等级由小到大，注视次数由少到多(ps＜
0.001)。总体而言，如图 3.16 所示，虽然在不同面积等级的图画形象上儿童注视次数的
年龄差异表现有所不同，但基本一致的是 4 岁后儿童的注视次数呈增加趋势；而无论年

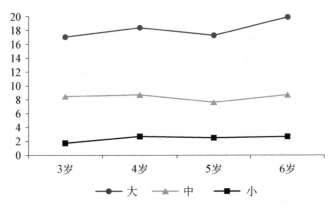

图 3.16　儿童在不同面积图画形象上的注视时间

龄如何,3-6岁儿童都一致地表现出在面积大的图画形象上注视次数最多,在面积中等的图画形象上的注视次数其次,在面积小的图画形象上的注视次数最少。

三、儿童在不同语义表征难度等级图画形象区域上的视觉关注分析

以儿童的年龄和图画形象的语义表征难度等级为自变量,以儿童在各图画形象上的首次注视时间、注视时间和注视次数为因变量,做多元方差分析(MANOVA),结果有以下发现。

在首次注视时间上,语义表征难度等级的主效应显著($F=27.069$,$p<0.001$),事后多重检验表明,儿童在不同语义表征难度等级图画形象上的首次注视时间两两之间差异都显著($ps<0.01$),随语义表征难度由低到高儿童首次注视到图画形象的时间也由短到长。年龄的主效应不显著。年龄和语义难度等级的交互效应显著($F=27.069$,$p<0.001$),简单效应分析表明,一方面对于语义表征难度不同的图画形象儿童首次注视时间的年龄差异有所不同:在容易表征的图画形象上,4岁儿童的首次注视时间显著早于3岁儿童($p<0.05$),在语义表征难度中等的图画形象上,3岁儿童的首次注视时间显著早于4岁儿童($p<0.05$);另一方面不同年龄儿童在不同语义表征难度图画形象上的首次注视时间的差异也有所不同:3岁儿童最早注意到语义表征难度中等的图画形象,其次是语义表征难度低的图画形象,最后注意到语义表征难度高的图画形象,且在语义表征难度为中和高的图画形象上的首次注视时间差异显著($p<0.05$),4岁、5岁和6岁儿童较为一致的表现为最早注意到语义表征难度低的图画形象,其次是语义表征难度中等的图画形象,最后是语义表征难度高的图画形象,且4岁和6岁儿童在不同语义表征难度图画形象上的首次注视时间两两之间差异显著($ps<0.01$),5岁儿童在语义表征难度低和高的图画形象上的首次注视时间差异显著($p<0.01$)。如图3.17所示,这表明除了3岁儿童最早注意到语义表征难度中等的图画形象以外,儿童大多最早注意到语义表征难度低的图画形象,其次是语义表征难度中等的图画形象,最后注意到语义表征难度高的图画形象。

在注视时间上,年龄的主效应显著($F=10.031$,$p<0.001$),事后多重检验表明,4岁儿童在图画形象上的平均注视时间长于3岁、5岁和6岁儿童($ps<0.001$);语义表征难度等级的主效应显著($F=552.169$,$p<0.001$),事后多重检验表明,儿童在不同语义表征难度等级图画形象上的平均注视时间两两之间差异都显著($ps<0.01$),随语义表征难

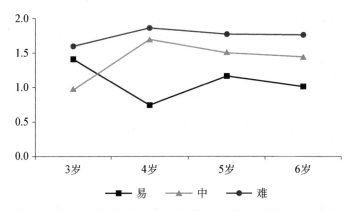

图 3.17　儿童在不同语义表征难度图画形象上的首次注视时间

度由高到低,儿童在图画形象上的平均注视时间由短到长;年龄和语义表征难度等级的交互效应不显著(如图 3.18)。

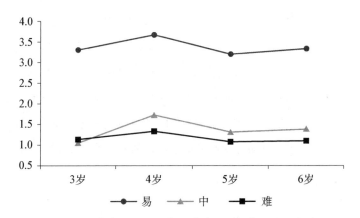

图 3.18　儿童在不同语义表征难度图画形象上的注视时间

在注视次数上,年龄的主效应显著(F＝8.841,p＜0.001),事后多重检验表明,4 岁和 6 岁儿童在图画形象上的平均注视次数显著多于 3 岁和 5 岁儿童(ps＜0.05);语义表征难度等级的主效应显著(F＝767.185,p＜0.001),事后多重检验表明,儿童在语义表征难度低的图画形象上的平均注视次数显著多于语义表征难度中和高的图画形象(ps＜0.001);年龄和面积等级的交互效应不显著(如图 3.19)。

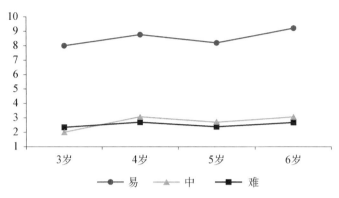

图 3.19　儿童在不同语义表征难度图画形象上的注视时间

四、儿童在不同关系图画形象上的回视分析

儿童在识别图画形象后,可能通过回视进一步加工图画形象之间的关系以获得对"行动"的理解。以年龄为自变量,以儿童在 32 个图画形象区域上的回视总次数为因变量做单因素方差分析发现,随着年龄增长,儿童的回视总数显著增加(F=326.980,p<0.001),事后多重检验表明,除了 4 岁和 6 岁儿童之间的回视总数差异不显著外,3 岁与 4 岁、5 岁、6 岁儿童之间,4 岁与 5 岁儿童之间,以及 5 岁与 6 岁儿童之间的差异都显著(ps<0.001)。这表明 4 岁后儿童在图画形象区域上的回视总次数显著增加(如图 3.20)。

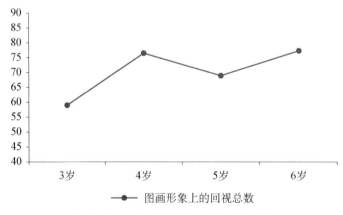

图 3.20　儿童在图画形象上的回视总数

要有效地理解行动,儿童需要对表征行动的施者与受者的图画形象进行回视,正确推理两者之间的关系。《好饿的毛毛虫》第 7 页有三个图画形象,"毛毛虫""苹果"和"太阳"。毛毛虫和苹果是行动"吃"的施者与受者,两者具有表征行动的视觉语法关系;太阳虽然面积更大,但与毛毛虫之间并无视觉语法关系。儿童对毛毛虫和苹果进行来回注视能够更准确地从两者的关系中推测出"吃"这一行动,而对毛毛虫和太阳进行来回注视,则对理解"吃"并无帮助并有可能形成干扰。

在第 7 页上,共有 109 位儿童在毛毛虫、太阳和苹果上产生回视数据。以年龄为自变量,以儿童在毛毛虫和苹果之间以及毛毛虫和太阳之间的回视次数为因变量,分别做单因素方差分析,结果表明儿童在毛毛虫和苹果之间的回视次数显著增加(F＝3.408, p＜0.05),在毛毛虫和太阳之间的回视次数也显著增加(F＝4.724, p＜0.01)。事后多重检验表明,4 岁儿童在毛毛虫与太阳之间的回视次数比 3 岁儿童显著增加(p＜0.01);6 岁儿童在毛毛虫与苹果之间的回视次数比 3 岁儿童显著增加(p＜0.01)。对儿童在毛毛虫与苹果之间的回视次数和在毛毛虫与太阳之间的回视次数做配对样本 t 检验,结果发现,6 岁儿童在毛毛虫与苹果之间的回视显著多于在毛毛虫与太阳之间的回视(t＝3.015, p＜0.01),虽然未达到统计学意义上的显著性水平,但 4 岁和 5 岁儿童在毛毛虫与太阳之间的回视多于在毛毛虫与苹果之间的回视。这表明儿童在 3 岁以后开始通过图画形象之间的回视推理两者之间的关系,但 5 岁前儿童在那些图画形象之间进行回视较容易受到其视觉特征的影响,5 岁后则更容易受到其视觉语法特征的影响(如图 3.21)。

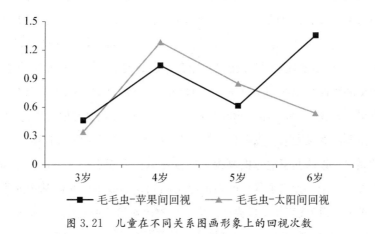

图 3.21　儿童在不同关系图画形象上的回视次数

第四节 提升汉语儿童图画书阅读理解能力的教育建议

总结上述有关3－6岁汉语学前儿童图画故事书阅读理解以及眼动控制的分析结果，以下将针对本研究的三个问题提出结论并进行讨论，最后提出相应的教育建议。

一、汉语儿童对图画故事书的理解历经由图画形象到事件行动再到角色状态等阶段

本研究建立了基于图画形象认知的阅读理解评估框架，对儿童阅读理解的整体分析以及儿童对图画形象、事件行动和角色状态理解的比较分析表明，儿童阅读图画故事书时的意义建构以图画形象为基础，对图画故事书的理解历经图画形象到事件行动再到角色状态等阶段。

首先，从发展的起点来看，3岁儿童主要理解的是图画形象，对事件行动和角色状态的理解几乎为零，4岁以后的儿童在事件行动和角色状态理解上的得分才开始增加并在之后持续提高；其次，从发展的水平来看，儿童在3－6岁期间始终对图画形象的理解最好，其次是对事件行动的理解，最差的是对角色状态的理解；第三，从发展的速度来看，儿童对图画形象和事件行动的理解远远快于对角色状态的理解。这些结果在一定程度上支持了视觉语法理论，表明正如儿童在理解一句话之前首先要理解组成这句话的词汇，儿童在理解图画的意义之前首先要理解构成图画的语法单元—图画形象。

这样的结果可以从儿童通过图画视觉阅读获取信息能力的发展以及儿童口头语言表达能力的发展两个方面来解释。图画形象是图画建构故事意义的基本元素（Kress & Leeuwen，1996），直接代表物质世界中的人、事、物等对象。通过联系已有的生活和认知经验，儿童比较容易理解这种由图画直接表征的意义（Goldsmith，1984；Cooper，2008）。

对事件行动的理解则要求儿童综合来自不同图画形象的信息,对图画形象之间的关系进行推理,而儿童在4-8岁期间整合图画信息、对图画进行推理的能力持续增强(Paris & Paris,2001;2003),因而其对事件行动的理解水平也迅速获得了提高。对角色状态的理解除了要求儿童能综合图画信息进行推理外,还需要儿童具有一定的心理理论能力,能够推断角色的心理状态。儿童虽然在4-5岁左右开始形成心理理论(王益文,张文新,2002),但6岁以前的儿童仍处于认知发展的自我中心阶段,其识别和理解他人心理状态的水平都有限(王振宇,2000),因而即使4岁以后的儿童对角色状态的理解较3岁儿童有较大进步,但一直到6岁期间儿童对角色状态理解的整体水平还是不高。另外,本研究通过儿童口头回答问题获得其阅读理解得分,因而所获得的结果也会受到儿童口头语言表达能力的影响。与图画形象、事件行动和角色状态等内容的表达相对应的分别是语言中的名词、动词和形容词,而儿童词汇发展由名词到动词再到形容词(夏滢,2009)这一顺序特征无疑也在一定程度上反映在了儿童对其理解的图画故事书中的图画形象、事件行动和角色状态等内容的表达之中。

二、汉语儿童阅读图画故事书时的眼动受图画形象视觉特征和视觉语法特征影响

有关文字阅读和场景知觉的眼动研究都表明读者的眼动受到视觉和语言认知两方面因素的影响(白学军等,2015;Clifton et al.,2016;Henderson & Hollingworth,1998)。本研究对3-6岁儿童在不同类型图画形象上的视觉关注分析表明,儿童自主阅读时何时关注到图画形象、在图画形象上注视多长时间和多少次数同样受到图画形象的视觉特征(面积大小)和视觉语法特征(语义表征难度)两方面因素的影响。

首先,图画形象的面积越大,儿童越早注意到,并且注视的时间越长、次数越多,这支持了高晓妹所提出的儿童自主阅读图画书时的视觉关注具有大面积信息优先的特点(高晓妹,2009)。另外,图画形象的语义表征难度越低,儿童越早能够注意到,并且注视的时间越长、次数越多。这些语义表征难度低的图画形象是在回答阅读理解问题时大多数儿童能够识别出来的图画形象,表明儿童在自主阅读时容易注意到,并且会花更多的时间关注他们所熟悉的图画形象。其次,3岁儿童最早注意到面积大的图画形象,但并不是最早注意到语义难度低的图画形象。有可能对于年幼的儿童来说,由于认知经验和生活经验有限,在自主阅读时他们何时关注到图画形象更容易受到面积大小等视觉特征的影

响。最后,儿童在语义表征难度低的图画形象上注视的时间最长、次数最多,而在语义表征难度中等和高的图画形象上注视的时间短、次数少,且两者之间并无显著差异。这可能反映出语义表征难度对儿童自主阅读的图画认知加工过程的影响。有研究者通过阅读反应的观察分析指出,儿童在阅读图画书时通过对图画中的对象进行命名、讨论以及推理而建构故事意义(Day,1996;Cooper,2008)。当儿童识别出图画形象后,才能进一步对图画形象之间的关系进行认知加工,推断其所表征的行动,因而如果图画形象的语义表征难度较大,儿童无法在早期识别出图画形象,那么就会停止加工而中断对图画形象的关注。这与Rayner及其同事所认为的读者在文字阅读过程中的眼动很大程度上由词法及其他语言加工所控制的观点也是一致的(Clifton,2016)。

三、注视聚焦于图画形象、回视聚焦于有视觉语法关系的图画形象有助于儿童更好的理解

与阅读文字时一般从左往右、从上往下不同,人们在观看图画时的眼动注视轨迹似乎没有明显的规律(Duchowski,2003),但已有研究指出人们在观看图画时视线总是集中在信息丰富的区域(Henderson & Hollingworth,1998),儿童也不例外(高晓妹,2009;周兢等,2010;韩映红等,2011)。然而,并没有研究具体说明图画中哪里是富含信息的区域以及儿童如何关注这些富含信息的区域。本研究从视觉语法的角度分析图画的构成,由于"图画形象"承担了类似语言中"词"的功能,是构成图画叙事的基本语法单元,因而认为图画形象区域是富含故事内容信息的区域。

对儿童在图画形象区域上的整体视觉关注的分析结果从两个方面证实图画形象是3-6岁儿童自主阅读图画书时视线聚焦的富含信息区域。一方面,在阅读时间有限的情况下,儿童注视图画形象区域的时间比例和次数比例都非常高;另一方面,当儿童随年龄增长逐渐减少在图画区域的注视时间比例和次数比例时,对图画形象的注视时间比例和次数比例却仍然显著增加。由于年幼的儿童基本不识字,他们对图画形象区域的高度视觉关注表明这些区域是他们在自主阅读图画书时获得故事信息的主要来源。3-6岁儿童的阅读能力发展遵循由图画到文字的过程,从读图逐渐过渡到图文阅读(周兢等,2010);因而,随着年龄增加,儿童会逐渐减少对图画区域的关注,开始将文字作为关键信息而增加视觉关注(刘宝根等,2011)。本研究发现,在这一过程中,儿童对图画形象区域的视觉关注也呈现出增长的趋势,说明当儿童开始学习通过图文对照获得故事信息时,

图画形象仍然是他们获得故事信息的重要来源。

无论是处于读图还是图文结合阅读的阶段，3—6岁儿童都高度关注图画形象区域，且随年龄增长，儿童对图画形象区域的关注程度有提高的趋势。另外，本研究对3—6岁儿童在不同关系图画形象之间回视的分析表明，5岁前儿童较多受视觉特征的影响而在无关图画形象之间产生回视，5岁后儿童的回视则较多受视觉语法特征的影响，逐渐减少对无关图画形象之间的回视，但逐渐增加对有视觉语法关系的图画形象的回视。由于随年龄增长，3—6岁儿童在自主阅读过程中对图画形象和行动的理解越来越好，因而本研究的这些发现可能表明注视聚焦于图画形象、回视聚焦于有视觉语法关系的图画形象有助于儿童的理解。这一方面是由于图画形象是图画叙事的基本语法单元，富含故事信息；另一方面是由于回视反映的是儿童对图画形象之间关系的推理过程，当儿童在具有语法关系的图画形象之间来回注视时才有可能推理出其所表征的行动，而在无关图画形象之间的来回注视无助于儿童对行动的推理甚至产生干扰。

四、在教育情境中帮助儿童提升阅读理解水平

1. 对儿童的阅读理解指导遵循由图画形象到事件行动再到角色状态的发展顺序

3—6岁汉语儿童对图画故事书的理解遵循由图画形象理解到事件行动理解再到角色状态理解的顺序。3岁儿童以图画形象理解为主；4岁开始，儿童对事件行动和角色状态的理解获得发展；4—6岁期间，儿童对图画形象和事件行动的理解能力持续显著提高，但对角色状态的理解能力发展较缓。上述有关学前儿童图画故事书阅读理解能力发展的阶段规律虽然提供了一般对应的年龄阶段，但儿童的现实发展状况也可能会依个人生活或阅读经验的丰富与否而有所提前或落后，或是有所擅长或不足。成人应心怀学前儿童图画故事书阅读理解能力发展这一顺序规律，在通过观察与互动了解儿童所处发展阶段的基础上，合理设置活动目标，帮助儿童在现有的水平上获得进一步发展。例如，小班孩子可以侧重于发展对图画形象以及由图画形象之间的关系直接表现的事件行动的理解，中班孩子可以侧重于发展对需要联系前后图画内容进行推理的事件行动以及角色外观状态的理解，而大班孩子可以侧重于发展对角色内部心理状态的理解。不过这样并不意味着不同的年龄段只发展某一种阅读理解能力，而是在整合促进儿童图画形象、事件行动和角色状态理解能力发展的前提下突出每个阶段应发展的重点。

此外,阅读活动开展的过程中还应注意这样几点:一是对于年龄小或是阅读经验比较缺乏的孩子可以提供背景简单、图画形象容易分辨、视觉语法关系明显的图画书,以利于他们的理解;二是要重视孩子的自发提问,因为从中可以了解孩子的理解能力水平,同时也可通过适当的提问了解儿童对图画形象、事件行动或角色状态的理解程度如何;三是在对孩子进行指导时应先引导孩子理解图画故事书中的图画形象,在此基础上进一步帮助孩子理解相关的事件行动和角色状态,同一活动中的难度挑战梯度也应参照儿童理解的这一顺序规律而设置;四是对可能超出孩子理解能力范围的内容,成人应提供适当的解释或者支架,引导孩子跳一跳、够一够,在最近发展区内获得阅读理解能力的发展。

2. 帮助儿童学习图画视觉认知的有效策略

儿童自主阅读图画故事书时何时关注到图画形象、在图画形象上注视多长时间和多少次数同样受到图画形象的视觉特征(面积大小)和视觉语法特征(语义表征难度)两方面因素的影响,而注视聚焦于图画形象、回视聚焦于有视觉语法关系的图画形象有助于儿童的理解。从这一结论出发,成人可以在阅读活动中帮助儿童学习图画视觉认知的有效策略。

(1) 优先关注图画形象

图画形象是图画中富含信息的关键区域,本研究的结果也表明,阅读时视线聚焦于图画形象区域有助于儿童更好地建构图画的意义,因而在阅读活动中首先要引导儿童学会优先关注图画形象。图画故事书中的图画形象有很多,依据故事内容可以分为主角、配角、主角动作对象、背景事物等;有些图画形象与故事发生、发展的主线相关,有助于理解故事的主要内容,而有些图画形象与故事主线无关或关系不大,但有助于理解故事的一些细节信息。因此,具体而言,对于年龄小或阅读经验不足的孩子可以引导他们优先关注与故事发展主线相关的图画形象,如主角和主角的动作对象等,这样更有利于他们从整体上理解故事的主要内容;对于稍年长或是阅读经验较丰富的孩子来说,则除了主角和主角的动作对象以外,还可以引导他们注意配角和背景事物等图画形象,从而有利于他们在理解了故事主要内容的基础之上增加对故事其他细节的理解。

(2) 带着问题观察图画

儿童在什么时候注意到图画形象,或接下来会注意哪个图画形象受到图画形象的视觉特征和视觉语法特征两方面因素的影响。儿童会更早注意到面积大的图画形象,或是表征儿童比较熟悉的事物的图画形象,并在这些图画形象上注视的时间更长、次数更多。

因而,在阅读活动之前,成人可以先对图画书中的图画形象进行分析,预测哪些图画形象儿童会比较关注,哪些图画形象儿童则容易忽视。对于那些在视觉特征上不太凸显,或是表征儿童不太熟悉的事物但与故事内容密切相关的图画形象,成人需要采取相应的措施在阅读过程中引导儿童关注。安德伍德和福尔沙姆(Underwood & Foulsham,2006)曾指出,当随意观看图画时被试往往先关注视觉上凸显的对象,但当被试带着寻找某个目标的任务观看图画时,那些与目标无关但视觉凸显的对象就不会对注视产生影响了。这提示我们,在阅读活动中可以通过提问或游戏的方式为儿童设置一个搜索的目标,让儿童带着问题对图画进行观察,这样就能帮助儿童不仅关注到视觉特征凸显、表征意义较为熟悉的图画形象,而且也能有意识地去关注视觉特征不凸显、表征意义不熟悉但有利于理解故事内容的图画形象。当然,对于表征儿童不熟悉的图画形象,成人还应该在活动前丰富儿童的相关经验,或是在活动中提供支架以帮助儿童理解。

(3) 建立图画形象之间的联系

图画故事书中,图画形象表征现实或想象世界中的某个对象,不同图画形象之间的关系构成了故事中的事件行动和角色状态变化。本研究的结果证实在有视觉语法关系的图画形象之间回视有助于儿童的理解,因而在阅读活动中成人要帮助儿童建立图画形象之间的联系。

具体而言,观察的方法是在对图画形象分类的基础上进行推理,从而建立图画形象之间的联系。在同一画页中往往存在多个图画形象,但事件行动主要由角色以及角色动作的对象等图画形象之间的关系构成,其他的背景事物等图画形象则容易成为儿童对事件行动进行视觉认知时的干扰因素,对于3、4岁的年幼儿童尤其如此。因而,成人在鼓励儿童观察图画形象之间的关系时可指导儿童先学会辨别图画形象的类别,了解各类图画形象存在的意义和功能,在此基础上准确识别出表征事件行动的图画形象,对事件行动做出正确推理。有时候,图画故事书中的事件行动并未由可观察到的图画形象之间的关系直接表征,这时,成人则需要指导儿童学习联系前后页的图画形象信息,依据故事情节的发展对相应的事件行动做出推理。与由图画形象之间的关系直接表征的事件行动相比,对这种图画中隐含的事件行动的视觉认知难度较大,应该考虑儿童的现有认知水平合理制定对儿童的指导策略。角色状态变化则表现在表征同一个角色的图画形象在视觉特征上发生变化,这就需要成人引导儿童对这些图画形象进行观察和比较,通过大小、位置、色彩、视角,或是表情、动作等细节比较,建立这些图画形象在意义上的联系,推理角色发生的变化。

第四章

汉语儿童早期知识图画书阅读理解的眼动研究

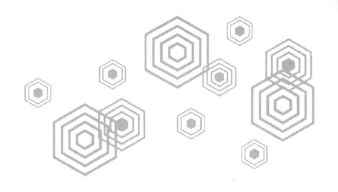

　　早期阅读一直是儿童语言教育领域关注的焦点,所有了解与不甚了解儿童语言教育的行内行外人士都知道早期阅读在幼儿发展中的重要价值,但人们通常认为故事类图画书才是幼儿应该阅读的图画书,而作为图画书中一种非常重要的类型——知识类图画书,由于其语言表述形式、内容呈现方式以及与儿童生活经验之间的联系不够紧密,让不少幼儿教育工作者与家长望而却步,因此鲜有研究者去深入地分析儿童阅读理解这类图画书的特点与认知机制。本研究通过眼动研究聚焦于汉语儿童的知识类图画书阅读理解的眼动水平,以此探究汉语儿童阅读理解的视觉认知特点,以求通过眼动特点了解儿童阅读知识类图画书的理解方式和理解特点,破解知识图画书阅读理解的密码,为教育提供一定的指导性依据。

第一节　研究背景与研究设计

一、研究背景

近年来,由于研究者越来越关注儿童阅读图画书的内在认知机制,有关儿童阅读图画书的眼动研究如雨后春笋般发展起来,尤其是 20 世纪 80 年代后,随着眼动技术的发展,对阅读理解的研究从阅读结果转向阅读的加工过程,20 世纪 90 年代至今,随着这一技术对阅读理解加工机制研究的不断深入,其研究目的、分析指标、阅读情境等都呈现出了多样性。下面对与本章研究相关的眼动研究作一综述。

首先,目前对学前儿童图画书阅读眼动的研究,大多集中于儿童文字意识发展的眼动研究,即儿童对图画书中文字的关注程度研究。国外研究者(Justice & Lankford, 2002)考察了成人与儿童共读图画书时,儿童对图画与文字的关注情况,结果发现即使图画书中的文字凸显,儿童也很少关注文字;三年后增加了研究对象的数量还是得到了相同的结果(Justice et al. , 2005)。国内研究者刘宝根(2011)也做了儿童图画书阅读的眼动研究,结果发现,4-6 岁汉语儿童在独立阅读情境下,仍然先关注图画,并以图画阅读为主,唯一与国外研究有所差异的是,汉语儿童对文字的注视比例远高于国外亲子阅读中所表现出的比例。这类研究结果表明,学前儿童阅读图画书还是以图画阅读为主,即使有研究者(Annie et al. , 2007)发现 5-6 岁学前儿童已开始出现了类文字阅读现象(reading-like saccades on text),但远未达到通过阅读文字理解图画书内容的程度。这一发现在高晓妹(2008)对 3-6 岁儿童独立阅读图画故事书的眼动研究中也得到了证实,其研究表明,即使是 6 岁儿童对文字的注视时间比例也没有超过 20%,因此她在研究的基础上提出了儿童图画书视觉阅读发展的几个阶段,并强调儿童阅读图画故事书时理解内容的主要来源是图画,儿童对图画的理解是其图画书阅读发展过程中向书面语言阅读能力过渡的一座桥。然而,由于图画书中的图画较为复杂,牵涉到多个图画形象,其颜色、线条、形象是写实还是虚构等因素都会影响儿童的视觉认知,图画并不像文字那样有特定的形态和语法规则,因此儿童对图画的视觉认知基本上很少用眼动研究来探析。但是从已有的图画书阅读眼动研究中,也可以发现儿童对图画的视觉认知有一定的规律性。如刘宝根(2011)对4-6岁汉语儿童阅读图画书文字意识发展的研究中发现,随着儿童年龄的增长,他们能够越来越早、越来越迅速地从图画尤其是主角形象中获取有关图画书内容的信息,并且由于对图画视觉认知的不断优化,儿童的文字意识也不断增强。

对图画书阅读理解的眼动研究目前非常少,相关的研究介绍如下:陶云、申继亮、沈德立(2003)开展了对中小学生阅读图文课文的眼动研究,对85名小学五年级、初中二年级和高中二年级学生阅读图文课文的阅读理解指标和眼动指标进行考察,发现学生的阅读理解水平和眼动指标与年龄、课文有图或无图、课文的难度水平都有很密切的关系。李林慧(2011)从图画形象、事件行动和角色状态三个维度对儿童叙事和访谈的语料加以分析,再将儿童在眼动记录中分别对应三个维度的指标加以分析,如对图画形象的分析,就是将图画书中关键的图画形象划出兴趣区,通过分析儿童的首次注视时间、总注视时间和注视点个数来分析儿童对图画形象的视觉认知特点;对儿童视觉认知事件行动的分析是通过考察儿童对书中出现动作的图画形象以及发生动作后与之相关的图画形象之间的回视次数来了解儿童在这一维度上的视觉认知特点;对儿童视觉认知角色状态的分析则是通过对儿童在不同状态主角形象区域上的视觉注视情况予以分析,了解儿童在角色状态这一维度的视觉认知特点。这一研究为本章研究提供了可行性的依据,即儿童阅读图画书时对图画的视觉认知是可以通过眼动记录与分析技术实现的。

其次,在眼动研究中阅读情境的选择上,主要有两种阅读情境的应用。一种是独立阅读情境,这种情境较为多见,即让儿童自己阅读图画书,并用眼动仪同时记录儿童的眼动情况,这种方式虽然跟现实中阅读纸质图画书还是不完全相同,但也接近于自然情境下的独立阅读。除了上面所述的李林慧(2011)的研究外,高晓妹(2008)所作的汉语儿童图画书阅读眼动研究,就是给儿童独立阅读《好饿的毛毛虫》一书;刘宝根(2011)研究4-6岁儿童文字注视的眼动研究也是采用独立阅读情境。另一种常见的阅读情境是成人伴读,如金慧慧(2010)对2-3岁婴幼儿阅读图画书的眼动研究就是采用成人伴读的方式,韩映红等(2011)分别采用自主阅读(即独立阅读)和成人伴读两种阅读方式来探究3-4岁幼儿阅读图画书的眼动情况,研究结果发现,不同的阅读情境对儿童的眼动模式影响也不同,相比之下,成人伴读情境下儿童的平均注视时间最短,能更早地关注关键信息,因此这种方式有利于儿童对图画书的信息加工。这些研究结果表明,不同的阅读方式对儿童图画书阅读的视觉认知有不同的影响。

再次,在眼动分析方法上,研究者们对图画书阅读的眼动研究基本上都采用以往研究(Justice,2005)的基本做法,以距离某个图画形象或文字区域的边缘1厘米为标准,划分出兴趣区,然后主要采用以下几个指标来分析:首次注视时间(time to first fixation)、注视时间长度(fixation length)、注视次数(fixation count)、回视次数(regression count)等(Evans & Saint-Aubin, 2005; Evans, Williamson & Pursoo, 2008; Evans, Saint-Aubin & Landry, 2009; Justice, Pullen, & Pence, 2008)。总体来看,这些指标都属于静态指标。由于儿童的阅读理解是通过对不同图画形象的多次注视,逐渐构建起对某一页面内容的理解,这是一个动态的过程,已有的相关研究如下。刘宝根(2011)在其研究中尝试用 EyePatterns-v0.91 根据儿童的眼动轨迹分析其眼动模式,再采用 EyePatterns 软件的另一功能"评估序列之间的相似性(evaluate similarity between sequences)"进一步分析儿童眼动模式的相似性程度。还有研究者王刚(2013)采用 Finds 算法提出眼动轨迹语义提取算法,该算法首先学习先验知识,然后通过让样例正反例距离最大实现确定眼动参数包括注视时间、瞳孔大小、眨眼次数以及回视次数的权重,利用 SEBET(semantic extraction based eye tracking)算法,通过公式计算样例正反例之间的距离,依照距离的远近来判断,实现从眼动轨迹进行语义提取。目前这两种方法都是以眼动轨迹分析为基础所进行的动态分析方法。由于后一种基于眼动轨迹的语义提取方法较适合用于文字阅读,而前一种 EyePatterns 软件的动态分析眼动模式的方法在已有图画书阅读眼动中被证实有一定的可行性,因此本研究拟选用这一方法来分析儿童阅读理解科学知识图画书的眼动模式。

综观已有的研究可以发现,现有儿童图画书阅读的眼动研究大部分以图画书故事书为主要材料,尚无研究关注幼儿对知识类图画书的阅读理解;在研究所设定的阅读情境上,主要是独立阅读和成人伴读两种,而未见集体讲读对儿童视觉认知特点的影响研究;在研究内容上,多采用静态的分析,如仅对儿童注视某些兴趣区的首次注视时间、注视时间长度、注视点个数加以分析,而对儿童眼动轨迹的动态分析也较为少见。根据阅读理解的图式理论,儿童阅读理解图画书的过程是一个动态的心理活动和信息处理过程,本章研究将采用眼动技术对这一动态过程进行探究。

二、研究设计

帕帕斯(Pappas,2006)对科学知识图书的内容结构加以分析,提出了几个必备要素。这几个必备要素分别是:呈现主题(topic presentation,TP)、描述特性(description of attributes,LA)、典型现象表现(characteristic events,CE)。"呈现主题"指的是引入或呈现一本书的主题;"描述特性"指的是描述一本书中一个或一类主题现象的特性;"典型现象表现"指的是表现一个或一类主题现象的典型的、惯常的或独特的程序或现象。根据这几个科学知识图画书中必备的内容结构要素,儿童要理解这类图画书,就需要从这几个方面来理解,这三个方面组成了本章阅读理解研究的三个维度,如图4.1所示。

图 4.1　科学知识图画书阅读理解分析框架

下面具体解释科学知识图画书阅读理解的分析框架。儿童阅读这类图画书需要从三个维度来理解:

(1) **认识科学现象**

每本科学知识图画书的主题都是某个或某类科学现象,因此儿童对一本图画书主题的认知,可以说明儿童对科学现象的认识情况。一本图画书的主题是贯穿整本书的,并且每一页的内容都与主题有关,大多数图画书的书名就能够明确地体现主题,如著名的科学知识图画书作家盖尔·吉本斯(Gail Gibbons)创作的《Giant Panda》,其主题就是大熊猫,内容就是介绍大熊猫的习性、特点等科学现象。儿童要理解图画书,首先就要认识科学现象,知道图画书的主题是介绍什么内容的。在本研究中,是通过儿童在阅读后讲述图画书每一页时是否能与一本书的主题联系起来,从而来评价儿童在这一维度的理解水平。

(2) **理解现象特征**

特征是科学现象中不可分割的一部分,在科学知识图画书的内容结构中"特征"也是必不可少的,是一个科学现象异于其他科学现象的特点,这些特点根据科学现象所处的科学领域而有所差异,不同图画书突出表现的科学现象的特征也有所差异,而且其表现特征的方式也有差异,有些图画书用显性的表现方式,有些则用隐性的表现方式,但是无论用哪种表现方式,图画中都会有明确的体现,儿童需要理解现象的特征,才能对现象有直观的、深入的认识。本研究根据所选图画书中所表现的突出的现象特征,来分析儿童理解这一维度的水平。

(3) 了解现象表现

科学知识图画书的科学现象往往通过一个个现象表现来呈现现象的全貌,而且现象表现也是支持现象特征的依据。对于学前儿童来说,要做到完全理解现象表现还有一定的难度,但是如果能够了解现象表现就能够更加全面深刻地理解科学现象,乃至理解整本图画书。儿童要理解现象表现这一维度,需要对图画书中科学现象的表现方式有所了解,如图画形象之间的关系、图画的细节所传达的信息,并能将一页中所有的信息整合起来达到理解现象表现的目的。

总体来说,儿童认识科学现象,需要明确一本书的主题与什么有关,并在每一页的阅读过程中,都能明白其内容与主题有关;理解现象特征,需要理解图画书作者突出表现的现象特征,如某一动物的外形特征、生活习性等;了解现象表现,则需要对图画书中表现科学现象的方式有所了解,明白图画形象之间的关系,并通过对一个个图画细节的视觉抓取和观察,将与科学现象有关的信息整合起来进行理解。

本章研究将基于这一分析框架,对学前儿童阅读理解科学知识图画书的情况进行细致分析,以期揭示儿童阅读理解科学知识图画书的视觉认知全貌。

本章主要用眼动技术来探查儿童阅读科学知识图画书的视觉认知特点,分为三个小研究。研究一主要了解儿童认识科学现象和理解现象特征水平与视觉认知特点之间的关系;研究二和研究三主要探索儿童了解现象表现背后的视觉认知基础。儿童的眼动研究分为眼动前测和后测,前测是用眼动仪记录儿童在独立阅读情境下阅读的眼动指标,后测是在主试对儿童分小组集体讲读后,用眼动仪记录儿童阅读的眼动指标。下面分别对这三个研究作简要介绍。

1. 研究一:3-5岁儿童对科学知识图画书中关键形象的视觉认知研究

研究一主要对3-5岁儿童阅读科学知识图画书时对关键形象的视觉认知特点进行研究。关键形象指的是与图画书主题即科学现象有关的形象,由于一本科学知识图画书的科学现象往往通过一种或一类相关的图画形象来表现,儿童对这些关键形象的注视水平是否能够反映出儿童认识科学现象、理解现象特征的水平? 这是研究一的研究目的。

研究一主要回答以下三个问题:

问题1:3-5岁儿童对科学知识图画书中关键形象的视觉认知概况如何?

问题2:不同阅读理解水平的儿童其视觉认知水平是否表现出差异?

问题3:儿童的眼动分析结果与儿童认识科学现象以及理解现象特征之间
是否相关?

研究一的基本思路为:分析儿童对图画书页面中的关键形象的首次注视时间、注视时间长度和注视点个数来了解儿童的视觉认知水平,然后与儿童认识科学现象和理解现象特征两个维度的阅读理解水平做相关分析,以期找到儿童视觉认知特点与阅读理解水平之间的关系。

2. 研究二:3-5岁儿童对科学知识图画书中现象表现的视觉认知研究

儿童对科学知识图画书现象表现的理解是眼动研究的难点,因为现象表现不仅仅涉及某一个或某几个图画形象,还涉及儿童如何将图画形象按照一定的逻辑联系起来,在眼动轨迹中又是如何反映出来的。儿童对现象表现的阅读与理解是动态的不断建构的过程,如何通过眼动分析来了解儿童通过视觉注视将图画形象联系起来、建构意义的过程是眼动数据分析中至关重要的内容。

研究二主要回答以下三个问题:

问题1:3-5岁儿童对科学知识图画书中现象表现的视觉认知概况如何?

问题2:不同阅读理解水平的儿童其视觉认知水平是否表现出差异?

问题3:儿童的眼动分析结果与儿童了解现象表现之间是否相关?

研究二的基本思路是:

选取图画书中有明确逻辑顺序的页面,分析儿童的眼动轨迹是否与书中呈现的逻辑顺序一致,以连续注视点个数为眼动分析指标,分别分析不同年龄、不同组别的儿童在这几页上的眼动轨迹,并将其结果与儿童了解现象表现的水平作相关分析,以了解二者之间是否存在某种联系。由于这几页的内容和逻辑呈现方式的难度不同,研究二也分析了儿童对不同难度页面的眼动轨迹,试图发现儿童的视觉认知水平在页面难度不同的情况下表现出什么样的差异。由于研究设计还分为眼动前测与后测,并且在研究一中也发现后测与前测中儿童对图画书三个维度的理解水平有差异,因而在研究二中还进一步分析了眼动前测和后测儿童阅读理解水平不同,其视觉认知特点有何差异。

3. 研究三:3-5岁儿童对科学知识图画书中现象表现的眼动模式研究

研究二中已经分析了儿童的眼动轨迹在逻辑顺序上是否有规律可循,为了进一步发现儿童的眼动是否存在一定的模式以及不同年龄儿童的眼动模式的相似性程度,于是设计了研究三。

研究三主要回答以下三个问题:

问题1:3-5岁儿童对科学知识图画书中现象表现的眼动轨迹是否有模式可循?

问题2:不同阅读理解水平的儿童其眼动模式是否表现出差异?

问题3:儿童的眼动模式与儿童了解现象表现之间存在怎样的关系?

研究三的基本思路为:选择三张典型页面,划分出不同的兴趣区,用EyePatterns-v0.91眼动模式分析软件分析儿童注视轨迹,分析儿童的眼动轨迹是否有一定的规律,然后进一步探究儿童在眼动前测与后测中的眼动规律发生什么样的变化。此外,不同年龄的儿童其眼动轨迹的相似性程度如何也是研究三的考察重点,这一研究结果为儿童的视觉认知水平的发展提供了研究依据。

三、研究工具

本章的研究主要采用以下研究工具:

(1) 儿童图片词汇测试工具

PPVT(peabody picture vocabulary test)。使用PPVT-R皮博迪图片词汇测试第三版,可供2.5岁到18岁的儿童使用,有150组黑白图片组成,测试儿童的接受性语言水平。每组四幅图印成一张图片,共计为 150 个词汇,当主试说一个词时,被试指出与所说词汇相符的图来。该测验有着良好的信度,英文版测试的分半信度为 0.93 - 0.95,该测验不仅与韦克斯勒儿童智力量表和其语言分测验的得分有着高度相关(Wechsler, 1991, 转引自 Evans, 2008),而且已有相关研究表明,PPVT 得分与图画书阅读能力高度相关(李林慧,2011;刘宝根,2011),因此论文中所有被试的筛选和语言能力测试都使用了这一工具。

(2) 眼动记录仪

眼动研究中所使用的眼动仪型号为 Tobii T120。此款眼动仪集成于 17 英寸的 TFT 显示器,显示器分辨率为 1 280×1 024,眼动仪的采样频率为 120Hz,采样精度为 0.5°。此款眼动仪无可见或移动式的"追踪装置",允许较大的头动范围,被试可以像在其他电脑屏幕前一样随意移动,可使被试在不受任何其他机械干扰的情况下,方便而准确地记录被试的眼动行为。

(3) 眼动模式分析软件

EyePatterns-v0.91 是 Julia M. West 等人(2006)设计的一款软件,用于识别眼动模式以及眼动轨迹的相似性。此软件已有国内研究者用于学前儿童阅读图画书的眼动特点分析中(刘宝根,2011),并证实了这一软件在此研究领域的可行性。

四、研究材料

研究中儿童使用的阅读材料为《血的故事》,是由日本已故著名图画书作家堀内诚一编著的图画书,这本图画书运用日常生活中经常见到的与血有关的现象"跌倒之后摔破了膝盖有血流出"作为引子,引入与血有关的科学知识。在他创作的作品中,他自认为这本书是最有意义的一本。全书共 23 页,与其他的科学知识图画书相同,以一个个科学现象来介绍与血有关的知识和概念。这本图画书是典型的科学知识图画书,其内容符合 Pappas(2006)对科学知识图书(information book)所分析的典型内容结构,即它具备几个必备的内容结构要素:主题呈现(topic presentation)、特征描述(description of attributes)、典型现象(characteristic events);其图画与大多数科学知识图画书一样,都是写实的绘画风格,图画形象都是以真实实物为原型的;其语言属于规范的说明性语言,其中涉及的名词和概念都使用了准确的科学性词汇。

在独立阅读和集体讲读情境下,儿童阅读的图画书都是中译版的纸质图画书;在眼动研究中,儿童在眼动仪上阅读的是用高清扫描仪扫描制成的电子图画书,材料制作中完全保持图画书的原貌,图画色彩与文字等都未做任何改变。

五、研究对象

研究对象为陕西省西安市某幼儿园中视力、听力正常的儿童,通过 PPVT 测试筛选出语言能力发展正常的儿童。此幼儿园系西安市一级一类幼儿园、陕西省省级示范园。收集研究数据前预先给家长们发放了《家长同意书》,所有参加论文数据收集的被试都是经过家长同意自愿参加的。被试是以抽样时间为基准选取了 3 岁、4 岁、5 岁三个年龄段,各年龄段 30 名共计 90 名儿童。在数据收集的过程中,有 6 名儿童因生病或被父母带去外地未能全程参加数据的采集,由于未找到合适的候补被试,所以造成小部分被试数据的缺失。

六、眼动数据收集过程

使用眼动记录仪呈现图画书页面,让儿童以接近真实阅读情境的方式阅读图画书内容,同时记录儿童的眼动数据。图画书每页呈现时间采用国际上通用的 10 秒,整本书阅读总时间为 180 秒。实验过程中,由一名主试引导儿童参与实验,但在开始测试后,由儿童个人独立阅读,主试不做任何指导或提示,尽量避免任何干扰儿童眼动实验的外界环境因素。

第二节　汉语儿童阅读知识图画书的视觉认知特点

本章主要对3-5岁儿童科学知识图画书的阅读眼动特点进行研究,探讨儿童在阅读科学知识图画书时对科学现象、现象特征、现象表现的理解与眼动之间的关系,从而揭示儿童阅读科学知识图画书的视觉认知规律,以求通过眼动特点了解儿童阅读理解科学知识图画书的特点和方式。本章拟从两个方面分析儿童阅读科学知识图画书的视觉认知特点,一是儿童对图画书中反映科学现象的关键形象的视觉认知水平,这可以与儿童对科学现象和现象特征的理解水平结合起来,了解视觉认知与儿童对现象和特征的理解之间的关系;二是通过分析儿童在阅读某些画面内容时的眼动轨迹发现儿童的眼动模式,通过眼动模式分析儿童如何将画面中的各个图画形象联系起来,构建自己的理解,从而分析儿童对现象表现的理解。

一、3-5岁儿童对科学知识图画书中关键形象的视觉认知研究

研究一主要回答以下三个问题:

问题1:3-5岁儿童对科学知识图画书中关键形象的视觉认知概况如何?

问题2:不同阅读理解水平的儿童其视觉认知水平是否表现出差异?

问题3:儿童的眼动分析结果与儿童认识科学现象以及理解现象特征之间
　　　　是否相关?

(一) 研究对象和材料

眼动组被试的选取与独立阅读组和集体讲读组相同,都是 3－5 岁儿童,其中 3 岁、4 岁、5 岁三个年龄段各 10 名儿童,眼动组儿童年龄与 PPVT 水平情况如下:

表 4.1　眼动组儿童年龄与 PPVT 得分表

被试（年龄组）	人数	平均月龄	平均 PPVT 分数
3 岁组	10	43.40	86.90
4 岁组	10	54.30	92.80
5 岁组	10	66.40	92.50

将眼动组平均月龄与平均 PPVT 分数与独立阅读组和集体讲读组做差异检验,显示差异均不显著(p＞0.05),因此可以认为独立阅读组、集体讲读组与眼动组三组被试基本匹配。

(二) 研究过程

眼动组的实验分为眼动前测和眼动后测。前测两周后做后测。

眼动前测的程序为:阅读前科学概念访谈→眼动测试→儿童讲述图画书→阅读后科学概念访谈。眼动后测的程序为:集体讲读→眼动测试→儿童讲述图画书→阅读后科学概念访谈。下面分别对眼动前测与后测的具体实验程序作详细介绍。

1. 眼动前测的实验程序

首先,主试以访谈的形式测试独立阅读组被试已有的科学概念水平,访谈提纲中的问题与独立阅读和集体讲读中的访谈问题相同。接着,儿童坐在眼动仪前,在由主试做好定位测试后,眼动仪以每页 10 秒的时间按图画书页面排列顺序一一呈现,被试以类似于独立阅读的方式阅读图画书内容,在测试的过程中主试不做任何指导和干预,只在阅读前对所有被试使用统一的指导语"请你从第一页开始一页一页地阅读这本图画书"。儿童阅读完毕后,请儿童在一个安静的环境里用纸质图画书从第一页开始一页一页地根据自己的理解讲述图画书内容,如果遇到有些被试不能或不知道如何讲述时,主试对被试提问图画中涉及的形象以及其中表现出的关系等。最后,再由主试对被试进行阅读后科学概念的访谈。

2. 眼动后测的实验程序

主试采用与集体讲读组相同的阅读方式指导儿童阅读。眼动后测的实验程序除了阅读采用集体讲读这种方式，以及测试前不再进行阅读前科学概念访谈外，其他程序与眼动前测相同。

（三）研究分析方法

本研究首先用儿童讲述的语料根据第四章的分析方法计算出眼动组儿童阅读理解的得分，为了更加明确地分析儿童阅读理解水平与眼动水平之间的关系，对阅读理解得分进行了从高到低的排序，选取得分排在前 20％的被试为阅读理解水平高组，得分排在后 20％的被试为阅读理解水平低组，然后再分别对这两组被试的眼动水平加以分析。

眼动分析中选取《血的故事》这本图画书中出现的反映血这一现象的关键形象，并参考不同年龄儿童在阅读过程中自然形成的热点区来划定兴趣区，兴趣区的划分样例如图4.2。

图 4.2　兴趣区划分样例

本研究通过分析眼动组被试在眼动前测与后测中兴趣区内的眼动指标来分析儿童的视觉认知水平。眼动指标包括首次注视时间（time to first fixation）、注视时间长度（fixation length）和注视点个数（fixation count），在分析中选取停留时间超过 100 毫秒的停留点为有效注视点。

(四) 研究结果

1. 眼动组阅读理解概况

分别对眼动组儿童在科学知识图画书《血的故事》上的阅读理解水平前后测上的表现进行评分,计算其百分数,并将三个年龄段儿童在不同维度上的理解水平进行分析,结果见表4.2。

表4.2　眼动组前测与后测阅读理解得分情况描述性统计表

	年龄	测试时间	均值（%）	标准偏差	人数
认识科学现象	3.00	眼动前测	30.13	12.60	10
		眼动后测	55.44	10.90	9
	4.00	眼动前测	51.40	18.73	10
		眼动后测	78.78	7.24	9
	5.00	眼动前测	56.90	11.29	10
		眼动后测	78.00	13.53	10
理解现象特征	3.00	眼动前测	28.65	15.34	10
		眼动后测	57.41	8.53	9
	4.00	眼动前测	49.58	13.92	10
		眼动后测	67.13	14.65	9
	5.00	眼动前测	51.67	10.24	10
		眼动后测	82.08	10.59	10
了解现象表现	3.00	眼动前测	10.25	3.54	10
		眼动后测	54.44	8.82	9
	4.00	眼动前测	24.00	6.13	10
		眼动后测	66.67	17.32	9
	5.00	眼动前测	40.00	11.60	10
		眼动后测	79.00	11.01	10

由于眼动组的实验程序分为前测和后测,测试中使用的图画书都是《血的故事》,为了了解集体讲读对儿童阅读理解水平的影响效果,对前测与后测中所有儿童认识科学现

象和理解现象特征的水平做配对 t 检验,结果见表 4.3。

表 4.3　眼动组儿童阅读理解水平两个维度阅读前与阅读后做配对 t 检验结果

	认识科学现象水平	理解现象特征水平
t	194.600***	166.586***
Sig.	0.000	0.000

从表 4.3 可以看出,经过集体讲读后,儿童对《血的故事》这本科学知识图画书的阅读理解水平在认识科学现象与理解现象特征两个维度的表现上与前测有显著差异。本研究试图了解儿童的阅读理解水平与视觉认知水平之间究竟存在怎样的关系;不同的阅读方式对儿童的阅读理解水平已确定存在不同的影响,那么对儿童的视觉认知方式又存在怎样的影响,从而间接地影响了儿童的阅读理解水平的。

本研究筛选出阅读理解水平较高的儿童与水平较低的儿童,重点分析他们的视觉认知特点,以期发现二者之间的关系。

被试的筛选方式如下:

对 3-5 岁眼动组儿童三个维度的阅读理解得分相加计算出每个儿童的阅读理解总分,接着将总分进行从高到低顺序的排列,选取前 20% 和后 20% 的被试各 6 名,筛选出的被试如表 4.4 所示。

表 4.4　眼动组筛选出的阅读理解水平高组与低组被试情况表

测试时间	阅读理解水平	3 岁儿童人数 (占总数比例)	4 岁儿童人数 (占总数比例)	5 岁儿童人数 (占总数比例)
前测	高组	0(0.00%)	4(66.70%)	2(33.30%)
	低组	4(66.70%)	2(33.30%)	0(0.00%)
后测	高组	0(0.00%)	1(16.70%)	5(83.30%)
	低组	6(100%)	0(0.00%)	0(0.00%)

下面将分别对前测与后测中阅读理解水平较高与较低的儿童的视觉认知水平加以分析。

2. 眼动前测儿童对关键形象的视觉认知水平分析结果

本研究选取了4页血的主题形象较为明显的图画页面来分析儿童对关键形象的注视水平。不同阅读理解水平的儿童对3、4、5、8页四个页面的眼动指标分析结果见图4.3、4.4和4.5。

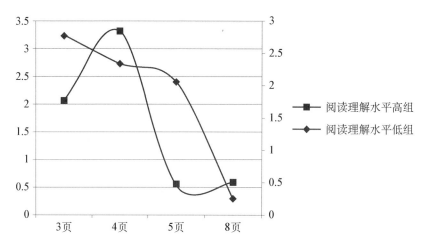

图 4.3　眼动前测儿童对不同页面科学现象的首次注视时间(秒)

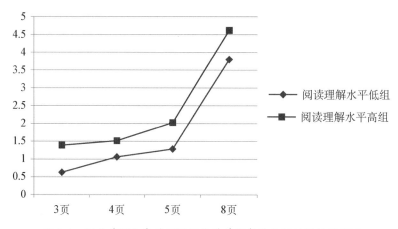

图 4.4　眼动前测儿童对不同页面科学现象的注视时间长度(秒)

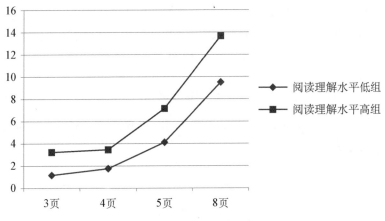

图 4.5　眼动前测儿童对不同页面科学现象的注视点个数（个）

从上面三个图可以看出，不同阅读理解水平的儿童对血这一主题形象的平均首次注视时间没有明显差别，但是在平均注视时间长度方面阅读理解水平高的儿童多于理解水平低的儿童组，在平均注视点个数方面阅读理解水平高的儿童多于阅读理解水平低的儿童。此外，随着图画书阅读页数的增加，儿童对血这一关键形象的注视水平提高了，表现为注视时间越来越长，注视点个数越来越多，而且不同阅读水平的儿童的视觉认知特点表现出了相同的趋势。

对阅读理解水平高组儿童与阅读理解水平低组儿童关键形象的视觉认知水平作差异分析，分析结果见表 4.5。

表 4.5　眼动前测不同阅读理解水平儿童视觉认知水平差异分析

	首次注视时间（秒）M±SD	注视时间长度（秒）M±SD	注视点个数（个）M±SD
阅读理解水平高组	1.62(0.17)	2.38(0.08)	6.86(2.03)
阅读理解水平低组	1.85(0.26)	1.69(0.13)	4.15(1.26)
t	−0.153	1.233**	1.746**
Sig.	0.879	0.008	0.003

注：**：$p < 0.01$

从表 4.5 可以看出，阅读理解水平高的儿童与阅读理解水平低的儿童在关键形象上的视觉认知水平有显著性差异，但他们对关键形象的注视没有早晚的差异。这一结果表明，儿童对关键形象的眼动指标可以反映儿童阅读科学知识图画书的理解水平。

为了了解儿童对关键形象的视觉认知水平是否与儿童认识科学现象和理解现象特征之间相关,本研究将上述几个眼动指标的分析结果分别与认识科学现象和理解现象特征的分数百分比作相关分析,结果见表4.6。

表4.6　眼动前测儿童眼动指标与阅读理解两个维度得分的相关分析结果

	首次注视时间	注视时间长度	注视点个数
认识科学现象水平	−0.380	0.502*	0.617*
理解现象特征水平	−0.160	0.493	0.552*

注：*：$p < 0.05$

从相关分析结果可以看出,眼动前测中儿童认识科学现象水平与注视时间长度和注视点个数都显著相关,理解现象特征水平只与注视点个数显著相关。

以上数据分析的结果表明,眼动前测儿童在独立阅读情境下,视觉认知水平与阅读理解水平之间的联系比较紧密。那么,儿童通过集体讲读之后,其眼动水平又呈现什么样的特点？它与阅读理解水平的关系又如何呢？

3. 眼动后测儿童对关键形象的视觉认知水平分析结果

眼动组儿童通过集体讲读后,又做了眼动测试。本研究依然选取刚才的4页血的主题形象较为明显的图画页面,来分析儿童对关键形象的注视水平。不同阅读理解水平的儿童在3、4、5、8页四个页面的眼动指标分析结果见图4.6、4.7和4.8。

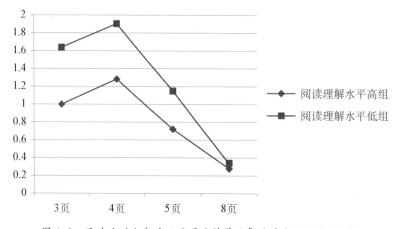

图4.6　眼动后测儿童对不同页面科学现象的首次注视时间(秒)

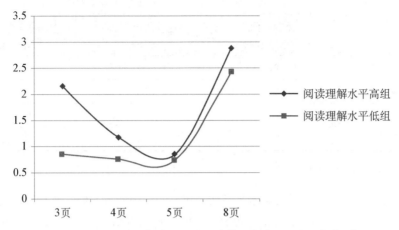

图 4.7　眼动后测儿童对不同页面科学现象的注视时间长度(秒)

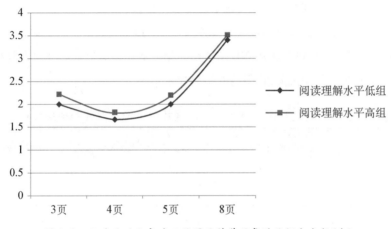

图 4.8　眼动后测儿童对不同页面科学现象的注视点个数(个)

从上面三个图可以看出,不同阅读理解水平的儿童对血这一主题形象的眼动指标表现出了相同的发展趋势,首次注视时间呈现先长后短的趋势,注视时间呈现 3－5 页逐渐减少、5－8 页逐渐增加的趋势,注视点个数也是呈现先少后多的趋势。另外,阅读理解水平高组与低组相比,前者首次注视时间总体均短于后者,前者注视时间长度均长于后者,前者注视点个数均多于后者。对阅读理解水平高组儿童与阅读理解水平低组儿童关键形象的视觉认知水平作差异分析,分析结果见表 4.7。

表 4.7　眼动后测不同阅读理解水平儿童视觉认知水平差异分析

	首次注视时间（秒） M±SD	注视时间长度（秒） M±SD	注视点个数（个） M±SD
阅读理解水平高组	0.82(0.01)	1.31(0.12)	2.42(0.26)
阅读理解水平低组	1.26(0.23)	1.18(0.06)	2.25(0.32)
t	−1.548**	1.544**	0.045*
Sig.	0.008	0.005	0.023

注：**：$p < 0.01$；*：$p < 0.05$

从表 4.7 可以看出，阅读理解水平高的儿童与阅读理解水平低的儿童对关键形象的视觉认知水平有显著性差异，首次注视时间、注视时间长度和注视点个数三个指标均表现出了显著性差异。与眼动前测相比，首次注视时间的差异更加明显，而随着阅读页数的增加，儿童对关键形象的注视时间、注视点个数并没有像前测那样保持持续增长的趋势，而是先减少后增加，其原因将在讨论中进一步作分析。

为了了解儿童对关键形象的视觉认知水平是否与儿童认知科学现象和理解现象特征之间相关，本研究同样将上述几个眼动指标的分析结果分别与认识科学现象和理解现象特征的分数百分比做相关分析，得出的结果如表 4.8：

表 4.8　眼动后测儿童眼动指标与阅读理解两个维度得分的相关分析结果

	首次注视时间	注视时间长度	注视点个数
认识科学现象水平	−0.803**	0.756*	0.615*
理解现象特征水平	−0.762**	0.728*	0.600*

注：**：$p < 0.01$；*：$p < 0.05$

从相关分析结果可以看出，眼动后测中儿童认识科学现象水平和理解现象特征水平与三项眼动指标均呈显著相关，说明在集体讲读情境下阅读理解水平与视觉认知水平的关系较为紧密。

（五）研究讨论

1. 儿童对关键形象的注视水平与阅读理解之间的关系

从前面的分析结果可以看出，儿童对科学知识图画书中关键形象的视觉认知特点与阅读理解水平有着密切的联系,儿童认识科学现象与理解现象特征两个维度的水平与儿童对关键形象的视觉认知水平相关性较高。

在科学知识图画书中,不少图画书每一页的主角可能并不相同,但其主题是突出的,并贯穿整本图画书,因此儿童如何通过阅读图画书识别主题是很重要的。因为对主题形象的识别可以使儿童理解主题,并将与之相关的图画形象、科学知识联系起来,最终理解图画书内容,那么与主题相关的或可以明确表现主题的图画形象就成为图画书中的关键信息。

《血的故事》这本图画书的内容是与血有关的科学知识和概念,"血"是这本书的主题,"血"的形象也就成为这本书的主题形象,也可以说是关键形象,儿童对血这一关键形象的认知程度对其是否明确这本图画书的主题、认识血这一科学现象并能够达到理解血的特征有着重要影响。从上面的研究结果也可以看出,在眼动后测中,儿童的视觉认知水平与认识科学现象的相关程度最高,与理解现象特征的相关程度次之,二者的相关程度都达到了显著性水平。

2. 眼动组儿童前测与后测阅读理解情况的变化

从研究结果中可以看出,儿童的阅读理解水平表现出了差异。其中有一个有趣的现象,就是在前测中根据其阅读理解水平筛选出的被试,在后测中用同样的方法筛选,却发现与前测不完全相同了,而且年龄结构也发生了变化。表现为,后测中阅读理解水平高的被试其年龄走势更偏向于 5 岁,而阅读理解水平低的被试其年龄走势更偏向于 3 岁组,两个阅读理解水平在年龄之间拉开了距离,这与不同年龄儿童通过集体讲读中使用的阅读指导支架所能达到的潜在阅读理解能力有关。这从侧面表明不同年龄的儿童阅读理解的能力也不同,随着年龄的增长,儿童的阅读理解能力呈现出逐渐上升的趋势。相比于阅读理解水平来说,阅读理解能力是发展中比较稳定的特质。通过成人提供的阅读指导支架,这一能力的作用就体现了出来,表现在阅读理解水平上就是年龄效应更加显著。

(六) 研究结论

1. 眼动前测中阅读理解水平高的儿童对科学现象的注视时间长度和注视点个数与阅读理解水平低的儿童之间有显著性差异,表现为前者的注视时间长度明显长于后者,注视点个数明显多于后者。眼动后测中,除了以上两个指标不同阅读理解水平的儿童差异均显著外,首次注视时间上也表现出了显著性差异。

2. 3-5岁儿童阅读科学知识图画书时认识科学现象、理解现象特征的水平与对关键形象的视觉认知水平显著相关。表现为:认识科学现象与理解现象特征得分较高的儿童,对关键形象的注视时间更长、注视点个数也更多;反之亦然。

3. 3-5岁儿童在独立阅读与集体讲读两种阅读方式上,表现出的视觉认知特点不同。在独立阅读情境下,随着阅读页面的增加,儿童对关键形象的首次注视时间总体呈现逐渐缩短的趋势;注视时间长度和注视点个数呈现逐渐上升的趋势。而在集体讲读情境下,随着阅读页面的增加,儿童对关键形象的首次注视时间呈现先长后短的趋势;注视时间长度和注视点个数都呈现先减少后增加的趋势。

4. 眼动前测与后测中儿童阅读理解水平与视觉认知水平之间的相关程度不同。在眼动前测中,认识科学现象水平与儿童对科学现象注视的时间长度和注视点个数有显著性相关,而理解现象特征与儿童的视觉认知水平之间只有注视点个数呈现显著性相关。而在眼动后测中,儿童认识科学现象和理解现象特征的水平与三个眼动指标均呈现显著性相关。

二、3-5岁儿童对科学知识图画书中现象表现的视觉认知研究

这个研究主要回答以下三个问题:

问题1:3-5岁儿童对科学知识图画书中现象表现的视觉认知概况如何?

问题2:不同阅读理解水平的儿童其视觉认知水平是否表现出差异?

问题3:儿童的眼动分析结果与儿童了解现象表现之间是否相关?

(一) 研究对象、材料与程序

本研究中的研究对象同前。

研究材料为图画书中第9、16、17页的页面,见图4.9。

本研究之所以选择这几页作为研究现象表现的示例,是因为这几页的图画既有科学知识图画书的共性——逻辑性强,又有其特性——有箭头标示出确定的逻辑顺序,便于分析儿童的眼动轨迹;同时,此页面中又涉及多个图画形象,可以通过分析儿童对几个图

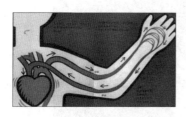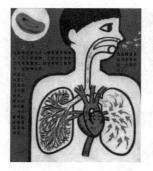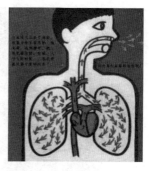

图 4.9 《血的故事》现象表现分析页面(从左至右依次为第 9、16、17 页)

画形象的眼动轨迹,了解儿童的眼动模式。

实验程序与研究一相同。

(二) 研究分析方法

被试的筛选沿用研究一中的方法,眼动分析中选取《血的故事》这本图画书其中一个关键的现象表现,通过分析儿童的眼动轨迹发现其眼动模式,了解儿童阅读现象表现的视觉认知规律,并将其结果与阅读理解水平相联系,由此揭示影响儿童阅读理解水平的眼动特点。

本研究通过计算儿童按照图画书中标示的确定的逻辑方向眼动的连续注视点个数,以期了解儿童的眼动轨迹与阅读理解之间的关系。下面对这种研究方法加以详细介绍。

连续注视点个数分析:有关儿童阅读理解图画书的眼动研究可以说是凤毛麟角,目前只有李林慧(2011)对儿童阅读理解图画故事书的眼动研究,其他图画书阅读眼动研究多集中于儿童文字意识的萌发。这些研究的研究方法多是对图画书中关键形象或区域划出兴趣区,分析儿童对兴趣区的首次注视时间、注视时间长度、注视点个数、回视次数等指标,然而儿童对图画书的理解并不是只通过某个图画形象或文字区域的注视就能达成的,儿童的理解是动态的、需要联系多个图画形象和多个区域不断建构意义的过程,如何将这一动态性反映出来对分析儿童的阅读理解方式和特点有重要的意义。《血的故事》这本图画书中有些页面的图画由于存在着确定的逻辑顺序,儿童需要依照这一顺序阅读才能理解页面,而眼动仪又可以记录儿童的眼动轨迹,因此本研究通过分析儿童按照图画书中标明的逻辑顺序眼动的轨迹图来分析儿童的眼动特点。具体分析方法是将所有儿童沿着箭头方向注视的连续三个以上注视点的个数作为分析儿童了解现象表现的一个指标。见图 4.10。

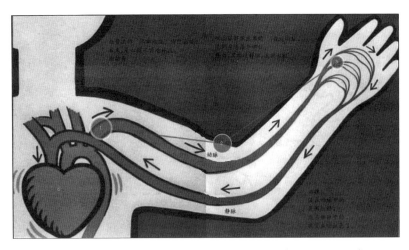

图 4.10　眼动后测中某 3 岁儿童连续三个注视点的部分眼动轨迹截取图

（三）研究结果

1. 儿童对现象表现的连续注视点个数分析结果

本研究首先分别对眼动前测与后测的总体连续注视点个数加以分析，并将前测与后测的连续注视点个数做配对 t 检验，结果如表 4.9。

表 4.9　眼动组被试前测后测连续注视点个数配对 t 检验结果

		3 岁组 M±SD	4 岁组 M±SD	5 岁组 M±SD
前测	9 页	1.20(1.08)	1.80(0.52)	3.20(2.32)
	16 页	0.70(0.34)	1.20(0.36)	1.30(0.28)
	17 页	3.00(2.01)	3.60(3.24)	4.20(3.67)
后测	9 页	2.20(1.58)	4.60(4.20)	5.90(4.28)
	16 页	2.20(1.06)	3.40(2.43)	3.50(2.55)
	17 页	5.20(4.89)	5.60(5.75)	6.00(4.22)
t		1.581*	1.919*	2.228**
Sig.		0.047	0.042	0.008

从以上结果可以看出，儿童眼动前测与后测中对图画书中有明确逻辑顺序的图画页

面的连续注视点个数有显著性差异,后测连续注视点个数明显多于前测。

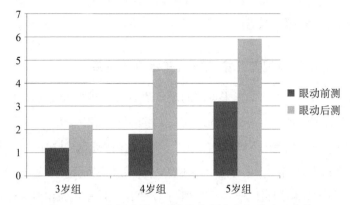

图 4.11　儿童阅读第 9 页连续注视点个数前后测水平

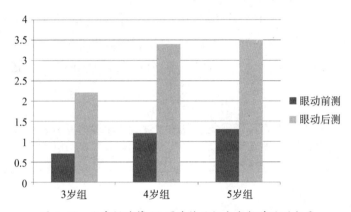

图 4.12　儿童阅读第 16 页连续注视点个数前后测水平

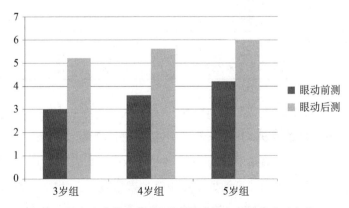

图 4.13　儿童阅读第 17 页连续注视点个数前后测水平

从上面三个图中可以看出,眼动前测与后测儿童的连续注视点差异都呈现出后测明显多于前测的特点;眼动前测与后测中儿童阅读9、16、17三个页面的连续注视点个数都呈现随年龄增长不断上升的趋势,儿童在第9页中所表现出的年龄差异最大。

2. 图画书的现象表现与儿童视觉认知水平的关系

由图4.9可以看出,图画书三张页面的现象表现方式难易程度差异非常明显。第9页难度较低,因为其图画只有一个方向的箭头,主要的图画形象也较少;第16、17页难度较大,因为其中有三种颜色、三个方向的箭头,涉及的图画形象又较多;而16页与17页相比,16页难度稍大,因为16页有两个图画区,左上角有红细胞的图画形象,图画主要形象是人体的血液与气体循环图,这一页虽然与17页图画形象较为相似,但因为它先于17页出现,儿童需要对新形象有一个适应的过程,所以难度稍大。因此,就将三个页面的现象表现难度水平划分为:9页(低)、16页(高)、17页(中)。那么,儿童对不同难度的现象表现页面的视觉认知水平是否存在差异呢? 分别对眼动前测和眼动后测的连续注视点个数做3×2方差分析,即年龄(3岁、4岁、5岁)×现象表现难度(高、中、低),分析结果见表4.10。

表4.10　儿童阅读现象表现连续注视点个数方差分析结果

测试时间	主效应源	F	Sig.
眼动前测	年龄段	15.856*	0.016
	现象表现难度	26.161**	0.008
	年龄×现象表现难度	11.057*	0.038
眼动后测	年龄段	23.517***	0.000
	现象表现难度	25.186***	0.000
	年龄×现象表现难度	19.206*	0.023

由上表可以看出,眼动前测与眼动后测中,都呈现出年龄主效应显著、现象表现难度主效应显著、年龄与现象表现难度交互效应显著。分别对眼动前测和后测进一步做简单效应检验,结果表明:眼动前测中,儿童阅读难度最低的现象表现页面,各年龄段之间差异显著,$F=6.85$, $p<0.001$;儿童阅读难度中等的现象表现页面,各年龄段之间差异显著,$F=8.06$, $p<0.05$;儿童阅读难度最大的现象表现页面,各年龄段之间差异不显著,F

＝12.32，p＞0.05。眼动后测中，儿童阅读难度最低的现象表现页面，各年龄段之间差异较显著，F＝5.28，p＜0.001；儿童阅读难度中等的现象表现页面，各年龄段之间差异显著，F＝8.22，p＜0.05；儿童阅读难度最大的现象表现页面，各年龄段之间差异显著，F＝10.10，p＜0.05。

以上结果表明，不同难度的现象表现页面对儿童的影响不同。对于独立阅读的眼动前测儿童来说，难度越大，年龄差异越不显著，说明 3－5 岁儿童对难度较大的现象表现页面的视觉认知水平普遍较低，而对于难度较低和难度中等的现象表现页面，儿童已经具备了一定的视觉认知能力；在集体讲读后，儿童的视觉认知水平有了明显的提高，除了在难度最低与中等难度的现象表现页面表现出了年龄差异外，在难度最大的现象表现页面的视觉认知水平也表现出了年龄差异。

3. 儿童了解现象表现的水平与视觉认知水平之间的关系

将眼动前测儿童阅读第 9、16、17 页的连续注视点个数与了解现象表现的得分百分比做相关分析，结果发现：3 岁组（r＝0.52，p＜0.05）、4 岁组（r＝0.56，p＜0.05）和 5 岁组（r＝0.57，p＜0.05）的相关系数均达到 0.5 以上，呈显著性相关。再将眼动后测儿童阅读第 9、16、17 页的连续注视点个数与了解现象表现的得分百分比做相关分析，结果发现：3 岁组（r＝0.56，p＜0.05）、4 岁组（r＝0.57，p＜0.05）和 5 岁组（r＝0.61，p＜0.05）的相关系数均达到 0.5 以上，呈显著性相关。此研究结果表明，儿童了解现象表现的水平与儿童阅读科学知识图画书时对有明确逻辑顺序的图画的连续注视点个数之间有相当紧密的联系。此外，在眼动前测中，儿童对这几页的视觉认知水平影响了儿童的阅读理解水平；而通过集体讲读，儿童了解现象表现的水平提高了，这对他们阅读时连续注视的视觉认知水平产生了影响，可以说，儿童了解现象表现的水平与视觉认知水平之间相互影响，相辅相成。

（四）研究讨论

1. 儿童对科学知识图画书现象表现的视觉认知特点

如前所述，科学知识图画书往往通过一个个现象表现来引出科学知识和概念，现象表现不单是某个图画形象或某个图画区域，而是整个页面所有图画区域、形象之间通过某种关系联结在一起，那么要想了解儿童对这部分内容的理解水平，仅仅通过对兴趣区的注视指标是无法反映出来的,它需要对儿童的眼动轨迹这一动态变化的过程进行分析,才能了解儿童如何通过眼动构建意义,理解现象表现。

本研究结果表明,儿童对呈现现象表现的页面的理解在眼动轨迹上体现出连续注视点个数的差异,阅读理解水平高的儿童连续注视点个数就多,反之则少。这说明,儿童对有明确逻辑顺序的图画书页面如果能够按照确定的顺序注视,表明儿童能够理解作者想要表达的逻辑顺序,从而为正确地建构意义打下基础,了解现象表现的方式与内容。

2. 儿童在科学知识图画书阅读中表现出的类文字阅读特征

在本研究中,儿童已经开始按照箭头指示的方向阅读,尤其是在第9页中,这一现象尤其明显。值得注意的是,这一页箭头的方向有从左到右和从右到左两种方向,也就是说儿童需要按照水平方向依次注视箭头,这与文本的阅读规律一致,都是按照水平方向阅读的。已有研究表明儿童对图画书的阅读视觉认知水平经历了从图画到文字的发展规律(高晓妹,2009;刘宝根,2011),即儿童阅读图画书的发展经历了先通过阅读图画理解,随着儿童识字水平的提高,认知能力的发展,儿童开始关注文字,出现了对文字的注视,随着儿童阅读水平的进一步发展,儿童开始像成人一样阅读文字,然后结合图画来理解。本研究中出现的儿童能够按照一定的逻辑顺序注视图画,说明儿童开始萌发类似文字阅读的意识,这为儿童以后过渡到图文共同阅读打下了基础。有关类文字阅读现象的研究也为这一结论提供了实证依据,安妮等人(Annie et al. , 2007)在对学前班(平均月龄65个月)至小学四年级的儿童分享阅读的眼动研究中发现,从学前班开始儿童在阅读图画书时已经开始出现类文字阅读现象(reading-like saccades on text),即儿童在阅读图画书中的文字时,有些儿童可以按照从左至右的方向阅读,虽然其识字水平和文字理解水平不高,也不能完全理解文字的含义,但他们知道文字阅读需要遵循一定的方向。他们甚至会在前书写中有意识地从左到右书写(Si Chen & Jing Zhou, 2010),这都是儿童文字意识发展的表现。而在本研究中,也发现儿童能够按照箭头的方向从左到右注视,在前识字的相关理论中,箭头这种符号也是文字的一种表现,儿童能够理解箭头的作用表明儿童开始萌发对文字阅读规律的了解。

3. 研究结论

儿童对科学知识图画书现象表现的视觉认知水平表现出连续注视点个数的差异。年龄越大,连续注视点个数越多。

儿童对不同难度的现象表现页面的视觉认知水平也表现出了差异。难度越大,儿童年龄差异越小,视觉认知水平越接近;难度越小,儿童年龄差异越大,视觉认知水平差异也越大。

儿童在眼动前测与眼动后测中对现象表现的视觉认知水平也表现出了差异。前测与后测中儿童的连续注视点个数有显著差异,后者明显多于前者;在眼动前测中,儿童对难度较大的现象表现页面的视觉认知水平没有显著差异,在眼动后测中,儿童对难度较大的现象表现页面表现出了年龄差异,但没有对难度较小的现象表现页面注视的连续注视点个数年龄差异大。

眼动前测与后测中,儿童了解现象表现的水平与连续注视点个数都呈显著性相关。随着年龄的增长,相关系数也呈现不断增长的趋势。

三、3-5岁儿童阅读科学知识图画书中现象表现的眼动模式研究

研究三主要回答以下三个问题:

问题1:3-5岁儿童对科学知识图画书中现象表现的眼动轨迹是否有模式可循?

问题2:不同阅读理解水平的儿童其眼动模式是否表现出差异?

问题3:儿童的眼动模式与儿童了解现象表现之间存在怎样的关系?

(一) 研究对象、材料与程序

本研究中的研究对象和研究材料同上。

(二) 研究方法

通过分析儿童对多个图画形象注视的眼动轨迹,探究其眼动模式,并筛选出阅读理解水平较高与较低的儿童,分析他们的眼动模式有何差异。为了了解儿童对现象表现整体页面的理解情况,本研究采用 EyePatterns-v0.91 对儿童阅读科学知识图画书现象表现的眼动模式进行分析,依然选取第9、16、17页为研究材料。本研究拟选取了解现象水平得分较高与较低的儿童加以分析,试图发现不同理解水平儿童的眼动模式有何差异。

具体分析方法如下：

首先使用EyePatterns-v0.91的其中一个功能"发现模式 discover patterns"，先将图画书页面的形象划分出兴趣区，再以手动的方式将每个儿童的眼动轨迹按照所涉及的兴趣区记录下来，EyePatterns软件可以自动分析其眼动模式，将不同的眼动轨迹按照出现频率的多少进行排序，以此来分析儿童的眼动模式有什么样的普遍性规律。图4.14以第9页兴趣区的划分为例，结合儿童的热点区将图中主要的图画形象划分为5个兴趣区——C、H、A、V、B，按照英文名字的首字母命名；由于儿童尚未达到能够通过文字理解图画书内容的水平，对文字区的注视也较少，因此文字区未划入主要兴趣区内，这5个兴趣区之外的其他区域都被命名为X区。

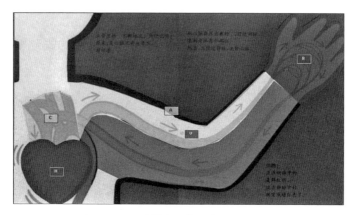

图4.14　眼动模式分析兴趣区划分范例

在对儿童的眼动模式分析之后，再采用EyePatterns软件的另一功能"评估序列之间的相似性 Evaluate Similarity Between Sequences"进一步分析儿童眼动模式的相似性程度。

（三）研究结果

1. 儿童阅读科学知识图画书的眼动模式总体情况分析结果

分别分析第9页、第15页和第16页的眼动模式，用EyePatterns软件分析后，以轨迹长度"3"为标准，分析出各年龄在眼动前测和后测中表现出的包含对关键形象"血管"的眼动轨迹出现频率最高的轨迹序列，结果见表4.11和4.12。

表 4.11　眼动前测儿童阅读不同页面的常见眼动轨迹

页码	兴趣区代码	常见眼动轨迹	出现频率
9	C 为复杂血管区；H 为心脏；A 为动脉；V 为静脉；B 为身体部位	CAB	30.00%
		XAC	25.00%
		HCA	22.50%
		ACA	20.00%
		BAC	17.50%
15	C 为红血球；T 为气管；H 为心脏；B 为血管	TBH	27.50%
		LBH	20.00%
		TBT	17.50%
		BTX	17.50%
		BHB	17.50%
16	T 为气管；H 为心脏；B 为血管	TBH	20.00%
		BHB	20.00%
		TXT	16.67%
		TBT	16.67%
		BHT	16.67%

表 4.12　眼动后测儿童阅读不同页面的常见眼动轨迹

页码	兴趣区代码	常见眼动轨迹	出现频率
9	C 为复杂血管区；H 为心脏；A 为动脉；V 为静脉；B 为身体部位	CAB	37.83%
		ACA	21.62%
		ABX	16.22%
		XCA	16.22%
		ABV	13.51%
15	C 为红血球；T 为气管；H 为心脏；B 为血管	TXT	24.32%
		BHL	18.92%
		XTX	13.51%
		XTB	13.51%
		THB	13.51%

页码	兴趣区代码	常见眼动轨迹	出现频率
16	T 为气管；H 为心脏；B 为血管	TXT	26.92%
		XTH	23.08%
		TBH	19.23%
		XTX	15.38%

从眼动前测对儿童阅读科学知识图画书不同页面的眼动轨迹分析情况来看，儿童阅读第 9 页的眼动轨迹出现频率最高的是 CAB，这一轨迹序列与此页面中用箭头标示的明确逻辑顺序相一致，即从左至右，这一眼动特点与研究三分析的结果相吻合。此外，儿童的眼动注视点关注最多的是 A、C 两个兴趣区，这两个兴趣区又都与《血的故事》这本科学知识图画书的科学现象或者说主题形象"血"密切相关，说明儿童在阅读这类图画书时不仅会关注与科学现象相关的主题形象，也开始能够按照图画书呈现的逻辑顺序观察画面信息。

儿童阅读第 15、16 页的眼动轨迹分析结果表明，他们在阅读这两页时有不少相似之处。这种现象的出现一方面与图画书页面本身有一定的相似性有关，另一方面也说明儿童在阅读科学知识图画书页面时其阅读眼动的确有规律可循。如第 15、16 页出现频率较高的眼动轨迹都有 TBH、TBT、BHB，TBH 是图画中从上到下的顺序，这与第 15 页箭头标示的顺序一致，但与第 16 页的顺序相反，这可能是因为儿童首先识别出两张页面的图画形象比较相似，于是在阅读第 16 页时依然按照第 15 页的阅读顺序来注视；而 TBT、BHB 两种眼动轨迹都是在两个兴趣区之间往返，在页面中 T、B、H 这三个兴趣区比较集中，因此儿童的注视点都集中在这三个区域，这可能是因为在这三个区域集中的地方，图画形象、箭头标示比较复杂，儿童在阅读时需要调动更多的认知资源，于是将注视点更多地放在这几个区域。

眼动后测对儿童阅读科学知识图画书不同页面的常见眼动轨迹分析结果可以看出，后测与前测相比既有相同点又有不同点。下面分别分析儿童阅读不同页面时表现出的眼动轨迹相同点和不同点。儿童在阅读第 9 页时，相同点是都有 CAB、ACA 这两种常见的眼动轨迹，不同点是除了 A、B、C 这三个常见兴趣区外，被试也开始关注 V（静脉）和 X（兴趣区以外的区域），也就是说儿童关注的图画形象更多更广了。儿童在阅读第 15 页和 16 页时，与表 4.11 相同的是，儿童对这两页的眼动轨迹比较相似，都有 TXT、XTX 这两种眼动轨迹，儿童对 T、B、H 这三个区域的关注程度仍然很高；不同点是，儿童开始关注关键兴趣区之外的区域，对这部分区域的注视程度进一步分析，发现儿童关注最多的是文字区和图中的人脸，尤其是眼睛。

2. 儿童阅读科学知识图画书眼动模式相似性分析结果

EyePatterns 软件用 Needleman-Wunsch 序列比较算法计算出儿童眼动轨迹的相似性程度，分别对每个年龄段对每张页面的眼动轨迹的相似性程度进行分析。例如，眼动前测 3 岁组儿童在第 9 页上的眼动轨迹相似性程度分析结果见表 4.13。

表 4.13　眼动前测 3 岁组儿童在第 9 页上的眼动轨迹相似性程度分析结果

	s1	s2	s3	s4	s5	s6	s7	s8	s9	s10
s1		5	7	6	4	6	5	4	6	6
s2	5		6	6	5	5	5	5	5	5
s3	7	6		5	5	7	6	7	6	8
s4	6	6	5		4	5	5	5	4	5
s5	4	5	5	4		6	6	6	5	5
s6	6	5	7	5	6		4	5	4	3
s7	5	5	6	5	5	4		6	5	4
s8	4	5	7	5	6	5	6		5	5
s9	6	5	6	4	5	5	5	5		5
s10	6	5	8	5	5	3	4	5	5	

注：s1、s2、s3……表示被试编号

将眼动前测 3 岁组儿童在第 9 页上的眼动轨迹相似性程度计算出平均数，结果为 5.27。其他各年龄组在不同页面上的眼动轨迹相似性程度的计算方式与其相同，计算结果见表 4.14。

表 4.14　儿童对科学知识图画书不同页面的眼动轨迹相似性程度分析结果

		3 岁组	4 岁组	5 岁组
眼动前测	第 9 页	5.27	6.02	6.33
	第 15 页	4.71	4.89	5.07
	第 16 页	4.75	4.92	5.46

		3 岁组	4 岁组	5 岁组
	第 9 页	5.79	6.16	6.39
眼动后测	第 15 页	4.80	5.02	5.13
	第 16 页	4.87	5.11	5.26

从表 4.14 可以看出，儿童对科学知识图画书不同页面的眼动轨迹相似性程度随年龄增长越来越高，眼动后测与眼动前测相比，相应的年龄组在后测中的眼动轨迹相似性程度均高于前测。儿童对不同难度的图画书页面的眼动轨迹相似性程度也呈现出差异，表现出难度越大的页面相似性程度也越低。对眼动前测与后测分别做多因素方差分析，结果却发现，眼动前测中不同年龄之间差异不显著($F=1.109$，$p=0.346>0.05$），眼动后测中不同年龄之间差异也不显著（$F=2.058$，$p=0.149>0.05$）。

(四) 研究讨论

1. 儿童阅读科学知识图画书的眼动模式特点

从眼动模式特点的分析结果可以看出，儿童阅读科学知识图画书页面的眼动模式主要有两个特点：第一，儿童能够关注与现象表现有关的关键形象或兴趣区。从研究中可以看到，儿童对与血有关的图画形象，如第 9 页中的动脉（兴趣区 A），第 15、16 页中的血管（兴趣区 B），关注程度都较高。第二，儿童对页面中图画形象较复杂的区域关注程度也较高。如在第 15、16 页，儿童对关键形象较为集中、标示复杂的几个兴趣区关注程度较高。

以上两个眼动模式的特点说明儿童阅读科学知识图画书时能够抓住重点和难点，虽然他们的理解水平有限，但他们已经开始关注关键信息，这为他们理解科学知识图画书的内容打下了基础。

将本研究眼动前测与后测的结果对比发现，儿童在眼动后测中开始关注关键兴趣区以外的文字区和人脸，这是否说明儿童的注视水平下降了呢？从儿童了解现象水平的得分情况以及研究三的研究结果来看，眼动后测儿童的注视水平比前测要高，那么是什么原因导致儿童的常见眼动轨迹中出现了非关键图画区呢？其原因可以从已有相关研究结果中找到答案：刘宝根（2011）研究儿童对图画书文字意识的眼动研究中发现，当儿童在初始阅读时间内（10 秒）对图画关键信息的注视水平较高时，在附加的阅读时间（附加

5 秒)开始逐渐关注文字区。从研究三的结果中得知,眼动后测的儿童连续注视点个数明显多于眼动前测,并且从研究二中也可以看出,儿童眼动后测了解现象表现的水平明显高于前测,这些都说明眼动后测中儿童对图画书关键信息的把握程度明确好于前测,那么他们在后测中开始关注关键兴趣区之外的区域也主要是因为他们对关键兴趣区的加工水平较高,才会开始关注其他区域的信息。

从眼动模式相似性分析结果来看,眼动轨迹相似性程度与儿童的年龄水平和图画书内容的难易程度有很大关系,具体表现为难度越大相似性程度越低,年龄越大相似性程度越高。这说明随着儿童认知水平、阅读能力的提高,儿童对科学知识图画书的阅读视觉加工越趋于一致;另外,图画书页面内容难度越大,儿童的阅读理解水平无法达到,那么儿童阅读图画书时的眼动轨迹差异就越大,导致相似性程度降低。

在本研究中对眼动模式相似性程度做多因素方差分析发现差异不显著,这与刘宝根(2011)的研究结果一致。在他的研究中所使用的图画书都是故事类的,在本研究中使用的是科学知识类的,这或许是因为儿童阅读图画书的眼动轨迹尚未形成特定的规律,儿童的认知差异也较大,导致儿童在阅读时对图画形象的眼动轨迹一致性程度较低。

2. 儿童阅读科学知识图画书眼动轨迹与了解现象表现之间的关系

如前所述,儿童了解现象表现需要在阅读的过程中将图画书中每一页的所有信息整合起来,动态地建构自己对图画书内容的理解,因此儿童如何注视图画书内容,具体地说如何动态地注视图画形象,就决定了儿童的理解水平,而动态地注视在眼动中是通过眼动轨迹反映出来的,儿童对这些图画形象如何构建起对内容的理解反映出的也就是儿童对现象表现的理解水平。

从中也可以看出本研究结果与研究二和研究三的结果存在一致性的特点。首先,三个研究结果都表现出各眼动指标随年龄增长呈现上升或更加优化的趋势,这说明儿童的眼动水平都与年龄有较大的关系;其次,眼动后测的各眼动指标明显好于眼动前测,而在研究二中也看到儿童了解现象表现的水平后测显著高于前测,说明儿童的阅读理解水平与视觉认知水平存在较高的相关。在本研究中,眼动后测的眼动轨迹相似性程度好于前测,也说明了眼动轨迹与儿童阅读理解科学知识图画书尤其是了解现象表现之间的关系密切。可以说,二者之间是相互影响的,儿童对图画书内容的视觉认知水平高,对现象表现的理解水平就高;而儿童对图画书内容的理解水平高,尤其是对现象表现的理解水平高,那么儿童对图画书页面的视觉认知水平也高。

(五) 研究结论

1. 儿童阅读科学知识图画书的眼动模式与图画书现象表现的难度以及儿童的认知水平有较大关系。儿童阅读图画书现象表现难度较低的页面,对关键图画形象和兴趣区的视觉认知水平较高,并能按照明确的逻辑顺序注视。阅读难度较高的页面时,儿童倾向于关注较为复杂的图画形象区域。眼动后测与眼动前测相比,儿童对图画书页面的视觉认知广度增大了,除了关键形象外,儿童开始关注其他图画区域。

2. 儿童阅读科学知识图画书的眼动轨迹相似性程度与儿童的年龄以及图画书现象表现的难度水平有较大关系。儿童的年龄越大,眼动轨迹相似性程度越高;现象表现难度越大,眼动轨迹相似性程度越低。

3. 儿童阅读科学知识图画书时能够关注与主题相关的图画形象,对现象表现较为复杂的页面,也较为关注图画形象复杂的区域。

第三节　汉语学前儿童知识图画书阅读理解的眼动研究对教育的启示

从对视觉认知研究的分析结果可以看出,儿童对科学知识图画书中关键形象的视觉认知特点与阅读理解不同维度之间有着密切的联系。与儿童阅读图画故事书眼动研究相对比,可以发现汉语学前儿童在不同类型图画书阅读理解中存在一致的规律。

在图画故事书中,儿童阅读的关键信息主要是图画书的主角,由于大部分的这类图画书每一页的主角基本相同,儿童很容易关注主角形象这个关键信息,这一点也得到了研究证实。金慧慧(2010)在对2-3岁婴幼儿图画故事书的阅读眼动研究中发现,这个年龄段的幼儿已经开始关注图画故事书的主角。李林慧(2011)在对3-6岁学前儿童阅读理解图画故事书的眼动研究中发现,随着年龄的增长,儿童阅读理解水平与视觉认知水平之间的相关越高,而年龄越大,儿童的阅读理解水平越高,也就是说,阅读理解水平高的儿童与视觉认知水平之间的相关程度也越高,这与本研究的结果较为一致。在科学知识图画书中,不少图画书每一页的主角可能并不相同,但其主题是突出的,并贯穿整本图画书,因此儿童如何通过阅读图画书识别主题是很重要的,因为对主题形象的识别可以使儿童理解主题,并将与之相关的图画形象、科学知识联系起来,最终理解图画书内容,那么与主题相关的或可以明确表现主题的图画形象就成为图画书中的关键信息。

《血的故事》这本图画书的内容是与血有关的科学知识和概念,“血”是这本书的主题,“血”的形象也就成为这本书的主题形象,也可以说是关键形象,儿童对血这一关键形象的认知程度对其是否明确这本图画书的主题、认识血这一科学现象并能够达到理解血的特征至关重要。从上面的研究结果也可以看出,在眼动后测中,儿童的视觉认知水平与认识科学现象的相关程度最高,与理解现象特征的相关程度次之,二者的相关程度都达到了显著性水平。

综上所述，儿童阅读理解图画故事书与科学知识图画书的特点既有相似之处，又有不同之处。总体来说，其发展趋势是一致的，都是先认识单个的图画形象，再发展起将多个形象联系起来理解的能力；然而，儿童阅读理解科学知识图画书能力的发展稍微滞后于理解图画故事书的能力，除了图画书本身的特点造成这一发展的不均衡之外，是否有其他方面的因素影响尚待进一步研究，例如儿童早期接触图画故事书的机会远大于接触科学知识图画书，可能是影响儿童阅读理解能力发展不均衡的原因之一。

因此，我们认为，儿童阅读不同类型的图画书都是按照一定的阅读理解框架逐渐构建认识的，虽然两种图画书阅读理解的框架三个维度具体内容并不相同，但是存在着相似性，即它们都存在难易差异，在科学知识图画书阅读理解维度上表现为，认识科学现象难度最低，理解现象特征难度居中，了解现象表现难度最高；在图画故事书阅读理解维度上表现为，对图画形象的理解难度最低，对事件行动的理解难度居中，对角色状态的理解难度最高。两种图画书三个维度的表现也有相似之处，表现为较容易的维度只需要儿童认识单个图画形象，而难度越高的维度，需要儿童联系多个图画形象，理解它们之间的关系，并观察更多的细节才能理解。因此，儿童在三个维度上的阅读理解水平的发展呈现出不均衡性。

据此，我们提出在教育情境中，应该做到以下几点：

一、根据科学知识图画书阅读理解的特点指导幼儿阅读

从研究中可以看到，每本科学知识图画书都有其要突出的科学现象，这一科学现象是图画书内容的核心，所有的内容都是为了说明和表现科学现象，而与科学现象密切相关的是图画书中的关键形象，至于其形象是相同还是不同状态，或是同一种类的不同形象，这就需要由成人去把握，并在阅读指导中帮助儿童轻松地抓取到这一关键形象，从而认识科学现象。图画书中的科学现象的特征也需要成人通过仔细阅读来进行有目的地指导。科学知识图画书中的现象特征有时是外显的，如事物的外形特征，其某个部位的形状、颜色等都是能够通过图画形象识别出来的，这对于儿童来说难度较低。但是也有些特征是比较内隐的，图画书页面中没有专门的文字内容去说明，例如《血的故事》中"血在人的身体里是流动的"这一特征没有专门呈现，而是渗透在某些页面内容中，如在第9页中图中通过箭头标示血液流动的方向，间接地表示血在人体内会流动。对于这种内隐的现象特征，就需要成人将其外显化，帮助儿童理解。至于现象表现，从本论文研究中可

以看到,这一维度的理解难度最大,因为既需要儿童认识页面中每个图画形象,还需要明白形象之间的联系,这对于儿童来说要求较高。对于难度较大的页面或许不用儿童完全理解,但是某些关键性的页面可能会影响儿童理解科学现象的页面,这就需要成人为儿童搭建鹰架,帮助儿童理解图画形象之间的关系。

二、引导儿童关注图画书中的关键形象

不少科学知识图画书中的关键形象不像图画故事书那样从始至终都只有一个主角,因此教师有必要让儿童注意到这些关键形象,梳理每一页中的关键形象与图画书主题之间的关系,从而让儿童以视觉认知为基础,认识科学现象、理解现象特征。对于那些从始至终都有一个相同的主题形象的图画书,如《海豚》一书,从始至终都是海豚这一形象,儿童虽然能够马上发现这本书所要表达的主题是与海豚相关的,但理解这种科学知识图画书也有难度,正是因为每一页的主题形象都相同,儿童反而很难理解每一页到底要表达什么关键信息,这就需要教师引导儿童关注画面细节,发现页面之间主题形象的差别,如动作不同、形态不同、所处的环境不同、数量不同等,这样就能让儿童在视觉认知的基础上理解科学知识图画书了。

三、帮助儿童理解图画书中的逻辑关系

科学知识图画书的内容结构组织中,逻辑规律和顺序不明显,这是儿童理解困难的主要原因之一。要解决这一问题,需要教师对图画书中的知识内容进行认真的分析和整合。当教师确定好一本打算给儿童阅读的知识图画书时,首先需要自己阅读并理解图画书的内容,如果选用的图画书逻辑主线不明显,就需要找到这条内隐的主线,用适当的方式将这条主线明朗化,串联起图画书中的知识和内容,这实际上是一个为儿童搭建阅读理解鹰架的过程。

尽管科学知识图画书的逻辑规律和顺序不明确,不利于儿童理解,然而正是由于这一点,教师的指导可以更具灵活性。比如,有些科学知识图画书涵盖的信息量很大,教师并不一定要将所有的知识内容一股脑地让儿童理解,而是可以根据儿童的知识经验和语言发展水平选取书中的部分内容给儿童阅读和理解。由于科学知识图画书中的内容之间逻辑性不是很强,那么教师就可以自主选取适当的内容按照一定的逻辑整合了。当

然,这种自主性是以保证科学知识的准确性、忠于原作为前提的。这里需要强调的一点是,理解的目的不仅是为了更好地阅读图画书、掌握图画书中的知识,更重要的是要培养儿童探索知识的兴趣和欲望,这样才能使他们保持科学知识图画书阅读的持久性和有效性。

第五章

汉语教育情景中
民族儿童阅读图画书的眼动研究

本章主要通过对 4-6 岁民族儿童在汉语教育情景中自主阅读图画书时的眼动注视状况进行分析,探讨以下三方面的问题:

(1)民族儿童图画书阅读中在图画和汉语文字上的视觉特点;

(2)民汉儿童图画书阅读的视觉特点比较;

(3)民族儿童图画书阅读的理解特点。

以期能为我国民族地区学前教育质量提升提供相应的依据和启发。

一、研究背景

近年来，在国家和地方政策经费的支持和宏观指导下，新疆学前教育规模得到了稳步快速发展，办园条件得到很大改善，幼儿园教师队伍数量逐年递增，在一定程度上解决了各民族幼儿"入园难"的问题。与此同时，国家通用语言(汉语普通话，简称汉语)学习成为了新疆少数民族学前儿童重要的学习内容，汉语的使用成为了融入主流文化的重要符号象征。然而，新疆学前教育尤其是语言教育质量仍处于十分不理想的状态。因此，如何破解少数民族地区国家通用语言(汉语)教育质量难题，寻找有效途径提高少数民族幼儿的国家通用语言(汉语)听说能力成为了教育研究者共同关注的课题。

相关研究表明，儿童早期阅读能力的发展是影响其语言能力和后续学业成绩发展的重要预测因素(Snow，1983；Dickinson & Snow，1987；NAEYC，1998；Whitehurst & Lonigan，1998，2001；Strickland，2001；Dickinson & Tabor，2002)。早期阅读活动作为一种有效的语言教育方式，最直接的表现特点就是能够为学前儿童创造良好的语言输入环境，能够帮助学前儿童建立起对书面语言的熟悉感和阅读经验、养成阅读行为习惯和对书籍的兴趣，为其后续进入正式的学校学习奠定基础；同时也能为家长、教师与幼儿互动提供丰富的语言交流内容。一般早期阅读材料主要以图画书为主，而图画书本身的内容涉及各方面的知识，学前儿童通过阅读学习语言、知识、技能，学习沟通、思考，这一过程对其认知、社会性、想象力等方面都具有极大的积极作用。由于在儿童发展中所产生的潜在性、长远性和不可替代性的教育效果，早期阅读被广大教育者、家长和社会所认可并重视。近年来，国内研究者周兢等(2012)对新疆民族学前儿童读写能力萌发与早期汉字习得开展了相关研究,其中实施了针对新疆民族儿童汉语早期阅读教育的干预研究,发现早期阅读教育有效地提高了幼儿园教师的早期阅读课堂教学内容和策略使用,促进了民族儿童汉语词汇的发展,加快了民族学前儿童汉语词汇发展的速度。研究表明早期阅读教育对民族儿童来说,不仅有助于解决语言学习的"瓶颈"问题和汉语书面语言学习的问题,也能够补充原本匮乏的教育资源,图画书本身的画面符号信息、规范的语言、有趣的故事情节能为教师提供丰富的教育教学素材,成为师幼互动的重要媒介。我国《3-6岁儿童学习与发展指南》(简称《指南》)中也明确规定了不同年龄段儿童读写能力的发展指标。这在一定层面上反映了早期阅读对个体后续发展具有十分重要的奠基作用。

图画书是学前儿童早期阅读的主要材料,是图文的有机结合。图画和文字是构成图画书的两个基本要素,二者共同叙述一个完整的故事(康长运,2002)。有学者认为,图画和文字是一种协同的关系,在对图画和文本的注视中会激活文本和图画两个符号系统,读者在这两种符号系统之间来回切换,不断获得新的意义,从而达到对图画书全面、深入的理解(Lawrence & Sipe,1998)。眼动分析法是客观、有效地探讨学前儿童图画书阅读特点的较为理想的研究手段,眼动测量实现了对学前儿童图画书阅读过程的实时测量,运用这些数据可以对幼儿的阅读过程进行精细地分析,从而客观地了解和揭示幼儿图画书阅读的特点和规律(韩映虹,闫国利,2010)。国内外有学者利用眼动分析法探讨幼儿图画书阅读的特点,认为儿童早期阅读遵循着"从图像到文字"的发展过程,图画阅读是儿童早期阅读的重要形式和阅读理解的主要信息获取手段(Evans & Saint—Aubin,2005;周兢,高晓妹,2010)。同时,国内研究者发现汉语儿童图画书视觉阅读发展经历了由读图到既读图又读文、由没有文图对应到有文图对应的发展过程,这暗示着读图不仅是儿童图画故事书阅读理解产生的主要来源,还可能是儿童学习理解书面语言的桥梁。在画面阅读的基础上,随着年龄的增长,儿童的文字意识和能力也逐步得到提高(高晓妹,2009;刘宝根,2011)。自主阅读是一种培养幼儿自主阅读能力的重要方式,国内研究者证实了4-6岁汉语儿童在自主阅读情境中对文字的关注比例要早于并高于亲子阅读情境,但是文字注视上的指标低于图画(刘宝根,周兢等,2011)。

已有研究主要描述了在英语或汉语阅读情境中单语儿童在图画书阅读过程中对图画和文字的注视水平以及影响研究,但目前相关研究领域缺乏对民族儿童阅读图画书特点的研究。在我国少数民族比较聚居的地区,比如新疆、西藏等地区,民族儿童从小开始学习汉语已成为教育机构中的重要内容,汉语的使用也成为了认同国家主流文化的重要符号象征。其中,少数民族语言和汉语从发音到文字表征都存在着比较大的差异,那么,对于生活在我国西部地区的民族儿童来说,在图画书阅读发展过程中从图画阅读到文字关注和识别的特点和规律是怎样的呢? 早期的汉语文字意识发展呈现出怎样的特点? 图画书阅读理解呈现出怎样的特点? 以上问题的回答,将有助于我们了解民族儿童在阅读中的发展状况,进一步了解和完善学前儿童阅读发展规律和特点,为开展早期阅读课程提供重要的依据。

二、研究设计

本研究设计了三个子研究,研究一的主要目的是了解民族儿童在图画书阅读发展过程中从图画阅读理解到文字关注和识别的规律;研究二的主要目的是进一步了解在汉语阅读情境中民族儿童和汉族儿童在阅读过程中表现出来的特点和差异;研究三的主要目的是了解民族儿童图画书阅读理解情况。

1. 研究一：民族儿童图画书阅读的视觉特点

主要采用眼动记录和分析技术,收集民族儿童在独立阅读图画书时的眼动数据。研究关注的兴趣区包括图画和文字区域、主角区域和非主角区域、维语文字和汉语文字。具体分析的眼动指标主要包括各兴趣区的首次注视时间(第一个注视点时间)、首次注视前时间、注视时间、注视次数以及注视时间和注视次数比例等。本部分的分析路径如下：首先,分析 4－6 岁维吾尔族儿童在图画与文字上的注视状况,来探讨维吾尔族儿童从图画到文字注视发展的基本特征;其次,分析 4－6 岁维吾尔族儿童在主角图画区域的注视特点,并进一步比较主角区域和文字区域上的注视差异,从而探讨维吾尔族儿童对关键图文信息加以关注的年龄特征;再次,分析 4－6 岁维吾尔族儿童在维语和汉语文字注视上的特点,探讨民族儿童在维汉语文字上的注视发展上的轨迹;最后,分析维吾尔族儿童图画书阅读过程中对图画(主角图画)和文字、维语文字和汉语文字以及文字阅读顺序上的总体发展趋势,综合讨论维吾尔族儿童早期视觉阅读发展的年龄特征。

2. 研究二：民族儿童与汉族儿童在图画书阅读中的视觉特点对比研究

仍然采用眼动记录和分析技术,为进一步探讨维吾尔族儿童的阅读特点,本部分研究主要以 5－6 岁维吾尔族儿童和同年龄汉族儿童为研究对象,对两个不同民族的学前儿童在图画书阅读中图画和文字注视特点进行对比研究。本部分研究主要选择了中班和大班的维吾尔族儿童为研究对象。以《好饿的毛毛虫》阅读材料为例,在汉族儿童和维吾尔族儿童阅读同样内容的图画书时,他们对图画和文字区域的阅读时长以及阅读习惯是否存在差异? 从相关理论上来看,儿童对文字的加工会受到教育以及文化环境的影响,而对文字的加工时长能在一定程度上揭示教育环境对儿童阅读的影响。在幼儿园随机抽取符合实验条件的5-6岁汉语儿童40名,同时随机抽取符合实验条件的5-6岁维吾尔族儿童40名。通过眼动仪器采集上述80名5-6岁维吾尔族和汉族儿童独立阅读图画书《好饿的毛毛虫》的眼动数据,用以分析的兴趣区域和眼动指标与研究一相同。进一步探讨民族学前儿童图文注视的特征。通过上述两个研究问题的分析,从整体上探究以维吾尔族为例的民族儿童在图画书阅读中图文视觉发展的概貌。

3. 研究三:民族儿童图画书阅读理解情况

采用传统的故事讲述任务,收集民族儿童图画书阅读理解的相关数据。研究人员在维吾尔族儿童完成眼动实验之后,使用录音设备分别对儿童图画书叙事任务数据进行收集。采用"国际儿童语言语料交流系统"(Child Language Date Exchange System, CHILDES)规定的格式对语料进行转换和处理,具体阅读理解成绩主要采用如下方式进行统计,依据图画故事书中有关图画形象、事件、角色状态、数量认知和时间概念的相关词汇制成阅读理解分析对照表,对转录的被试语料按照阅读理解对照表赋分。对4-6岁民族儿童在图画书阅读理解上各维度的发展水平和特点研究主要采用描述性统计分析方式,从而揭示出民族儿童图画书阅读理解发展特点及概貌。

三、研究过程

(一) 研究对象

本研究选择的幼儿园样本来自新疆乌鲁木齐市某区幼儿园,两所幼儿园均为乌鲁木齐市一级幼儿园。选择被试的班级少数民族儿童比例需达到90%以上,这里所指民族儿童主要是指维吾尔族儿童、哈萨克族儿童等。选择被试时,研究者均到所在班里了解过他们是否阅读过实验素材所用的图画书,确保参与研究的儿童是没有阅读过实验素材。选择视觉、听力正常,语言能力发展正常,无认知、运动和神经心理障碍的少数民族适龄儿童为研究对象。在具体研究之前向所有参与研究的民族学前儿童的家长发放《参加眼动实验研究知情同意书》,在征得家长和班级教师同意之后,按抽样时间为基准选取被试儿童。研究最后获得 135 位 4 - 6 岁民族儿童的眼动数据,其中,4 岁组 43 人(男 20 人,女 23 人),平均年龄为 47.12 个月;5 岁组 45 人(男 22 人,女 23 人),平均年龄为 60.35 个月;6 岁组 47 人(男 23 人,女 24 人),平均年龄为 72.68 个月。其中,为了进行维汉儿童图画书阅读的视觉特点比较分析,在全汉语浸入班级分别收集了 40 名维吾尔族和汉族儿童的图画书阅读眼动数据。同时,对每一个被试进行了阅读理解任务测试。

(二) 研究材料

本研究的实验素材选取了明天出版社引进出版的图画书《好饿的毛毛虫》,这是一本故事形象明确、情节完整、画面简洁的图画书,该图画书作为儿童读物里的代表之作,深受世界各国儿童喜爱。在国内外的眼动研究中经常把这本图画书作为实验阅读材料来使用,用来揭示低幼儿童在阅读过程中对图文的注视状况(如,Justice,2002;高晓妹,2009;刘宝根,2011;李林慧,2011)。该图画书配以汉语和维语两种文字。采用高清扫描仪和 Photoshop 技术将图画书页面制作成电子版本的实验素材,阅读材料在电脑显示器上呈现,采用合页形式呈现图画页面,图画的色彩和文字等特征与纸质图画书保持一致风格,尽量让儿童处于与阅读纸质图画书相同的自然状态。

(三) 研究实施进程

眼动数据的收集过程。首先,请主试进入班级筛选出符合实验条件且没有看过研究所用图画书的儿童,带领儿童进入幼儿园里提前预定好且较为安静的教室内。接着,请被试儿童来到眼动仪显示器前的座位上坐好;为确保儿童的眼睛能平视屏幕中央(一般儿童与眼动仪显示器的距离为 60 厘米),主试会根据被试儿童的身高调整显示器。最后,在眼动数据采集过程中,主试陪伴在儿童旁边,并根据儿童阅读图画书的情况可以给与适当的语言提醒,但不对图画书内容进行互动;对儿童在图画书阅读中提出的问题,可给予简单的回应但不做出任何具体的回答。

在收集眼动数据过程中,铜材采用五点定标法对儿童的视线进行定标(应控制 X、Y 方向校准精度误差在 1.0 度之内)。主试会给出提示语:"小朋友,看看这上面有什么? 这上面跑出来了一个红色的小球,请用你的眼睛盯着这个小红球看,看看它都会跑到哪里去?"80％的儿童都可以配合,并一次定标成功。如果无法定标成功,则放弃采集该儿童的眼动数据,由没有参加过该实验且符合条件的儿童替补。眼动仪显示器对图画书内容按照顺序进行播放,图画书每页呈现时间为 15 秒,儿童总阅读时间为 210 秒,每位参与实验的儿童完成整个实验程序所要花费的时间大约为 8-10 分钟。

儿童图画书阅读理解任务。主要由儿童讲述图画书故事内容来完成。参与眼动仪器的数据收集之后,被试进入到图画书理解环节的测试。首先,被试休息 3-5 分钟以后,主试请被试先看一遍图画书内容,请儿童将图画故事书中的内容讲述出来,采用录音设备进行录音,当被试不讲话或不能进行下去时,主试可用"你看到了什么""这里发生了什么事情"或者"这是什么""它在做什么"等问题进行提示和追问,但提示语不能与故事中的角色或情节内容有关联。如果通过多次提示和鼓励被试仍然不能进行讲述,主试可视情况停止录音。然后,对讲述录音中的所有语言转换成文字,并采用"国际儿童语言语料交流系统"(Child Language Date Exchange System, CHILDES)规定的格式将每位儿童的叙事文本转换为可在 CLAN(Child Language Analysis)程序中运行的 CHAT 文本。最后,进行故事理解环节的研究分析。

(四) 眼动分析区域的划分及主要指标

本论文研究主要为了探讨维吾尔族学前儿童图画书阅读的视觉认知特点,因此以图画书中正文页(除封面、环衬和封底)为分析内容,数据采集之后采用 BeGaze 软件进行兴趣区的划分,兴趣区边缘划分标准参考以往研究(Justice,2005;高晓妹,2010;刘宝根,2011)。根据研究所需将图画书正文页面划分为四个层面:第一层将每个正文页面划分为图画区域和文字区域;第二层面将图画区域划分为主角图画区域和非主角画面区域;第三层面将文字区域划分为维吾尔语文字区域和汉语文字区域;第四层面将维吾尔语和汉语文字区域分别划分为左右区域。从整体上来看研究所用图画书图画区域和文字区域所占全部面积的比例存在显著性差异($t=3.162$, $p<0.05$)。

本研究分析所用的眼动指标有以下几个:一为目标注视前时间(Duration Before,DB),即对目标区域产生首个注视点之前的时间,该指标可以考察对某个区域关注的早晚特征,也称为首次注视时间;二为注视时间(Fixation Duration,FD),即被试儿童在文字区域或主角图画区域上的注视时间总量;三为注视次数(Fixation Count,FC),一般形成一个有效的注视点时间应大于 100 ms,否则在使用时应剔除,计算被试儿童在文字区域或主角图画区域上的注视点总量;四为首次注视点持续时间(First Fixation Duration),

也就是第一个注视点的持续时间。同时，计算出儿童在图画或文字等关键信息上的注视时间占总注视时间的比例(Proportion of Fixation Duration，PoFD)和注视次数占总注视次数的比例(Proportion of Fixation Count，PoFC)作为眼动注视分析指标。[1]

---

① 注：考虑到注视时间和注视次数都是原始数据，反映的是儿童注视的绝对水平，难以反映出儿童注视的相对水平，因此在分析的时候，以在文字上的注视时间占总注视时间的比例和在文字上的注视次数占总注视次数的比例作为分析的眼动指标。

一、4-6岁民族儿童在图画书阅读中主要以关注图画为主,但对主角图画上的注视随着年龄的增长在不断优化,其中4-5岁期间对图画主要信息的捕捉能力发展迅速

从表5.1中的数据可以看到,在自主阅读情境下维吾尔族儿童首次注视到图画书上的画面信息是在1.14秒左右的时间,而首次注视到页面上的文字却要到8.66秒左右的时候。平均每页上的注视时间为12.30秒,平均每页图画上的注视时间是9.93秒,80%的时间在关注图画,而对文字的关注时间仅占总注视时间的5%。在每页上的平均注视次数为33.71次,维吾尔族儿童在图画上的平均注视次数为26.03次,在图画上的注视次数占77%,但在文字上的注视次数仅为1.67次,占5%左右。这些数据基本上可以说明维吾尔族儿童在自主阅读过程中以注视图画为主,而文字的注视水平在学前阶段后期开始逐渐发展起来。

表5.1　维吾尔族儿童在图画书阅读中整页和图画、文字注视的基本状况(M±SD)

	首次注视时间 (秒)	注视时间 (秒)	注视次数 (次)	注视时间 比例	注视次数 比例
整页	0.15(0.43)	12.30(2.07)	33.71(5.61)	/	/
图画	1.14(0.78)	9.93(2.14)	26.03(4.69)	0.80(0.11)	0.77(0.10)
文字	8.66(2.47)	0.57(0.30)	1.67(0.51)	0.04(0.05)	0.05(0.04)

注:括号内为标准差,下同

在图画区域的首次注视时间上,三个年龄组维吾尔族儿童之间存在显著性差异,尤其在 5 岁时维吾尔族儿童在更早的时间开始关注到图画区域的信息;而在主角区域上 5 岁和 6 岁组显然早于 4 岁组开始阅读主角区域的画面内容,说明 5 岁以后维吾尔族儿童关注主角信息的能力在提高。

三个年龄组儿童之间在文字区域上不存在明显差异,说明维吾尔族儿童在学前阶段对文字首次注视上的差异不大,也说明该阶段儿童对图画的敏感度是高于文字的,在第一时间能够优先选取他们易于捕获信息的区域。

结果发现,4 岁组维吾尔族儿童在图画区域和主角区域上的注视时间比例与其他两组儿童之间存在显著性差异,而 5 岁组和 6 岁组维吾尔族儿童之间差异不显著,说明维吾尔族儿童在图画区域和主角区域的注视时间比例在 4-5 岁期间增长明显,5-6 岁儿童在图画区域的注视时间逐渐变少,而在主角区域的注视时间没有呈现出明显变化。同时,研究发现 6 岁组维吾尔族儿童在文字上的注视时间比例明显高于 4-5 岁的维吾尔族儿童,说明 5 岁以后是维吾尔族儿童关注文字的重要时期。5 岁组与 4 岁组维吾尔族儿童在注视次数及注视次数比例上,无论在图画区域还是主角区域上存在着差异显著,与 6 岁组儿童之间不存在显著差异,4 岁组与 6 岁组儿童之间存在显著性差异。这说明维吾尔族儿童在图画主角区域的注视次数比例在 4-5 岁期间随着年龄发展而增长明显,5 岁之后没有呈现出明显的变化趋势。研究发现 4 岁组与 5 岁组维吾尔族儿童在文字区域上差异不明显,而与 6 岁组相比较差异显著,随着年龄的增长,5 岁和 6 岁组维吾尔族儿童在文字区域上的注视次数比例逐渐增高,见表 5.2。

表 5.2 4-6 岁维吾尔族儿童在图画区域和主角区域上的注视水平(M±SD)

		首次注视时间（秒）	注视时长（秒）	注视次数（次）	注视时间比例（%）	注视次数比例（%）
图画	4 岁	1.45(0.98)	9.00(2.24)	23.18(4.62)	0.78(0.15)	0.75(0.13)
	5 岁	0.94(0.71)	10.6(1.98)	27.32(4.25)	0.83(0.06)	0.79(0.07)
	6 岁	1.04(0.66)	10.2(2.19)	27.58(5.19)	0.79(0.10)	0.77(0.09)
	平均数	1.14(0.78)	9.93(2.14)	26.03(4.69)	0.80(0.11)	0.77(0.10)
	显著性差异	$F=5.184^{**}$	$F=6.826^{***}$	$F=12.385^{***}$	$F=5.595^{**}$	$F=3.996^{*}$

		首次注视时间（秒）	注视时长（秒）	注视次数（次）	注视时间比例（%）	注视次数比例（%）
主角	4 岁	2.47(1.14)	4.47(1.26)	10.59(2.13)	0.30(0.09)	0.26(0.07)
	5 岁	1.89(0.85)	4.93(1.19)	11.56(2.05)	0.34(0.06)	0.29(0.04)
	6 岁	1.83(0.99)	4.78(1.05)	12.01(2.62)	0.35(0.07)	0.30(0.05)
	平均数	2.06(0.99)	4.73(1.17)	11.39(2.15)	0.33(0.07)	0.28(0.053)
	显著性差异	$F=5.470^{**}$	$F=1.758$	$F=4.517^{**}$	$F=2.755$	$F=3.283^{*}$
文字	4 岁	8.61(2.61)	0.57(0.28)	1.69(0.54)	0.04(0.04)	0.04(0.03)
	5 岁	8.83(2.33)	0.53(0.21)	1.61(0.42)	0.04(0.02)	0.04(0.02)
	6 岁	8.53(2.52)	0.61(0.39)	1.72(0.56)	0.06(0.08)	0.06(0.06)
	平均数	8.66(2.47)	0.57(0.30)	1.67(0.51)	0.04(0.05)	0.05(0.04)
	显著性差异	$F=0.173$	$F=0.840$	$F=0.580$	$F=8.447^{**}$	$F=9.257^{**}$

注：*：$p<0.05$，**：$p<0.01$，***：$p<0.001$，下同

二、4-6 岁民族儿童在图画书阅读中，在文字上的注视水平整体不高，但随年龄的增长注视水平逐渐得以发展，其中 5-6 岁儿童在汉语文字意识方面的增长较明显

从上面的研究中发现 4-6 岁维吾尔族儿童对文字的注视程度不高，但已经开始关注文字，包括维语文字和汉语文字。为了解各年龄段维吾尔族儿童在两种语言文字上的注视情况，主要对儿童阅读过程中在维语和汉语文字区域上的首次注视时间、注视时间比例和注视次数指标进行 t 检验，结果发现，维吾尔族儿童在维语文字区域上的首次注视时间明显早于在汉语文字区域上的首次注视时间，但整体上不具有显著性差异($t=-0.933$，$p>0.05$)，在 5 岁以前维吾尔族儿童在维语文字区域的注视次数和注视时间比例要高于汉语文字区域的注视比例($t=2.974$，$p<0.05$；$t=1.256$，$p<0.05$)，但 5 岁以后维吾尔族儿童在汉语文字上的关注程度有了明显的提高。

表5.3　4-6岁维吾尔族儿童在维汉文字区域上的注视水平比较(M±SD)

	首次注视时间（秒）	注视时长比例（%）	注视次数比例（%）
4岁	$t=-0.604$	$t=2.040^*$	$t=2.172^{**}$
5岁	$t=-2.608^{**}$	$t=2.093^*$	$t=2.811^{**}$
6岁	$t=-1.468$	$t=-0.666$	$t=-0.120$

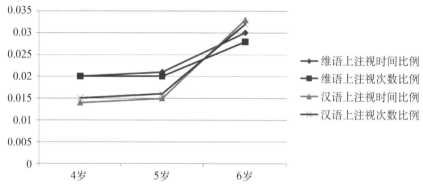

图5.1　4-6岁维吾尔族儿童在维语和汉语文字上的注视水平图

从表5.3和图5.1中可以发现,在5岁之前,维吾尔族儿童表现出更多地关注维语文字,而4-5岁期间对汉语文字的关注水平没有明显变化,到了6岁时,维吾尔族儿童对汉语文字的首次关注时间明显提早,说明5岁以后维吾尔族儿童对汉语文字的关注程度逐渐提高了。随着年龄的增长,维吾尔族儿童在维语文字区域上的注视时间比例有上升趋势但不明显,而在汉语文字区域上的注视时间比例逐渐开始提高,尤其5岁之后注视时间有了明显的上升趋势;在注视次数的指标上,也发现维吾尔族儿童在5岁之前在维语文字区域上的注视次数要多于汉语文字区域,而5岁之后在汉语文字区域上的注视次数明显增加。

三、对5-6岁民汉儿童比较发现民族儿童早期阅读能力发展"缓慢",在图画书阅读过程中仍以注视主角画面上的信息为主,对汉语文字的注视水平处于初步发展阶段

为进一步探讨民汉儿童在主角图画区域以及汉语文字区域的注视情况,对维吾尔族

儿童和汉族儿童在主角区域上的注视水平进行了具体分析(结果见表5.4),发现5-6岁汉族儿童在主角区域上的首次注视时间要早于维吾尔族儿童,汉族儿童平均在1.3秒的时候关注到主角图画区域的信息,而维吾尔族儿童在2.08秒的时候才关注到该区域的信息,其他各项指标上的差异不显著;5-6岁维吾尔族儿童在注视时长比例上的差异不显著,说明该阶段维吾尔族儿童在主角区域的注视水平还在提高中,对图画书内容理解还需要依靠主角区域提供的图画信息进行加工;汉族儿童在该阶段在主角图画区域呈现出较为明显的差异,到6岁时在主角图画区域的关注时间呈现出明显的下降趋势,说明汉族儿童在主角图画区域加工时间明显加快,表现出更好的图画视觉认知能力。

表5.4 5-6岁维/汉儿童在主角区域上的注视水平(M±SD)

		首次注视 (秒)	注视时长 (秒)	注视次数 (次)	注视时间 比例（%）	注视次数 比例（%）
维吾尔族儿童	5岁	1.85(1.02)	5.42(1.48)	12.10(2.51)	0.35(0.08)	0.30(0.05)
	6岁	2.30(1.77)	4.26(1.51)	10.66(4.27)	0.29(0.10)	0.26(0.09)
	平均数	2.08(1.45)	4.82(1.59)	11.35(3.55)	0.32(0.10)	0.28(0.07)
	t检验	t=−0.567	t=2.083*	t=1.095	t=1.815*	t=1.411
汉族儿童	5岁	1.16(0.66)	2.47(1.56)	7.62(4.36)	0.48(0.10)	0.45(0.08)
	6岁	1.46(1.01)	2.21(1.79)	7.43(4.51)	0.40(0.12)	0.39(0.09)
	平均数	1.30(0.86)	2.34(1.66)	7.53(4.39)	0.44(0.10)	0.42(0.09)
	t检验	t=−0.976	t=−1.022	t=−0.136	t=2.358*	t=2.159*

关于维吾尔族和汉族儿童在文字区域上注视水平的探讨,研究结果发现,维汉儿童的年龄因素在注视时长、注视次数、注视时间比例和注视次数比例上均呈现出显著性差异,说明6岁组与5岁组儿童相比较,在文字区域的注视时间和注视次数比例随着年龄的增长而明显的提高,这期间儿童对文字的关注度整体上呈现上升的趋势。下面进一步对维吾尔族儿童和汉族儿童在文字区域上的注视水平进行具体分析(见表5.5)。结果发现,5-6岁这个年龄段汉族儿童在文字上的首次注视明显早于维吾尔族儿童,汉族儿童约在6.5秒时就开始关注文字,而维吾尔族儿童在10.9秒左右的时间才关注到文字,不过维吾尔族儿童在文字区域上的各项注视指标也表现出不断提升的趋势,但还没有发现有显著的差异变化;汉族儿童在注视时间比例和注视次数比例上均呈现出显著性差异(t=−2.704,p<0.01;t=−2.503,p<0.01),说明这个年龄的汉族儿童在文字注视水

平上发展迅速,具体来看汉族儿童到 6 岁时在总注视时间中有 23％的时间在关注文字,文字注视次数也达到 19％,而维吾尔族儿童注视时长比例和注视次数比例分别为 9％和 8％。

表5.5　5-6岁维/汉儿童在文字区域上的注视水平(M±SD)

		首次注视 (秒)	注视时长 (秒)	注视次数 (次)	注视时间 比例（%）	注视次数 比例（%）
维吾尔族儿童	5 岁	11.61(6.00)	0.93(0.56)	2.37(0.70)	0.04(0.02)	0.04(0.02)
	6 岁	10.38(5.24)	1.66(0.24)	3.91(3.62)	0.09(0.13)	0.08(0.10)
	平均数	10.99(5.62)	1.31(1.90)	3.17(2.71)	0.06(0.10)	0.06(0.07)
	t 检验	$t=-0.828$	$t=-0.524$	$t=-1.027$	$t=-1.266$	$t=-1.397$
汉族儿童	5 岁	6.41(5.61)	0.78(0.67)	2.59(2.24)	0.09(0.13)	0.09(0.13)
	6 岁	6.60(5.13)	2.17(2.69)	5.15(3.81)	0.23(0.23)	0.19(0.19)
	平均数	6.51(5.31)	1.48(2.06)	3.87(3.35)	0.16(0.20)	0.14(0.17)
	t 检验	$t=-0.868$	$t=-2.151^{*}$	$t=-2.822^{**}$	$t=-2.704^{**}$	$t=-2.503^{**}$

综合以上两个方面的研究结果,我们可以发现,4-6 岁维吾尔族儿童在图画书自主阅读过程中遵循着"从图画到文字"的发展过程,其中以图画阅读为主要内容,但对图画主角上的注视随着年龄的增长不断优化,其中 4-5 岁期间对图画主要信息的捕捉能力发展迅速;4-6 岁维吾尔族儿童在文字上的注视水平随着年龄增长开始发展,在 5 岁以前以关注维语文字为主,但到 5 岁以后汉语文字意识有了明显的发展,但与汉族儿童相比较仍然存在十分明显的差距;4-6 岁维吾尔族学前儿童在文字阅读方向上确实存在受母语文字阅读习惯影响的特点,但是到学前后期,随着教育环境的影响维吾尔族儿童逐渐成为了一个开始关注汉语文字的初步阅读者。在此值得关注的是,维吾尔族儿童在注视水平上明显落后于汉族儿童表现在两方面。一方面在图画主角信息的关注上,汉族儿童在 5-6 岁时能够很快捕捉到主角区域的信息,并开始关注其他区域对图画内容进行整体理解;而这个年龄段维吾尔族儿童在主角区域的时间仍然表现出较高的关注水平,说明维吾尔族儿童对图画书内容的理解仍然需要以关注图画主角信息来理解内容。另一方面在文字区域的关注上,汉族儿童对文字的关注水平远远高于维吾尔族儿童,这种差距可能是因为对于维吾尔族儿童来说还需要一个学习汉语的过程。

四、4-6岁民族儿童图画书故事阅读理解能力随年龄增长逐渐提高，基本遵循由图画形象到事件行动再到数量认知和角色状态，最后到时间概念的发展顺序，其中图画形象理解在图画书理解中居于"支柱性"地位

研究进一步探讨民族儿童在阅读《好饿的毛毛虫》时对内容(图画形象、事件行动、角色状态、数量认知和时间概念)的理解发展状况。结果发现三个年龄段维吾尔族儿童在五个理解维度上均有显著性差异($F = 32.916$，$p < 0.001$；$F = 46.777$，$p < 0.001$；$F = 104.402$，$p < 0.001$)(结果见表 5.6 和图 5.2)，各年龄段维吾尔族儿童在阅读中，对图画形象、事件行动的理解水平要高于其他三类，其中在 5 岁后维吾尔族儿童在数量认知和角色状态上的理解能力均有了明显的提升。

表5.6　4-6岁维吾尔族儿童在各理解维度上的比较

	4 岁组		5 岁组		6 岁组	
	均数	标准差	均数	标准差	均数	标准差
图画形象	4.244	2.773	7.378	4.297	13.178	4.494
事件行动	1.622	2.249	2.778	2.679	6.422	2.751
角色状态	1.067	1.993	0.711	0.815	2.133	2.282
数量认知	0.467	1.471	1.844	2.236	4.822	2.691
时间概念	0.000	0.000	1.022	2.006	1.933	2.260
F 检验	32.916***		46.770***		104.402***	
多重比较(LSD)	图画形象＞事件行动＞角色状态＞数量认知＞时间概念		图画形象＞事件行动＞数量认知＞时间概念＞角色状态		图画形象＞事件行动＞数量认知＞角色状态＞时间概念	

从表5.6和图5.2中可以发现，首先，4-6岁维吾尔族儿童在阅读《好饿的毛毛虫》中，在图画形象理解上的得分远远高于其他四个维度上的得分，随着年龄的增长，图画形象理解上的得分还有逐渐加大的趋势；其次，事件行动理解上的得分高于角色状态、数量认知和时间概念上的理解得分；最后，可以发现维吾尔族儿童在 4 岁时，在数量认知上的理解已经处于发展状态，到 5 岁以后在数量认知上的理解能力有了明显提高，但时间概念理解仍处于"较低"水平状态；在角色状态上的理解得分 4-5 岁期间没有明显变化，反

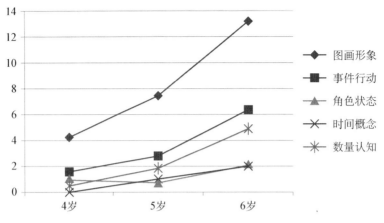

图 5.2　4-6 岁维吾尔族儿童在各理解维度上的比较图

而有所降低,但差异不显著;5 岁以后,维吾尔族儿童在角色状态的理解上有了明显的发展,但从整体上来看明显落后于图画形象、事件行动和数量认知上的理解水平。具体来看,4 岁维吾尔族儿童在图画书阅读中主要以图画形象理解为主,在事件行动、数量认知等维度上的理解处于初步发展阶段,在角色状态和时间概念上的理解明显不足。5 岁维吾尔族儿童在图画形象、事件行动和数量认知上的理解成绩有了明显的提高,相比较而言,在事件行动及数量认知理解能力上的发展速度较慢一些,在角色状态和时间概念上的理解能力与其他维度的发展速度相比较明显处于"滞后"状态。6 岁维吾尔族儿童在图画形象、事件行动、数量认知上的理解水平明显提高并持续发展;在角色状态和时间概念维度上的理解水平也有了提高,但图画形象上的理解得分与其他四个维度得分之间的差异有随着年龄增长逐渐增加的趋势。由此可以推论,4-6 岁维吾尔族儿童在各年龄段上对图画形象的理解水平始终高于事件行动、角色状态、数量认知和时间概念上的理解水平,这说明维吾尔族儿童在理解图画书内容时主要依赖于图画形象上的信息来建构故事的结构内容,随着年龄的增长,他们逐渐整合事件行动、数量认知和角色状态等维度上提供的信息,从而使得图画故事书的理解能力不断提升。其中,5-6 岁维吾尔族儿童在图画形象、事件行动、数量认知和角色状态等方面的理解能力发展迅速,这说明 5-6 岁应该是维吾尔族儿童图画故事书理解能力发展的关键时期。此外,由图画形象、事件行动和角色状态所表现的理解发展过程,也反映出了维吾尔族儿童在词汇发展过程中基本遵循着名词优先、动词在后、形容词最后的顺序特征,由此可推论,维吾尔族儿童词汇水平对其图画书理解产生着重要的影响作用。

第三节　对我国民族儿童实施早期阅读教育的启示

研究通过实时、可测的眼动分析技术揭示了民族儿童图画书阅读过程中图文阅读的基本发展特点，这为开展民族儿童早期阅读教育提供了一定的理论基础和参考。

其一，少数民族地区学前教育要重视早期阅读教育的开展。本研究发现民族学前儿童在图画书阅读中遵循"从图画到文字，母语到汉语"的视觉发展特点，存在着图文阅读水平不高、与汉族儿童图画书阅读水平存有差距等现象，这一发现提示我们如果不重视少数民族学前儿童阅读能力发展很可能会直接造成其在后续学业发展中成绩不佳、认知发展水平不高的结果。究其原因，我们不难发现少数民族学前儿童阅读发展缺乏来自成长环境的支持，从幼儿园到家庭普遍存在着不重视早期阅读教育的现象。近年来，少数民族地区学前教育质量不高，除了师资问题之外，幼儿园课程资源不足也是重要的影响因素。我们认为以图画书为载体开展早期阅读教育是一个重要的途径：第一，幼儿园和家庭需要认识到以图画书为主的早期阅读对学前儿童语言及其相关能力发展的价值，应为儿童提供适宜的阅读环境，让民族儿童从小能有机会开始接触纸质图画书，从图书中感知到事物形象、文字以及口头语言之间的关联，养成良好的阅读习惯；第二，幼儿园课程里面应当适当地增加阅读教育课程，教师利用图画书开展早期阅读，能帮助民族学前儿童学习从图画中捕捉关键信息，观察图画中主角或主要人物的状态，包括动作、表情、姿态等，理解主角的心理状态，如情绪、想法等，有意识地观察画面包括细节信息，掌握故事的基本推理能力等，从而获得图画书阅读经验，有助于其图画书阅读理解能力的提高；第三，新疆少数民族儿童进入幼儿园之后普遍面临着汉语学习的挑战，尤其大部分幼儿园缺乏良好的语言环境和合适的课程教育资源支持，在这样的现实状况下，教师利用图画书进行语言互动、示范，这不仅能为少数民族儿童提供有质量的语言输入，而且图画书能成为他们学习汉语的重要资源，少数民族学前儿童可在与图画书的互动中获得大量的语言交流的机会,包括教师和儿童之间利用图画书进行的交流,儿童之间的交流;也可以在与图画书的自然接触中获得早期文字意识。因此,重视在家庭到幼儿园两个环境中开展早期阅读教育,对民族儿童汉语学习和主流文化认同均有着深远的意义。

其二,遵循民族儿童图画书阅读特点选择适宜的阅读材料——图画书。首先,在图画书阅读过程中,民族儿童以关注图画为主来理解图书内容,这就促使我们必须认真面对和思考早期阅读和早期阅读教育的基本问题。对孩子来说阅读图画书是快乐的(松居直,1997),他们喜欢读图、看图,在图画书阅读中可以自由地阅读,可以获得语言、想象、思维、情感等方面的发展。儿童在图画书阅读中常常是以关注图画所传递的语言来理解故事情节,这也符合儿童早期形象思维的发展特点。对儿童而言,图画书中的图画是一种理解世界的"语言"。图画语言是一种象征性符号,用隐喻的方式传文达意,更为重要的是,图画往往能够借助各种视觉艺术的要素来传递出情绪、概念和感情等无法用语言直接传达的意涵。我们不能把图文吻合度不高,以识字为主的图书或挂图当成阅读材料,孩子对此可能没有阅读兴趣。因而,如何选择适合儿童阅读的图画书,如何帮助儿童理解和诠释图画语言,这在开展早期阅读教育的过程中是非常值得重视的内容。其次,随着儿童年龄的增长,民族儿童对文字的关注开始越来越多,这证实了儿童的阅读发展遵循了从图画到文字阅读的趋势。儿童从完全不能阅读到图画阅读,最后发展到对抽象符号——文字的阅读,这是儿童图画书阅读的认知加工过程(周兢,2010)。因此,可利用图画和文字共同叙述故事的图画书来促进民族儿童文字意识的发展,这有助于儿童在阅读图画的过程中自然地对文字产生兴趣、关注和探索文字,从而逐步获得文字概念和发展文字意识。同时,教育者和家长需要为儿童提供适切的鹰架支持来引导儿童在阅读过程中去关注文字,逐渐对文字表达形式和功能产生兴趣,秉承通过阅读来识字,而非识字来阅读的教学理念。

其三,民族儿童词汇发展水平作为语言发展的"标志"应得到重视。我们认为提高民族学前儿童的词汇水平对其阅读能力提高具有特别重要的意义。研究证实早期阅读教育能有效地提高儿童词汇水平,儿童词汇水平与图画书图文阅读及故事内容理解之间应是互为因果和相互促进的关系。本研究主要从词汇水平对维吾尔族儿童阅读发展影响的视角来探讨词汇发展的重要性,由此带给教育的启示有以下几方面:首先,提供丰富而有效的语言输入。研究发现,丰富而有效的语言输入是帮助儿童获得语言成长的重要途径措施(Valdes,1998;Cummins,2000),3-6岁是儿童口语和词汇发展的关键时期,对后续的阅读能力产生着明显的预测作用。陈思(2014)认为利用图画书为主的课程资源和教师的语言示范是有效语言输入的主要方式,图画书词汇更为正式、丰富和接近书面语言的表达,围绕图画书开展的活动有助于民族儿童获得更为正式的语言和词汇。在王玉琼(2013)的研究中发现,民族儿童语言偏误出现频率更大程度上受到了教师课堂语言偏误的影响,因此教师良好的语言示范和表达是提高民族儿童语言和词汇水平的关键因素。需要引起关注的就是少数民族地区幼儿园为了给孩子教汉语常常采取单一的词汇训练、背诵、识字等枯燥低效的语言教学模式。其次,重视儿童图画阅读理解能力的提高。研究发现维吾尔族儿童在图画区域的注视水平影响着其故事理解水平,而词汇发展与图画阅读之间存在着相关性,说明儿童图画认知加工的过程需要已有词汇参与。维吾尔族儿童在 4 岁以后对图画尤其主角图画信息的捕获能力不断提高,注视水平不断优化,表明对故事情节的理解水平不断提升,但相比较汉族儿童仍然呈现出一定差距,因此,引导维吾尔族儿童从图画中获取信息和意义有助于提高他们的图画书故事理解水平,而词汇水平在其中起到了很好的促进效应。

第六章

汉语儿童早期图画书阅读的
美术视觉认知研究

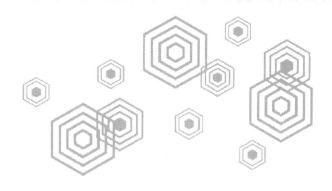

　　图画书是由图画与文字有效结合的产物,近年的学前儿童图画书阅读研究结果均表明,学前儿童在阅读的过程中主要关注图画信息,而很少会关注文字信息;儿童在图画书阅读的过程中遵循着"从图画到文字"的基本规律。儿童在图画书阅读中究竟怎样读图?哪些图画因素对儿童阅读选择和理解具有重要线索?

　　本章内容从美术视觉构成设计的角度入手,探讨汉语儿童早期阅读的美术视觉认知发展问题,力图寻找可供教育实践应用的规律。

第一节　研究背景与研究设计

一、研究背景

1. 图画是图画书故事构成的重要媒介

图画书是一门透过一系列图画与少量文字结合或者只有图画而完全没有文字（无字书）来传达信息或者述说故事的艺术（Perry Nordlman，1988；Maria Nikolajeva，2000；松居直，2004；海飞，2005；彭懿，2008）。图画是故事的重要表达媒介，有很强的艺术性、依赖性和连续性（Perry Nordlman，1988）。最近几年的学前儿童图画书阅读的眼动研究结果均表明，学前儿童在阅读的过程中主要关注图画信息，很少会关注文字信息（Mary Ann Evans & JeanSaint — Aubin，2005；Justice et al.，2005，2008；Jean Saint-Aubin et al.，2007；Marian J. A.，J. Verhallen & Adriana G. Bus，2011；高晓妹，2009；金慧慧，2010；韩映红，2011；刘宝根，2011；王津，2013；闵兰斌，2017）。这些研究发现，儿童在图画书阅读的过程中遵循着"从图画到文字"的基本规律。图画书中的图画因素是儿童阅读选择和理解的主要线索和依据（周兢，2010）。因此，探究儿童是如何读图在儿童早期阅读教育研究中有着重要的意义。

图画书中的图画叙事是一种重要的美术视觉构成设计。其间，包含造型——参与角色形象设计、色彩——故事情景氛围表达、构成——页面故事形成布局、互动——作者、读者、文本交际互动，等等。既然图画是图画书故事构成的重要媒介，那么，对美术视觉的理解就成为衡量早期儿童图画书阅读水平和能力发展的重要标志之一。

2. 早期阅读教育情景下系统深入的儿童"读图"实证研究极少

有研究者(周利,2012)通过对近10年来国内435篇期刊文章和61篇硕博学术论文中各种信息的抽取和分析,发现国内的图画书研究虽然起步时间较短,发展却十分迅速。图画书的研究在国内高校、出版界、幼教界引起广泛的关注。然而,从目前我们通过各种途径收集到的国内外近300多份关于儿童图画书阅读研究的相关出版著作、期刊论文和学位论文来看,阅读教育背景下的儿童"读图"特征的相关研究却不足。现有的一些"读图"研究,存在着如下问题:教育情景下的相关实证研究,虽然也涉及儿童"读图"的研究,但这些研究缺乏系统性和深入性,大多是在研究儿童图画书阅读的阅读情景、文字意识、故事理解、民族特点时有所涉及,研究的侧重点不在于图画本身的认知(高晓妹,2009;刘宝跟,2011;李林慧,2011;王津,2013;闫兰斌,2017)。其他领域的研究虽然以"读图"为主要研究问题,但较零散,且背离早期阅读情景。如心理学方面,大多注重儿童对单一"图片"或"图形"的认知加工心理研究,很少对具有叙事性的图画书中的"图画"进行研究。美术学方面,虽注重图画的"美术元素"(比如造型、色彩、线条、构图等)研究,但大多探究的是儿童对单幅图画作品的"画面欣赏"特征研究,这些侧重于儿童是如何"看画"而不是"读图"的美术欣赏研究缺乏阅读性;出版学方面,注重图画书设计艺术的研究,研究关注的大多是图画书自身构成设计问题,较少考虑儿童阅读教育的问题,缺乏年龄特征。因此,在早期阅读教育情景下,从美术视觉角度探究儿童阅读图画的视觉认知过程的跨学科、整合性研究极其必要。

3. 图画书中的美术视觉构成语法研究成为国际研究的热点问题

图画书的故事是图画和文字共同传达的故事,一本图画书至少包含三种故事:文字讲的故事、图画暗示的故事,以及两者结合所产生的故事。图画书所提供的独特乐趣,就在于我们感受到插画者如何利用文字与图画的差异来表达故事(Perry Nordlman,1988;康长运、唐子煜,2002;戴静静,2011)。作为最重要的两种表意符号,语言和图像在人类的认知过程中呈现为一种既相互制约、相互影响又相互协作的共生关系。郭伟(2013)从语言学角度研究认为,"语—图"关联的建立实质上就是语言在共时纬度上的社会约定性向图像的传递,图像则以其空间性而能超越特定语言规则、系统的束缚,并对语言有着反制约作用。"语—图"关联形成了一种相互协作机制,共同实现人类对世界的认知处理,这一机制既是包括人在内的自然存在之间的相互影响和作用关系的反映,同时也是人类丰富的情绪、情感、体验和理解方式之间的沟通和互动。

从国际上看,图画书阅读研究一直是国外研究的一个主要领域。过去图画书阅读研究的中心主要围绕图画书中的语言叙事的形式语法规律进行探究。自哈利迪(Halliday,1978)提出语言的系统功能理论以来,随着多媒体技术的广泛运用,多模态语法分析(multimodal discourse analysis)研究逐渐成为系统功能语法(Systemic Functional Grammar,SFG)的一大重要研究领域,从而使系统功能语言学的研究突破了传统的仅对文字语言本体规律的探究,开始了对其他社会性符号,如图画、声音、色彩、场景、动态等的研究。在图像语言方面,多位研究者(O'Toole,1994;Kress & van Leeuwen,1996,2006)对视觉图像符号语法进行了系统、全面的分析,他们提出的图像具有如文字一样的三大设计功能——表征意义(representational meaning)、交互意义(interactive meaning)、构成意义(compositional meaning)——成为美术视觉设计领域经典的基础理论;而Painter、Martin和Unsworth(2013)在Kress等人的研究基础上,以儿童图画书为主要分析材料,对图画视觉叙事进行了系统的解读,形成了新的图画分析结构,开启了图画书研究的新视角。此后,多模态话语分析在欧美儿童图画书阅读领域作为新的前沿理论,被当今国外图画书阅读研究者广为运用。这为本研究提供了新的探究方向和视角。

鉴于上述原因,本研究力求站在教育学立场,在儿童自主阅读情景下,从美术视角出发,运用眼动研究这种心理学常用的量化研究方法,来探究4-6岁(中、大班)儿童图画书阅读中其美术视觉过程的特征及其读图能力成长与发展的特点,从而为儿童早期阅读教育及儿童图画书创作提供具有现实指导意义的理论基础。

二、研究设计

1. 研究问题

以克雷斯等人(Kress et al.,1996,2006)的美术视觉设计语法理论为基础理论,结合佩因特(Painter,2013)和莫亚(Moya,2014)对图画书中的图画分析框架,本研究将从图画设计的表征意义、构成意义、交互意义三方面,系统、深入地探究4-6岁儿童在图画书阅读过程中的美术视觉认知过程。

研究内容主要涉及以下问题:

其一,4-6岁儿童图画表征叙事的视觉认知过程

问题1:单一页面图画叙事主客体搜索的视觉眼动特征研究

问题2:连续页面图画叙事主客体搜索的视觉眼动特征研究

其二,4-6岁儿童图画构成的视觉认知过程

问题1:图画位置构成中的视觉眼动特征研究

问题2:图画凸显构成中的视觉眼动特征研究

其三,4-6岁儿童图画交际的视觉认知过程研究

问题1:图画眼神的视觉眼动特征研究

问题2:图画焦距的视觉眼动特征研究

问题3:图画视角的视觉眼动特征研究

2. 研究对象及抽样

为了尽量保持样本的代表性和平衡性,本研究选取宁波市所属的市区(省一级)、郊区(省二级)、农村(省三级)各一所幼儿园。对三所幼儿园4-6岁三个年龄段,即幼儿园的中、大班的幼儿,采取随机抽样,各幼儿园各年龄段抽取30名儿童,男女各半,总共90名儿童作为样本进行研究。以抽样时间为基准,4岁组年龄范围为57±5月,5岁组年龄范围为66±4月,6岁组年龄范围为75±2月。

3. 研究材料

根据各研究问题需要,综合图书设计风格、图画叙事手法、儿童是否阅读过、图书是否经典或获奖等几个条件,选择下列2本作为本研究的主要材料:

(1)《好饿的毛毛虫》,文、图/[美]艾瑞・卡尔,译/郑明进,明天出版社,2008版。该书特点:卡通风格、彩色、拼贴画、动物主角、恒定叙事、世界经典读本。

(2)《在森林里》,文、图/[美]玛丽・荷・艾斯,译/赵静,二十一世纪出版社,2008

版。该书特点：写实风格、黑白、碳条素描画、人物主角、衍生叙事，世界经典读本。

4. 研究方法

眼动研究是本研究中的主要方法。眼动测查的主要目的是为了探究儿童在图画书阅读中对图画设计中所呈现出的美术视觉的注视特征。

(1) 测查工具

本研究采用瑞典 Tobii Technology AB 公司生产的 Tobii T120 眼动记录仪收集眼动数据。该眼动仪分辨率为 1280×1024，采样频率为 120 Hz，采样精度为 0.5°，允许 44 cm×22 cm×30 cm 头动范围，且不需要佩戴头盔，同时看不出是追踪设备。儿童阅读时只需要坐在眼动记录仪集成的一台类似于电脑的 17 英寸 TFT 显示器前，自由地观看实验材料。这些性能保证了儿童测查时数据采集的方便性、可靠性和有效性。该眼动仪是目前国际上儿童眼动研究较好的测查工具。

(2) 测试方法

把两本图画书全部进行高清扫描后，采用 Photoshop 技术制成跟纸质图画书原版一样的正文双页同时呈现方式（封面和封底按单页制作）。按 Tobbi120 眼动仪允许像素调整为 1024×1080 图片格式输入眼动仪进行测试。测试在幼儿所在的幼儿园分别进行。由于收集数据时间跨度较大，且在不同幼儿园进行三个年段的测试，考虑到测试的时间间隔误差对数据效度的影响，我们按年段分组进行。即在三个园每次测试完一个年龄组后再进行下一组测试。这样可以保证同一年龄组测试时间误差最低。施测时由主试（本章作者）和幼儿一对一在单独、安静的房间进行。考虑到儿童注意力的集中水平，所以每次每个儿童只测查一本图画书，这样可以避免因儿童的疲劳因素导致的测试误差。同一年龄组儿童测查完同一本后，方进行下一本的测试。考虑到测试日程可能引起的测试顺序误差，在保证每个幼儿不同图画书的测查间隔时间相对一致的情况下，适当调整被试的测查顺序。

(3) 施测程序

第一步：让被试熟悉实验环境；向被试介绍有关实验的要求。第二步：进行眼动校准。要求被试端坐在距离电脑屏幕正前方约 60 cm 的座椅上，坐姿舒适放松。双眼平视电脑显示器的中央，眼睛盯着屏幕中出现的小圆点直至圆点消失。采用五点定位法进行眼动校准。第三步：向被试宣读指导语。"下面我们会在这个电视屏幕上看到三张图画，当你看完一张后，就说'看好了'，我们就会接着让你看下一张。"第四步：开始正式实验。实验中,每本图画书从封面到封底按图画书原版顺序呈现。被试每看完一个页面并报告"看好了"之后,由主试用鼠标点击翻至下一页,直至整本书全部看完为止。眼动仪将自动记录被试作出的眼动反应。

（4）数据统计

按照眼动仪自动记录的儿童采样率数据,筛选采样率高于(等于)80％的数据作为有效数据。从 Tobbi120 眼动仪自带的数据分析软件中导出数据,并用 Excel 进行初步的整理和筛选。使用 SPSS19.0 进行统计检验。

（5）分析指标

在本研究中,眼动数据分析指标一般用首次注视时间、注视时长、注视次数、前 10 注视点等指标进行分析。

首次注视时间(time to first fixation)：是指注视者第一次注视到目标并形成注视点的时间。首次注视时间越短,表示该目标最快引起观众注意。

注视时长(fixation duration)：是指注视者在某个目标区域上的所有注视点停留时间的总和。时间越长,表示该目标区域被认知加工的程度越高。

注视次数(fixation count)：是指注视者在某个目标区域上注视的点数。注视次数越多,表示该目标区域越被关注,认知加工程度越高。

前 10 注视点：是指读者最初在兴趣区注视的第 1－10 个注视点。前 10 点数越多,说明该区域被关注的兴趣最高。

第二节 汉语儿童图画书阅读中的美术视觉认知过程

从美术视觉设计语法理论出发,通过对汉语 4 - 6 岁儿童图画书阅读眼动过程的分析,我们获得如下儿童美术视觉认知的认识。

一、图像表征中的视觉眼动特征

克雷斯等人认为,如语言一样,图像也具有叙事功能。在视觉图像叙事的行为过程中,图像中存在着行为的主体和客体。图像中的行为主体即行动者(actor),——一个行动过程中行为的积极发起者。图像中的行为客体即目标(goal)——行动过程中的被动接受者(Kress 等人,2006:74)。从图画故事书自身的美术构成看,每个图像表征着不同的角色关系。而这种文本中的角色关系主要通过各种美术造型,如形象、动作、动向(vectors of motion)等来完成。图画书中的主客体关系既存在于单个页面中,也存在于连续叙事页面中;因此,我们分别对这两种情况都进行了研究分析。对这种关系的视觉行为分析,能更好地反映出儿童图画书阅读中,对图画表征叙事中各角色所承担的视觉认知过程。

1. 单一页面叙事过程主客体搜索的视觉特征

一般而言,每本儿童图画故事书的页面都是一个独立的叙事场景(scene)。它通常由文字和图画两部分内容共同构成叙事。而图画部分的叙事内容又包括行为主体(行为者)、客体(目标)、背景以及其他图画表征参与物。在此项研究中,为了深入探究儿童在图画书阅读过程中是如何搜索这些图画并呈现出怎样的年龄特征,我们以《好饿的毛毛虫》中正文第 11 页为阅读分析材料,利用儿童阅读时的前 10 个眼动注视点数据对 90 名

4-6岁儿童的注视特征进行了统计分析。一般而言,前10个注视点个数越多,标志着儿童对这些区域的关注程度越高。《好饿的毛毛虫》第11页叙事图片为毛毛虫周五所吃水果的叙事图片。在此页阅读兴趣区划分中,我们把毛毛虫及在吃的第四个草莓作为行为者区,把五个橘子作为目标区,把第一到第三个草莓作为非目标区,把文字作为文字区,以此来探究儿童对这些区域的注视情况(参见图6.1)。研究结果参见表6.1和图6.2。

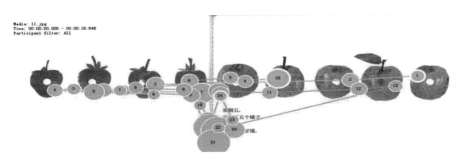

图6.1 《好饿的毛毛虫》第11页注视点图示

表6.1 4-6岁儿童单一页面前10注视点数比较

年龄	非目标区			行为者区	目标区					文字区
	草莓1	草莓2	草莓3	毛毛虫	橘子1	橘子2	橘子3	橘子4	橘子5	文字
4岁	2	11	20	69	39	22	7	20	6	15
合计	33			69	94					15
百分比	15.64			32.70	44.55					7.11
5岁	2	8	11	52	38	23	14	19	4	17
百分比	11.79			29.21	49.44					9.56
6岁	3	9	21	46	35	23	16	7	4	38
合计	33			46	85					38
百分比	16.34			22.77	42.08					18.81
总计	87			167	267					70
百分比	14.72			28.26	45.18					11.84

注:表中"总计"指相应区域三个年段儿童前10个注视点的总和;"百分比"指相应区域在各年段或所有年段四个区域上所占的前10个注视点总数的百分率

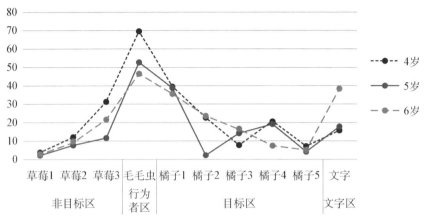

图 6.2 4-6 岁儿童各区域"前 10 注视点"比较

表 6.1 中显示,从前 10 注视点的百分比来看,无论是各年段还是总体上,儿童对四个区域的关注程度都表现为目标区>行为区>非目标区>文字区的注视特点(45.18%>28.26%>14.72%>11.84%)。即在阅读过程中,各年龄段儿童关注的区域顺序首先是作为行为对象的目标,其次是行为者,再次是非目标区的图画表征物,最后才是文字区。从儿童阅读的年龄发展特征来看,有一个极为明显的特征:随着儿童年龄的增加,其对行为主体的关注兴趣逐渐降低(32.70%<29.21%<22.77%),而对文字的阅读兴趣逐渐提高(7.11%>9.56%>18.81%)。此外,从图 6.2 中可以明显看出,就九个图画表征物的注视点来说,三个年龄段儿童都表现出对行为者毛毛虫极大的关注兴趣,前 10 个注视点数落在其上面的最多(69,52,46),远远高于其他 8 个图画表征物。而且从图中也可以看出,无论是目标区还是非目标区的图画表征物,越靠近行为者毛毛虫,儿童对其的关注兴趣越高。基本呈现出以行为者为中心兴趣、逐渐向行为者左右两端扩展的趋势,而处于最边缘位置的左边的草莓 1 和右边的橘子 5,各年龄段儿童关注的兴趣点都极低。此外,从各年龄段在各区域的兴趣区优势点比较来看,4 岁组儿童的优势兴趣点在行为区(32.70%),5 岁组儿童的优势兴趣点在目标区(49.44%),6 岁组儿童的优势兴趣点则在文字区(18.81%)和非目标区(16.34%)。

研究结果表明,4-6 岁儿童页面视觉搜索时,先以搜寻叙事主角主体(行为者)为中心,并逐渐把阅读视点向以主体为中心的两端表征物(目标)扩散,越靠近行为者区域的图画表征物,儿童的关注点越高。说明 4-6 岁这个年段的儿童阅读图画故事书时,遵循着从叙事行为者到叙事目标再到其他非目标图画表征物再到文字的视觉认知过程。年齢不同,视觉注视的重点区域不同。

2. 连续页面叙事主客体搜索的视觉特征分析

上述研究揭示了儿童阅读单一页面时对叙事行为者和目标的视觉认知特点。但我们知道,在一本图画故事书中,即使整个故事中只有一个行为主角,这个主角所表现出的行为目标也是多样和连续的。亦即一个故事是由这个主角的多种(或一种)行为及其指向目标构成的,是通过多个页面的连续叙事来完成的。儿童在阅读多个页面构成的连续叙事时,是否仍然呈现出这样的视觉特点呢?

在本问题研究中,我们以《好饿的毛毛虫》正文中的第7-11页为研究分析材料进行了探究。这5页中,图画和文字以对应的方式共同叙述毛毛虫从周一到周五所吃的各种水果。叙事的主体(行为者)都是毛毛虫,客体(目标)是各种水果。研究结果参见表6.2和图6.3。

表6.2 4-6岁儿童行为者与目标注视特征比较

年龄	首次时间				注视时长				注视次数			
	行为者		目标		行为者		目标		行为者		目标	
	M	SD	M	SD	M	SD	M	SD	M	SD	M	SD
4岁组	0.51	0.58	1.30	1.10	11.87	5.79	16.03	7.99	21.85	10.03	41.81	19.97
5岁组	1.08	1.75	2.01	4.57	12.18	8.05	17.67	9.74	23.00	11.22	46.71	25.54
6岁组	1.27	2.23	2.22	2.20	9.39	6.33	14.70	9.21	19.54	10.32	41.65	23.32
F	1.533		0.707		1.319		0.680		0.710		0.401	
Sig.	0.223		0.497		0.274		0.510		0.495		0.671	

注:表中"Sig."为显著性,即 p 值,下同

从表6.2和图6.3中可以看出,作为叙事主体的行为者总是比作为客体的目标更快地被儿童关注到,首次时间用时极短。但从注视时长和次数来看,行为者始终低于目标。儿童对阅读目标而不是行为者,给予更高的关注。此外,从表6.2中还发现了一些特殊的现象,一是从首次注视时间看,年龄越小,儿童越快关注到行为者和目标,关注速度呈现出4岁组>5岁组>6岁组的特征,即关注速度与年龄呈反比的特征。二是儿童无论是对行为者还是对目标的关注程度,并没有表现出随年龄的发展关注程度持续提高的特征,而是表现出注视时长和次数都是5岁组>4岁组>6岁组的特征。对行为者与目标

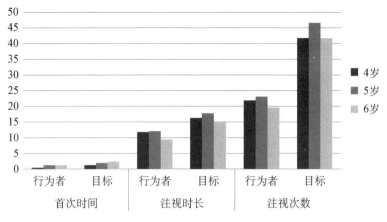

图 6.3　4－6 岁儿童行为者与目标注视特征比较

的读图能力存在一个转折过程,即 4 岁到 5 岁先升,而 5 岁到 6 岁又开始下降,5 岁是个关键的转折点(参见图 6.3)。但总体上来说,各年龄段之间在首次时间、注视时长、注视次数等各项指标上,并没有表现出显著的差异。

　　对图画连续叙事的主客体表征物眼动注视数据分析的结果表明,在图画书阅读过程中,尽管叙事的场景和目标随着故事情节的展开不断变化,但儿童对叙事表征参与物中的行为主体(行为者,即主角)的关注速度还是快于对目标的关注。这说明在叙事表征物中,作为叙事主体的行为者比客体目标更能引起儿童的最早关注。亦即交互验证了先前的研究结果,即儿童对主角总是给予最快的关注。然而,从注视程度看,虽然儿童最快关注到行动的发起者——主角,但对其进一步的深入注视却低于行为所指向的目标。心理学场景知觉的一致性理论认为,当识别的对象(object)总是按一定的情景(scene)规律被连续安排时,人们会稳定地在这个位置“期待着”(looking forward to)这个对象的出现(Davenport,2007)。也就是说,出现在这个位置的就是观众想看的。这能解释那些按固定场景安排目标对象的情形,比如,图画书《好饿的毛毛虫》总是一只毛毛虫每天出去吃食物,周一吃一个什么水果,周二吃了两个什么水果……主角只有一个毛毛虫,场景也是同样,从各种水果中爬进、爬出。所以,这是一本最受儿童喜欢的书。因为除了它有趣,更主要的是其叙事结构清晰、明了、稳定,儿童有更多的兴趣期待着去看“毛毛虫又吃了什么”(Moya,2014)。这项研究说明,儿童在图画书阅读的过程中,当行为主体及其动作一致时,儿童对目标的关注程度与行为者的角色是否变化、位置和动作设置是否一致有关系。当叙事主角稳定、动作和位置一致时,儿童更多的是关注事件发展的进程,而不是行为发起者本身。

二、图像构成中的视觉眼动特征

克雷斯等人认为,在视觉设计语法中,图像之间的信息量大小、凸显程度等图像构成意义,主要通过图像的位置安排、图像对比等美术构成方式来实现。图像位置构成主要有左—右、顶—底、中—边等不同位置关系的构成。位置不同,其提供的信息意义也不同。一般来说,在序列图像位置设计中,左边的图像通常作为已知(given)信息设置,右边的作为新信息(new)设置;处在一个图片中心位置的图像是具有重要阅读意义的核心信息(nuclear information),而处在四周边缘的是次要或从属(subservient information)的信息;处于顶部(top)的图像代表想象与意愿信息,而底部(bottom)则具有与现实联系的信息意义(Kress et al. 2006:186-187;Moya,2014:120)或者重与轻的重量感意义(Nodelman,1988)。凸显(salience)是美术视觉构成中的另一种意义体现方式,是通过各种表征参与物及其元素的设计来不同程度地吸引观众的构图方式。凸显可通过图像的相对大小、色调对比、色彩明度、清晰度等因素来实现(Kress 等,2006:177,210)。凸显能在各图像元素间创造出一种重要性层级(a hierarchy of importance),使观众选择出更重要、更有价值的事物加以注意(Kress 等,2006:201)。图画书作为一种典型的序列设计媒介,在 4-6 岁儿童图画书阅读过程中,这些美术构成意义是否能在其视觉过程中体现? 呈现出怎样的眼动特征? 这是本部分要探究的主要问题。

(一) 位置构成中的视觉眼动特征

1. 图画左右构成中的视觉眼动特征

在本项研究中,我们采用 4-6 岁 90 个儿童阅读《好饿的毛毛虫》中正文第 4-9 页主角毛毛虫从周二到周日一周内"吃食物的过程"7 个页面的图像作为研究材料,对其阅读的眼动数据进行深入分析。在这 7 页中,第 4-7 页都是采用双页构成设计,左边的页面表示前一天吃过的水果类型及数量,右边的页面表示当天将要吃的水果及数量;第 8 和第 9 两页为跨页连续设计,表示着毛毛虫从左边的食物吃向右边的食物(第 8 页)或吃完左边的树叶后向右边爬去(第 9 页)。这 7 页较能代表图画书左右设计的基本类型,对其眼动注视情况的分析,能揭示出不同年龄段儿童在阅读这些左右页面构成设计中的位置构成语法特征及成长规律。研究结果参见表6.3。

表6.3 4-6岁儿童对左右位置图像的注视特征比较

年龄	首次时间				注视时长				注视次数			
	左		右		左		右		左		右	
	M	SD	M	SD	M	SD	M	SD	M	SD	M	SD
4 岁	0.26	0.70	0.95	0.24	21.98	10.50	22.53	11.39	51.15	25.14	58.59	29.46
	$t=4.827^{***}(0.000)$				$t=0.183(0.855)$				$t=0.999(0.322)$			
5 岁	1.22	2.92	0.83	3.06	26.20	15.87	27.70	15.90	59.71	29.43	69.89	36.30
	$t=0.495(0.623)$				$t=0.353(0.726)$				$t=1.153(0.254)$			
6 岁	2.05	4.67	0.37	0.60	24.53	14.31	28.55	17.51	58.80	33.54	71.70	45.00
	$t=1.953(0.056)$				$t=0.738(0.427)$				$t=1.259(0.213)$			
F	1.895		0.780		0.650		1.026		0.690		0.984	
Sig.	0.213		0.462		0.525		0.363		0.505		0.378	

表6.3显示,总体上,除了4岁组在首次时间上对左边的关注速度快于右边且差异极其显著外(p<0.001),各年龄段儿童都表现出对右边注视的首次时间、注视时长、注视次数都优于左边的注视特征,但左右位置都没有表现出显著的差异水平。从年龄差异看,三个年段儿童在左、右位置上的首次注视时间、注视时长、注视次数上都没有表现出显著的注视差异;但从统计数据中可以看出,4-6岁儿童对左右位置的注视有一个逐步变化的过程。从首次注视时间看,随着年龄的增加,儿童对左边图像信息的关注速度逐渐降低(0.26<1.22<2.05),而对右边图像信息的关注速度逐渐加快(0.95>0.83>0.37)。而在注视时长和次数上,发现一个明显的规律,4岁到5岁,儿童对左右位置图像的注视时长和次数都呈逐渐提高的趋势,但到了6岁,儿童对左边图像信息的注视时间和次数都下降了,而对右边的图像信息关注度提高了。6岁时儿童对页面信息的关注程度开始从左边转向右边。这可能说明6岁是儿童对图像左右位置信息关注的转折期。

为什么不同年龄儿童对左右位置构成的图画会表现出如此特征?这可能跟儿童阅读的经验和认知能力发展有关。在图画书阅读能力发展过程中,4岁组儿童可能还停留在图像本身所提供的信息上面,比如图画形象自身的特征,而不能领会这种左右位置构成的故事信息。或者这个年龄段的儿童还是在追随故事主角在阅读,所以对这几页中,主角大多居于左边表现出更多的最初兴趣。^① 而对于 6 岁的儿童,随着认知能力的提高和阅读经验的丰富,他们可能对图像所表征的形象意义会逐渐降低,而对图像所构成的故事内容会更感兴趣。在阅读过程中,他们可能会更加注重故事的变化和发展情节,而少关注图画的形象本身是什么。因此,对左右页面构成的故事信息中,这个年龄段的儿童会更注重随着故事推进的那些出现的新信息,即图画书右面中主角毛毛虫将要去吃的那些东西,而不是左边毛毛虫已经吃过的东西和毛毛虫吃过后爬出来的动作。或者,6 岁的儿童已经掌握了这种左右页面构成的信息规律,即左面的都是儿童前天吃过的东西,而到后来不必要对左边进行更多的阅读加工而导致其对此注视的时间和次数都减少。关于这些方面的原因,以下部分将作进一步探讨。

2. 图画中边位置构成中的视觉眼动特征

研究以《好饿的毛毛虫》中正文第 1 页为研究分析材料,对阅读这本图画书的 90 名 4－6 岁儿童的眼动注视的首次时间和注视时长数据进行分析,期望发现 4－6 岁三个年龄段儿童对中-边构成关系的视觉语法发展特征及规律。在《好饿的毛毛虫》这本图画书中,仅有正文第 1 页采用的是双跨页中-边构成设计。此页的文字叙事为“月光下,一颗小小的蛋躺在叶子上”。根据页面故事,作者把作为重要阅读信息的图像月亮和卵以及部分树叶放在页面中心位置,而把树干、部分树叶及夜色背景作为次要或无关信息放在四周边缘位置。中心及四个边缘眼动兴趣区划分时我们仍然参照 Kress 等(2006:197)的划分原则,各区域面积保持在平均 20% 左右(参见图 6.4)。研究结果参见表 6.4。

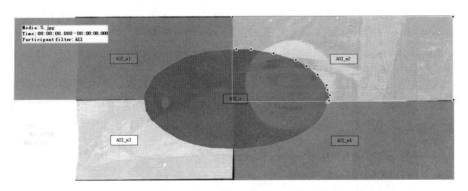

图 6.4 《好饿的毛毛虫》第 1 页中-边兴趣区划分示意图

---

① 在这 7 页中,第 4－7 页都是主角毛毛虫居于左边页面,只有第 8、9 页主角在右边位置。

表6.4 4-6岁儿童对中-边图像的注视特征比较(M)

年龄	首次时间					注视时长				
	中	边1	边2	边3	边4	中	边1	边2	边3	边4
4 岁	0.21	7.39	0.85	5.21	1.70	6.42	0.52	1.37	0.42	0.90
	$F=11.885^{***}$					$F=43.860^{***}$				
5 岁	0.30	8.66	2.79	7.35	3.67	5.63	0.43	1.07	0.23	0.75
	$F=3.354^{**}$					$F=19.369^{***}$				
6 岁	0.27	8.49	1.16	6.20	3.53	6.30	0.48	1.20	0.31	0.82
	$F=12.789^{***}$					$F=43.860^{***}$				
F	1.438	0.062	2.074	1.582	1.478	0.824	0.104	1.808	1.380	0.687

表 6.4 显示,总体上,4-6岁三个年龄段儿童都表现出对中心区域图像的关注程度显著高于对各边缘区域图像的关注程度的注视特征。各年龄段儿童最先注视到中心区,对中心区域的注视程度极其显著高于各边缘区域(参见图 6.5)。从 4-6 岁儿童对各区域的注视情况看,三个年龄段儿童在五个区域之间,无论是首次注视时间还是注视时长上都没有表现出显著的差异性。但从表中的统计数据中可以看出,4-6 岁儿童对中-边的注视有一个发展变化的过程。从首次注视时间看,4 岁组儿童在各区域的注视速度都高于 5、6 岁儿童,5 岁组则最慢。从注视时长看,从 4 岁到 5 岁,儿童关注中心区域和各边缘区域的注视时间明显减少了,但到了 6 岁,又开始增加了。此外,统计数据显示,4-6 岁各年龄段儿童对各边缘区域的关注特征为,对右边边缘区域(边 2 和边 4)高于左边边缘区域(边 1 和边 3),但下部边缘(边 3 和边 4)高于上部边缘(边 1 和边 2)。

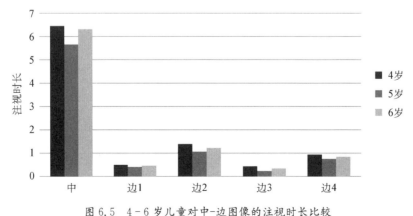

图 6.5 4-6 岁儿童对中-边图像的注视时长比较

本项研究表明,4-6岁儿童在图画书阅读过程中已经具有把握页面中的核心信息的能力。但总体上来说,这个年龄段的儿童在图画中-边构成关系的视觉认知能力发展上表现出一种缓慢变化的特征,其间没有显著差异。但各年龄段儿童关注的区域发展是有所变化的,这可能跟儿童对文字信息的关注程度有关。

3. 图画顶底位置构成中的视觉眼动特征

在本项研究中,我们以《好饿的毛毛虫》中正文第3页为研究材料,对90名4-6岁儿童阅读该页的首次注视时间、注视时长、注视次数等眼动数据进行深入分析。《好饿的毛毛虫》中第3页是该图画书中唯一采用顶底构成设计的页面。在该页中,图像表征物有处于页面顶部位置的太阳和处于底部位置的土地(或山岗)以及处于中间位置、作为叙事行动者的主角毛毛虫和处于图画右边的目标苹果。眼动兴趣区划分时,以太阳作为顶部位置区域、土地作为底部位置区域进行划分(参见图6.6)。研究结果参见表6.5。

它要去找一些东西来吃。

星期一,
它吃了一个苹果。
可是,
肚子还是好饿。

图 6.6 《好饿的毛毛虫》第3页顶底图示

表6.5 4-6岁儿童对顶底构成图像的注视特征比较

年龄	首次时间				注视时长				注视次数			
	顶		底		顶		底		顶		底	
	M	SD	M	SD	M	SD	M	SD	M	SD	M	SD
4 岁组	2.6	4.24	6.18	4.85	1.71	1.51	0.99	1.01	4.89	3.97	2.29	2.05
	$t=2.539^*(0.015)$				$t=1.721(0.093)$				$t=2.388^*(0.022)$			

年龄	首次时间				注视时长				注视次数			
	顶		底		顶		底		顶		底	
	M	SD	M	SD	M	SD	M	SD	M	SD	M	SD
5 岁组	2.83	2.44	7.34	4.44	1.51	1.19	0.76	0.81	4.83	3.71	2.06	1.73
	$t = 4.135^{***}(0.000)$				$t = 2.210^{*}(0.033)$				$t = 2.780^{**}(0.008)$			
6 岁组	3.06	3.57	5.68	4.96	1.18	0.87	0.83	0.87	4.32	3.09	2.14	1.59
	$t = 2.025^{*}(0.049)$				$t = 1.301(0.200)$				$t = 2.264^{*}(0.029)$			
F	0.116		0.513		1.275		0.280		0.170		0.175	
Sig.	0.890		0.602		0.285		0.757		0.844		0.840	

从表 6.5 中可以看出,总体上,4-6 岁三个年龄段儿童对顶底位置构成图像都表现出极为一致的注视特征,即对顶部图像的关注速度和视觉加工时间和次数都高于底部图像(参见图 6.7),且除了 4 岁组和 6 岁组顶底注视时长(t=1.721 和 t=1.301)没有显著差异,其他各项各年龄段都存在着显著差异。从三个年龄之间的各注视情况看,年龄之间没有显著差异;但却表现出较为明显的发展特征,即 4-6 岁儿童随着年龄的增加,其对顶部的首次注视时长逐渐增加,注视时间和注视次数却逐渐减少。而对底部的注视却有一个转折过程,即注视水平 4-5 岁呈下降趋势,而 5-6 岁又开始呈上升趋势。5 岁是关键的转折点,其注视水平最低。从各年龄段对顶底注视的总体水平看,呈现出 4 岁>6岁>5 岁的特点。

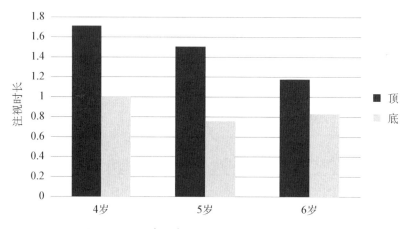

图 6.7　4-6 岁儿童对顶-底图像的注视时长比较

（二）凸显构成中的视觉眼动特征

1. 大小凸显构成中的视觉眼动特征

研究采用《好饿的毛毛虫》这本图画书中的正文第 2 页和第 10 页中的主角毛毛虫作为大小凸显构成研究材料，对 90 名 4－6 岁儿童阅读的眼动数据进行深入分析。研究中，第 10 页的毛毛虫在文中是一只贪吃了好多东西后变成的"又大又肥"的形象。大小凸显构成设计是图画书作者常用的一种设计方式，目的在于通过这种相对大小的所占页面面积比为 36.80％，因此把它作为"大"图像来分析。而第 2 页中的毛毛虫是刚开始"又小又饿"的形象，所占页面面积比仅为 1.12％，因此作为小图像来分析（参见图 6.8）。研究结果参见表 6.6。

第2页

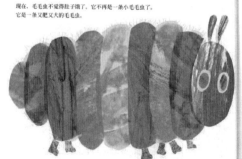

第10页

图 6.8 《好饿的毛毛虫》大小凸显图示

表6.6 4-6岁儿童对大小凸显图像的注视特征比较

| 年龄 | 首次时间 | | | | 注视时长 | | | | 注视次数 | | | |
| | 大 | | 小 | | 大 | | 小 | | 大 | | 小 | |
	M	SD	M	SD	M	SD	M	SD	M	SD	M	SD
4岁	0.36	0.71	2.07	2.95	8.05	6.64	3.66	3.50	20.70	15.15	5.00	4.17
	$t=2.923^{**}(0.005)$				$t=2.999^{**}(0.004)$				$t=5.102^{***}(0.000)$			
5岁	0.23	0.22	2.04	4.27	11.02	8.44	4.70	3.89	30.93	22.75	6.03	4.61
	$t=2.859^{**}(0.006)$				$t=3.597^{***}(0.001)$				$t=5.676^{***}(0.000)$			
6岁	0.37	0.49	2.24	3.47	8.54	7.81	3.38	2.44	23.33	20.22	5.17	3.32
	$t=3.040^{**}(0.004)$				$t=3.400^{***}(0.001)$				$t=4.829^{***}(0.000)$			
F	0.643		1.868		1.199		1.241		2.020		0.627	
Sig.	0.528		0.859		0.307		0.295		0.139		0.537	

表6.6显示,总体上,4-6岁儿童对大小凸显构成的图像注视存在着显著的差异。各年龄段儿童在首次注视时间、注视时长、注视次数方面都表现出显著差异,即儿童对大图像"虫"的注视水平显著高于对小图像"虫"的注视(参见图6.9)。从三个年龄之间的主效应看,年龄主效应在各眼动数据指标上都不显著。但从统计描述数据看,4-6岁儿童无论是对大图像还是对小图像的注视,都表现出一个共同的规律,即在首次时长、注视时

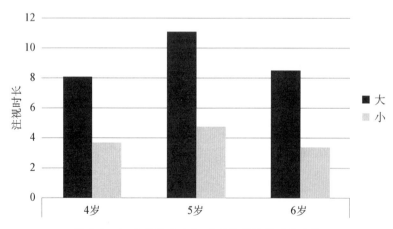

图6.9 4-6岁儿童对大-小图像的注视时长比较

间、注视次数等方面,4岁到5岁关注程度逐渐提高,而5岁到6岁开始下降。5岁是个关键的转折期。总体注视水平表现为:首次注视时间5岁>4岁>6岁;注视时间和次数5岁>6岁>4岁。

2. 色彩凸显构成中的视觉眼动特征

色彩凸显是美术视觉构成的另一种设计方式。一般来说,色彩凸显主要通过色相,即色彩的"相貌"特征,也就是我们通常所说的"七彩"颜色对比来实现。在图画书中,主要常见的色彩对比是冷暖色对比。按色彩构成学的观点,冷色调构成的图像,如蓝、绿、白等色彩系列,一般给人安宁和冷静的感觉;而暖色调构成的图像,如红、黄等色彩系列,通常给人热情、激动的感觉(吴筱荣,2007:59)。克雷斯和范·莱文(Kress & Van Leeuwen,2006)的视觉设计语法理论认为,图片中的色彩具有识别和传递情绪的综合功能,观众具有对表征参与物的色彩觉察和色彩情绪的感知能力。

研究采用《好饿的毛毛虫》图画书中的封面页作为研究材料,对90名4-6岁儿童阅读该页中的毛毛虫眼动数据进行分析。该页是本书的封面,除了文字,图像就只有主角毛毛虫。该页是典型的冷暖色彩凸显设计。毛毛虫长长的身体是绿色为主色调,而头部是大红色。在此,我们把绿色身体作为冷色、把整个头部(包括耳朵)作为暖色进行眼动兴趣区划分(参见图6.10)。研究结果参见表6.7。

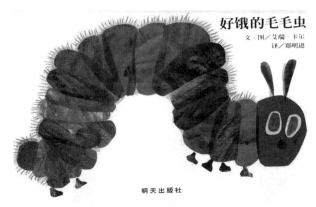

图6.10 《好饿的毛毛虫》封面色彩凸显图示

表6.7显示,总体上,4-6岁各年龄段儿童都对冷色的关注程度高于暖色(参见图6.11),表现为对冷色图像的关注速度快于暖色、注视程度高于暖色。这与先前冷暖色凸

表6.7　4-6岁儿童对色彩凸显图像的注视特征比较

年龄	首次时间				注视时长				注视次数			
	冷色		暖色		冷色		暖色		冷色		暖色	
	M	SD	M	SD	M	SD	M	SD	M	SD	M	SD
4岁组	0.76	1.17	1.83	1.93	6.27	5.86	2.01	2.24	19.19	15.86	5.85	5.66
	$t=2.441(0.018)$				$t=3.509(0.001)$				$t=4.046(0.000)$			
5岁组	0.42	0.78	1.77	2.29	13.22	17.91	3.24	3.56	49.32	9.32	9.61	10.19
	$t=2.945(0.005)$				$t=2.890(0.006)$				$t=2.957(0.005)$			
6岁组	1.23	1.99	2.11	2.20	6.32	6.58	2.23	2.36	19.85	3.62	7.18	6.63
	$t=1.603(0.115)$				$t=3.065(0.003)$				$t=3.243(0.002)$			
F	2.345		0.199		3.413		1.509		3.037		1.630	
Sig.	0.102		0.820		0.038		0.227		0.053		0.202	
LSD.	5-6 0.034				4-5 0.029				4-5 0.034			
					5-6 0.024				5-6 0.037			

显构成的研究结论完全相反。但从各年龄段对色彩凸显构成的图像注视水平看,表现出跟前面的中边、顶底、大小构成研究同样的发展规律,即三个年龄段间在各项注视指标上都没有显著差异。且4-6岁儿童对色彩凸显呈现出来的发展规律跟大小凸显规律完全一致,即4岁到5岁注视水平逐渐提高,5岁到6岁又呈下降趋势。5岁是个关键的转折期。总体注视水平表现为:首次注视时间5岁>4岁>6岁;注视时间和次数5岁>6岁>4岁。

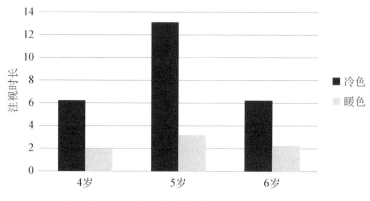

图6.11　4-6岁儿童对冷-暖图像的注视时长比较

第三节　儿童在图画书阅读中与图像互动的美术视觉特征

儿童要学会成为一个自觉的学习者将面对一系列挑战,其中最先必须面对的新奇事物,就是那些由物质和符号所构成的交流客体,这可比有生命、会呼吸、会说话的人类交流对象复杂多了(Rose,2011)。要把成人的话语模式在图画书里像言语一样介绍给儿童,视觉图像对在儿童和书本之间建立起有效的关系有着极其显著的意义(Painter et al.,2014:15)。有研究者(Kress,2006;Moya,2014)认为,文本的交互意义不仅仅是由语言创造,图像也在交互意义生成中扮演着一个关键角色。在图画书中,艺术家和插画家用姿态、表情、视角、情态等特别的符号语言和观众建立起交流关系。这就是图像的参与功能(O. Toole,1999)。在图画书阅读过程中,儿童能否感受到图画创作者这些美术设计所产生的交际意义?其视觉眼动存在着怎样的特点?这是本部分研究我们所要探究的问题。

在下面的四种图像交际意义美术设计中,我们将用《在森林里》这本图画书作为研究分析材料,对4-6岁90名阅读这本图画书相关交际设计图像的儿童眼动注视数据进行分析,以探究其美术视觉过程及特点。

一、4-6岁儿童图像动作与凝视的视觉眼动特征

表征参与物的动作(act)与眼神凝视(gaze)是图像构成人际交互功能的四大因素设计之一。克雷斯等人(Kress et al.,2006)认为,这些动作和凝视具有两种交互意义:需求(demands)——图像中的一些事情或信息要求读者通过视觉接触或搜索来参与其中;提供(offers)——图像仅是表达信息,但在观众和角色之间没有眼神接触动向。这些只具有提供意义的图像不需要读者对其中的内容作出什么反应,观众只需接受或反驳它们就行。在提供型图像中,表征参与物成为注视的对象物,它们只是把自己呈现给作为旁

观者的读者审视而已。读者没有被卷入这种准人际关系(quasi-personal relationship)中。但在需求型图像中,表征参与物直接看着观众,要求观众和它有一个强烈的参与。在儿童图画书阅读过程中,儿童对这样类型的图像是否存在着如图画创作设计者所期望的这种表征物与读者间的人际交互意义? 是否会更多地被这些要求型图像所吸引? 这是本项研究所要探究的主要问题。

在此项研究中,我们采用《在森林里》中的第 7 页作为需求图像、第 9 页作为提供图像来研究,对阅读这本图画书的 90 名 4 - 6 岁儿童的眼动注视数据进行分析。这两页都是采取左右双页叙事设计,各页里的动物都是一样,且眼神都完全一致。第 7 页中是四只眼神都直接指向读者的熊,第 9 页中是五只眼神都直接指向左侧的袋鼠。图像采取典型的需求和提供设计(参见图 6.12)。研究结果参见表 6.8。

第7页:需求图像

第9页:提供图像

图 6.12 《在森林里》供—需图示

表 6.8 4 - 6 岁儿童对需求图像与提供图像注视特征比较

年龄	首次时间				注视时长				注视次数			
	需求		提供		需求		提供		需求		提供	
	M	SD	M	SD	M	SD	M	SD	M	SD	M	SD
4 岁组	0.63	1.49	0.19	0.69	9.18	4.69	11.03	6.72	23.08	10.51	23.67	13.16
	$t=0.541(0.561)$				$t=1.149(0.256)$				$t=0.163(0.871)$			

年龄	首次时间				注视时长				注视次数			
	需求		提供		需求		提供		需求		提供	
	M	SD	M	SD	M	SD	M	SD	M	SD	M	SD
5岁组	0.33	0.15	0.05	0.11	10.34	4.78	14.32	9.24	27.45	12.63	30.24	16.51
	$t=0.369(0.713)$				$t=2.060(0.044)$				$t=0.724(0.472)$			
6岁组	0.43	0.13	0.07	1.45	7.74	4.93	10.21	6.52	22.70	13.49	23.62	14.11
	$t=1.285(0.204)$				$t=1.569(0.123)$				$t=0.256(0.799)$			
F	0.895		1.184		2.040		2.272		1.295		1.882	
Sig.	0.312		0.312		0.137		0.110		0.280		0.159	
LSD.					5—6 0.047		5—6 0.048					

表6.8显示，总体上，从描述数据看，4-6岁儿童各年龄段都表现出对提供图像的首次注视时间、注视时长、注视次数都高于对需求图像的注视水平（参见图6.13）。但各年龄段在需求与提供之间，除了5岁组儿童在注视时长中表现出显著差异（p<0.05），其他各项上都没有表现出显著的差异。三个年龄段儿童在各项眼动指标上也没有表现出显著的差异；但从对图像的注视统计数据看，无论是需求还是提供图像，4-6岁三个年龄段都表现出一个注视转折期，5岁是关键的转折点，在首次注视时间、注视时长、注视次数上，呈现出先升后降的注视特征。4岁到5岁为上升期，5岁到6岁为下降期。5岁对图像的注视水平最高。

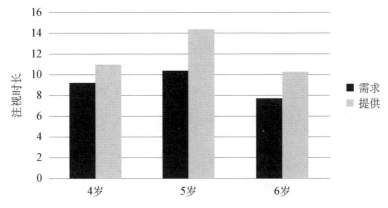

图6.13　4-6岁儿童对需求图像与提供图像的注视时长比较

对 4 - 6 岁儿童在需求和提供图像的眼动注视研究表明,总体上,儿童并没有表现出对需求图像的注视程度高于提供图像的视觉交互意义。可能的原因也许是这本图画书里的需求图像中尽管存在着眼神凝视的设计,然而如克雷斯等人(Kress et al.,2006)所认为的,尽管直接看着我们的表征参与物会使观众感觉被要求进行交流,但当这种面部表情或眼神小到我们要努力才能看清时,这种邀请参与的可能也就没有了。在这两页的设计中,尽管其表情特征都较明显,第 7 页的需求图像为"微笑",第 9 页的需求图像为"好奇或喜悦",但其眼神特征却不明显,无论其是正向读者还是侧向它物,其眼睛只是一个极小的黑点。在这种情况下,靠眼神设计来吸引小读者的参与的可能性很小了。吸引儿童注意力的可能只是神态,而相对而言,第 9 页袋鼠的神态可能比第 7 页熊的神态更加富有吸引力了,所以导致儿童的注视程度高。这说明,在需求图像和提供图像设计中,眼神只有凸显设计,才可能真正吸引儿童的参与。因为儿童对图像面部表情的注视,主要还是集中在眼睛部位(马鹰,2013)。

二、4–6 岁儿童图像焦距的视觉眼动特征

在图像交互意义的美术设计中,观众和图像表征物之间的亲近程度取决于两者之间的视觉距离(Kress 等,2006)。近距离特写镜头(close-up shots)会在观众和表征参与物之间创造出一种亲密感的社会关系,表征参与物会通过他们的面部表情对观众表达他们的内在感受,拉近观众参与。远视觉焦点(long-shots)则会形成一种客观的、无人情味的距离感。中焦(middle-shots)则会形成介于疏远和亲密之间的中度亲近感。在长焦镜头中的表征参与物,与观众的距离被拉长,在观众和表征物之间"有一种看不见的屏障(invisible barrier)"存在着。近焦中,观众则显得"好像被吸入其中(be engaged with it)"。中焦镜头中,"物体虽然被全部显示但围绕它没有太多空间,它只在观众的视线范围内"(Kress et al.,2006)。在儿童图画书阅读中,小读者作为"观众",是否存在着与所读图画之间的这种设计者所制造的心理距离感?他们在阅读这些具有特定聚焦关系的表征参与物时,是否会因焦距的不同而导致注视程度的差异?这是本项研究所要探究的关键问题。

在此项研究中,我们采用《在森林里》中的第 10 页右边图像作为研究分析材料,来测查 90 名 4-6 岁儿童对远、中、近不同焦距设计图像的注视情况。此页有本书唯一的按视觉距离来进行图像与读者之间的交互关系的设计。在眼动研究分析中,我们把页面中的

"老鹳"作为近焦兴趣区划分,而把主角人物"我"作为中焦兴趣区划分,其他的动物则作为远焦兴趣区划分(参见图6.14)。研究结果参见表6.9。

图 6.14 《在森林里》第 10 页焦距设计图示

表6.9 4-6 岁儿童对不同焦距图像的注视特征比较

年龄	首次时间						注视时长					
	近		中		远		近		中		远	
	M	S	M	S	M	S	M	S	M	S	M	S
4 岁	1.59	1.60	5.24	3.36	3.67	4.91	2.73	2.19	0.74	0.47	1.24	1.04
	$F=5.282^{**}$ (0.008)						$F=14.959^{***}$ (0.000)					
	近-中 0.050 近-远 0.002						近-中 0.000 近-远 0.000					
5 岁	1.93	2.40	5.42	4.6	3.07	3.30	4.02	3.20	1.50	0.88	1.59	1.24
	$F=5.138^{**}$ (0.009)						$F=10.62^{***}$ (0.000)					
	近-中 0.002 远-中 0.036						近-中 0.000 近-远 0.000					
6 岁	1.80	1.94	4.31	3.80	2.36	2.74	3.33	2.42	1.29	1.23	1.54	1.17
	$F=3.812^{*}$ (0.028)						$F=3.819^{*}$ (0.028)					
	近-中 0.009 远-中 0.043						近-中 0.031 近-远 0.036					
F	0.179		0.322		0.627		1.491		2.847		0.679	
Sig.	0.836		0.727		0.527		0.232		0.070		0.511	

从表6.9中可以看出,总体上,4-6岁三个年龄段儿童在首次时间、注视时长上都表现出近>远>中的注视特征。各年龄段儿童对近焦设计的图像注视水平最高,其次是远焦图像,最低为中焦图像。且各年龄段对它们的注视都表现出较显著的差异。对 4-6

岁间儿童在各焦距图像眼动注视指标的年龄单因素差异分析发现,三个年龄段之间不存在显著差异。但如前面的研究一样,从对图像的注视统计数据看,无论是哪种焦距设计图像,4-6岁三个年龄段都表现出一个注视转折期,5岁是关键的转折点。表现为:在首次注视时间上,4岁到5岁为下降期,5岁到6岁为上升期,5岁对图像的首次注视水平最低;在注视时长上,表现出相反的转折特征,4岁到5岁为上升期,5岁到6岁为下降期,5岁对图像的注视水平最高(参见图6.15)。同时,研究还发现,4岁儿童的首次注视时长最低,但对图像的注视加工时间和次数最短。

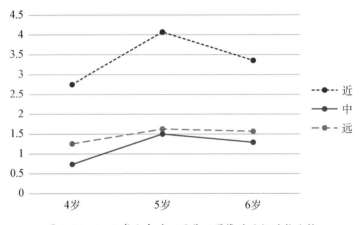

图6.15 4-6岁儿童对不同焦距图像的注视时长比较

对4-6岁儿童不同焦距设计图像的眼动注视研究表明,不同焦距的设计影响着儿童的注视水平,近焦设计注视水平最高。这体现出美术视觉设计交互的一般意义。但研究也发现,在中焦和远焦之间并没有表现出对中焦图像的注视高于远焦图像;相反,出现了远焦大于中焦的注视特征。这可能跟焦距之间的距离大小有关。本项研究中的页面虽然呈现出三种焦距设计的特点,但各种焦距之间的距离区分度不是很大,除了近距离的"老鹳"比较明显,中焦的"我"和远焦的"动物们"距离都非常接近。这可能导致儿童把中-远的图像作为一个距离整体来看待。在这种情况下,处于最远距离的动物不仅数量多、面积大,而且居于高处。[①] 这样,按前面构成研究的结果解释,儿童对那些面积大或居于高处的图像比面积小、处于低处的图像更加关注,这可能是导致本研究中远焦高于中

---

① 本页中从页面构成设计来看,也存在着垂直视觉的特征,只是这种设计不明显而已。

焦注视的原因。同时,研究还发现,4 岁儿童的首次注视时长最低,但对图像的注视加工时间和次数最短。这说明焦距设计对 4 岁儿童的最初注视兴趣影响较大,但对阅读加工可能没有太大影响。研究同时也说明了,图像视觉焦距的设计,对各年段儿童注视兴趣和加工存在着不同的影响作用。

三、4-6 岁儿童图像视角的视觉眼动特征

克雷斯等人认为读者的参与态度(attitude)在视觉符号设计语法中,可以通过水平和垂直视角位置设计技术来实现观众和表征物之间的互动状态(Kress et al.,2006)。他们认为,图像中水平视角的正向设计会引起读者以参与者态度置身其中,而侧向设计则使读者以旁观者态度观看。在图像的视觉构成中,它们决定着插图创作者、观众与表征物之间的参与水平。垂直视觉传递着表征物和观众之间以及同一图片中不同角色之间两种类型的力量关系(Kress et al.,2006)。这种视觉力度取决于表征物体是被我们从高处还是从低处去观看(Moya,2014)。当视角被安排向下看时(俯视),观众的力量大于表征物;当视觉被安排向上看时(仰视),观众的力量小于表征物;而平视时,则两者力量基本相等(Kress et al.,2006)。在儿童图画书阅读中,是否也存在着这种读者与图画角色之间的这种力量关系,从目前我们所搜集的研究文献中,国内外没有任何可以寻找的实证研究来说明这种关系的存在,因此值得我们去探究。

1. 水平视角图像的视觉眼动特征

在本项研究中,我们选取《在森林里》中第 7 页、第 15 页、第 19 页作为页面(而不仅是其中的部分图像)水平视觉设计,来考察 90 名 4-6 岁儿童阅读这两页时的年龄发展特征。图画书《在森林里》中这三页的人物和动物图像,第 7 页全部采用正向设计,第 15 页为侧向设计,第 19 页为背向设计(参见图 6.16)。对其进行兴趣区划分时,我们把各面中的所有人物和动物作为一个兴趣区进行整体划分。通过对 90 名 4-6 岁儿童阅读这些水平视角设计的眼动注视首次时间和注视时长统计分析,得出以下研究结果(参见表6.10)。

表 6.10 中显示,总体上,4-6 岁三个年龄段儿童在首次时间、注视时长、注视次数上都表现出正>背>侧的注视特征。各年龄段儿童对正向设计的图像注视水平最高,其次是背向图像,最低为侧向图像。各年龄段对它们的注视在首次注视时间上都没有差异,

第7页：正向

第15页：侧向

第19页：背向

图6.16 《在森林里》水平视角设计正侧背图示

表6.10 4-6岁儿童水平视角图像的注视特征比较

年龄	首次时间						注视时长					
	正向		侧向		背向		正向		侧向		背向	
	M	S	M	S	M	S	M	S	M	S	M	S
4 岁	0.74	1.35	1.69	2.34	1.18	1.60	6.42	4.14	3.19	2.46	4.27	3.49
	$F=1.890(0.158)$						$F=5.828(0.004)$					
							正-侧 0.001　正-背 0.027					
5 岁	0.67	2.28	0.93	1.23	0.69	0.57	7.12	4.39	3.51	1.92	5.09	4.37
	$F=1.101(0.378)$						$F=6.586(0.002)$					
							正-侧 0.001　正-背 0.047					

年龄	首次时间						注视时长					
	正向		侧向		背向		正向		侧向		背向	
	M	S	M	S	M	S	M	S	M	S	M	S
6岁	1.23	1.70	1.83	1.48	1.44	4.22	5.51	3.60	2.96	2.08	3.75	3.53
	$F=0.728(0.486)$						$F=4.577(0.013)$					
							正-侧 0.004　正-背 0.046					
F	0.556		1.307		1.534		1.059		0.453		0.832	
Sig.	0.576		0.276		0.222		0.352		0.638		0.439	

但在注视时长、次数上差异较显著。对4-6岁儿童三种水平视角图像眼动注视指标的年龄单因素方差分析发现,三个年龄段之间不存在着显著差异。但如前面的研究一样,从对图像的注视统计数据看,无论是哪种水平视角设计图像,4-6岁三个年龄段都表现出一个注视转折期,5岁是关键的转折点。表现为首次注视时间、注视时长和注视次数上,4岁到5岁为上升期,5岁到6岁为下降期。5岁对图像的注视水平最高。图像总体注视水平为5岁＞4岁＞6岁(参见图6.17)。

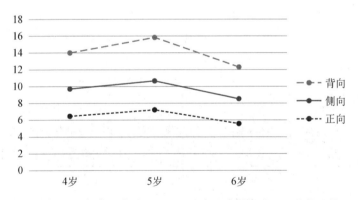

图6.17　4-6岁儿童对不同水平视角设计图像的注视时长比较

对4-6岁儿童水平视角设计三种类型图像的眼动注视情况的研究表明,正向＞背向＞侧向,各年龄段对面向读者的正向设计图像注视水平最高。这体现出儿童对正向设计图像参与兴趣。但在侧向、背向之间,却表现出背向注视高于侧向的注视水平。这可能跟图像的内容信息量有关。本研究中侧向的图像角色较多,但信息量少,且在前面反复出现过。而背向可能会产生更多的想象,"他们去哪里呢?",会给予更多一些的时间阅读加工,但因其信息量少,所以比正向的时间又短。

2. 4-6岁儿童垂直视角图像的视觉眼动特征

在此项研究中,我们采用《在森林里》这本图画书中唯一具有垂直视角设计的第11页左边的图像表征参与物作为研究对象进行研究分析。该页左边的图像中,我们把居于页面上部的七个动物作为仰视图像分析,把居于中间位置的老鹳和孩子作为平视图像分析,而把最下面的老鹳和孩子在水中的倒影作为俯视图像分析(参见图 6.18)。对 90 名4-6岁儿童阅读这些垂直设计图像的眼动注视的首次时间和注视时长数据统计分析,得出以下研究结果(参见表 6.11)。

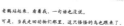

图 6.18 《在森林里》第 11 页垂直视角设计图示

表 6.11　4-6岁儿童垂直视角图像的注视特征比较

年龄	首次时间						注视时长					
	俯视		平视		仰视		俯视		平视		仰视	
	M	S	M	S	M	S	M	S	M	S	M	S
4 岁	4.46	2.29	1.76	0.98	2.52	2.55	0.67	0.88	3.03	2.33	1.15	1.03
	$F=7.584^{***}(0.001)$						$F=10.467^{***}(0.000)$					
	俯-平 0.001　平-仰　0.004　俯-仰 0.495						俯-平 0.000　平-仰 0.000　俯-仰 0.584					
5 岁	5.09	5.23	1.95	1.57	3.63	3.36	0.84	0.50	4.53	3.01	1.95	1.29
	$F=9.203^{***}(0.000)$						$F=20.042^{***}(0.000)$					
	俯-平 0.000　平-仰 0.519　俯-仰 0.001						俯-平 0.000　平-仰 0.000　俯-仰 0.047					

年龄	首次时间						注视时长					
	俯视		平视		仰视		俯视		平视		仰视	
	M	S	M	S	M	S	M	S	M	S	M	S
6 岁	6.09	6.71	2.13	2.58	3.91	3.50	0.41	0.39	3.22	2.47	1.73	1.25
	$F=2.210^{***}(0.120)$						$F=9.803^{***}(0.000)$					
	俯-平 0.337		平-仰 0.049		俯-仰 0.213		俯-平 0.000		平-仰 0.011		俯-仰 0.064	
F	0.443		0.232		1.322		0.551		2.147		2.645	
Sig.	0.645		0.794		0.274		0.283		0.125		0.078	

表 6.11 显示,总体上,4-6 岁三个年龄段儿童在首次时间、注视时长、注视次数上都表现出平视＞仰视＞俯视的注视特征。各年龄段儿童对平视设计的图像注视水平最高,其次是仰视图像,最低为俯视图像。但各年龄段对它们的注视除了 6 岁组儿童在首次注视时间上都没有明显差异,其他组儿童在首次时间、注视时长、次数上差异都极其显著。对 4-6 岁儿童三种垂直视角图像眼动注视各指标的年龄单因素方差分析发现,三个年龄段之间不存在显著差异。但如前面的研究一样,从对图像的注视时间统计数据看,无论是哪种垂直视角设计图像,4-6 岁三个年龄段都表现出一个注视转折期,5 岁是关键的转折点。注视时长上表现为,4 岁到 5 岁为上升期,5 岁到 6 岁为下降期。5 岁对图像的注视时间最长。图像总体注视时长表现为 5 岁＞4 岁＞6 岁(参见图 6.19)。但在首次注视时间上,却表现出随着年龄的增长,注视的首次时间也逐渐增加的趋势;首次注视时

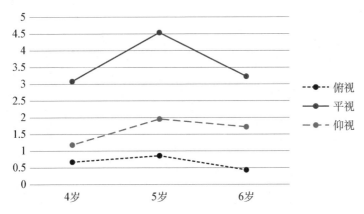

图 6.19 4-6 岁儿童对不同垂直视角设计图像的注视时长比较

间表现出 4 岁＜5 岁＜6 岁的特征。

对 4-6 岁三个年龄段儿童垂直视角设计图像的眼动注视研究表明,三个年龄段儿童对这种设计表现出的注视特征为平视＞仰视＞俯视,并没有表现出设计者所期望的力量关系在儿童阅读中的反应。这可能跟所选用的第 11 页中垂直设计的构图和内容有关。该页虽然也是垂直设计,但没有明显的直线感,更多的是一种上、中、下纵向图像设置,可能垂直度不够,导致其力量感不强,因而没有产生相应的交互效果。此外,各位置的表征参与物类型都不一样,且面积大小、行为动作也有区别。我们认为,垂直视角设计的标准化或内容的一致性,是图画书中需要考虑的关键因素。否则,这种不是标准化的垂直设计,未必会产生设计者所期望的读者和图像之间的交互意义。

2006 年国际教育成就评价协会（International Association for the Evaluation of Educational Achievement；IEA）主持的"促进国际阅读素养研究计划"（Progress in International Reading Literacy Study，PIRLS)中提出了发展儿童阅读能力的四大指标：(1)提取特定的信息能力；(2)进行推论的能力；(3)整合信息和观点的能力；(4)检验或评估文本特性，发展意义的能力。这些阅读能力发展指标的提出，使我们认识到，阅读不只是简单的识字和读故事，更需要发展儿童深度理解与学会分析的能力。而这些深层次的阅读能力是需要教育者引导才能发展起来的。上述研究结论说明，儿童图画书阅读中，体现着如视觉设计理论所认为的一般性功能语法特征。这些功能设计说明，图画书中图画设计中暗含有创作者特定设计的功能和意义，而这正是发展儿童阅读能力的关键因素。这给我们教育者在儿童图画书阅读教育中带来重要的启示。

一、学会读图——教育者自身要理解图画书中视觉设计语法的意义和功能

图画书作为图文共同叙事的一种文本，不仅体现着文字语法的叙事功能，也体现着图画叙事的功能。对文字意识水平还处于发展的初级阶段的儿童而言，图画叙事的功能、作用或许对其阅读有着更为重要的意义。对 90 名 4-6 岁儿童阅读《好饿的毛毛虫》和《在森林里》两本图画书的眼动研究表明，4-6 岁儿童图画书阅读中存在着共同的美术视觉过程，体现着视觉设计的一般性语法功能。首先，三个年龄段儿童在图画表征、构成、交际等美术视觉过程中，都表现出极其一致的眼动注视变化规律，且在各注视对象上的视觉水平没有显著差异。其次，儿童在图画书阅读过程中，其视觉眼动受图画设计的

影响。图画书中图画的造型、色彩、位置、视角、凸显、焦距等美术设计因素，影响着儿童的阅读视觉过程，且对各年龄段儿童的视觉注视影响相对一致。

这一研究结果给教育者的启示是：4～6岁儿童在图画书阅读中的视觉过程，受图画设计的影响较大，年龄并不是主要决定因素。因此，从早期阅读教育角度讲，教育工作者要掌握图画作者在图画书设计中的构思意图，并分析图画设计的意义，引导儿童去阅读并理解其中的美术设计功能，从图画书的图画设计中提炼出阅读的关键信息和重要意义。从而提高儿童的读图能力，促进其阅读能力的发展和提高。这就要求教育者要更加重视图画的设计意义，学会读图。教师要给学生一碗水，必须自己要有一桶水！教育者只有在自己充分理解图画设计意义的基础上，才能帮助儿童去读懂图画，读出意义。

在图画的表征意义方面，教育者要读懂图画叙事中的两个过程，学会区分行为过程中的主要叙事主体（行为者）和客体（目标）、反应过程中的反应者和现象。帮助儿童找准故事的主角，找出阅读的重点，培养儿童捕捉叙事图像的视觉动向能力。尤其在衍生叙事中，由于行为者是不断变换的，在一个或多个页面中会呈现出多个行为者，这时主角也可能发生着变化，如《七只瞎老鼠》和《在森林里》《下雨了》这些图画书中，随着故事推进，每页都呈现出不同的行为者及目标。教育者要分清哪些是阅读中要掌握的重点角色及行为，才能帮助儿童从众多表征参与物中识别出叙事的主体和目标。否则，儿童的阅读视觉就会散乱无序，抓不住叙事的重点。

在图画的构成意义方面，教育者要理解图画书中各种位置构成和凸显构成所要体现的信息值大小、轻重，以及凸显带来的阅读兴趣意义，从而帮助儿童读出图画位置构成设计所形成的关键、重点、凸显信息，发展儿童"提取关键信息"的能力和"产生阅读兴趣"的素养。在左右位置构成中，教育者既要学会归纳出左边的"已读"信息，又要分析出引导儿童将要阅读的"新信息"；在顶底位置构成中，教育者要尽可能读出儿童对顶部的"想象性"信息可能产生的想象点，也要提炼出与儿童实际经验相联系的"现实性"信息；在中边位置构成中，教育者要读出需要儿童学会重点关注的中心位置的"核心信息"是什么，以及是否需要儿童掌握的边缘位置的"无关或次要信息"。在凸显构成中，教育者要读出大小、冷暖色所构成的凸显意义，分析出儿童阅读的兴趣点。

在图画的互动意义方面，教育者要正确读出图画设计中的人物眼神动作是需要儿童阅读时作"暂时性停顿"（需求者图像）还是追随人物视线继续阅读（提供者图像）；教育者要区分出不同焦距图像可能给儿童带来的图像距离感是亲近还是疏远；要辨析出垂直视角设计中仰视、平视、俯视可能给儿童阅读带来怎样的力量感；要学会分析正确处理正、侧、背向不同视角设计时需要儿童参与阅读的程度是高还是低。

二、不拘于"法"——教育者要依据儿童阅读中表现出来的视觉特征灵活施教

对前面研究结论的分析表明,儿童图画书阅读过程中体现出视觉设计语法的一般性功能特征。这一方面表明4－6岁儿童已经具有领悟图画设计语法的视觉阅读能力,能够按设计者的意图去阅读图画书。另一方面也说明儿童对图画书的阅读受图画设计者的语法规律影响。这就要求教育者在实施儿童阅读教育过程中,一是要掌握儿童表现出来的这些阅读特征,有重点、有选择地设计教育活动,才符合儿童的阅读心理,因特征而施教。但由于这种设计语法功能的限制,儿童的阅读会局限在图画设计者的阅读视觉导向中。如果图画设计者自身并不能完全体会或理解文本作者的意图,又缺乏对儿童阅读认知水平的理解,就可能导致因设计不当或太过主观而给儿童阅读带来的文本意义及阅读价值失效。因此,如何既依据儿童图画阅读中所表现出来的视觉语法特征,设计符合幼儿阅读特征的教育活动,读出设计者的设计意图;又超越设计者的局限,站在图画书是为儿童阅读服务的角度,超越设计者视域,设计出更加符合儿童阅读能力发展,而不仅是图画书创作者所期待的阅读结果的教育活动,这是极其重要的。"不拘于法",就是要把儿童阅读中表现出来的读图特征作为阅读指导的线索,去追寻背后真正促进儿童阅读水平和能力发展的教育目的。否则,儿童图画书阅读就会本末倒置,导致儿童图画书阅读教育成为"为阅读而阅读"的教育。

具体地,在叙事表征图画阅读过程中,根据儿童对行为过程中的行为者,反应过程中的现象关注程度显著高于行为者所指向的目标和反应者所关注的现象视觉特征,教育者要根据儿童的这种视觉特征,引导其认识行为者和反应者在叙事过程中的不同角色意义,找出各种角色图像之间的关系。同时,要帮助儿童发现两种叙事过程中的视觉动向,找出它们所指向的目标和现象。只有这样,才能帮助儿童深入理解图画书中的各种角色与指向对象的叙事关系,发展其读图能力。

在视觉构成设计的图画阅读中,一方面教育者要根据儿童的视觉特征,引导其积极阅读右边页面所呈现的新信息,提高其探究新信息的阅读兴趣。另一方面,为了避免儿童受视觉设计语法的限制而忽略左边的已读信息,要随着阅读的逐步推进,帮助儿童对页面左边的已读信息反复进行归纳和总结。只有这样,儿童才会形成新旧信息之间的联

结,达成故事信息阅读的前后连贯性。否则,会导致边读边忘现象的出现。借助儿童对顶部的注视兴趣,教育者要引导其展开充分、合理的想象,丰富儿童的阅读想象力。同时,要引导儿童从想象回到底部图像所标识的现实信息,帮助儿童建立经验联系。根据儿童对中心区域注视程度高的特点,教育者要帮助儿童提炼出阅读的核心、关键信息,把握阅读的重点。同时,也不能忽略对边缘区域的注视。因为尽管边缘区域的信息也许是"次要或无关主题的"(Kress,2006),但其可以起到"烘托故事氛围"或"增加阅读情趣"(Moya,2014)的作用。尤其是一些细节设计,虽往往会被放置在不起眼的角落,但它可以反衬核心信息(彭懿,2011)。在凸显构成中,教育者要借助色彩、大小等凸显设计,在图画书阅读推进过程中,帮助儿童识别凸显图像,激发儿童的阅读兴趣。

在视觉互动设计图画阅读中,虽然互动设计是在作者、图画人物或动物、读者之间建立的意义,其仅是一种纯视觉性的相互吸引力,但它对儿童的阅读兴趣和情感参与度的激发至关重要。在某种程度上,儿童对故事中各角色的喜好程度,主要是通过交互设计来实现。因此,在图画的互动意义方面,教育者要努力引导儿童发现不同交互设计对读者的阅读需求和情感参与度。如,对图画设计中的人物眼神、动作需要儿童阅读时作"暂时性停顿"的需求者图像阅读时,教师就要引导其学会停下来欣赏。而对提供者图像阅读时,要引导儿童随图像视线去继续展开阅读和思考;对不同焦距图像可能给儿童带来的图像距离感,教育者要引导儿童体验亲近或疏远感;对垂直视角设计中的仰视、平视、俯视可能给儿童阅读带来的力量感,要引导儿童体会"地位"这种力量感;对水平视角设计中的正、侧、背向不同视角图像阅读时,要引导儿童追随人物运动方向去展开阅读。

三、因龄施教——教育者要根据儿童阅读中表现出来的年龄发展特征施教

莫亚(Moya,2014)认为,年龄这个因素的研究是很重要的,因为它们在儿童的认知发展中、在对图画故事书中的语言和视觉有效选择中扮演着关键角色。本研究发现,尽管4-6岁三个年段儿童在图画阅读过程中表现出较为一致的读图特征,且其读图的水平没有显著差异。但研究也发现,儿童在图画阅读过程中存在着发展阶段上的差异,表现为儿童图画的注视水平不是随年龄而稳定、持续上升,而是分两阶段发展:4-5岁先升,5-6岁又降;或4-5岁先降,5-6岁又升。5岁是图画阅读的转折点,而不是发展的过渡点。研究结果再次交互证实了相关研究的结论,即儿童图画书阅读的发展规律是

"从图画到文字"的发展规律(周兢等,2009,2011,2013,2017)。4-6岁儿童图画书阅读规律为:4岁以图画阅读为主;5岁图文同等重要,两者同时加工,图画注视水平受文字水平影响,呈现出最低或最高两种情况;6岁儿童图画注视水平相对较低,文字注视能力加强。在儿童整个图画书阅读过程中,文字和图画两者同时影响着儿童的视觉过程。两者之间的视觉注视程度可能存在着一个反比关系。这一研究结论给教育者的启示是,一方面,在图画书选择的过程中,教育者要考虑儿童作为读者的年龄差异性,要根据各年龄段儿童的读图特点选择出具有可读性、适宜性的图画书。通常,为4-6岁儿童选择图画书时,要按4-5岁和5-6岁两个阶段来划分或选择图画书,而不是按4岁、5岁、6岁三个阶段来选择。其次,在4-6岁这个阶段,我们要把5岁作为图画书阅读的一个"分水岭"或关键期来看待。5岁是儿童图画书阅读的重要转折期,是儿童对图画和文字认知加工都较为关键的时期。儿童对图画、文字以及图文之间的关系都较为敏感,因此,无论是儿童文字阅读能力的发展还是图画阅读能力的发展,都要极其重视5岁时儿童的阅读。对4-6岁这一年龄阶段的儿童,要根据儿童的识字水平,从图画叙事、文字叙事和图文构成叙事等方面的视觉认知水平来选择适宜的图画书开展阅读教育。要把图画书中的图文构成关系和4-6岁儿童的读图、读文能力,而不只是对图画的兴趣作为图画书阅读选择和教育活动设计与实施的一个重要指标来考量。阅读中的视觉水平,不能作为衡量儿童图画的理解水平,图画设计与教学要注重"读图"——读懂图画设计的意义,而不是"看图"——仅对图画自身感兴趣。

第七章

汉语儿童早期图画书阅读中文字意识的发展研究

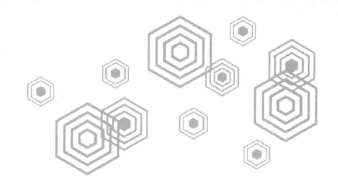

　　文字意识是有关文字形式和功能的意识,它被认为是儿童阅读能力发展的基石,对儿童的文字习得和未来阅读能力的发展有着重要影响。图画书阅读是儿童文字意识发展的重要途径,阅读中对文字的注视是幼儿文字意识发展的重要表现。近年来,研究者开始采用眼动仪这一实时"可见"的测量工具,以图画书阅读中的文字注视为指标对儿童的文字意识进行了研究。本研究以 4－6 岁汉语学前儿童为研究对象,以独立阅读为研究情境,分析汉语学前儿童在图画书阅读时是否关注文字、什么时候开始关注文字、如何关注文字、什么因素会影响幼儿在阅读中对文字的关注。通过研究 4－6 岁儿童在图画书阅读中文字注视的特点和过程,进而分析学前儿童文字意识的发展阶段和加工方式。

第一节　研究背景与研究设计

一、研究背景

近年来,文字意识得到了发展心理学家(Lonigan,2000,2010)、阅读研究者(Bialystok,1997;Cunningham,1990,1991;Shannahan,2010)和早期阅读政策制定者(Gonzalez,2011)的极大关注,学前儿童的文字意识被认为是儿童早期阅读能力的重要组成部分(Whitehurst,1998),是预测后期学校教育中阅读能力发展水平的重要因素(Adams,1990;Stuart,1995;Evans,2010)。

1. 文字意识的概念与构成

文字意识的发展是儿童阅读能力发展中具有分水岭性质的事件(Evans,2010),它给儿童提供了一系列终身作为阅读者和书写者与外界联系、沟通的工具,儿童只有建立起有关文字怎么起作用以及如何起作用的知识,他们才能获得字母规则和阅读理解的知识。没有这些对文字基本意识的理解,儿童就有可能在学校教育中出现阅读困难(Day,1984)。许多研究者将文字意识作为儿童早期阅读能力发展的关键成分(Whitehurst,1998)。近年来,美国政府实施的早期阅读优先计划(Early Reading First,Gonzalez,2011)和英国、加拿大政府实施的阅读计划中都将文字意识的培养作为项目的重点内容。

然而目前有关文字意识的定义还不统一,有的称为文字概念(concept of print,Gober,2008),有的称为文字知识(print knowledge,Cipielewski,1992),也有研究者将之称为书面语言意识(written language awareness),有研究者(Justice,2002;Kurvers,2009)将文字意识定义为有关文字形式和文字功能的内隐或外显的意识和知识,总体而言,大多数研究者都认同文字意识是指与文字有关的内隐意识或外显知识,但对于文字意识构成要素上的观点略有不同。

在文字意识的构成上。贾斯蒂斯(Justice,2005)认为,儿童文字意识包括:知道(1)文字是值得感兴趣的物体(对象);(2)文字承载着信息;(3)文字用特殊的方式进行组织;(4)文字可以被区分和命名;(5)文字可以进行组合以构成其他的文字。埃文斯(Evans,2005)认为,文字意识包括了对文字意义和阅读方式的理解(例如从左到右,书有标题),能理解遵循正字法规则的书写文字、字母的知识(能从数字中区分出字母,再认特殊的字母)以及元读写(metaliteracy terms)的知识。这些研究者是从文字意识的表现形式方面来对儿童的文字意识进行划分的,因此基本上是将文字意识划分为"文字形式"和"文字功能"两个方面的成分(Evans,2010;Justice,2002;Storch & Whitehurst,2002;Whiterhurst,1998)。也有研究者(Evans,2010)从文字的要素角度对儿童的文字意识成分进行了区分,将文字意识分为"书和文字组织"(book and print organization)、"文字意义"(print meaning)、"字母"(letter)和"单词"(word)四个方面的表现。其中书和文字组织是有关文字组成文本的方式和图书属性的意识;"文字意义"是有关文字作为交流工具的功能的意识;"字母"是有关单个字母有着不同特征和命名的意识;"单词"是有关文字与口语之间形成连接单元的意识。

由此可见,在英语文化中,文字意识的成分主要包括文字形式和文字功能两个成分(Chaney,1992)。文字形式包括字母、单词以及一系列不同文字表现形式(例如,短语、句子、列表、故事、符号等)。儿童文字意识的获得不仅包括对这些不同文字表现形式的学习,例如,大小写字母之间的区别,同样也包括这些字母使用的规则,如单词由字母组合而成、字母有大小写两种形式、单词是有意义的书写符号等等。文字功能的意识是指文字的目的或作用,其中最典型的目的或作用就是代表人的口头语言。在英语文化情境中,学前期儿童文字意识表现为对环境中文字的兴趣、辨识喜欢或熟悉的书的标题、背诵字母表、唱字母歌、辨识字母和声音之间的联结、写出自己的名字、读出环境中的一些符号或标示等。

作为表意文字的汉字与表音文字有着较大的区别(Akamatsu,1997),汉字有较强的图形特征和形象性、整体性以及以形表意的特点(周兢,2010;徐德江,2009;邓志瑗,2008)。从文字学的角度对文字进行分析,汉语儿童的文字意识不仅包括文字功能和文字形式的意识,还应该包括文字规则方面的意识(刘宝根,2013)。这三种意识和知识共同构成了儿童文字意识的组成部分。文字功能的意识表现为儿童关注生活中常见的标识与文字、知道文字是用来表达意义的符号;文字形式的意识表现为儿童能将文字与图画进行区分,知道汉字的笔画、部件和整字之间的区别,知道文字之间有间隔,在阅读过程中关注文字;文字结构的意识表现为儿童了解汉字的结构方式(象形、会意等)、能在不同字中找出相同的部件、能将文字分成不同的部件、能将部件按结构规则组合成汉字;文字规则的意识表现为儿童能区分不符合正字法的字,在关注文字的时候会按从左到右、从上到下的方式来"阅读"文字;文字再认的意识表现为儿童积极辨认周围环境中的汉字,采用情景、语句或语言线索,图画书中的图画(图片)线索,已识字等特征等策略来猜测、辨识汉字。

2. 文字意识的研究方法

当前有关儿童文字意识发展的理论和研究仍然非常少,已有的研究大部分都是从人种学的角度、运用质的研究方法对学前期间儿童的文字意识进行讨论。斯诺(Snow,1983,见 Justice,2005)研究了一个幼儿对文字的探索,古德曼(Goodman,1986,见Evans,2010)的研究发现儿童从情境中学习文字发展到去情境中的文字。目前文字意识的研究主要有四种方法:成人报告法、系统观察法、行为测验法和眼动研究法。眼动研究法是本课题的研究方法,将在1.3中进一步介绍。以下我们就前三种方法及其研究结果进行介绍。

(1) 成人报告法

在儿童文字意识的研究中,成人报告法有着几方面的便利,如成人(父母和教师)报告可以提供不同时间、不同情境中儿童文字意识表现和技能的信息,是一种经济、有效并能减少许多正式测验所带来的困难的方法,许多研究都证实了在文字意识研究中成人报告的有效性(Boudreau,2005)。成人报告法中,最常用的是家长报告法,马文等人(Marvin et al.,1993,见 Boudreau,2005)对291个2-6岁儿童家长进行问卷调查,由家长报告儿童对文字的关注等方面的情况。结果发现在家庭中,儿童很少关注文字。布德罗(Boudreau,2005)对20名正常儿童和17名语言障碍儿童的文字意识进行研究,儿童年龄为55-68个月,采用父母报告法对儿童包括与书本的交互、字母知识、对环境中文字的反应和语音意识以及书写进行研究的结果发现,正常儿童的文字意识显著高于语言障碍儿童。

也有研究采用教师报告的方式进行研究。卡贝尔(Cabell,2009)请44名学前学校的教师报告了209名40-68个月的儿童在与文字有关的技能上的表现。结果发现,有

85.9%的孩子被报告为经常能正确翻书,68.19%的孩子被报告为经常再认环境中的文字,44.1%的孩子被报告为能理解字母组成单词,52.2%的孩子被报告为经常再认熟悉的单词等。父母报告的结果与对儿童的正式测量之间相关非常显著。他们的研究指出,成人(父母和教师)的报告可以提供有关儿童读写发展状况的有效测评,对预防儿童的读写困难有积极意义。

（2）　系统观察法

马丁(Martin,1998,见 Evans，2008)观察了 25 个 2 - 4 岁儿童的母亲在亲子阅读中的表现。结果发现,2 岁和 4 岁的母亲间的问题最多,但是她们都很少关注到文字。朱克(Zuker,2009)收集了 17 名教师 92 段的集体分享阅读录像,分析后发现,教师在阅读中与儿童讨论了文字所涉及的所有方面,但是文字的提及量却相当地低,教师在阅读活动中的文字提及量和阅读活动的质量之间没有明显的关系。

（3）　行为测验法

成人报告法和系统观察法都是对儿童文字意识发展的间接测量(Cunningham,1990),较多的研究采用的是对儿童的文字意识进行直接测量(Goffreda，2010；Molfese,2006)。克莱(Clay,1989)用自制的图画书"Sands"和"Stones",将图画书中的文字进行变换,设计了 24 个问题,对儿童进行测量。如,我应该从哪里开始读? 你说我应该朝什么方向读呢? 我这行读完了,接下来应该从哪里开始读呢? ……从而考察儿童的阅读概念(如方向、换行)、单词的概念(如是否知道文字承载意义)等,父母和教师通过观察儿童在阅读过程中的行为和回答来进行评分。许多国家开展过有关这种研究方法的适用性研究(Harris，1986；Dickinson & Snow，1987；Stuart，1995)。然而,克莱的测量法主要不足在于这种测量不是为学前儿童设计的,主要是为了发现早期儿童在阅读上的困难,即更适用于一年级或二年级的孩子(Clay，1979)。因此有研究者(Justice，2002)认为克莱的方法用来测量学前儿童的文字意识可能不是一个很好的方法。贾斯蒂丝等人(Justice et al.，2001)设计了一个"学前单词和文字意识测量"(PWPA),这个测量总共包括 26 个任务,涵盖文字中的单词和文字概念这两个方面的内容。分别用"Spot Bakes a Cake"(Hill，1994)来测量单词知识,"Nine Ducks Nine"(Hayes，1990)来测量文字概念知识。

也有研究者直接采用文字对儿童的文字意识进行测量,比亚利斯托克(Bialystok,1997,2000)采用"移动单词任务"和"单词大小任务"对儿童的文字概念进行了研究,结果发现在"移动单词任务"中 3 岁儿童还不能理解某一图画的文字表征具有排他性,而在"单词大小任务"中,4 岁儿童的表现还较低。他们的研究发现,汉英双语儿童在文字概念任务上的表现在 3 岁时低于其他双语者(如法语和英语的双语者),但是在 4 岁的时候迅速赶上并超过其他双语者。其他研究者(Haney,2002;Levy,2006)的研究也发现了同样的结果。特雷曼(Treiman,2007)用了四个实验测量了儿童有关书写特征的知识,特别是用他们自己的名字,结果发现,4 岁前的儿童就表现出文字水平方向的知识,儿童对最左边的字母最为熟悉,大写字母知识在后期发展。她们的研究表明,儿童在初期就具备了一定的文字意识。

3. 图画书阅读过程中学前儿童对文字的注视

亚登等人(Yaden et al.,转引自 Justice,2002)在 1989 年最早对儿童图画书阅读过程中的文字关注进行了研究。他们对 3 - 5 岁的儿童在亲子阅读中的自发提问进行了初步的分类和分析。他们的研究结果发现,儿童问得最多的是关于图画的问题,而有关文字方面(如字母,发音和文字排列)的问题最少(不到 10%)。4 - 5 岁期间,儿童才开始问有关文字方面的问题。菲利普斯(Phillips,1990,转引自 Evans,2005)等人发现 3 - 4 岁的儿童和父母都不会在分享阅读中对文字进行评论。Shapiro Jon(1997)对 12 名 4 岁儿童在亲子阅读中的行为进行分类,分析儿童对文字的注视。结果发现,父母与子女之间的互动主要聚焦在图画上,儿童首先关注图画,很少关注文字。儿童在阅读图画书的过程中,儿童在图画和文字上的互动比例是 10:1。

埃泽尔等人(Ezell,2000)采用录像分析法对 76 名 3 - 5 岁的儿童在阅读两本图画书中的文字注视进行了研究,他们采用数码录像机拍摄了整个阅读过程中儿童的行为,采用 FOCAL 的电脑分析软件对儿童在阅读的过程中文字注视状况进行了研究,结果发现,在阅读过程中成人指着文字的情况下,儿童在文字上的注视时间也不到 25%,在没有成人指着文字的情况下,只有 6%。

近年来,研究者开始采用眼动分析技术以求更加精确地发现儿童在图画书阅读过程中文字注视的状况。眼动仪被认为是一种有效侦测阅读过程的技术(Rayner,2006,2007),在学前儿童的认知研究中也有着积极作用(韩映红,2010)。贾斯蒂丝等人(Justice & Lankford,2002)对 4 名 52 - 68 个月儿童在图画书阅读中的视觉关注进行了研究,结果发现,学前儿童在阅读图画书时很少注意文字,在文字区域上的平均注视次数只占总注视次数的 4%,平均注视时间只占总注视时间的 2.5%,而且即使在文字突显的图画书中对文字区域的注视次数和注视时间也只有 6% 和 5.6%。她们(Justice,2005)后来对 10 名幼儿进行的重复研究进一步证实了这个结果。埃文斯等人(Evans & Saint-

Aubin,2005)对 5 名 48 - 61 个月的幼儿在图画书阅读中对文字的视觉进行了研究,结果发现,不管何种类型的图画书,儿童只花了大约 7% 的时间来关注文字。Roy 等人(Roy-Charland et al.,2007)的研究结果发现,即使在最容易的书上,儿童在文字上的注视时间也仅有 9%,注视次数仅为 8%。埃文斯等人(Evans,Saint-Aubin,& Landry,2009)采用文字最为突显的字母书对儿童在阅读中的视觉关注进行研究,结果仍然发现,儿童对图画的首次注视时间早于文字区域,在图画上的注视时间长于文字上的注视时间,儿童在文字和字母上的注视时间约为 22%。

国内研究中,高晓妹(2009)对 162 名 3 - 4 岁儿童在《好饿的毛毛虫》这本图画书上的眼动注视过程进行了记录分析,结果发现,儿童极少关注文字,6 岁时儿童在文字上的注视时间的比例仅为 11.64%,注视次数的比例为 18.48%。金慧慧(2010)对 2 - 3 岁儿童在图画书阅读中的文字注视进行了研究,结果发现,无论在何种阅读情境下,3 岁以前儿童在阅读中都几乎不关注文字。韩映红等人(2011)对 31 名 5 - 6 岁儿童在两本书上的注视状况进行了分析,结果发现了儿童在自主阅读(独立阅读)情境中在文字上的眼动注视指标显著高于聆听阅读(亲子阅读)组,但是在图画上的眼动注视指标上没有区别;同时她们的研究还发现,自主阅读组的儿童在图画书的主题理解上低于聆听阅读组,但是在内容记忆上没有显著性差异。

4. 图画书阅读过程中学前儿童文字意识发展的阶段

萨尔兹比(Sulzby,1985)通过对 24 名幼儿班的孩子一年内对自己最喜欢的图画书的阅读过程进行观察、分析,构建了幼儿阶段儿童图画书阅读的发展阶段,他发现,儿童在图画书阅读过程中,逐渐从图画主导的阅读发展到文字主导倾向的阅读。萨尔兹比的阅读发展阶段见图 7.1。

当把阅读作为一个对文字解码进而产生理解的过程,那么阅读能力的发展的第一步就是文字意识的发展,为此许多研究者是将儿童文字意识的发展放在整个阅读能力发展的进程中来考虑的,从阅读能力的发展角度来讨论儿童文字意识发展的阶段。

乔尔的六阶段模型:乔尔(Chall,1983,1996,转引自 Gleasion,2006)的阅读发展阶段模型是其中比较知名的模型之一,该模型的发展经历了一次五阶段到六阶段的模型修正,在六阶段模型中,乔尔(Chall,1996)将阅读的发展分为 6 个有本质区别的阶段。涉及学前儿童的主要是阶段 0 和阶段 1。阶段 0 主要涵盖六个月大的儿童到学前班和幼儿园的儿童,这个阶段儿童的主要特征是假装阅读、命名字母、写出自己的名字、再认一些符

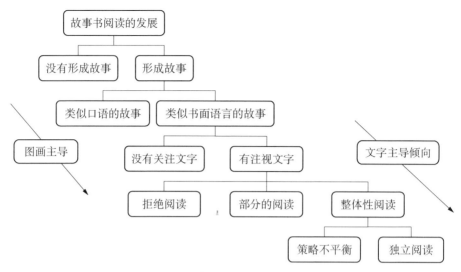

图 7.1　图画书阅读中文字意识的发展(Sulzby，1985)

号(如交通标识,商标等),这个阶段中,儿童阅读获得的主要方式是浸入式(exposure)的;阶段1主要涵盖6-7岁的儿童到一二年级的儿童,这个时候的主要特征是学会字形和音位规则(grapheme-phoneme rules)、说出一个单词的音节、阅读简单的文本、能读出大约600个单词。

莫罗的四阶段模型:莫罗认为,儿童在学会阅读的过程中经历了四个阶段(Morrow, 2009),其中有两个阶段涉及学前期,四阶段模型的阶段和阶段中的特征见表7.1。

表 7.1　莫罗的儿童阅读能力发展四阶段模型

阶　段	特　征
意识和探索(awareness and exploration,入园前)	儿童倾听并讨论故事书;理解文字承载信息;有阅读和书写的欲望;辨识环境中的符号和标识;采用认识的字母来代表书写文字。
实验阅读和书写(experimental reading and writing,幼儿园)	儿童发展最基本的文字概念,并开始参与到阅读和书写的活动中。
早期阅读和书写阶段(early reading and writing,一年级)	
正式阅读和书写阶段(traditional reading and writing,二年级)	

麦吉和里奇斯的四阶段模型：麦吉（McGee）和里奇斯（Richgels）（Rosalind Charlesworth，2007）更加聚焦于早期儿童阅读能力发展的特点，并且根据儿童与文字符号的交互特点，提出了儿童阅读能力发展的四阶段模型，见表7.2。

表7.2　麦吉和里奇斯的儿童阅读能力发展四阶段模型

阶　段	特　征
开始读写阶段（beginning literacy）	在与书本和书写材料的互动中获得了一些有意义的基础经验，但是仍然不能从书写符号中发现意义。
新手阶段（Novices）	意识到书写文字传递信息，试着以规则的方式阅读和书写。然而他们对材料的组织表明，他们理解列表、字母和故事如何在有文字的页上进行组织，能够再认一些字母和符号。
实验者阶段（Experimenters）	这是一个转折阶段，儿童常常能再认字母表上的所有字母，开始产生拼音，阅读熟悉的、重复的文字。
读写者阶段（Conventional literature）	像大多数人一样地阅读和书写。

综合上述研究背景，可以发现，研究者逐渐以更加直观、可见的眼动技术对幼儿在图画书阅读中的文字注视进行分析，借此研究幼儿的文字意识发展状况。但以往研究大多在分享阅读（伴读）情境中进行，那么在独立阅读情境中，以文字注视为指标的文字意识发展状况如何？文字面积和突显程度对幼儿文字注视有何影响？幼儿在图画书独立阅读中文字注视呈现出何种模式？如何借助对幼儿在图画书阅读中文字注视的分析，研究幼儿文字意识发展的规律和特点？这些都仍有待进一步探讨。为此本研究将聚焦到独立阅读情境中幼儿对文字的注视状况、影响因素和注视模式，进而探讨幼儿文字意识发展的规律和特点。

二、研究设计

1. 研究对象

本研究为周兢教授主持的教育部人文社科重点研究基地重大招标项目的组成部分之一，研究在上海市5所没有开设拼音、识字等课程的幼儿园中选择视觉、听力正常，语言能力发展正常，无认知、运动和神经心理障碍的适龄儿童为被试，5所幼儿园皆为上海市一级幼儿园或示范园。被试家长中至少一人学历为大专以上。向家长发放《参与研究知情同意书》，在征得家长同意后，按抽样时间为基准选取 4 岁（48 个月）、5 岁（60 个月）和 6 岁（72 个月）三个年龄阶段共 40 名儿童，儿童年龄前后允许有一个月的浮动。

因为研究中涉及多个子研究，在眼动数据收集和语言能力测试的过程中，有抽样范围内的儿童未入园，因此研究从未能参与研究的班级中选择适龄儿童作为递补被试，因此研究中各个子研究的人数未必完全相同。具体各子研究中的被试将在各项研究中具体介绍。

2. 研究工具

（1）眼动记录仪

眼动研究采用瑞典 Tobii Technology AB 公司生产的 Tobii T60 进行眼动数据的采集，该眼动记录仪具有便携性和无创性的特点，在实验过程中，被试不需佩戴头盔，同时看不出有任何"追踪设备"。Tobii T60 集成了一台 17 英寸的 TFT 显示器，显示器用以呈现实验材料，分辨率为 1280×1024，采样频率为 60 Hz，采样精度为 0.5°，允许 44 cm×22 cm×30 cm 的头动范围。

（2）眼动轨迹分析软件

研究采用 EyePatternsV0.91。该软件由 Julia M. West（2006）等人开发，基于 JAVA 平台运行，目前是一款开放的免费软件。该软件已经在国外许多研究中得到运用（综述见 Julia M. West（2006））。该软件采用压缩的眼动轨迹（Callapsed Sequencs，将一个兴趣区内的连续注视点压缩为一个，如 AAABBB 的眼动轨迹被压缩为 AB）进行分析，从而计算出两两轨迹之间匹配所需的步数，多个轨迹形成 N×N 的匹配所需步数的矩阵，计算出一组被试的眼动轨迹的相似性程度得分（S, Similarity）。

（3）儿童接受性语言能力

采用皮博迪图片词汇能力测试第三版（Peabody Picture Vocabulary Test，PPVT-Ⅲ）测量儿童的接受性语言能力，要求儿童指出四幅图中最能代表实验者所说出语言的意思（例如，哪幅图画是帆船?）。该测验有着良好的信度，英文中的分半信度为 0.93 - 0.95 之间，3 - 5 岁之间的重测信度为 0.92 - 0.95，该测验与韦克斯勒儿童智力量表和其语言分测验的得分有着高度相关（Wechsler，1991，转引自 Evan，2008）。本研究采用儿童的原始得分进行统计分析。

（4）儿童汉字习得水平

根据汉语儿童沟通发展量表（PCDI）中短表上的文字，制作了一份测试儿童认字的材料,共 237 个汉字。每次呈现 6 个汉字,要求儿童将测试材料上自己认识的汉字一个一个读给研究者听,一个字记一分,最高分 237 分。需要说明的是,本章中该部分数据取自所属课题组成员曹思敏(2011)的硕士学位论文研究中的数据。

(5) 儿童正字法意识的测量

该测量包括三个分任务。在部件识别任务中,要求儿童说出实验者呈现汉字的部件数量(有几个好朋友?);在部件判断任务中,测量儿童能否将一个部件记住并在后续的整字呈现中将部件识别出来;在汉字构型任务中,要求儿童根据实验者所提供的五个高频部件"扌""宀""灬""又""正"组合成一个汉字。该部分数据同样取自本论文所属课题组成员曹思敏(2011)的硕士学位论文研究中的数据。

3. 研究材料

研究选取世界知名图画书《好饿的毛毛虫》(艾瑞·卡尔著,2008 年引进出版)、《三个强盗》(温格尔著,2008 年引进出版)、《打瞌睡的房子》(奥黛莉·伍德著,2008 年引进出版)的中译本,这些图画书是按照"经典""新""儿童喜欢"和"图文共同讲故事"几个标准进行选择而来(高晓妹,2009)。在预研究中,这些书被儿童选择的比例非常高(高晓妹,2009)。在国外已有的研究(Justice,2002)中,也有研究者采用《好饿的毛毛虫》为阅读材料,研究儿童在阅读过程中对文字的注视状况。

研究采用高清扫描仪将图画书制成电子书,采用 Photoshop 技术制成幼儿在纸质图画书阅读状态下看到的合页状态,像素调整为 1024×768,以便在显示器中呈现,材料制作过程中未改变图画书的色彩和文字等特征。

4. 数据收集过程

研究均在隔音效果良好的幼儿园小房间内进行。眼动数据的收集过程中,研究者首先呈现三本图画书的纸质本,询问儿童是否看过这三本图画书,三本都未看过的儿童参加图画书阅读眼动研究。在眼动数据的收集过程中,请幼儿自然舒服地坐在距离眼动仪显示器 60 厘米的座位上,调整显示器以确保幼儿的眼睛看在屏幕中央。采用五点定标法对幼儿的视线采集进行定标。

眼动研究数据的收集由学前教育专业的博士生和硕士生担任主试,主试给出统一的指导语:我们今天要在电脑上看三本非常好看的图画书,你要认真看哦。研究过程中,主试陪伴在幼儿旁边,给予幼儿安全感,并用"注意看哦"、"你看得很认真"、"看看下一页有什么"及"看看后来怎么样了"等语言提醒幼儿观看图画书,但不进行朗读,对幼儿在阅读中的提问只给予简单回应,不作答。

收集数据后进行语言能力测试。研究者一般在眼动数据收集的当天就测量儿童的接受性语言能力、汉字正字法意识的成绩、儿童的汉字习得水平。接受性语言能力和汉字正字法意识的测试均由学前教育专业的硕士生担任主试,记录儿童的成绩。汉字习得水平的测试除了学前教育专业的硕士生担任主试外,还有幼儿所在班级教师参与,测量并记录儿童最后的得分。

第二节　汉语儿童图画书阅读过程中文字注视特点

汉语学前儿童在图画书阅读中是否会关注文字？什么时候开始关注文字？不同年龄的儿童对文字的关注有差异吗？独立阅读中，儿童是否更倾向于关注文字呢？为此，研究首先描绘了汉语学前儿童图画书阅读中文字注视的基本概况，并比较了不同年龄儿童在文字注视之间的差异。

一、汉语学前儿童图画书独立阅读过程中文字注视的基本状况

4-6岁儿童在整页和文字上的注视状况见表7.3。从表7.3中可以发现，在独立阅读情境下，10秒的阅读时间内，儿童平均在0.11秒的时候就注视到了整页上的画面，而到3.42秒的时候才注视到文字。在每页上8.81秒的平均注视时间中，儿童只有2.15秒左右的时间在关注文字，只占总注视时间的23%。类似的，儿童在每页上平均有21.22次

表7.3　儿童在图画书独立阅读中整页和文字注视的基本状况(M±SD)

	整页上的首次注视时间（秒）	文字上的首次注视时间（秒）	整页上的注视时间（秒）	文字上的注视时间（秒）	整页上的注视次数（次）	文字上的注视次数（次）	文字上的注视时间比例	文字上的注视次数比例
1	0.10(0.39)	3.33(2.96)	8.63(1.42)	2.09(1.99)	19.81(5.37)	2.87(2.46)	0.23(0.21)	0.15(0.13)
2	0.11(0.42)	3.46(2.90)	8.82(1.41)	2.27(2.35)	22.11(5.40)	3.84(3.79)	0.25(0.24)	0.18(0.18)
3	0.11(0.44)	3.46(3.08)	8.95(1.38)	2.02(2.09)	21.22(5.00)	2.67(2.10)	0.22(0.22)	0.14(0.15)
M	0.11(0.42)	3.42(2.97)	8.81(1.41)	2.15(2.18)	21.22(5.35)	3.23(3.07)	0.23(0.23)	0.16(0.16)

注：1为《好饿的毛毛虫》，2为《三个强盗》，3为《打瞌睡的房子》；括号内为标准差，下同

注视,但这些注视中,文字的注视次数只有3.23个,仅占16%左右。这说明儿童在独立阅读情境中仍然首先关注图画,并在阅读过程中,主要注视图画。

二、儿童文字注视的年龄和性别差异分析

不同年龄儿童在图画书独立阅读中文字注视的眼动指标见表7.4,单因素方差分析结果表明,不同年龄儿童之间在文字注视的眼动指标上差异显著,随着年龄的增长,儿童越来越早地在阅读中关注文字,越来越多地关注文字。

表7.4 不同年龄儿童文字注视的眼动指标($M \pm SD$)

	文字上的首次注视时间(秒)	文字上的注视时间(秒)	文字上的注视次数(次)	文字上的注视时间比例	文字上的注视次数比例
4 岁	4.04(0.17)	1.02(0.12)	1.79(0.17)	0.12(0.01)	0.09(0.01)
5 岁	3.67(0.13)	1.91(0.09)	3.11(0.13)	0.21(0.01)	0.16(0.01)
6 岁	3.15(0.10)	2.61(0.07)	3.73(0.10)	0.28(0.01)	0.19(0.01)
F 检验	11.120**	63.180**	44.290**	60.120**	40.780**
事后多重比较(LSD)	6 岁<5 岁<4 岁	4 岁<5 岁<6 岁	4 岁<5 岁<6 岁	4 岁<5 岁<6 岁	4 岁<5 岁<6 岁

注: *: $p < 0.05$, **: $p < 0.01$, ***: $p < 0.001$, 下同

以年龄和性别为自变量,以学前儿童在文字上的首次注视时间、注视时间、注视次数、文字注视时间占总注视时间的比例以及文字注视次数占总注视次数的比例为因变量,做多元方差分析(MANOVA),结果发现,年龄的主效应、年龄和性别的交互效应极其显著,性别的主效应不显著(F值在0.01和2.40之间)。

年龄和性别的交互效应在文字上的首次注视时间(F=9.532, p<0.001)、注视时间(F=17.198, p<0.001)、注视次数(F=9.972, p<0.001)、注视时间比例(F=16.008, p<0.001)、注视次数比例(F=13.339, p<0.001)上的差异显著,对年龄和性别交互效应的进一步分析发现,4岁组不同性别儿童在各因变量上的差异不显著,5岁组不同性别儿童在首次注视时间、注视时间比例和注视次数比例上差异显著,男孩在文字上的首次注视时间显著早于女童,在注视时间比例和注视次数比例上显著高于女童。6岁组不同

性别儿童同样在这三个因变量上差异显著,但表现为女童在首次注视时间上显著早于男孩,在注视时间比例和注视次数比例上也显著高于男孩。

三、图画书独立阅读中的文字注视与相关研究的比较

本研究发现,在独立阅读情境中,汉语学前儿童平均在 3.42 秒的时候就关注到了文字,汉语学前儿童在图画书阅读中对文字的注视时间占总注视时间的比例平均为 23.97%,注视次数占总注视次数的比例平均为 16.83%,这两项指标都远远高于其他语系下幼儿在亲子阅读中对文字注视的水平(见表 7.5),也显著高于对汉语学前在亲子阅读中的注视水平(韩映红,2011)。在自主阅读中,汉语儿童平均在 3.42 秒左右的时候就注意到了文字,而亲子阅读中,在 10 秒的时间内,儿童要在一页阅读时间快要结束的时候才注视文字,即使是类似图片的文字,也是在 6 秒左右的时候才注意到文字(Evans,2009)。

表 7.5　国外亲子阅读情境中儿童文字注视的水平

	Justice (2002)	Justice (2005)	Evans (2005)	Roy (2007)	Justice (2008)	Evans (2008)
儿童年龄	52 - 48 个月	50 - 69 个月	48 - 61 个月		52 个月	36 - 73 个月
注视时间比例	2.50%	5.00%	6.00%	9.00%	8.00%	25.00%
注视次数比例	4.00%	7.00%		8.00%	5.00%	

以《好饿的毛毛虫》一书中学前儿童对文字的视觉注视为例,Justice 等人(Justice & Lankford,2002)采用亲子阅读情境的研究发现,学前儿童对文字的注视时间占总注视时间的比例仅为 0.70%,注视次数占总注视次数的比例平均仅为 1%。而在本研究的自主阅读情境中,汉语学前儿童在这本书的阅读中对文字的注视时间占总注视时间的 23%,注视次数占总注视次数的 15%,远远高于在亲子阅读中的比例。

导致两者差异的重要原因,我们认为主要是阅读情境的不同。在亲子阅读中,成人的语言对学前儿童的视觉注意起了引导作用,幼儿在阅读中主要是形成声音和图画之间的联结,追随成人的语言在阅读中寻找对应的物体和意义,因此没有主动去探索文字(Evans,2009;Roy-Charland et al. ,2007)。独立阅读情境是比亲子阅读情境更需要学前儿童对文字视觉阅读卷入的一种情境,在阅读过程中,没有成人的语言指引,学前儿童

需要主动地从画面和文字中寻找意义，因此，幼儿在这种阅读情境中对文字的视觉注视就显著增加。

也有研究者认为，文字本身可能是一个重要影响因素。汉字是表意文字，在造字法中有许多图像性的特征(Tong，2010)，因此可能更加能吸引儿童的注意。有研究(McBride，2005，2011)发现，汉语儿童的视觉空间技能高于希伯来语系、拉丁语系的儿童，并且在汉语儿童学习汉字的过程中又进一步发展了视觉空间技能(McBride，2011)。本研究中儿童文字注视的比例远高于国外独立阅读情境(往往作为控制组)中所发现的比例，然而 Guo 等人(2007)对 18 名 6 岁汉语儿童阅读有汉字文本的图画书中的阅读注视进行研究，结果发现，不管成人是口头讲述，还是指着文字或进行提问，儿童看文字的数量仍然非常的少。因此有关汉字本身的特性对儿童在图画书阅读中文字注视的影响还有待进一步研究。

从以上研究，我们可以发现：4－6 岁汉语儿童在图画书独立阅读过程中仍然首先注视图画，并在阅读过程中主要关注图画。随着年龄的增长，学前儿童越来越快地关注文字，并且更多地关注文字，反映出幼儿文字意识的发展。独立阅读情境下，汉语学前儿童在图画书阅读中对文字的视觉关注比例远远高于亲子阅读研究中所发现的比例。

文字和图画是图画书的两大构成要素,图画书中的主角是儿童图画阅读理解的关键信息,那么儿童在文字上的注视与主角上的注视相比有何发展趋势呢? 是否像将主角作为关键信息一样将文字作为关键信息予以关注呢? 本研究将通过分析儿童在主角区域和文字区域上的注视水平对这一问题进行解答。

一、汉语学前儿童在主角区域上的注视水平

不同年龄学前儿童在主角区域上的视觉注视水平见表7.6。

表7.6　不同年龄儿童在主角区域上的视觉注视水平($M \pm SD$)

	首次注视时间 (秒)	注视时间 (秒)	注视次数 (次)	注视时间 比例	注视次数 比例
4 岁	1.72(2.18)	2.87(2.13)	5.83(4.41)	0.33(0.23)	0.29(0.22)
5 岁	2.05(2.39)	2.67(2.16)	5.64(4.58)	0.30(0.23)	0.27(0.21)
6 岁	1.68(2.11)	2.47(1.97)	5.81(4.68)	0.27(0.21)	0.26(0.20)
平均数	1.74(2.21)	2.82(2.21)	6.21(5.02)	0.32(0.24)	0.29(0.23)
显著性 检验	$F=5.088^{***}$	$F=4.317^{***}$	$F=0.360$	$F=11.074^{***}$	$F=4.317^{**}$

注: *: $p<0.05$; **: $p<0.01$; ***: $p<0.001$,下同

以儿童在主角区域上的首次注视时间(TFF)、注视时间比例(PoFL)和注视次数比例

(PoFC)为因变量,以儿童的年龄和性别为自变量,做多元方差分析(MANOVA),结果发现,年龄因素的主效应都显著,性别因素的主效应都不显著。年龄和性别的交互效应只在注视时间比例(PoFL)这一因变量上显著(F=3.252,p<0.05)。

对年龄的主效应进一步分析,采用事后多重检验(Scheffe),结果发现,在首次注视时间上,5岁组儿童与4岁组、6岁组儿童之间差异显著,4岁组和6岁组儿童之间差异不显著,5岁组儿童在主角上的首次注视时间显著晚于其他两组儿童。在注视时间比例这一因变量上,6岁组儿童与其他两组儿童之间差异显著,而4岁组和5岁组儿童之间差异不显著。儿童在主角区域上的注视时间比例随着年龄的增长而不断降低,5-6岁期间降低最快。在注视次数比例(RoFC)这一因变量上,5岁组儿童与其他两组儿童之间差异不显著,4岁组和6岁组儿童之间差异显著,儿童在主角上的注视次数比例随着年龄的增长而降低,整体上呈缓慢下降的趋势。

对注视时间比例上的年龄和性别交互效应的进一步分析发现,4岁组和6岁组不同性别儿童的差异不显著,5岁组不同性别儿童之间的差异显著,女童在主角区域上的注视时间比例显著高于男孩。4岁和5岁组女童在主角区域上的注视时间比例差异不显著,而与6岁组差异显著,随着年龄的增长,5岁和6岁组女童在主角区域上的注视时间比例迅速下降;5岁和6岁男孩在主角区域上的注视时间比例差异不显著,而与4岁男孩差异显著,4岁和5岁组男孩在主角区域上的注视时间比例迅速降低。

二、学前儿童在主角和文字区域上注视水平的比较

为了更清楚地分析儿童在图画书独立阅读过程中是否将文字作为关键信息来予以关注,以儿童在文字区域和主角区域上的首次注视时间、注视时间比例和注视次数做配对样本t检验,结果发现,儿童在文字区域上的首次注视时间显著晚于主角区域上的首次注视时间(t=12.340,p<0.001),儿童在文字区域上的注视时间比例显著低于主角区域上的注视时间比例(t=-4.082,p<0.05),儿童在文字区域上的注视次数比例也显著低于主角区域上的注视次数比例(t=-10.992,p<0.001)。为了进一步分析各年龄阶段儿童在文字区域和主角区域上的首次注视时间、注视时间比例和注视次数比例差异,分别做各年龄阶段的配对样本t检验,结果如表7.7和图7.1。

表 7.7　不同年龄儿童文字区域和主角区域上的注视水平比较

	首次注视时间（秒）	注视时间比例（%）	注视次数比例（%）
4 岁	$t=7.542^{***}$	$t=-9.339^{***}$	$t=-11.442^{***}$
5 岁	$t=6.640^{***}$	$t=-3.236^{**}$	$t=-6.197^{***}$
6 岁	$t=7.780^{***}$	$t=1.523$	$t=-4.409^{***}$

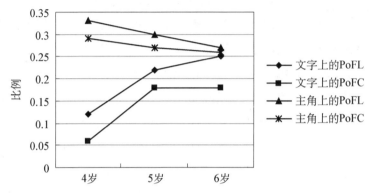

图 7.2　学前儿童在主角和文字上的注视比较

注：PoFL 为注视时间比例；PoFC 为注视次数比例

从表 7.7 和图 7.2 可以发现，随着年龄的增长，儿童在文字区域和主角区域上的首次注视时间越来越早，但在 4－6 岁期间，儿童在文字区域上的首次注视时间始终显著晚于主角区域上的首次注视时间。在注视时间比例上，随着年龄的发展，儿童在文字区域上的注视时间比例逐渐提高，而在主角区域上的注视时间比例逐渐下降，在 6 岁的时候，儿童在文字区域和主角区域上的注视时间比例已没有显著差异；在注视次数比例上，随着年龄的增长，儿童在文字区域上的注视次数比例始终显著少于主角区域上的注视次数比例，但儿童在主角区域上的注视次数比例逐渐降低，而在文字区域上的注视次数比例逐渐提高。

通过对不同年龄汉语学前儿童在文字区域和主角区域上的首次注视时间、注视时间比例、注视次数比例的比较分析，可以发现：4－6 岁期间，儿童在文字上的首次注视时间不断提前，在文字上的注视时间比例和注视次数比例不断提高，6 岁时，儿童的注视时间比例与主角上的注视时间比例已没有差异，儿童在文字上的注视时间比例甚至超过了主角上的注视时间比例。这说明在 4-6 岁期间,儿童在文字上的视觉注视能力不断发展;也说明 4-6 岁儿童在主角上的注视随着年龄的增长在眼动指标上表现为不断优化,在文字上的注视随着年龄的增长不断发展。

4-6 岁儿童将文字作为关键信息予以注视的能力不断发展,一方面可能得益于儿童图画阅读能力水平的提高,随着儿童能更早、更迅速地从图画特别是从主角中获取有关故事内容的信息,因此将心理资源分配到图画书中的其他要素尤其是文字上,儿童图画阅读能力水平的提高使得儿童有更多的心理资源对文字予以关注;另一方面可能缘于儿童自身语言能力的发展,随着儿童年龄的发展,儿童文字敏感性进一步增强,不仅逐步意识到文字和图画的区别,并且开始意识到文字有传递故事内容的功能,因此儿童将文字视为关键信息,将更多的注意力投入到文字中。

汉语学前儿童是将文字作为关键信息来注视的吗?已有研究认为文字和图画(尤其是图画中的主角)是图画书阅读中的关键信息,学前儿童往往被认为是图画阅读者。本研究发现,与儿童在主角这一关键信息上的注视相比,直到 6 岁的时候,儿童在文字这一关键信息上的大部分视觉注视眼动指标都显著低于在主角上的眼动指标,在控制文字区域和主角区域面积的影响之后,仍然表现出同样的特点,说明儿童对文字这一关键信息的视觉注视还在持续发展中,还未能达到较为成熟的水平,这种能力可能需要在接受学校教育之后进一步发展才能达到成熟的水平。

儿童将文字这一关键信息来进行关注的能力何时能达到较为熟练的程度呢?通过对不同年龄阶段儿童在文字和主角上的视觉注视水平的比较,我们发现,在 4 岁时,儿童还完全未能将文字作为关键信息来予以注视,5-6 岁是儿童在图画书阅读中文字视觉注视能力发展的迅速发展期,到了 6 岁的时候,儿童对文字的视觉注视时间比例逐渐赶上并超过对主角的视觉注视时间比例。说明 5-6 岁期间儿童开始将文字作为关键信息来注视。

第四节　文字突显程度对汉语学前儿童早期图画书阅读过程中文字注视的影响

图画书中文字的突显程度被认为可能是影响儿童文字视觉注视的重要因素,已有研究探讨了图画书两大元素(松居直,2008)自身特性对儿童阅读过程中文字注视水平的影响。埃文斯等人(Justice,2002)对 4 个 52-68 个月的儿童在两本图画书上的阅读眼动进行了研究,这两本书在文字数量、文字呈现方式和文字的大小上都存在质和量的差异,在文字突显的图画书中,每页的文字很少,字体很大且多嵌入在图画中,结果发现即使在突显的图画书中,儿童在文字上的注视仍然低于在图画上的注视,但儿童在文字突显的图画书上的文字注视水平都显著高于不突显的图画书;他们(Justice,2005)后来在一个更大样本的重复研究中发现了同样的特点;然而埃文斯等人(Evans,2005)对 48-61 个月儿童的研究却发现,儿童在不同文字和图画排列方式的图画书上的文字视觉注视水平差异并不显著,同时也不受图画吸引程度的影响,即使将书中的文字变大,加上边框或背景等,同样未能影响儿童在文字上的视觉注视;他们(Evans,2009)采用文字更为突显的字母书,来对儿童在阅读中的文字视觉注视进行研究,结果仍然发现,儿童在阅读中在大写字母上的注视时间仍然很低(仅为 4.10%),而在单词和单词的首字母上的首次注视时间更晚,注视时间更短。

综合以往的研究,我们发现,研究者在图画书中文字突显特征对儿童文字视觉注视的影响上得到的结果还不一致,图画书中文字突显程度对儿童文字视觉注视的影响还有待进一步研究。基于此,本研究主要解决两个方面的问题:一、原有的研究基本都是在分享阅读情境中进行的,在亲子阅读中,成人的语言往往具有引导作用,从而促使儿童去寻找与成人口语相对应的图画(Evans,2009,Roy,2007),成人的伴读可能削弱了儿童对文字的注视;自主阅读能力是儿童阅读能力发展的重要目标(Snow,2006;周兢,2007),那么在独立阅读情境中,图画书中文字突显程度对儿童文字视觉注视的影响如何？二、已有的研究在阅读材料的处理上，往往是通过改变图画书中文字和图画的特征改变了图画书固有的属性，本研究力图通过选择不同文字突显程度的图画书，不改变图画书中文字和图画的原有特征，从而探讨文字突显程度、文字的方位、面积等对儿童文字视觉注视的影响。

一、文字突显程度对儿童图画书阅读过程中文字注视的影响

不同年龄阶段儿童在不同突显程度图画书上的文字注视状况如表7.8。分别以图画书文字突显程度和儿童的年龄为自变量，以儿童在文字上的首次注视时间、注视时间、注视次数、注视时间比例和注视次数比例为因变量，做多元方差分析（MANOVA）。结果发现，突显程度的主效应在文字上的首次注视时间上不显著（$F=1.042$，$p>0.05$），在文字上的注视时间（$F=2.830$，$p=0.054$）和文字注视时间比例（$F=2.953$，$p=0.052$）上接近边缘显著，在文字注视次数（$F=29.072$，$p<0.05$）和注视次数比例（$F=12.122$，$p<0.05$）上显著，在具有更高文字突显程度图画书中，儿童对文字的注视次数和注视次数比例都显著高于另外两本图画书。

表7.8　不同年龄儿童在三种文字突显程度图画书上的文字注视（$M \pm SD$）

突显程度	年龄	文字上的注视眼动指标				
		首次注视时间（秒）	注视时间（秒）	注视次数（次）	注视时间比例	注视次数比例
高	4 岁	3.95(2.94)	0.95(1.03)	1.86(1.22)	0.11(0.11)	0.09(0.06)
	5 岁	3.80(3.08)	2.19(2.39)	4.11(4.46)	0.24(0.24)	0.20(0.20)
	6 岁	3.05(2.76)	2.97(2.52)	4.77(3.99)	0.32(0.26)	0.23(0.20)
中	4 岁	3.91(2.92)	1.24(1.48)	1.81(1.02)	0.13(0.15)	0.10(0.69)
	5 岁	3.39(2.99)	1.84(1.70)	2.67(2.15)	0.21(0.17)	0.14(0.11)
	6 岁	3.09(2.92)	2.55(2.20)	3.39(2.84)	0.28(0.23)	0.18(0.15)
低	4 岁	4.61(3.10)	0.90(0.82)	1.59(0.94)	0.11(0.10)	0.08(0.05)
	5 岁	3.32(3.16)	1.86(1.85)	2.63(2.04)	0.21(0.20)	0.14(0.14)
	6 岁	3.28(2.99)	2.38(2.33)	2.95(2.24)	0.26(0.24)	0.16(0.16)

年龄的主效应在文字注视的各个指标上都显著，同时突显程度和年龄的交互效应在

注视次数(F=4.867,p<0.05)和注视次数比例(F=3.637,p<0.05)上显著,在注视时间(F=2.239,p=0.063)上的交互效应也接近边缘显著。

为了在控制文字面积影响的基础上探讨文字突显程度对儿童文字注视的影响,研究以儿童文字注视的眼动指标为因变量,以年龄和文字突显程度为自变量,以文字面积为协变量,进行多元协方差分析(MANCOVA)。协方差的预分析结果发现,只有突显程度与文字面积之间的交互效应在文字注视次数比例上接近边缘显著(F=3.057,p=0.047),因此采用协方差的全模型进行分析。

分析结果发现,年龄的主效应在各个因变量上都显著,文字面积(F=18.190,p<0.05)、文字突显程度(F=4.309,p<0.05)、年龄与突显程度的交互效应(F=2.859,p<0.05)在注视次数比例上显著(两者交互效应见图7.3),5岁和6岁儿童在文字突显程度高的图画书上文字的注视次数显著高于另外两种文字突显程度图画上的注视次数。为了进一步研究文字面积、文字突显程度和年龄在儿童文字上的注视次数比例上的影响,以文字上的注视次数比例为因变量,以儿童的年龄、文字的突显程度和文字面积为预测变量,采用强迫进入法(Enter)进行回归分析,结果发现,三者能够解释儿童文字注视次数比例方差变异的7.10%(ΔR2=0.071),三者的标准化回归系数(Beta)分别为0.230(年龄)、−0.085(文字突显程度)、0.113(文字面积),从标准化回归系数的值来看,影响儿童文字注视的主要还是儿童的年龄和文字本身的面积,文字突显程度对儿童的文字注视影响并不大。

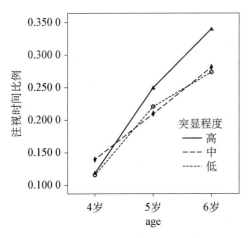

图7.3 不同突显程度文字上幼儿文字注视时间比例

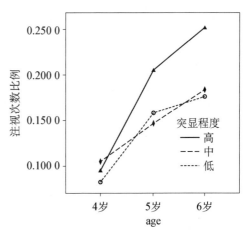

图7.4 不同突显程度文字上幼儿文字注视次数比例

二、思维泡泡对儿童文字视觉注视的影响

在国外的研究中发现,思维泡泡中的文字更能引起儿童的注意。在本研究儿童阅读的图画书中,儿童在《三个强盗》中也要阅读到一页有思维泡泡的图画书,我们以儿童在文字上的眼动注视指标为因变量,比较思维泡泡和高文字凸显程度两种文字凸显程度之间在首次注视时间、注视时间比例和注视次数比例上的差异,描述性的结果发现,儿童在思维泡泡上的首次注视时间(4.05 ± 2.90)晚于在文字凸显程度高的图画书上的注视时间,也远晚于其他凸显程度的图画书上的注视时间,在文字注视的时间比例(0.21 ± 0.23)和文字注视的次数比例(0.15 ± 0.16)上低于在文字凸显程度高的图画书上的比例,也低于其他凸显程度的图画书上的比例,独立样本 T 检验的结果发现,儿童在思维泡泡上的文字上的首次注视时间显著晚于文字凸显程度高图画书的首次注视时间($t=2.320$,$p<0.05$),儿童在思维泡泡上的文字上的文字注视次数比例也显著低于文字凸显程度高的图画书上的注视次数比例($t=2.361$,$p<0.05$)。但两者在文字注视次数比例上的差异不显著($t=1.567$,$p>0.05$)。

对思维泡泡这种凸显程度下不同年龄儿童的首次注视时间、注视时间比例、注视次数比例上的差异进行多因素分析,结果发现,不同年龄阶段儿童在文字注视上的眼动指标差异显著。随着年龄的发展,不同年龄儿童在文字上的首次注视时间越来越早($F=9.468$,$p<0.05$);在文字上的注视时间比例上,5 岁儿童(0.20 ± 0.22)和 6 岁儿童(0.34 ± 0.28)显著高于 4 岁儿童(0.07 ± 0.04)($F=9.407$,$p<0.05$);在文字的注视次数比例上,5 岁儿童(0.16 ± 0.17)和 6 岁儿童(0.22 ± 0.21)显著高于 4 岁儿童(0.06 ± 0.29)($F=5.742$,$p<0.05$),

年龄的主效应在各因变量上依然显著,两种文字凸显类型的主效应在文字的首次注视时间上显著($F=5.017$,$p<0.05$),儿童在思维泡泡上的首次注视时间显著晚于其他文字凸显类型。年龄和凸显类型的交互效应在文字上的首次注视时间上差异也显著($F=4.005$,$p<0.05$),进一步分析发现,4 岁组儿童在思维泡泡的文字凸显类型中显著晚于其他文字凸显类型。

本研究以独立阅读为研究情境,采用不同文字突显程度的图画书,以分析文字突显程度对汉语学前儿童图画书阅读中的文字注视的影响。研究结果发现,文字突显程度对

儿童在文字上首次注视的潜伏期的影响不显著,文字突显程度高并没有吸引儿童显著更早地关注文字。这说明,学前期儿童在阅读过程中,遵循的是"从图画到文字"的阅读基本过程(周兢,2010),儿童首先具备的是对图画的敏感性,在阅读过程中首先从图画中寻找意义。但文字突显对儿童在文字上的注视时间比例和注视次数比例都有着显著影响,随着文字突显程度的提高,儿童越来越多地关注文字,越来越久地注视文字。这一研究结果与贾斯蒂丝等人(Justice,2002;2005)的研究结果相一致,未能支持埃文斯等人(Evans,2005,2009)的结论。

思维泡泡被认为是一种文字突显程度高的类型,Evans 等人(2005)的研究结果也发现,儿童在思维泡泡中的文字注视显著高于其他文字突显类型。但在本研究中,我们发现,在儿童图画书独立阅读情境中,思维泡泡并不是一种有效的文字突显类型。相较于文字突显程度高的类型,儿童更晚才关注到这种类型的文字,并且给予这种类型的文字更少的注视以及更短的注视时间。儿童在这种文字突显类型上的眼动注视水平只与中等突显程度的水平相当,甚至低于中等程度的注视水平。这与已有的研究不一致(Evans,2005;金慧慧,2010)。我们认为这种差异主要是由思维泡泡图画书本身图画构成影响的。在本研究中,有思维泡泡的阅读页只呈现了三个物体(喇叭枪、喷壶和斧头)以及思维泡泡中的文字,三个物体颜色鲜艳,且是儿童生活中不常见的物体,因此相比思维泡泡更容易吸引儿童的视觉注意(高晓妹,2009),从而降低了儿童在思维泡泡上的注视。而在发现思维泡泡的影响更大的研究中,思维泡泡本身在物理特征的突显程度上高于所在页面中图画的突显程度(Evans,2005;金慧慧,2010)。因此我们认为思维泡泡这种形式固然能吸引儿童对思维泡泡这一块区域的注意,但是并不一定能导致儿童对泡泡内文字的注视,思维泡泡要作为一种有效的文字突显类型,还需要与其所在阅读页的其他图画内容在突显程度上进行竞争。

文字注视是儿童形成文字意识、获得音形联结的重要方式,儿童越来越多地关注文字,有助于他们形成有关文字功能、文字形式的意识,因此在图画书阅读过程中,文字突显程度高的图画书虽然并未改变儿童图画书阅读"从图画到文字"的基本过程,但却有助于儿童文字意识的发展。

　　图画书是由文字和图画有机组成的阅读材料,虽然文字与图画之间有着多种关系(Sipe,1998),但大部分图画书都是由文字和图画共同讲故事,所以,儿童在阅读过程中对图画和文字的注视是儿童形成两种信息的表征的过程。书面语言系统是一种抽象表征(Bialystok,1997),图画中的文字可能是儿童阅读中第一次遇到的抽象表征。在图画书阅读过程中,儿童注视图画,从而形成图象(意象)表征,对文字的注视有助于产生语言单元的"符号表征"。那么两种符号表征之间在儿童的阅读过程中是如何交互、融合的呢(Holmes,1987)？媒介转换理论(Media Transtional Theory)为这两种表征提供了理解的视角(Siegel,1983;Sipe,1998)。

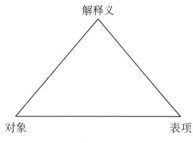

图 7.5　符号表征三角关系示意图

　　媒介转换意指"将内容由一种符号系统转换成另外一种符号系统"。皮尔斯(Peirce,转引自Siegel,1983)提出符号的运用由三部分组成,即符号(sign)自身或表项(representamen),解释义(interpretant),以及对象(object)。表项是对象的表征符号,解释义是在读者的头脑中产生的表征对象的另外一个符号,如图 7.5 所示,只有这三者之间建立了关系之后符号才产生意义(Siegel,1983)。基于皮尔斯的这一观点,西格尔(Siegel,1995)指出媒介转换发生时,"在完整的符号三角关系里,对象是一种符号系统的对象、表项和解释义三角,而解释义则由新的符号系统所表征",图画故事书中图画与文字之间的媒介转换可以由图 7.6 来表示,两者之间这种互相转换、互为解释的过程在阅读理解时是持续反复发生的(引自 Sipe,1998)。有研究者(Bialystok,1997)指出儿童在能阅读文字和不能阅读文字之间的阶段就是他们将书写形式作为表征而不是形象(symbols)的阶段。

在皮尔斯和西格尔等人观点的基础上,西培(Sipe,1998)提出了儿童在图画书阅读过程中对图画和文字(文本)的表征过程,以及图画和文字(文本)两种表征互动基础上产生的新的意义和理解,见图 7.6。

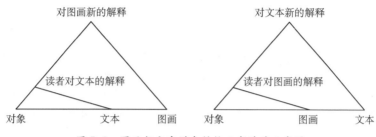

图 7.6　图画与文字媒介转换三角关系示意图

媒介转换理论视角下的图画与文字之间的三角关系提示我们,在学前儿童图画书的阅读过程中,图画和文字之间的表征可能是相互促进、螺旋式上升的。由于学前儿童的认知特点,儿童往往更加关注图画,首先关注图画。在形成图画的解释和表征的基础上关注文字,形成文字的表征,而文字的表征如果不充分,儿童可能需要重新回到图画中以进一步获得意义的充分理解,而图画意义的理解,又可能进一步促进对文字的理解。

然而以图画书阅读中文字注视来研究学前儿童文字意识发展的研究中,在研究指标上主要聚焦于儿童在图画和文字上的首次注视时间、注视次数、注视时间长度等,这些指标能够反映学前儿童文字意识发展现状特点,但这些指标仍然是静态的现状指标,缺乏对学前儿童注视轨迹的分析,难以看到学前儿童文字注视的模式。仅有的研究报告中,三根慎二(Mine et al.,2007)对 14 名 9-11 岁儿童阅读一本包含图画和文字的图画书的分析结果发现,儿童的眼动注视轨迹是从左至右的眼动注视,眼动注视轨迹取决于儿童的特征和图画书的页面特点;该研究发现儿童在图画书阅读过程中有循环型(Circulation Model)和往复型(Repeat Model)两种阅读眼动的注视轨迹模式。但其分析过程仍然是定性的描述,缺乏量化的分析。

本研究采用眼动注视轨迹分析软件(EyePatterns),对 30 名阅读《三个强盗》有文字注视的 4-6 岁学前儿童的眼动数据进行分析,试图发现图画书阅读过程中,学前儿童文字意识发展的过程,试图分析出:1. 不同年阶段有文字注视儿童之间在图画书阅读过程中的眼动注视轨迹相似性程度如何? 2. 不同年龄阶段儿童在图画书独立阅读过程中文字注视的眼动轨迹模式有何特征? 文字注视前后儿童具有何种注视轨迹模式? 有文字回视的儿童在回视间的注视轨迹有何特点？3.儿童文字注视轨迹模式的发展变化体现了儿童文字意识的加工过程,那么4-6岁儿童的文字意识加工有何发展特点？

一、有文字注视儿童注视轨迹的相似性程度

在三个年龄段共180人次的注视轨迹中,有64人次的眼动轨迹关注到了文字,这些文字注视在各年龄段的分布见表7.9。从表7.9可以发现,随着年龄的增长,儿童在文字上有注视的人数显著增加($\chi^2=63.00$, $p<0.001$),这个结果和研究一相同。

表7.9　不同年龄阶段儿童在文字上有注视的儿童眼动模式相似性程度(括号内为人数)

年龄	第2页	第5页	第7页	第9页	第11页	第14页	合计
4	0.039(4)	—		—	0.088(4)	—	9
5	0.244(9)	0.193(3)	—		0.090(4)	0.024(2)	18
6	0.136(10)	0.013(5)	0.082(4)	0.199(7)	0.169(7)	0.170(4)	37
	23	8	4	8	15	6	64

因为各页上的兴趣区的内容和数量不一致,因此研究首先计算出各年龄阶段各页上有文字注视的注视轨迹之间的相似程度,结果见表7.9。从描述性结果来看,4岁时只有极少儿童在零星几页上对文字有注视,6岁时大多数儿童在所有页上对文字都有注视;就每一页上不同年龄有文字注视的儿童来看,随着年龄的发展,有文字注视的人次也越来越多。同时4岁儿童注视轨迹的平均相似性程度高于5岁儿童,而5岁儿童的注视轨迹相似性程度又高于6岁儿童。采用单因素方差(One-way ANOVA)分析比较各年龄阶段在文字上有注视的眼动轨迹之间的差异,结果发现,不同年龄阶段有文字注视儿童之间的眼动轨迹的相似性差异并不显著($F=0.695$, $p>0.05$)。

二、有文字注视儿童在图画书独立阅读过程中的眼动轨迹

从表7.9可以发现,所有年龄阶段儿童在第2页上都有文字注视,且第2页为有文字注视儿童中各年龄阶段人数最多的页。因此研究以第2页为分析对象,采用EyePatterns的Multidimentional Scaling分析方法计算所有23名儿童在第2页上有文字

注视的儿童的注视轨迹模式相似性的程度,结果发现相似性程度得分为 0.257 837 5,模式的相似性程度不高。

采用 EyePatterns 中的 discover patterns 模块,以轨迹长度"4"为标准,结果发现,频率最高的(MBMC)[①]仅占总注视轨迹的 28.08%(9 人)。因此继续以轨迹长度"3"为标准,寻找 23 名被试在第 2 页上共有的注视轨迹模式,结果发现模式 MBA 占 52.17%(12 人),模式 BAM 占 47.82%(11 人),模式 MBM 占 39.13%(9 人),模式 BMC 占 39.13%(9 人);而有文字注视儿童在图画书独立阅读中对文字注视的典型的眼动轨迹模式比例最高的为模式 MPM,模式 MPA 占 30.43%(7 人)。

三、不同年龄阶段儿童注视轨迹模式的特点

以眼动轨迹长度"4"为标准寻找共同的典型注视轨迹模式,进而分析不同年龄阶段儿童的注视轨迹模式的特点,结果见表 7.10。根据已有的研究(Mine, 2007),我们以一个注视轨迹中能依次关注到 4 个信息区中的至少 3 个(含 3 个)为循环型;以文字关注前持续关注一个信息区且关注的信息区不超过 3 个的为往复型。以这两种模式来分析文字注视前后儿童文字注视的眼动轨迹模式。

表 7.10 不同年龄儿童在第 2 页上共同的典型注视轨迹

年龄	眼动轨迹	频率	被试
4 岁	MBAM	75.00%	S14,S43,S53
	BMAO	50.00%	S37,S43
	OMBA	50.00%	S37,S43
	MAOM	50.00%	S37,S43
5 岁	MBMC	44.44%	S77,S83,S89,S95
	AMBM	33.33%	S83,S89,S107
	CBMB	33.33%	S77,S 95,S107
	MCBM	33.33%	S71,S95,S107

---

① 注:此处代码与表 7.10 中的兴趣区代码相同,A 为第一个强盗的眼睛;B 为第二个强盗的眼睛;C 为第三个强盗的眼睛;M 为强盗的衣服和帽子;P 为文字;O 为图画书兴趣区外其他地方。

年龄	眼动轨迹	频率	被试
	ABCB	30.00%	S155，S167，S172
	CBAM	30.00%	S137，S161，S172
6 岁	MCBA	30.00%	S137，S149，S161
	BMCB	30.00%	S137，S143，S161
	MPMB	30.00%	S137，S167，S172

注：A 为第一个强盗的眼睛；B 为第二个强盗的眼睛；C 为第三个强盗的眼睛；M 为强盗的衣服和帽子；P 为文字；O 为图画书兴趣区外其他地方，下同

根据表 7.10 中各年龄段各被试拥有的共同的典型注视轨迹的比例，研究分别在各个年龄段中选出最有代表性的儿童注视轨迹，不同年龄阶段儿童最有代表性的注视轨迹见图 7.7、图 7.8 和图 7.9。

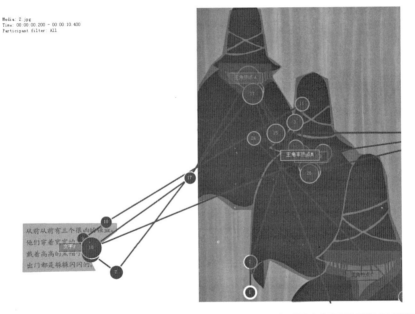

图 7.7 4 岁儿童（S37）在第 2 页上的眼动轨迹（OOMBBAOPPPMBBMAOPB-MMBBA，压缩后的眼动轨迹为 OMBAOPMBMAOPBMBA）

从 4 岁、5 岁和 6 岁儿童在第 2 页上的眼动轨迹可以发现，4 岁儿童虽然在文字上有

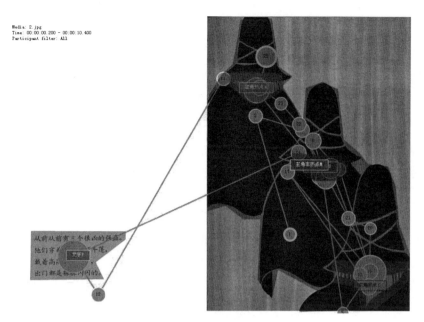

图 7.8 · 5 岁儿童（S95）在第 2 页上的眼动轨迹（MMMBMCBMBAAOPBBCBCCMMMMMAM，压缩后的轨迹为 MBMCBMBAOPBCBCMAM）

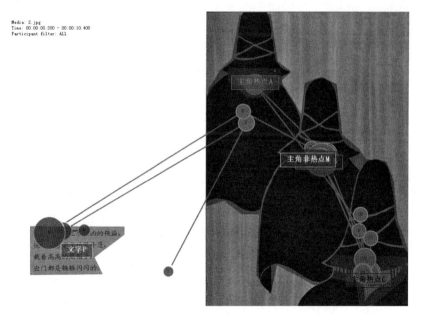

图 7.9　6 岁儿童（S137）在第 2 页上的眼动轨迹（OMPPPMBBMCBAMCBBCMC，压缩后的眼动注视轨迹 OMPMBMCBAMCBCMC）

注视,但是图画与文字之间的注视未能形成明显的联结,在文字上的注视没有规律,在儿童出现的典型注视轨迹中并未能包括有对文字兴趣区的关注,在注视轨迹上与没有文字注视的 4 岁儿童(研究六)相似;5 岁儿童在图画书上的注视表现出较为明显的往复型,儿童在对图画形成初步的循环注视的基础上开始关注文字,但对文字关注不系统也没有特定的模式;到了 6 岁的时候,儿童在图画中的信息区域上的图画注视表现出明显的循环式,儿童很早就开始关注文字,并开始出现从左到右的类文字阅读模式(以及文字上的回视),但在文字注视后,儿童仍然迅速回到图画中通过图画和文字之间的多次的来回注视来获取对故事的理解。

四、文字注视前后儿童的眼动注视轨迹

儿童在什么样的情况下开始注视文字,注视文字之后又呈现出什么样的图画书阅读注视特点? 为此,研究进一步对有文字注视儿童在文字注视前后的注视轨迹进行分析,结果见表 7.11。

表 7.11　文字注视前后儿童的眼动注视轨迹

年龄	文字注视前	文字注视后
4 岁	S14(MBAM)	S14(MCMAOMB)
	S37(OMBAO)	S37(BMBA)
	S53(MBAMBO)	S53(MOMAM)
5 岁	S59(OMABAOM)	S59(BOMA)
	S65(OMBABCMB1B)	S71(MBOB)
	S71(OMBAOMCBM);	S77(MOM)
	S77(MBMCMBCBMBABCMBO)	S83(MCBAMBMCBA)
	S83(MBAM)	S89(BMBMCMBAMBMOMA)
	S89(OAO)	S95(BCBCMAM)
	S95(MBMCBMBAO)	S101(BCO)
	S101(OA)	S107(OMCBMBMA)
	S107(OMBMO)	

年龄	文字注视前	文字注视后
6 岁	S119(M)	S131(MBMCMAMAM)
	S125(M)	S137(MBMCBAMCBAMC)
	S131(O)	S143(BABMCBMABMOM)
	S137(OM)	S149(BAMCBABMC)
	S143(OMB)	S155(MABC)
	S149(OMA)	S161(BMCBAMB)
	S155(OMBMABCBCABA)	S167(MB)
	S161(MB)	
	S167(MA)	
	S172(OMBCMBABCBAM)	

注：4 岁组 S43 和 5 岁组 S77 的第一个注视点是文字，不纳入分析

从表 7.11 可以发现，随着年龄的增长，儿童越来越早地关注到文字；在 6 岁时，儿童更加迅速地注视到文字。对所有儿童文字注视前的注视轨迹的相似性的分析结果发现，儿童在文字注视前的注视轨迹有着较高的相似性，相似性程度得分为 0.093，而文字注视后的注视轨迹差异较大，相似性程度仅为 0.210。对不同年龄段文字注视前后的注视轨迹的相似性程度的分析结果发现，4 岁儿童在文字注视前的注视轨迹相似性程度为 0.004，5 岁儿童的注视轨迹相似性程度为 0.089，6 岁儿童的注视轨迹相似性程度为 0.050。可见不同年龄阶段儿童在文字注视前的相似性都较高，尤其是 6 岁的时候，虽然被试量更大，但是相似性程度仍然较高。

对不同年龄阶段儿童文字注视后的注视轨迹的相似性程度的分析结果发现，4 岁儿童在文字注视后的注视轨迹的相似性程度为 0.024，5 岁儿童的注视轨迹相似性程度为 0.090，6 岁儿童的注视轨迹相似性程度为 0.121。可见随着年龄的增长，儿童在文字注视后的注视轨迹相似性程度不断降低，结合表 7.10 可以发现，随着年龄的增长，4 岁儿童往往把文字注视作为图画书阅读过程中最后才注视的物体或兴趣区，而在 6 岁的时候，在文字注视后儿童还注视了其他兴趣区，并且比 4 岁和 5 岁儿童有更多的注视。

根据米内（Mine，2007）的分类，对各个年龄阶段文字注视前后的眼动轨迹模式的分析可以发现，4 岁和 5 岁儿童在文字注视前表现出较多的循环型眼动轨迹模式，在文字注

视后表现为更多的往复型眼动轨迹模式。而到了6岁的时候,儿童在文字注视前的模式表现为既不是循环型也不是往复型,儿童直接在开始阅读时就关注文字了,在文字注视后主要表现为循环型眼动轨迹模式。

通过研究分析,本研究发现了有文字注视儿童在图画书独立阅读过程中注视轨迹三个方面的特点:(1)进一步证实了儿童图画书阅读过程中的图画优先效应,儿童往往先关注图画,主要关注图画。虽然儿童在图画书中有对文字的关注,但并不是以文字为优先阅读和主要阅读内容,儿童文字注视并没有改变儿童图画书阅读的基本特点。(2)随着年龄的增长,儿童对文字的关注程度不断提高。到6岁的时候,几乎所有儿童都会在阅读过程中关注文字,这种关注是儿童文字意识发展的途径和表现。从儿童文字注视的特点和模式来看,儿童并不是在寻找自己认识的字,而是在文字意识的驱动下形成图画信息和文字之间的联结,以及开始类文字的阅读(reading like,Roy,2007)。(3)有文字注视的儿童在图画书阅读的过程中,随着年龄的增长,儿童在图画书阅读过程中的眼动注视轨迹模式从往复型逐渐向循环型转变。从有文字阅读的儿童在第2页上的注视轨迹模式可以发现,5岁和6岁有文字注视的儿童在眼动注视模式上与儿童图画书阅读的注视轨迹模式没有大的差异,5岁主要为往复型,6岁时主要为循环型;但是4岁的时候,儿童图画书阅读注视轨迹模式主要为往复型,而在有文字注视的情况下,儿童的注视轨迹模式呈现为循环型。

结果发现,在文字注视前,4岁儿童更多地表现为往复型的注视轨迹模式;5岁的时候既有往复型,又有循环型;在6岁的时候,儿童在文字注视前的眼动注视轨迹模式,既不是往复型,也不是循环型,而是迅速并直接地开始关注文字。在文字注视之后,4岁儿童同样表现出了较为明显的往复型,而5岁儿童和6岁儿童在文字注视之后,既表现出往复型,也表现出循环型的注视轨迹模式;从两个文字注视之间儿童的阅读注视轨迹可以发现,5岁儿童更多地在两个文字注视点之间表现出往复型的注视眼动模式,而在6岁的时候,儿童在两个文字注视点回视之间表现出更明显的循环型的眼动注视轨迹模式。

纵观儿童在整个图画书独立阅读过程中的注视轨迹模式,结合儿童在文字注视前、中、后三个阶段的注视轨迹,我们同样可以认为,在有文字注视的情况下,4-6岁儿童在图画书独立阅读过程中,其眼动注视轨迹模式仍然表现出从往复型向循环型发展和转变的加工趋向,这种循环从最初的图画中的循环向包含文字和图画之间循环的方向发展。

第六节 汉语儿童在图画书阅读中发展早期文字意识

研究以 4 - 6 岁学前儿童为研究对象,以学前儿童最主要的阅读材料——图画书——为研究材料,采用眼动仪记录学前儿童在图画书阅读中的眼动注视,分析学前儿童图画书阅读中的注视特点及影响因素,探讨学前儿童图画书阅读中文字意识的加工过程。研究获得下列结论。

一、图画书阅读中的文字注视是学前儿童文字意识发展的表现

学前儿童的文字意识(Whitehurst,1998;Justice,2002,2005;Evans,2005,2010)是指儿童对有关文字功能、文字形式和文字规则的意识和知识。如果儿童拥有了逐步发展的文字意识,就必然在阅读过程中积极关注和探索文字。文字注视过程反映的是儿童图画书阅读过程中文字意识的加工过程,文字注视是儿童文字意识发展的表现(Justice,2002)。

文字注视是文字意识发展的表现在研究中得到了验证。通过对图画书阅读过程中儿童在文字与图画中主角上的视觉关注的发展进行比较后发现,儿童在 4 岁左右的时候,对图画中关键信息的获取能力发展到了较为成熟的水平,随着年龄的发展,对主角关注的次数和时间都在下降,但随着年龄的发展,儿童逐渐将文字视为与主角一样的关键信息,并在 6 岁时达到与关键信息基本持平的注视水平。这表明随着儿童年龄的增长,儿童的文字敏感性进一步提高,文字意识进一步增强,因此将文字视为关键信息,将更多的注意资源投入到文字上。

因此,文字注视是儿童文字意识发展的重要表现,儿童在图画书阅读过程中文字注视水平的高低直接反映了儿童文字意识发展水平的高低。这对儿童早期阅读能力的评

估提供了两个方面的启示：第一，在早期阅读教学活动中，可以通过观察儿童在图画书阅读过程中文字注视的水平来评估儿童文字意识发展的状况，了解儿童在阅读中关注了什么、关注的程度如何，从而根据儿童的发展状况进行有针对性的指导。第二，通过观察儿童在图画书阅读中文字注视的水平来评估儿童阅读困难或阅读障碍是一个可能的方向。有研究者（李秀红等，2007）发现，阅读困难儿童与正常儿童在图画和文字的阅读过程中有较大差异。而图画阅读能力和文字意识的发展在学前阶段就已经在迅速发展，因此我们可以在学前阶段通过评估儿童在图画书阅读中的阅读注视状况，从而评估和及早发现可能出现阅读困难或阅读障碍的儿童，在早期阅读中进行及早干预（Zurker，2009；Boudreau，2005；Cabell，2009）。

二、文字突显未能改变学前儿童文字注视的基本发展趋势

国外的研究（Gong，2007）发现，无论图画书中文字是否突显，儿童在图画书阅读过程中对文字的注视仍然非常少。已有的对阅读材料中文字突显程度对学前儿童文字注视影响的研究中，许多研究都是采用人为干预方式，如让文字高亮、跳动等，在阅读材料上改变了图画书本身的属性。本研究以儿童的独立阅读为研究情境，以自然形成的不同文字突显程度的图画书为阅读材料，分析了文字突显程度对儿童图画书阅读过程中文字注视的影响。结果发现，不同文字突显程度对文字注视次数比例有显著影响，但是对文字注视时间比例没有显著影响。回归分析结果发现，总体而言，文字突显程度相较于文字面积和儿童年龄，其对儿童文字注视的影响仍然有限。

从研究中我们可以得到两个方面的启示：第一，文字突显程度对儿童文字注视在5-6岁期间才能起作用。研究发现，在4岁时，文字突显程度对儿童的文字注视没有影响；在5-6岁时，文字突显程度对儿童的文字注视开始起作用。而这个时期也是学前儿童图画书阅读过程中文字注视发展的迅速发展期，因此在图画书出版和图画书阅读指导过程中，在阅读材料的选择上，可以考虑在5岁时开始选择具有文字突显程度的阅读材料，从而通过文字突显程度高的图画书阅读促进儿童文字意识的发展。第二，文字突显的同时也让图画尤其是图画的关键信息处于突显的地位。即使在最高的文字突显程度的图画书阅读材料上，儿童仍然在图画书的关键信息上给予了更多的注视时间和注视次数，而且随着文字突显程度的提高，儿童对关键信息的注视水平也更高。这再次提示我们，儿童在整个学前期的图画书阅读中都具有图画优先的特点，要在儿童图画、故事理解的

基础上发展儿童的文字意识。

三、从萌发到类文字阅读的文字意识发展阶段

从研究中可以发现,儿童对文字的注视随着年龄的增长不断提高,儿童逐渐将文字作为关键信息予以注视,5 岁是儿童文字注视发展的转折期。因此结合学前期儿童文字意识的构成,我们认为,学前儿童在图画书阅读过程中的文字意识发展可以划分为三个阶段。

阶段一:萌发阶段(emergent stage)。在这个阶段中,儿童在图画书独立阅读过程中,已经能意识到文字与图画之间的区别,初步形成了有关文字形式的意识,但未能意识到文字能够承载信息、文字和图画在信息承载功能上是分离的,文字功能意识还处于萌发阶段。此阶段在阅读过程中的眼动注视水平上表现为儿童很少关注文字符号。这个阶段往往在 4 岁儿童的阅读过程中体现得较为明显。

阶段二:探索阶段(experimental stage)。在这个阶段中,儿童开始形成文字功能的意识,知道文字能承载信息,并且逐渐意识到文字传递的是图画所表达的信息,但这种意识还不稳定。儿童在包括文字在内的信息之间的探索显得比较零乱,还未能主动通过图画意义的获取去建构文字的涵义。儿童在此阶段阅读过程中的眼动注视水平上表现为:在文字上的注视时间和注视次数逐渐增加,但没有规律;在图画注视尤其是图画的循环注视的基础上开始关注文字。这个阶段往往在 5 岁儿童的阅读过程中体现得较为明显。

阶段三:类文字阅读阶段(reading like stage)。在这个阶段中,儿童的文字敏感性进一步增强,儿童开始形成有关文字规则的意识,出现从左到右、从上到下的类文字阅读。儿童会首先从文字中努力去获得故事内容,在图画意义获得基础上去建构文字的涵义,并采用各种策略去猜测文字的发音和意义等,努力辨认自己认识的文字。此阶段在阅读过程中的眼动注视水平上表现为:儿童越来越早地关注文字,甚至在第一时间注视文字,在文字上的连续性注视增多,表现出类似文字阅读的眼动特征。在图画和文字之间的来回注视次数也更多。这个阶段在 6 岁儿童的图画书阅读过程中体现得较为明显。

与马查多等人(Machado et al.,2007)提出的文字意识的发展阶段相比,本研究提出的儿童文字意识发展阶段具有以下区别:(一)本研究提出的文字意识涵盖更多的文字意识的构成成分,在 Machado 等人的发展阶段,主要是对文字功能和文字(字母)再认的

发展过程的描述;(二)本研究提出的文字意识发展阶段从眼动研究的角度将发展阶段与年龄相结合,具有更强的针对性;(三)本研究提出的文字意识发展阶段聚焦于图画书阅读情境,图画书是儿童早期阅读活动的基本材料,因此教师和家长可以根据本研究所得出的文字意识发展阶段在儿童图画书阅读过程中进行有目的、有针对性的指导。

四、学前儿童图画书阅读中文字意识发展从"自上而下"到"交互式"的认知加工过程

眼动过程反映认知加工过程,眼动注视反映着儿童的表征加工,眼动注视轨迹模式反映着儿童的信息加工和不同媒介之间的转换过程。儿童在图画书独立阅读过程中呈现的"从图画到文字"的视觉关注特点反映着儿童在图画书阅读过程中的认知加工过程。这种认知加工过程具有什么样的规律? 本部分试图根据阅读的认知加工机制做进一步的探讨。

不管使用何种阅读材料,也不论是以文字为载体的文本为阅读对象,还是以图和文结合的图画书为阅读对象,所有的阅读都是为了从阅读中获取信息,进而理解文字、符号和图画所传达的意义。已有的对阅读认知加工过程的探讨,基本都是以学龄儿童或成人的阅读过程为研究对象,这些研究聚焦于文本阅读。在以往的研究和本研究中,我们都发现,儿童是一个优秀的"图画阅读者",儿童在阅读过程中会从图画中获得对故事内容的理解,而图画书中的文本所承载的也正是图画故事内容,因此,儿童在图画阅读上的理解与儿童对文字之间的关注之间的关系就类似于文本阅读中阅读理解与文字解码之间的关系。儿童在图画上的眼动反映的是儿童对图画的理解,在文字上的注视反映的是儿童的文字意识,因此分析儿童在图画书阅读过程中图画信息上的眼动与文字上的眼动之间的关系,可以发现儿童在儿童图画书阅读过程中文字意识发展的认知加工过程。本研究中关于儿童文字注视状况和图画书阅读注视轨迹的分析发现,4 岁时儿童很少甚至没有关注文字,直到 5 岁时儿童才开始较多地关注文字,因此,儿童文字意识虽然在 4 岁左右的时候开始萌芽,但是未能形成文字和自身故事理解之间的关系,儿童文字意识的发展从 5 岁开始有着较为明显的表现。总体来看,我们可以发现,5 岁时儿童文字意识的发展体现了"自上而下"的认知加工过程,而在 6 岁的时候儿童表现为"交互式"的认知加工过程。

5 岁时儿童的文字意识表现为"自上而下"的认知加工过程。从儿童在图画书阅读过

程中的注视轨迹和文字注视前后、文字回视间注视轨迹的分析中可以发现，儿童在图画书阅读过程中，往往首先关注图画，并且在文字注视前在图画上的注视轨迹往往为循环型的注视轨迹模式，这说明儿童是在对图画书中图画内容理解的基础上开始关注文字，试图通过文字的关注和阅读来验证自己对图画故事书的理解。但是由于5岁时，儿童文字习得水平不高，认识的汉字较少，因此，儿童会在文字注视（阅读）之后，又重新将注视转换到图画信息上，进一步从图画书中获取故事内容，故而在有文字回视之间的注视中，5岁儿童在文字回视间注视的信息区较多，表现为重复性的循环型注视模式。

6岁时儿童的文字意识表现为"交互式"的认知加工过程。在6岁儿童图画书独立阅读过程中，我们发现，有文字注视的儿童往往在图画书阅读过程中迅速就关注到了文字，儿童试图先从文本（文字）的阅读过程中来获取故事内容，进而将阅读注意转移到图画信息，并从图画中获得对自己文字阅读理解的验证，这类似于文本阅读中的"自下而上"的认知加工过程。但是在6岁时，有文字注视的儿童在文字回视间的注视信息区也表现为循环型的注视模式，说明儿童在文本阅读的基础上，需要通过图画阅读进一步获得对故事内容的理解，进而再次进行文本（文字）的阅读，以验证自己对故事内容理解的假设，这又是一种"自上而下"的认知加工过程。多次的文字注视之后，儿童继续通过注视图画来获取有关故事内容的补充信息。在两次甚至多次的文本（文字）与图画之间的循环型注视过程中，儿童获得了对故事内容更全面、更深入和更细致的理解，因此6岁儿童表现为明显的"交互式"认知加工过程。

第八章

汉语儿童早期
汉字识别与习得发展研究

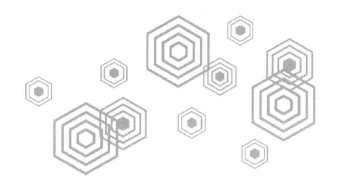

  阅读是学习的基础,是一个人未来从事各项工作的必备能力,是当今社会人们获得成功的基本条件。然而,长期以来我国社会文化情景中,有着对早期阅读教育的误解,把早期阅读简单地等同于认读文字,打着"早期阅读"的旗号对儿童进行"早期识字"教育。研究者需要回应:如果不刻意教学前儿童识字,他们会不会自己从周围环境中认识一些字? 在从不识字到识字的过程中,汉语儿童对文字的认识经历了什么?

  本章内容聚焦汉语儿童早期汉字识别与习得发展研究,试图用实证研究结果回答这些实践问题。

第一节　研究背景与研究设计

一、研究背景

要想成为一个好的阅读者,需要具备三个方面的技能:认读文字、理解语意、流畅阅读(周兢,2009)。认读文字是理解语意和流畅阅读的基础,在儿童从不会阅读到会阅读的过程中起着关键作用。但认读文字并非早期阅读的全部,对于 8 岁以前的儿童来说,其早期阅读能力的核心由三方面的能力构成:将口头语言与书面语言对应的能力、书面语言的视觉感知辨别能力以及成为流畅阅读者的策略准备(周兢,2009)。应该说,早期阅读是一项非常复杂的、需要多项认知参与的活动。

1. 英语儿童早期文字习得和文字概念的获得

国外的研究表明,随着城市环境中文字的大量增加,儿童很早就置身于有文字的环境中(Ferreiro,Teberosky,1979),一些城市儿童在进入学校之前就认识了一些文字。例如,很多北美 3 岁的儿童就已经能通过一些文字来辨别哪些快餐店是正在营业的(Smith,1984)。一些研究表明,3 - 4 岁时,幼儿已经能够在活动中猜测文字的意义,大约 60% 的 3 岁儿童和 80% 的 4 岁儿童已经能够阅读周围环境中经常接触到(如广告牌、路标和包装袋)的文字(Goodman,1986;Mason,1980)。

这种充满文字的环境使儿童对文字逐渐有了一些理解(Garton,Pratt,1989)。有研究表明,阿根廷的学前儿童在不识字的时候,就能够根据一定的标准来判断眼前的图形是否是可以读出来的文字,例如,最少要有三个字母,这三个字母不能是相同的(Ferreiro & Teberosky,1982)。还有研究表明(Nunes Carraher & Rego,1982),在儿童还不识字、不能读出单词的时候，就知道一个字母代表了某种音节。儿童对文字的理解，是在丰富的文字环境中随着年龄的增长而逐步发展起来的，Clay 把这种理解称为"文字概念（Concept about the print，1979）"。文字概念是对文字的形态和内在规则的理解，例如，知道英文是由一些字母构成，字母的排列有一定的规则，并与口头语言相对应以表达某种意义。

儿童的早期文字习得和对文字的早期理解（文字概念）为儿童日后的学习阅读提供了基础，并能够预测儿童的阅读发展（Ferreiro and Teberosky，1982；Nunes Carraher & Rego，1982；Meltzer & Herse，1969；Mickish，1974）。中国台湾的研究也表明，学前儿童的早期文字习得和文字概念的获得预测了儿童进入小学后阅读水平的差异（Yang，1990）。

我们将儿童在正式学习识字之前，这种在生活环境中自然萌发的、对文字的习得和文字概念的获得称之为"**前识字**"或"**识字准备**"。它是早期读写（emergent literacy）的重要组成部分，是儿童从不识字到识字的发展过程。其中，"前"或"准备"有两层含义：第一，是指儿童正式学习识字之前；第二，是指儿童的文字习得和文字概念的获得正在发展中，是正式学习识字的准备。需要指出的是，幼儿的前识字能力的获得并不主要表现为认读文字，而更多地表现为与口头语言能力密切相关的文字意识和文字辨别行为特征（周兢，2007）。

然而，汉字不同于拼音文字，有自己独特的构字方法。那么，汉语儿童是否与英语儿童一样，在日益丰富的文字环境中能自然习得一些汉字？能否掌握一些有关汉字的文字概念？这是本章中将要探讨的问题之一。

2. 汉字独特的构型特点

所有的英文单词都是由 26 个字母组成，英语儿童如果要识字，必须首先认识这 26 个字母，然后获得英文字母的组字规则（如字母的发音规则、字母排列的顺序规则等）。因此，字母在识字过程中起着重要作用，是识字的最小、最基本的单元。近年来，英文识字已经被证明是一个分析单词中字母和字母串的过程，英语儿童对英文的字形及其内部结构的理解随着年龄的增长而不断发展（Goswami & Bryant，1990；Treiman，1993）。而汉字最小的构字单元是笔画，笔画常常交叉联结在一起，因此面对一个汉字时很难一眼看出单独的笔画。所以笔画是汉字构字的重要单元，却并非认字的基本单元。这种特征使汉字曾经一度被认为是"图示文字"（logographic script；Lee，Stigler，n&

Stevenson，1986），汉字的学习也被认为是一个机械记忆的过程（Jackendoff，1993，p.139）。常用的汉字有三万多个，机械地记住三万多个相似的"图示"是非常困难的，因此汉字在国际语言学习中被认为是一种很难学习的文字。

然而，也有语言学家认为，尽管不同于拼音文字，汉字还是包含了一些构形的基本单元——部件（stroke-patterns）（Zhu，1987）。除独体字外，90％的汉字可以拆分成2－5个部件（Shu，2003）。而汉字的学习也并非靠机械记忆，而是包含了一个分析字形的过程。在这个过程中，部件起着重要作用（Chen，1993，1995；Flores d Arcais，1992，1995），有与英文字母一样的功能（Fang & Wu，1989；Chen，1993）。Allport（1995）和其他一些研究者（Peng，Li & Huang，1995，Cheng & Huang，1995）的研究均证明，同英语一样，成年的汉语阅读者识别汉字时有一个分析的过程，这种分析以部件为基本单元。

这种基本单元有着固定的形状，相对处在固定的位置上。若将它们放在错误的位置上，就违反了汉字的构型规则而被成人认为不是字（Chen，1993）。为了证明部件的位置信息在汉字识别中的作用，研究者于1993年用真、假、非字对成人进行研究，结果表明，辨别真、假、非字时，假字比非字的错误率高、反应时间更长。因此认为，部件的位置信息在汉字的识别过程中起着关键作用。而且，部件构成汉字时有一些特定的功能，它们既可作形旁又可作声旁（Zhu，1987）。成人阅读者遇到一个新字时，能够根据汉字的形旁了解字义（Flores d Arcais，1992；Chen，1993），根据声旁确定读音（Seidenberg，1985；Zhu，1987；Hue，1992）。

以部件为单元分析汉字，是更高效率的汉字识别方法，因为常用的汉字部件只有一千多个（Hoosain，1991），90％的汉字都是由这一千多个部件组合而成，这些部件在构成汉字时还有一定的规则。比起"记住"三万多个常用汉字，记住一千多个部件，然后根据规则的变化来识别和记忆汉字，显然更为轻松。如果能够掌握部件及其构字的规则，就可以帮助儿童更快地学习占汉字90％的合体字，这对其日后的汉字学习很重要（Shu，2005）。那么，汉语儿童能够获得有关部件组字规则的相关信息吗？

3. 对汉语儿童文字概念的研究

有研究者（Chan，1996）对香港儿童进行了深入研究，采用视觉辨别任务、真假非字任务、拼字任务及假字阅读任务测试了236名4－9岁的儿童，结果发现，儿童的汉字学习并不是简单的机械记忆的过程，而是包含了对汉字字形及部件功能的理解。4岁的儿童已可以正确分析出汉字的基本构字单元——部件，但不理解部件构字时的位置规则；而6

岁的儿童既能够正确以部件为单元分析汉字,又能将部件放在正确的位置上。4 岁和 5 岁的儿童还不能意识到形旁、声旁与汉字的读音及意义的联系;6 岁的儿童已经知道形旁与汉字意义的联系,9 岁的儿童能意识到声旁与汉字读音之间的联系。这说明,香港的学前儿童在认知汉字时,也能够以部件为单元分析汉字,并且理解一定的部件构字规则。

然而,对大陆儿童的研究却并未得出相同的结果。李虹、彭虹、舒华(2006)以 474 名幼儿园中、大班和小学一到三年级学生为研究对象,采用 70 个线条图、位置错误非字、部件错误非字、假字和真字为研究工具让儿童进行"是否为汉字"的判断,以探讨汉语儿童正字法意识的萌芽、发展及其与识字量之间的关系。结果发现,汉语儿童对汉字字形结构的理解是从无到有、逐步发展的:学龄前儿童随着年龄的增长,只能发展出对线条图的识别能力,对所有类似汉字的刺激材料,无论假字还是非字,都错误地认为是真字。这说明学前儿童还没有发展出真正意义上的正字法意识,不具备关于汉字部件位置合理性的认识,也不能识别出错误的部件,还处于正字法意识的初步萌芽状态。到了一年级,儿童才对汉字字形结构有了一定的理解,有了一定的部件意识和部件位置知识。

香港和大陆的研究结果不一致,可能有三个原因:第一,与大陆幼儿园的要求不同,香港儿童从进入幼儿园开始,就已经开始学习识字;第二,与大陆儿童识字时有拼音辅助不同,香港儿童学习识字前不学习拼音,因此对他们来说,对汉字的视觉分析就更为重要,因此他们的文字概念要好于大陆儿童;第三,研究工具的问题,李虹等人(2006)的研究是采用真假非字和线条图来进行的,这些研究对于学龄前儿童来说,若不能被充分理解,也有可能造成研究结果的差异。那么,汉语儿童何时能够获得对汉字部件及其构字规则的理解? 这种理解是习得的还是学得的? 是否与儿童的识字量有关?

通过对文献的梳理,我们认为下面两个问题有必要进一步深入研究:

> 问题 1:在正式学习识字之前,汉语儿童能否从日常环境中自然习得一些汉字?
> 问题 2:在正式学习识字之前,汉语儿童能否获得有关汉字的文字概念?

二、研究设计

为了解决上面的问题,我们设计了四个子研究,研究一的主要目的是了解汉语儿童自然习得汉字的情况,研究二、三、四的主要目的是了解汉语儿童文字概念掌握的情况。

1. 研究一：汉语儿童早期汉字习得状况研究

采用认字任务,探索在接受正式的识字指导之前学前儿童是否能够自然习得一些汉字。我们根据汉语沟通发展量表(Putonghua Communicative Development Inventory,PCDI),制作了一份测试儿童认字的材料,共 237 个汉字,要求儿童读出他们认识的字。之所以从汉语沟通发展量表(PCDI)中选取汉字,是因为这些汉字理论上来说是 3 岁以前儿童能够理解并能够用口头语言表达的。口头语言是书面语言的基础,在口头语言发展的基础上识别的文字对儿童来说才是有意义的。研究由一名研究者与一名儿童一对一进行。研究者请儿童坐到自己身边,给出以下指导语:“今天老师带来了很多字宝宝,请你看一看,你都认识谁,然后把它读给老师听。”测试中,研究者将测试材料一页一页翻给儿童看,请儿童读出自己认识的汉字。儿童每正确读出一个汉字计 1 分,最高分为237 分。

2. 研究二：汉语儿童对汉字的视觉分析研究

采用汉字分析任务,测试在正式学习识字之前学前儿童能否将汉字以部件为单位进行视觉分析。我们选取了 24 个不同部件数(1、2、3 个部件)的高频汉字来测试儿童。研究由一名研究者与一名儿童一对一进行。在进行正式测试前,研究者先用 1、2、3 部件的汉字各一个(干、林、碧)向儿童讲解任务规则,使儿童了解任务。然后给出以下指导语:“老师今天带来了很多字宝宝,请你看一看,然后告诉老师它们是几个好朋友在一起。”测试过程中,研究者将测试材料一页一页地翻给儿童看,请儿童报告出每一个测试字的部件数。为了避免儿童口头语言表达的限制,研究为儿童提供几块形状相同的小块积木,请儿童通过摆放积木报告汉字的部件数目。24 个测试字中,前 6 个用于使儿童熟悉任务,不计入成绩。其余 18 个汉字,儿童每正确数出一个汉字的部件数计 1 分,最高分为18 分。

3. 研究三：汉语儿童对汉字部件位置规则理解的研究

采用拼字任务,以探讨汉语学前儿童是否理解有关汉字部件在构成汉字时的位置规则。研究选取了五个高频部件“扌”“宀”“灬”“又”“正”,将其印在透明的胶片上。这五个部件中有三个在构成汉字时是处在固定位置的:“扌”在左,“宀”在上,“灬”在下;另外两个在构成汉字时所处的位置是相对灵活的："又"和"正"在构成汉字时可以放在左、右、下的位置。任意两个部件的组合都是不是真字。测试由一名研究者与一名儿童一对一进行，研究者先将"又"摆放好，给出以下指导语："今天老师带来了一些卡片，请你来试用这些卡片来组成一个字宝宝。请你看一看，这个（"扌""宀""灬""正"）应该放在它的（"又"）上边、下边、左边还是右边呢？"然后研究者依次将"扌""宀""灬""正"呈现给儿童。为了避免口语理解的影响，研究者每呈现一个部件时都根据指导语分别将这个部件放在"又"的上、下、左、右让儿童观察之后再做出选择。考虑到年幼儿童小肌肉动作发展还不够成熟和精确，儿童做出选择后，由研究者来摆放。第一个呈现给儿童的"又"不计入成绩。儿童每正确放置一个部件得 1 分，最高分为 4 分。

4. 研究四：汉语儿童对汉字部件的视觉记忆和辨识研究

采用记忆和辨识任务，测试学前儿童能否记住部件并将其在新字中辨识出来。研究选取了 12 个 3-4 画的高频部件，每 3 个一组，共 4 组。儿童需要记住这 4 组部件并分别从 40 个假字（12 个包含有目标部件的假字，28 个干扰假字）中将这些部件辨识出来。假字是符合汉字的构形规则，但现代汉字中不曾使用的字，使用假字是为了避免儿童认识某些字从而对研究结果产生影响。研究由一名研究者与一名儿童一对一进行，在正式施测前，研究者先举例向儿童讲解任务规则，然后给出以下指导语："我们今天来玩一个捉迷藏的游戏。老师带来了一些字宝宝，请你先看一看，然后记住这些字宝宝长什么样子。老师会把它们藏在其他的字宝宝里面。等一下你来找出来它们藏在哪里，好吗？"测试过程中，研究者先拿出一张部件卡，引导儿童记忆后请儿童观察 10 秒，接着收起部件卡。然后拿出一张测试纸，请儿童指出含有目标部件的假字。为了避免儿童过度疲劳和有挫败感，如果儿童在 10 秒内找不出来，就请儿童再次看部件卡 3-5 秒再找出。如果儿童第一次看过部件后就在假字中正确找出，则每个部件计 2 分；如果再看一次才能记住并找出某个部件，计 1 分。本研究最高分为 24 分。

研究从上海市 5 所一级幼儿园选取研究对象，所选择幼儿园均没有专设的识字教育课程。在征得幼儿园的同意后，我们从中选择符合以下条件的幼儿：第一，数据收取时，儿童年龄为 48 个月、60 个月和 72 个月（前后可以有一个月的浮动）；第二，家长学历为大专或本科以上；第三，所选儿童均为没有学习困难、没有听说语言障碍、没有视力问题的正常发展儿童。

我们向符合条件的儿童的家长发放了《研究知情同意书》，把获得家长同意的儿童最终确定为我们的研究对象。研究预计选取 4 岁、5 岁和 6 岁儿童各 40 名,男女各半。历经三个月的资料收取,我们最终获得数据 127 份,分别为:4 岁组儿童 41 名,年龄跨度为 47 到 49 个月;5 岁组儿童 44 名,年龄跨度为 59 到 61 个月;6 岁组儿童 42 名,年龄跨度为 71 到 73 个月。被试情况如表 8.1 所示。四个研究均有个别无效数据,数据分析采用缺失值分析方法对无效数据进行处理。

表 8.1　被试基本情况表

年龄组	人数	性别 (男\女)	年龄（月）	平均年龄 （月）	选取的幼儿 园个数
4 岁组	41	20\21	47 – 49	47.95	5
5 岁组	44	24\20	59 – 61	60.15	5
6 岁组	42	22\20	71 – 73	72.43	5

第二节　汉语儿童早期汉字习得状况

国外的研究表明，儿童在正式进入学校学习识字之前，就已经习得了一些文字，大约 60％的 3 岁儿童和 80％的 4 岁儿童已经能够阅读周围环境中经常接触到（如广告牌、路标和包装袋）的文字（Goodman，1986；Mason，1980）。那么，汉语儿童在正式学习识字之前，是否能够认读一些汉字呢？在 127 份数据中，我们将被试识字得分转换成 Z 分数，剔除掉了 3 个标准差以外的极端值，留下了 110 份数据进行分析，结果分析得到了以下研究结果。

一、汉语学前儿童能够自然习得一些汉字

在 110 份有效数据中，儿童得分最低为 0 分，最高为 210 分，4 - 6 岁儿童的平均得分为 63.66 分。如表 8.2 所示，4 岁儿童最低分为 0 分，最高分为 46 分；5 岁儿童最低分为 2 分，最高分为 152 分；6 岁儿童最低分为 5 分，最高分为 210 分。4 岁儿童平均识字量约为 14 个，5 岁平均识字量约为 58 个，6 岁儿童的平均识字量大约可以达到 116 个。这说

表 8.2　各年龄组儿童早期识字测试成绩基本情况表

年龄	数据数量	最低分	最高分	平均分	标准差
4 岁组	36	0.00	46.00	14.22	13.10
5 岁组	36	2.00	152.00	57.58	37.79
6 岁组	38	5.00	210.00	116.26	53.99
共计	110	0.00	210.00	63.66	57.33

明,尽管还没有接受识字教学,汉语儿童还是可以从周围环境中自然习得一些汉字,并且其识字数量随着年龄的增长而逐渐提高。其中,6岁组中得分最高的(210分)儿童可以认读材料中近88%的汉字。

单因素方差分析显示,各年龄组儿童认字成绩的年龄主效应显著($F_{(2,107)}=63.50$,$p=0.00$)。LSD多重检验结果显示,各年龄组儿童的成绩差异均极显著($p=0.00$)。这说明随着年龄的增长,汉语学前儿童自然习得汉字的数量每年都在大幅增加。从表8.2中还可以看出,随着识字数量的增加,4~6岁儿童成绩的标准差也在增大,这说明随着儿童年龄的增长,识字数量的差距也在增大。

二、儿童早期习得的汉字多为笔画简单的独体字

我们已经了解到,汉语儿童在正式学习识字之前,已经从周围环境中自然习得了一些汉字,并且随着儿童年龄的增长,习得汉字的数量越来越多。那么,儿童早期习得的这些汉字,都是些什么字? 这些字是否具有某些共同的特征? 我们将儿童认识人数过半的字挑选出来(表8.3),进一步分析。

表8.3 认识人数过半的字

项目	笔画数	部件数	认识人数	项目	笔画数	部件数	认识人数
小	3	1	95	牛	4	1	67
上	3	1	92	奶	6	2	66
人	2	1	92	马	3	1	66
一	1	1	89	多	6	2	66
口	3	1	87	车	4	1	65
下	3	1	85	鱼	8	1	64
二	2	1	85	个	3	1	63
中	4	1	82	我	7	1	62
爸	8	2	81	不	4	1	61
天	4	1	80	木	4	1	61
子	3	1	76	心	4	1	61
门	3	1	76	老	6	1	59

项目	笔画数	部件数	认识人数	项目	笔画数	部件数	认识人数
水	4	1	75	白	5	1	58
飞	3	1	74	云	4	1	58
妈	6	2	73	少	4	1	58
爷	6	2	72	兔	8	1	56
头	5	1	71	国	8	1	56
儿	2	1	71	哥	10	1	55
手	4	1	68	狗	8	2	55
花	7	3	68	电	5	1	55

　　研究材料237个测试字的平均笔画为数为8.11。237个汉字中独体字有77个,占全部测试项目的32％,合体字有160个,占全部测试项目的68％。

　　常用汉字中,合体字占到了90％(Zhu, 1987),尽管本研究的测试材料中独体字的比例已经很高(32％),但在儿童认识人数过半的40个字中,独体字占到了82％之多(图8.1),远远超出了常用汉字中独体字的比例。另外,在40个儿童认识人数过半的字中,笔画相对简单的字较多,40个字的平均笔画数只有4.68,远不及测试材料中所有汉字的平均笔画数(8.11)(图8.2)。

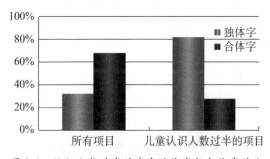

图8.1　认识人数过半的字中独体字与合体字的比例比较图

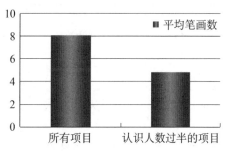

图8.2　认识人数过半的字的平均笔画数与所有字的平均笔画数比较图

三、随着年龄的增长,儿童认识的汉字越来越多,也越来越复杂

　　随着年龄的增长,儿童认识的汉字越来越多,我们进一步对各年龄组认识人数过半

的汉字进行了分析(表8.4),发现4岁儿童认识人数过半的字只有7个,而5岁儿童认识人数过半的字有49个。到了6岁,认识人数过半的字就有117个,其中,认识人数超过30个的字就有36个(表8.4)。

表8.4 不同年龄儿童认识人数过半的字

字(认识人数)		
4岁	5岁	6岁
	小(33)上(32)一(31)爸(31)口(30)下(30)天(30)人(29)二(29)中(29)飞(28)门(27)子(27)水(27)头(27)手(27)儿(26)多(26)花(25)奶(25)不(25)妈(24)爷(24)我(24)牛(24)车(24)个(24)心(23)木(22)鱼(22)云(22)狗(21)老(21)马(20)兔(20)哥(20)早(20)少(19)白(19)国(19)家(19)猫(18)西(18)果(18)你(18)宝(18)了(18)园(18)肉(18)	上(37)一(37)口(37)二(37)小(36)天(36)人(36)中(36)子(36)儿(36)下(35)飞(35)门(35)水(35)花(35)牛(35)爸(34)头(34)手(34)妈(34)车(34)心(34)鱼(34)老(34)马(34)白(34)国(34)生(34)多(33)奶(33)不(33)爷(33)个(33)云(33)园(33)电(33)宝(32)美(32)兔(31)哥(31)少(31)西(31)东(31)好(31)友(31)面(31)耳(31)木(30)家(30)了(30)的(30)我(29)狗(29)早(29)猫(29)幼(29)吃(29)气(29)师(29)可(29)龙(28)朋(28)果(27)来(27)里(27)坐(27)豆(27)茶(27)你(26)鸟(26)弟(26)有(26)鸭(26)树(26)肉(25)走(25)妹(25)看(25)们(25)灯(25)衣(24)姐(24)打(24)干(23)鸡(23)香(23)卡(23)阿(23)饭(23)前(23)空(23)晚(23)游(23)孩(22)球(22)蛋(22)动(22)亮(21)玩(21)在(21)鼻(20)发(20)机(20)床(20)请(20)泳(20)外(19)真(19)用(19)喝(19)问(19)全(19)钟(19)物(19)表(19)
人(27)		
小(26)		
上(23)		
一(21)		
口(20)		
下(20)		
二(19)		

汉语儿童早期习得的汉字复杂程度也在提高。如图8.3和8.4,4岁儿童认识人数

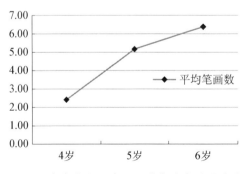

图8.3 各年龄组儿童认识过半的字的平均笔画数图

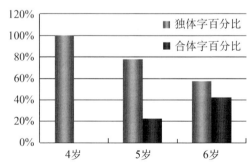

图8.4 各年龄组儿童认识人数过半的字中独体字与合体字的比例图

过半的 7 个字全部都是独体字,且笔画均不超过 3 画;5 岁儿童开始认识一些复合结构的字,其认识人数过半的字中,78％的字为独体字,22％的字已为合体字,字的平均笔画为 5.16 画。而在 6 岁儿童认识人数过半的字中,有 43％的字都是合体字,平均笔画为 6.39 画。

四、儿童早期习得的汉字与口语密切相关

通过对儿童认识人数过半的汉字进行分析,我们发现,除了一些笔画简单的独体字以外,儿童早期习得的汉字还有一类,那就是与口语密切相关的汉字。例如,"爸"有 85 名儿童认识,"妈"有 73 名儿童认识,"爷""奶""花""狗"等字,均为与儿童日常生活关系极为密切的、口头语言经常使用的文字。

为了进一步了解儿童早期习得汉字与口语之间的关系,我们将儿童早期汉字习得与课题组收集的 PPVT 数据进行了相关分析。PPVT(皮博迪图片词汇测验)最初是用于测量发声有困难的人及聋人的词汇使用能力的,由美国心理学家 L. M. 邓恩于 1965 年发表,目前广泛用于学前儿童词汇量的测试。测试由 150 张黑白图片组成,每组 4 幅图画,当主试说出一个词时,要求儿童指出与所说词汇对应的图片。该测试操作方便,目前常用于测查学前儿童的词汇理解能力,其成绩代表了儿童可以理解的口语词汇量。

相关分析的结果表明,儿童早期汉字习得的成绩与 PPVT 测验成绩呈显著的正相关(r=0.612)。这说明,儿童早期汉字的习得与儿童口头语言的发展密切相关,证实了儿童对书面语言的学习是建立在口头语言基础上的。

第三节　汉语儿童文字概念的获得

我们已经了解到,汉语儿童在正式进入小学学习识字之前,就已经从日常生活中习得了一些汉字。那么,他们是否像国外的儿童一样,也获得了一些文字概念?为了解决这个问题,我们共设计了三个研究,用汉字分析任务、拼字任务和记忆辨识任务分别探索4-6岁儿童以部件为单元对汉字进行解构的能力、对汉字部件位置规则的理解及从视觉上辨别和再认汉字部件的能力。

一、4岁儿童已初步具备以部件为单元解构汉字的能力

汉字分析任务满分为18分。从表8.5中可以看出,在汉字分析任务中,儿童最低得分为0分,最高为满分18分,4-6岁儿童的平均成绩为14.20分。4岁组儿童的成绩已经比较好(平均得分11.68分),但是组内差异也较大(SD=4.44),有个别得0分的儿童,但已有儿童可以几乎获得满分(17.00分)。大部分4岁儿童(70%)已经能够以部件为单元对汉字进行拆分。这说明,从4岁开始,儿童已经初步具备以部件为单元对汉字进行解构的能力。

表8.5　各年龄组儿童对汉字视觉分析测试成绩基本情况表

年龄	数据数量	最小值	最大值	平均数	标准差
4岁组	41	0.00	17.00	11.68	4.44
5岁组	40	12.00	18.00	15.28	1.47
6岁组	42	12.00	18.00	15.64	1.61
共计	123	0.00	18.00	14.20	3.35

5岁和6岁儿童的成绩已经相当高,能够以部件为单元对汉字进行拆分的分别占84%和94%。5岁组和6岁组平均得分差别不大,分别为15.28分和15.64分,标准差也较小(5岁组1.47,6岁组1.61)。尽管如此,与5岁组相比,6岁儿童得高分(17、18分)的人还是比5岁儿童多(5岁组:13%;6岁组:33%)。这说明,尽管5岁组与6岁组儿童之间的成绩没有显著差异,但6岁组儿童对汉字的视觉分析更为成熟。

单因素方差分析结果显示,儿童汉字分析任务成绩的年龄主效应显著($F_{(2,360)}$ = 33.40,p=0.00),LSD多重检验结果表明,4岁组与5岁组儿童汉字分析任务成绩的差异极显著(p=0.00),5岁组与6岁组儿童的成绩差异不显著。这说明4-5岁,儿童对汉字的视觉分析能力迅速发展,5岁以后,大部分儿童已经能够熟练地以部件为单元对汉字进行视觉分析。

二、4-6岁儿童对汉字部件构字规则的理解逐渐发展成熟

汉字部件的构字中的一个重要的、基础的规则是部件的位置规则,某些部件在构成汉字时,是有固定位置的,如"扌"只能放在左边;如果将其放在其他的位置,那么就违反了汉字的规则而被成人认为不是汉字(Chen, 1993)。很多研究(Chan & Nunes, 1998; Cheng & Huang, 1995; Lu & Jackson, 1993; Shu & Anderson, 1999; Chan, 1996)表明,小学一年级的儿童已基本理解了汉字部件的位置规则,甚至香港5岁的儿童已经能够使用汉字部件的位置规则来判断一个图形是否是汉字。那么,在正式学习识字之前,汉语儿童能否在与环境的互动中掌握部件的位置规则? 我们用拼字任务,要求儿童依次用五个部件(又、扌、宀、灬、正)拼一个字。第一个部件不计分,后面4个部件每拼对一个计1分,最高分4分。

表8.6 各年龄组儿童拼字任务得分基本情况表

年龄	数据数量	最小值	最大值	平均数	标准差
4岁组	36	0.00	2.00	0.47	0.70
5岁组	43	0.00	4.00	2.84	1.40
6岁组	40	2.00	4.00	3.53	0.68
共计	125	0.00	4.00	2.35	1.62

研究发现,在 125 个有效数据中,儿童的成绩最低为 0 分,最高为满分 4 分,4－6 岁儿童的平均成绩为 2.35 分。4 岁儿童的平均得分只有 0.47 分,而 5 岁组儿童的平均得分就有 2.84 分,6 岁组儿童的平均得分(3.53 分)已接近满分。这说明,在接受正式的识字教学之前,汉语学前儿童对汉字部件位置规则的理解已经得到了发展。

单因素方差分析(One-Way ANOVA)结果显示,研究中儿童成绩的年龄主效应显著($F_{(2,116)}$＝95.520,p＝0.00)。LSD 多重检验结果显示,各年龄组儿童的成绩差异均显著(p＜0.05)。这说明从 4 岁到 6 岁,汉语学前儿童对汉字部件位置规则的理解随着年龄的增长而不断发展。相比之下,5 岁组儿童成绩的组内差异最大,这说明汉语学前儿童对部件位置规则的理解在 5 岁前后发展最快。

三、5－6 岁的儿童已充分认识到汉字的方形结构

不同于拼音文字由字母从左到右或从右到左的线形排列结构,汉字是方形结构,无论它的部件有多少,都要求这个汉字书写出来是一个四边形的方块(张旺熹,1990),这是汉字不同于其他拼音文字的一个显著特征。在拼字任务中,4－6 岁儿童用实验者依次给的五个部件(又、扌、宀、灬、正)拼一个字时,出现了三种主要的形状:线形、十字形和方形。线形就是儿童将部件依次从左到右、从右到左或从上到下排列成一条线;十字形就是儿童将部件分别放在"又"的上、下、左、右的位置而呈十字形(图 8.5)。

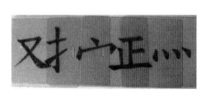　　　　

　　　(1) 线形　　　　　　　　(2) 十字形　　　　　　　(3) 方形

图 8.5　4－6 岁儿童拼出字的形状举例

研究结果显示(图 8.6),将汉字拼成线形和十字形的儿童人数随着年龄的增加逐渐减少。而将汉字拼成方形的人数随着年龄的增加而明显增多,4 岁组将汉字拼成线形、十字形及其他形状的儿童人数较多,只有 14％的儿童将部件组合成一个方形的汉字;到了 5 岁,84％的儿童都将汉字拼成了方形结构;而几乎全部(98％)的 6 岁儿童都将汉字拼成

了方形。由此可见,大部分4岁儿童还未能理解汉字是方形的;到5岁时,儿童已经开始认识到汉字是方形结构;到了6岁,绝大多数儿童都已掌握了这一规则。

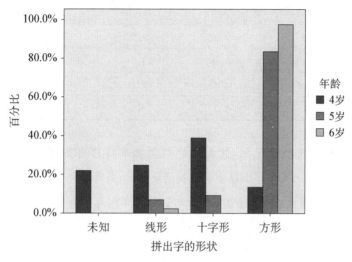

图8.6　各年龄组儿童拼出各种形状字的百分比

4岁儿童拼出十字形的人数较多,可能是跟着研究者的指导语(请你看看,这个应该放在"又"的上边、下边、左边还是右边呢?)做出的随机选择。

四、4—6岁儿童对汉字部件的记忆和辨识能力逐渐提高

当一个部件出现在新的汉字中时,儿童能否辨认出这个部件并在新字中识别出来?如果儿童能够做到这一点,就能够利用部件学习新字,大大提高识字的效率。我们用部件辨识任务,选取了12个高频部件并将其"隐藏"在40个假字中,看4—6岁的儿童能否辨识出这些部件,满分24分。

结果发现,在125个有效数据中,儿童的成绩最低为0分,最高为满分24分,4—6岁儿童的平均成绩为13.63分。随着年龄的增长,儿童的平均成绩在逐渐提高,4岁组儿童的平均得分为8.41分,5岁组儿童的平均得分为13.86分,6岁组儿童的平均得分已达到18.73分。相比之下,5岁组儿童成绩的组内差异最大,4岁组儿童其次,6岁组儿童成绩的组内差异最小。因此,对于4—6岁儿童来说,其对汉字部件的辨识能力在5岁时提

高最快(表8.7)。

表8.7　各年龄组儿童辨识汉字部件得分的基本情况表

年龄	数据数量	最小值	最大值	平均数	标准差
4 岁组	41	0.00	21.00	8.41	4.25
5 岁组	44	4.00	24.00	13.86	5.87
6 岁组	40	11.00	24.00	18.73	3.08
共计	125	0.00	24.00	13.63	6.17

单因素方差分析结果显示,儿童记忆和辨识部件任务成绩的年龄主效应显著($F_{(2,244)}=72.280$，$p=0.00$)。LSD多重检验结果显示,各年龄组儿童成绩的差异均极显著($p=0.00$)。这说明从4岁到6岁,汉语儿童对汉字部件的视觉记忆和辨识水平随着年龄的增长不断提高。

研究材料中部件卡共有4页,每页3个部件。儿童被要求一次记住这3个部件,并从10个假字中将其辨识出来。研究中,并非所有儿童都能一次记住这么多部件。4岁儿童能够将一次三个部件都辨识出来的只有11%。到了5岁,已有40%左右的儿童能够记住并辨识出每页所有的3个部件。到了6岁,能够一次记住并辨识出3个部件的儿童已有68%左右。这说明随着儿童年龄的增长,其对汉字部件的工作记忆容量也在增加。

五、汉语儿童认识汉字是一个"从图到文"的过程

通过对儿童在三项文字概念测试中的表现,我们认为,4-6岁儿童认知汉字的发展过程是一个"从图到文"的过程。

首先,在汉字分析任务中,4-6岁儿童出现了一些错误,在解构汉字时有的像分析图画一样按"头"分析(例如,某被试报告"才"有5个部分组成,分别是5个"头"),有的按物理距离分析(例如,某被试报告"然"由7个部分组成,上面两个,五个点各占一个)等。

其次,在拼字任务中,4岁儿童还不能理解汉字部件在构字时的位置规则,对于他们来说,不论是汉字还是部件,都与图画一样,用形状表达了某种意义。例如,一个四岁的儿童用五个部件组成了如图8.7(1)的形状,说"这样字就变成了两个翅膀的宇宙飞船"。而5岁的儿童已经对汉字部件的位置规则有了一定的理解,只是这种理解不够精准,常

将视觉上相似的部件混淆。如一个名字中有"泽"字的五岁儿童,将"灬"作三点水放在左边,"扌"作"キ"放在下边,然后告诉研究者:"这是我的名字,这个字是泽(图8.7(2))。"如此可见,汉字部件的视觉相似程度影响了儿童对汉字部件位置规则的理解。大部分6岁儿童已经能够将这些部件快速而准确地放置在正确的位置,受字形的干扰越来越少。

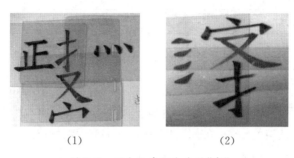

(1)   (2)

图8.7 两个儿童组合出的"字"

第三,研究中,儿童拼出的"文字"出现了多种多样的错误,如非方形结构、置向错误(将部件倒着放或躺着放)和相对位置错误。这些错误表明,4岁儿童还不理解汉字部件的位置规则。从5岁开始,儿童逐渐开始理解了一些汉字部件的位置规则,但这种理解是一种粗略的理解,常会受到形状相似部件的影响。这说明儿童最初接触汉字时,大多是从视觉上记住了字形,是一种"图像认知"。到了6岁,儿童在拼字任务中受部件形状的影响越来越少,渐渐开始了对汉字的"文字认知"。

六、汉语儿童早期文字概念的获得与文字习得的关系

国内外已有大量的研究表明,文字概念的获得显著影响了儿童入学后阅读学习的成绩。我们对儿童文字概念测验的成绩与识字成绩二者进行了相关分析。结果发现,汉语学前儿童文字概念测验的成绩与其早期汉字习得成绩呈显著的正相关。其中,从视觉上记忆和辨识部件、对汉字部件位置规则的理解与早期汉字习得测试成绩的相关系数分别为0.739和0.646,相关均极显著($p<0.001$);以部件为单元对汉字视觉分析与早期汉字习得成绩的相关虽然显著($p<0.01$),但相关系数仅为0.301(表8.8)。

我们进一步分析了各年龄组这三种视觉认知与早期汉字习得成绩之间的相关。如表8.9所示,4岁组儿童的文字概念与其早期汉字习得成绩之间的相关都不显著;汉字分

表8.8 所有儿童对汉字的视觉分析、汉字部件的记忆和识别、部件位置知识、
儿童早期汉字习得成绩之间的整体相关系数(r)

	1	2	3	4
1 早期汉字习得测试(用 PCDI)成绩				
2 对汉字的视觉分析	0.301*			
3 对部件的记忆和识别	0.739**	0.280*		
4 部件位置知识	0.646**	0.368**	0.556**	

注: $p < 0.01$, **: $p < 0.001$

析测验的成绩在各年龄组与识字量的相关均不显著;对部件位置规则的理解与识字量只在 5 岁组呈显著的正相关($p < 0.05$)。只有辨识汉字部件与早期汉字习得成绩在 5 岁组和 6 岁组都呈显著的正相关($p < 0.01$)(表 8.9)。

表8.9 各年龄组儿童对汉字部件的理解及其与早期汉字习得成绩之间的相关系数

4 岁组	1	2	3	4
1 早期汉字习得测试(用 PCDI)成绩				
2 对汉字的视觉分析	0.040			
3 对部件的记忆和识别	0.030	0.040		
4 部件位置知识	0.260	0.190	0.200	
5 岁组	1	2	3	4
1 早期汉字习得测试(用 PCDI)成绩				
2 对汉字的视觉分析	0.130			
3 对部件的记忆和识别	0.560**	−0.030		
4 部件位置知识	0.420*	0.040	0.150	
6 岁组	1	2	3	4
1 早期汉字习得测试(用 PCDI)成绩				
2 对汉字的视觉分析	−0.130			
3 对部件的记忆和识别	0.570**	−0.050		
4 部件位置知识	−0.090	0.030	0.180	

注: $p < 0.05$, **: $p < 0.01$

这种结果的出现,很可能是因为对于学前儿童来说,文字概念和识字量均是随年龄的发展而发展,二者还没有产生交集。文字概念的获得,对于儿童下一步"学得"汉字很关键,但对"习得"汉字影响并不明显。在我们研究的儿童中,确实出现了一些文字概念得分很高、识字量很少的孩子,也有识字数量很多、文字概念得分不高的孩子。那么究竟是识字量多的孩子进入小学后的语文及其他科目学业成绩更好,还是文字概念好的孩子发展得更好,还需要进一步的研究。

第四节　促进汉语儿童前识字发展的教育建议

本研究所选取的研究对象,均没有接受过正式的识字教学。他们所在的幼儿园,没有开设有关识字、拼音的课程。然而,在这种情况下,儿童并非一字不识,他们通过与周围环境的互动,习得了一定数量的汉字,而且随着年龄的增长,他们习得的汉字越来越多。这与国外的研究结果是一致的。当今城市生活中充斥着各种各样的文字,广告牌、包装袋、各种数字媒体上都有大量的文字,在这种情况下,儿童很早就意识到文字这种二维的视觉符号代表了某种含义、传递着某种信息。通过日常生活与这些文字的互动,儿童渐渐理解了一些文字所代表的含义,并将其与口头语言对应起来。基于这个研究的结果,我们提出促进汉语儿童前识字的教育建议。

一、认识汉语儿童前识字发展的阶段

我们已经知道,汉语儿童早期能够从日常生活和阅读中自然习得一些汉字,并对文字概念有了一定的理解。那么,汉语儿童前识字的发展究竟是怎样的过程?

弗里思(Frith)把英语儿童的文字认知分成了三个阶段。第一阶段为图形阶段(logographic)。此时,儿童并不能将字形与字音对应起来,他们在读词时,只能运用一部分形状的信息。例如,儿童会认为 policeman 和 children 没有什么区别,因为它们都很长(Seymour & Elder,1986)。一旦他们熟悉的词的形状发生变化(如,字体),儿童就不再认识这个单词了。第二阶段是字母阶段(alphabetic)。此阶段,儿童根据形-音对应规则,通过读出单词的读音来识别单词。第三阶段是准确识别阶段(orthographic)。此时儿童可根据由字母组成的字符串来识别单词。他们以有意义的字符串为单元分析单词,而不必通过语音转录。

有研究者(Chan,1996)根据对香港儿童的研究,提出了汉语儿童文字认知的阶段:第一阶段,儿童认识少量的汉字,但还不理解汉字构形规则;第二阶段,儿童对汉字构形有了初步的理解,但这种理解很"初步",儿童常会混淆部件构字时的位置规则及其功能;第三阶段,儿童已经掌握了汉字的构形规则,如汉字的形状和部件的位置规则;第四阶段,理解汉字部件的位置和功能之间的关系,例如,部件做形旁时大多是表意,作声旁时则与汉字的意义无关;第五阶段,理解了汉字部件的构字规则和功能。

根据本研究的结果,我们认为汉语儿童前识字的发展与英语儿童和香港儿童相似,一般经历以下几个阶段:

1. 图形认知阶段(4岁以前)

此阶段,儿童能够认识少量汉字,但这些汉字是儿童通过机械记忆记住的,他们并没有理解汉字的内部结构。此时,儿童把汉字当成一个一个完整的、由若干线条组成的"图形"来识记,他们认字时就是一种照相机似的认读,是一种基于图象对象的"整体模式识别"(井深大,1986)。本研究中,绝大部分4岁儿童都能够认识一些汉字,但绝大部分都是视觉上很简单的独体字。他们在对汉字视觉分析时,常常会以"头"、整字或笔画组合之间的物理距离作为分析的单元,每次只能记住少量的部件,还常把相似的部件混淆。此时儿童还不知道一些部件在构字时是处在固定位置的,当被要求用一些部件拼字时,大部分儿童拼出的字都不是方形,还有一部分儿童用这些部件拼成了一幅图画。

有研究者(Chan,1990)也发现,当不知道怎么写某个字时,汉语学前儿童会"画"出这个字。如当被要求写"屋"时,一些儿童会画一个有屋顶、门和窗户的房子;在书写"大象"时,会画出大象长长的鼻子。这是由于儿童认为图片也能够传达意义,加之汉字的确有一些象形字,使得儿童可能认为汉字是表示事物的象形图片。也就是说,尽管幼儿能够区分图画和文字,其对文字的理解很大程度上仍然受图画的影响。这同英语儿童识字发展的初期一样,儿童认为文字是呈现事物的另一种方式,如文字的大小表示了人年龄的大小,更长的单词代表了更大的物体等(Ferreiro & Teberosky,1982)。

2. 粗略理解阶段(4-5岁)

此阶段,儿童开始对汉字及其构形有了一定的理解,如汉字是方块字,由一些笔画组成;儿童能够以笔画或部件为单元对汉字视觉分析;能够粗略地认知部件所处的位置,但常常混淆形状相似的部件;此时,儿童已发展出了一些策略(如象形)来帮助其记忆和辨识部件。

研究中,大部分 5 岁儿童已经能够以部件来对汉字视觉分析,并且能够运用一定的策略记忆部件,例如当研究者要求一个 5 岁的女孩记住每页的三个部件时,她说"我要摸一摸才能记得住这些字宝宝"。令人惊奇的是,这个女孩的确能够一次记住两到三个部件,比同龄的儿童成绩好很多。还有儿童会利用部件的形状来记忆部件,即将部件的形状与他们生活经验联系起来,如一个 5 岁的男孩在记忆"艹"时,说"这是一个牛头,因为有两个牛角"。然而,此时儿童对汉字部件的认知是不准确的,常常会混淆视觉上相似的部件,当被要求记住部件"日"并在新字中找出时,儿童常常会找到"目",用部件来拼字时,也常常会将"灬"当成"氵"来使用。

这说明,汉语儿童在习得汉字初期是将汉字当成一幅图片来识别和记忆的,随着儿童年龄的增长,他们对平面的二维图形(例如图画和文字)含义的理解越来越精细和分化,渐渐理解了文字作为一种符号,区别于图画的意义。汉字与口语是一一对应的,代表了一定的含义。因此,本研究中很多 5 岁的儿童不但能够认识一些视觉上简单的字,还能够认识一些常用的、口头语言中出现的高频字,如"爸""妈"等。

3. 分析字形阶段(5-6岁)

此阶段,儿童已经能够较好地从视觉上认知汉字部件,他们在视觉上分析汉字时,放弃了效率较低的笔画,而以更大的、有意义的"块"——部件作为汉字视觉分析的单元。他们理解了部件在构字时的一些规则和功能,知道了某些部件在构成汉字时常处在固定的位置,部件也是有一定意义的。虽然偶尔还会有混淆相似部件的情况,但儿童已经能够一次记住多个部件并成功地在新字中将它们找出来。

例如,一个 6 岁的男孩被要求记忆"扌"时说这是"手",在假字中找寻该部件时,说"手在哪里呢?";在拼字任务中,他竟能穷尽各部件所有的组合方式组成多个假字,并煞有其事地介绍自己组成的字是什么意思。此时,儿童认识的合体汉字越来越多,笔画也越来越复杂。通过对汉字部件的视觉认知,儿童开始能够快速高效地学习汉字。此时儿童已经做好学习大量复杂的汉字的准备了。

通过对儿童前识字发展阶段的分析,我们认为,儿童早期的汉字习得和对汉字构字规则的理解,是遵循一定的发展规律的。在图形认知阶段(4 岁以前),儿童常常会混淆汉字和图形,但也能认识一些视觉上较为简单的汉字;在粗略理解阶段(4-5 岁),儿童大概了解了汉字是方形结构,由一些笔画组成,与图画是完全不同的二维平面符号,但他们对汉字字形的构字规则缺乏深入的理解;到了分析字形阶段(5-6岁),儿童已能认识很多常见的、口语中经常使用的汉字,而且能够认识一些结构相对复杂的合体字。

教师和家长在指导儿童前识字发展时,要遵循儿童前识字发展的规律,对4岁以下的儿童,指导重点应该是在日常生活和早期阅读活动中,引导儿童关注文字、符号等二维的、平面书面语言,帮助儿童区分文字与图画,让儿童明白文字是一种可以传递信息的书面符号;对4-5岁左右的儿童,可以帮助其在日常生活与阅读中了解一些有关汉字的字形特征,如汉字是方形字,是由笔画构成的等,并引导儿童关注一些常见的、与日常生活情境相关的、笔画相对比较简单的独体字;而对于5-6岁的儿童,教师和家长可以引导儿童关注一些现实情境或图画书中的关键词汇、口头语言中常用的合体字。

需要注意的是,儿童前识字发展过程中并非各项能力都是均速发展的,且具有一定的个体差异,有一些儿童发展得较早,另一些儿童发展得较晚。在指导儿童前识字的学习时,教师和家长不能够整齐划一地要求儿童达到某个标准,更不能根据识字的数量来攀比。我们要在了解儿童身心特点的基础上,协助幼儿根据其前识字发展的阶段,获得对文字的理解,为进一步有效阅读打下坚实的基础。

二、理解汉语儿童文字概念的获得具有习得性

语言学习存在学得(learning)和习得(acquisition)两种方式。语言学得是学习者通过倾听他人(主要是教师和家长)的直接讲解和自己有意识地练习、记忆语言现象和语法规则,最终达到对所学语言知识的理解和对其语法概念的掌握的过程。在学得语言的过程中,学习者的主要活动对象和目的是语言知识本身,他们的语言学习需要一定的意志努力和分析、归纳等认知能力的参与。学得的内容是非常明确的,主要是语言形式和有关语言的知识,具有明显的计划性。学得的结果是可以立即通过测试观察到的,具有可预测性和即时性(周兢,2009)。

而语言习得是一种无意识地、自然而然地学习、使用并掌握甚至是"拾遗"语言的过程。在这个过程中,学习者的注意力集中在语言所表达的意义而不是语言形式上,他们通常意识不到自己在学习语言,只是在自然、迅速地运用有效的语言规则与人交往(Widdowson,1990)。此时,他们的学习目的和动机不在语言形式的学习上,而在于实现交流与理解的目的。习得语言的内容通常是没有预先设计的,具有随机性。习得的效果

往往不会立竿见影,不易通过及时的测试表现出来,但一旦习得,相关的语言形式却不易遗忘(周兢,2009)。

由本研究可知,儿童对汉字文字概念的理解是"习得"的,具有习得性。其有几个主要表现。首先,本研究中所选取的研究对象,均没有接受过正式的识字教学,也没有接受过任何有关文字概念的指导。实际上,在我国目前的识字教学体系当中,并没有专门的文字概念指导,不论是老师还是家长,都不会刻意教孩子"扌"构字时只能在左侧而不能在右侧,"宀"不可能放在下面,"灬"是不可以出现在左右结构中的。然而,本研究中绝大部分6岁儿童都能够正确运用汉字部件的位置规则来拼字,对于这种现象,只有一种解释,那就是4-6岁儿童对汉字文字概念的理解,是其在与周围的文字环境互动的过程中逐渐习得的。

其次,在拼字任务中,研究者选取的五个部件,其中任意两个拼起来,都无法拼出一个真字(真字是指目前正在使用的、存在于书面语言系统中的汉字;假字是符合汉字构字规则,却在目前的书面语言系统中不存在的字;非字是不符合汉字构字规则的字,真假非字常被用于做与文字认知有关的研究);然而,儿童却能够创造性地运用已习得的文字概念,拼出一个"全新"的、完全符合汉字构字规则的假字。这说明,儿童不但了解了汉字部件构字规则的文字概念,还能够在一个全新的场合创造性地运用这些文字概念创造新字。

克拉申(Krashen,1981)认为,只有语言习得才能直接促进语言能力的发展,所以语言习得是首要的、第一位的;而语言学得仅限于监控和修正语言,并不能直接发展语言交际能力,因此是第二位的。在我国,曾经一度有许多老师和家长认为,如果不通过教育教学让儿童"学得"汉字,那就有可能导致儿童进入小学后出现困难;这种认识导致以识字数量多少为评价标准的识字教学在一个时期内大行其道。而通过本研究我们可以看到,对于汉语学前儿童来说,文字概念是可以"习得"的。而就儿童识字学习的初期来说,文字概念的获得是磨刀,识字数量的多少是砍柴,在我们正式对孩子进行识字教学之前,孩子已经私下在"磨刀"了,只是我们没有看到。

从本研究的结果可以看出,汉语学前儿童对汉字构字规则的理解随着年龄的增长而不断提升。4岁时,儿童在汉字分析任务中表现尚可,但在拼字任务和部件辨识任务中表现较差;5岁时,对汉字的理解发展较快;到了6岁,大部分儿童都能够在三项任务中有较为出色的表现。这说明汉语儿童文字概念的获得有一个过程,具有发展性。其中,5岁是儿童文字概念发展较为迅速的时期。在三项测试任务中,5岁均为儿童测试成绩的转折点。刘宝根等研究者用眼动仪测查了4－6岁儿童图画书自主阅读时对文字的关注情况，发现随着年龄的增长，4－6岁儿童对文字的注视时间和注视次数比例不断增多，4岁时儿童还完全不能将文字作为关键信息来注视，5－6岁时，儿童对文字的视觉注视能力迅速发展，到了6岁的时候，儿童对文字的视觉注视时间比例已超过了对主角的视觉注视时间比例，因此，刘宝根等人得出结论，5岁以后，儿童开始将文字作为关键信息来注视。本研究的结果与刘宝根等人的研究结果是一致的，4岁左右的儿童文字概念测试的成绩较差，可以说对文字的构字规则几乎一无所知，但随着年龄的增长，到了5－6岁，他们已经对文字概念有了一定的了解，在三项文字概念测试任务上表现越来越出色。6岁儿童对文字概念的理解随着年龄的发展逐渐成熟，绝大部分汉语儿童都能够以部件为单元拆分汉字，能够辨识一些汉字部件并在新字中将其识别出来，并对汉字部件的位置规则有了一定的了解。可以说，到了6岁，通过与日常生活中文字的互动，儿童已经获得了进一步"学得"汉字所需的文字概念，为正式的识字学习做好了准备。

三、让幼儿在与环境互动中自然而然地"识字"

研究已经发现，儿童早期习得的汉字可以大致分为两大类：独体字和常用字。

第一类是独体字。独体字是视觉上简单的字，这类汉字大多笔画数较少。独体字一般视觉上结构简单，视觉信息量较少。当儿童记忆这些汉字时，大脑需要负荷的信息较少，辨识所需的信息也较少，提取速度快；与此同时，汉字的出现是从象形字和会意字开始的，这两类文字构成了汉字独体字的绝大部分。独体字从图画演变而来，是最原始出现的文字，儿童最早认识的字大多是这些字，有可能是对人类创造文字历史过程的复演。

儿童早期习得汉字的第二类是口语中极其常用的汉字，例如，爸、妈、奶、爷、狗、花等。这些汉字从视觉上来说较为复杂、笔画较多且是合体字，理论上来说，它们给儿童带来的视觉信息量较大，记忆和提取的负担较重，可实际上大部分儿童还是习得了这些汉字。这些汉字有一个共同特征，就是在儿童日常口语交流中极其常用。这说明，儿童早期汉字的习得与口头语言的发展有着密不可分的关系。

当我们理解了儿童早期习得汉字的规律，即主要习得视觉上简单的字或口语中常用词的对应字。我们应当认识到，口头语言的发展是书面语言发展的基础，阅读技能的发展始于口语的发展，口语词汇为儿童提供了语言的语音结构特性以及语音与语义的连接,对儿童阅读的发展很重要。在文本阅读的早期阶段,儿童面临的主要问题是单个文字的解码问题,口语词汇在这个阶段的作用尤其重要。有关阅读困难和干预方面的研究发现,早期口语词汇的发展不足会导致个体后来的阅读困难(王文静,罗良,2010)。7岁以前是儿童口头语言发展的关键时期,这段时间儿童语言学习的主要任务,是促进口语交流能力的提升,并为日后学习书面语言做好准备。如果我们用这个时间采用识字卡片、机械认读的方法,大量集中地让儿童学下一个阶段才应该学习的文字,很可能会忽略儿童口语学习的良机(周兢,2009),从而导致口语的发展被延缓,书面语言的学习也会受到阻碍。这就好比一味地想要搭高楼却忘记了打地基,得不偿失。

在儿童文字概念的发展过程中,一个有助于儿童文字概念获得的环境很重要。"幼儿不可能为了看懂文字而学习,而是试图借助情境直接理解文字的现实意义,结果学会了阅读。"(Smith,1985)汉语儿童也不可能在完全没有文字的环境中自然而然地习得汉字,获得文字概念。在建国初期,由于文字环境的匮乏和教育条件的落后,导致了大量文盲的存在,这证明文字概念的获得不可能脱离文字环境。尽管本研究的研究对象均没有接受过正式的识字教学,但其所在幼儿园位于上海这样一个文字充斥日常生活的大都市、幼儿园的教学水平相对较高、家长的高学历背景等都为儿童文字概念的获得提供了一个有利的环境。

一些研究者(Morrow,1993;Dickinson & Tabors,2002)发现,在入小学之前,即使没有上过幼儿园,有些儿童也已经拥有一定的读写经验。儿童这些读写经验的获得源自家庭中有意义的读写环境。这个环境并非是家长直接教儿童认字或写字,而是为幼儿提供了一些有效的互动环境,包括丰富的阅读材料(图书、杂志、报纸及与工作有关的文字材料,可供幼儿乱涂乱画的笔、纸等工具),实用的、有意义的读写活动(家长阅读报纸、边听电话边作记录、到超市购物前写购物清单、随机运用和讨论文字、点字念儿歌和故事、读出饼干盒上的文字说明及超市中商品的商标),有效的人际互动(当幼儿就图书或文字提问时,家长会很乐意给予说明、支持、鼓励;家长与幼儿共同阅读,或主动通过提问、暗示等鼓励幼儿阅读或书写)(黄瑞琴,1998)。正是在这些有意义的读写环境之中,幼儿早已开始接触文字并产生兴趣,发展了对身边文字的识别能力。

在这个环境中,家长、教师的引导很关键。为了学习读写,幼儿必须通过自发创造规则、试用规则来掌握读写的内在规律(Goodman,1986)。儿童以周围人使用的读写方式为基础,通过不断检验、修正、完善,以达到交流的目的。在这个过程中,儿童常常需要冒"出错"的风险,如果父母和教师能够保护儿童的尝试,允许他们出错,就给儿童提供了更多自我练习和自我纠错的机会,让他们可以更加自由地尝试——出错——再尝试。因此,如果家长和教师能够为儿童创造一个有利于其文字概念发展的环境,并提供适宜的指导,就能帮助幼儿在早期获得文字概念,为其日后的文字学习奠定基础。创造了环境之后,或许我们可以放弃之前枯燥的、机械的识字教学,让教师和幼儿都更轻松、更愉快。

四、孤立、机械地教儿童认读文字是低效率的识字方法

认读汉字是一个将字形与语音、语义联结起来的过程。有研究者提出了汉语阅读的三角模型(图 8.8),在认读文字的过程中,儿童首先需要从视觉上感知汉字的字形结构,然后将其与口头语言中已获得的词汇联结起来,同时激活与口头语言相关联的、基于生活经验而产生的语义。在这个过程中,从视觉上感知和解构汉字字形、拥有一定的口语词汇量、拥有丰富的生活经验这三者很重要,正是在视觉—听觉互动的过程中,儿童掌握了文字的形、音,将形、音与日常生活经验联系起来,这个文字才对儿童产生了意义。

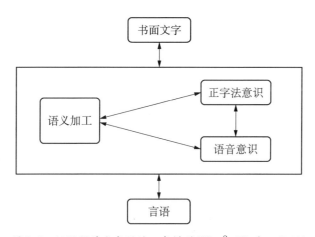

图 8.8　汉语阅读和书写的三角模型(Yin & Weeks,2003)

如果家长和教师为求速成,孤立、机械地教儿童大量集中识字,尤其是让 5 岁以前的儿童大量集中识字,那么在儿童的生活经验还不够丰富,儿童的口头语言词汇量还不够多,尚且把汉字当成图画看待的情况下,儿童只会像记忆图片一样,孤立地、机械地记忆一大堆对他们来讲毫无意义的二维平面符号,效率极低。

这让我们再次看到“超前识字”“早期集中识字”的错误之处。曾经在许多幼儿园的

"幼小衔接"课程中,识字课占据着核心地位,即使到了今天,在我们国家相当一些地区的社会人士开办的"幼小衔接班"和一些幼儿园开设的"学前班"中,还在采用各种各样的办法教幼儿识字。在教师和家长眼里,仿佛不教的话,孩子到了小学就一定会跟不上,就一定会被远远地甩在"起跑线上"。然而,本研究的研究对象均没有上过"学前班"或"幼小衔接班",没有系统地学过这样那样的识字教材,可他们已然获得了充分的文字概念,为进入小学做好了充分的准备。因此,家长和教师们支持幼儿入学准备时,应该摒弃枯燥、乏味的识字教学,用游戏、日常生活和早期阅读活动引导幼儿获得对文字概念的理解。

再次提醒大家,如果想让儿童高效率地识字,首先要在口头语言发展的基础上,以丰富的生活经验作铺垫,让儿童通过在日常环境中与文字的互动,区分开图画和文字,获得对汉字字形结构的感知和理解,然后以部件为辨识单元而进行识字学习。因此,真正高效率的识字学习,需要家长和教师在学龄前阶段,为儿童提供丰富的生活经验,采用各种方法促进儿童口头语言的发展,促进儿童与日常环境中常见的文字和符号互动。

第九章

汉语儿童早期书写与创意书写的发展研究

　　前书写是指学前儿童在没有接受正式的、系统的写字学习和训练之前,通过观察环境中的文字信息,开始初步了解文字的功能、形式、意义和用法的过程。成人经常能观察到,学龄前儿童循序渐进地使用涂鸦、图画、像字而非字的符号、有一些错误但接近正确的"字"的形式进行书面的表达。在汉语情境下,儿童这种特殊的纸笔互动和书面语言的发展过程,研究者称之为"前书写"或"书写萌发"(陈思,2010)。

　　我们的研究强调前书写的发展是一种自然习得的过程:是儿童生活在一个书面语言信息丰富的环境中,观察、猜测、与成人交流的过程中,积累起来的对文字系统的理解。这种习得因为暂时还没有受到来自学校系统的考核压力,成为一个难得的窗口:研究者通过观察这种自然的书写萌发,探讨环境中的文字信息、成人与儿童的互动、非正式的书写学习、一些特别有助于儿童读写发展的教育活动(如早期阅读、亲子阅读等)如何影响儿童对文字系统的理解。因而,有关汉语儿童前书写的研究中,我们不仅观察儿童的文字习得,更重要的是,我们发现环境、成人对儿童读写学习的重要性:在环境中给予儿童适当的教育支持,能有效地帮助儿童获得更有创造力的发展。

第一节　研究背景与研究设计

一、研究背景

在学前阶段,儿童的语言发展,除了口头语言的显著进步,也包括认识环境中的书面语言并逐步尝试书写等早期读写能力的发展。儿童早期读写能力(emergent literacy)的发展是指幼儿在获得充分的口头语言经验的基础上,接触有关书面语言的信息,获得有关书面语言的意识、行为和初步能力的过程(周兢,2009)。对汉语儿童来说,这一发展过程包括早期阅读、前识字和前书写三个部分。

1. 早期读写与前书写能力发展。

"早期读写能力"(emergent literacy)这一概念最早由克莱提出。她认为,儿童从不会读写到学会读写,其间的发展并非绝对断裂、孤立的,而是一个连续的过程,这一过程是由一系列的早期读写行为构成的,这些能力的发展最终使儿童能够独立地读写(Clay,1966)。克莱的这一概念将儿童的前书写能力与阅读联系在了一起。

"早期读写"的概念影响了自上世纪 80 年代以来的儿童书面语言发展研究,成为当前儿童语言研究的重要课题之一。"前书写"作为儿童早期读写的一部分,关注了儿童自身的发展,聚焦于儿童如何成为一名熟练的书面语言运用者的过程,甚至儿童不一定需要接受正式的书写学习和练习,也能够从环境中自然习得一定的书写知识。这一概念强调了儿童本身与环境中书面语言互动的过程:如何通过观察和尝试,了解书面语言和口头语言的对应,以及通过阅读学习书写。同时,也强调了儿童学习书写过程中同时具有的不连贯性和连贯性特点:不连贯性体现在儿童确实存在从"不会书写"到"会书写"的转变过程和阶段特征；连贯性则体现在儿童从不会书写到学会书写的过程中，是在逐步掌握书面语言的构成规律，并逐步按照一定的规律习得书写的技巧。

儿童在学龄前即产生书面语言的意识并具有前书写的行为这一观点获得了越来越多学者的认可(Strickland & Morrow, 1988；Teale & Sulzby, 1986；Diffily, 2001)，书面语言意识对儿童发展的重要意义也得到了越来越多的重视(Lonigan, Farver, Philips & Clancy-Menchetti, 2009)。研究者指出，今天的社会环境中充满了各种信息，绝大多数是以书面语言的形式呈现，对儿童来说，读写能力是未来发展和获得学业成功必不可少、至关重要的能力。其中，书写能力是儿童在学校和社会中获得知识的基础之一，同时也是儿童未来在信息社会生存的关键技能。

近年来，儿童的前书写发展作为书面语言经验积累的重要部分，引起了国内外研究者的关注(Clay, 2001；Mayer, 2007；周欣, 2002)。如前所述，虽然一般在进入小学之后，儿童才开始学习正式的书写，但越来越多的研究证明，在自然情境下，早在学前时期，儿童就已经对环境中的书面语言产生了兴趣，并能从一些"非正规"的书写行为中，表现出他们对文字的理解和初步的概念(McGee & Purcell-Gates, 1997)。成人常常观察到，儿童能使用无意义的线条、简单的图画、和文字相似的符号，甚至是一些错误的"字"来表达自己的意思，并将之称为自己的书写作品。从 20 世纪 60 年代开始，学者们使用个案和系统观察等方式，对儿童的前书写行为进行探索。经过文献研究发现，对儿童来说，前书写的发展既有个体差异性，也表现出很多共同的特点。

研究者观察到，儿童的书写行为总是从涂画开始的。在这些被儿童称为"字"的线条中，研究者能发现有趣的变化趋势：一开始儿童涂画随机的线条，后来线条逐渐变得有方向性，同时出现代表意思的绘画。例如，儿童可能会画一棵像树的东西并说："这表示要记得带我去公园玩。"(Diffily, 2001)随后，儿童逐渐使用图夹文的方式表达意思，直到成为熟练、成熟的书写者。有研究者提出，可能儿童在前书写发展的很长时期里都不能分辨画图和书写，因为二者都能表达意思、传递信息(Schickedanz & Casbergue, 2004)。

学者们普遍认为，儿童是从涂鸦和图画中学习书写的(Freeman & Sanders, 1989)。在这些探索的过程中，儿童逐步理解了文字能够表达意思的功能。儿童的前书写行为与涂画的关系十分密切。研究者认为，儿童通过图画和书写来组织想法、建构意义，这种方式反映了他们在日常生活中的经验(Baghban, 2007)。当儿童需要表达某些意思时，图画和文字常常是交织出现的。图画能够帮助儿童在遇到书写困难时顺利表达意思，而绘画出的客体往往也能刺激儿童去学习书写这些事物的名称。

研究发现,儿童前书写发展呈现明显的阶段特征。从大约 2－3 岁时,成人就能观察到儿童对涂画发生了浓厚的兴趣。这个阶段的儿童,开始试着使用纸笔涂画,他们还不能分辨"字"和"图画"的区别,儿童理解了书面语言与图画之间的不同,将书写视作一种沟通和交流的手段,了解到人们在纸上写字以传递信息,并尝试使用自己的方法"书写"。儿童书写行为的萌发通常开始于 3－5 岁之间,延续整个学前期或一年级。书写萌发的形式包括但不限于涂鸦、从左到右的涂画、绘图、创造"像字母而非字母"的书写形式,或者创造随机的字母排列等(Mayer,2007)。在以汉语儿童为研究对象的文献中,也有中国台湾研究者从个案出发,研究了儿童的绘图和汉字萌发之间的关系(Wu,2009)。

在具体考察儿童前书写发展的过程中,研究者发现一些关键的前书写行为,可以视作儿童前书写发展的阶段特征。研究发现,儿童在前书写行为的阶段性发展中,不断地创造新的和不同的书写形式,即使新的书写形式出现,也不会马上抛弃旧的形式,但旧形式出现的频率会越来越少(Burns & Casbergue,1992)。成人能够从中观察到儿童前书写经验的积累和提升。

研究(Oken-Wright,1998;Diffily,2001)发现,拼音文字背景下的儿童前书写可以分为七个发展阶段。这些阶段并非在所有儿童身上都能按部就班地被观察到,一些儿童可能会跳跃式地发展,而当儿童遇到困难的书写任务时,其书写表现也很可能从一个阶段返回到前一个阶段。阶段(1):涂鸦。儿童会在白纸上涂鸦并"假装"在书写,他们也许还能"读"出他们"写"的东西。这些涂鸦在开始的时候可能是随意的,但逐渐地,显示出从左到右的书写顺序,这一顺序在拼音文字中是书写习得的关键经验之一。阶段(2):画图。儿童能画图并"读"出他们所画的内容,将绘图作为一项重要的表达方式。阶段(3):发明字母。许多儿童(但不是所有)会发明自己的"字母",这些字母看起来像是随意的记号,但儿童能够说出这些记号的意思。发明字母代表儿童具有了书写的意识。阶段(4):随机字母。当儿童对字母表熟悉之后,他们会开始书写字母,通常是重复特定的几个字母或者他们名字里的字母等。在这一阶段,儿童所写的字母和他们所"读"的信息之间并不具有关系。阶段(5):摹写单词。儿童对周围单词的敏感性越来越高,常常会摹写日常所见的单词,包括商标、标志、班级的名字等。阶段(6):拼写发展。拼写的发展与儿童语音敏感性的发展息息相关。儿童在开始的时候可能会使用一个字母代替一个单词或一个音节(例如,D 代表 dog,或 BB 代表 baseball);随后,幼儿可能使用首尾的两个音代替整个单词(例如,TRK 代表 truck)。随着拼写能力的逐步发展,儿童的书写会越来越接近规范的书写,但还是存在一些错误(例如,Ic Crem 代表 ice cream)。阶段(7):通达书写。儿童的书写越来越熟练,他们开始注意成人是如何使用拼写规则的,并能纠正自己的拼写。最后,儿童能够正确拼写的单词越来越多。

如图 9.1 所示,以半年为时间节点,英语儿童的前书写呈现明显的阶段特征。儿童也能够从书面文字体系的特点出发,观察并发现这一体系的特点,利用这些特点提高自己的书写能力。例如,在前书写行为发展的初期,儿童的图画会呈现像英文字母一样的波浪线、曲线、折线等,如图 9.1 的第一行所示。在后期的发展中,英语背景的儿童前书写行为受到语音敏感性的影响较大。儿童的前书写常常按照 WETR(write)或 JREK(drink)的方式书写,与规范的拼写相比,这些单词字母的缺失正反映了儿童对语音的敏感性,体现了他们对字母和读音之间关系的理解。这一特点说明儿童的书写与口头语言

图 9.1　英语背景儿童前书写发展阶段举例(Neumann & Hood, 2009)

的关系非常密切,当儿童感知到英语语音和书写的关系时,他们的书写就能获得较大的发展(Ehri & Roberts,2006)。

除此之外,儿童前书写行为的发展受养育环境的影响巨大。许多学者指出,儿童的前书写发展具有显著的个体差异性,有的儿童在 3 岁拥有的书写能力,另外一些儿童直到 5 岁也不一定具备(Clay,1975;Ritchey,2008)。在自然发展的情境中,这些差异的产生直接指向儿童早期家庭阅读经验和读写经验的不同。有的儿童生活在早期阅读经验丰富的环境中,养育者经常朗读故事,儿童有较多机会阅读,而另外一些儿童则可能生活在连蜡笔都很少接触的环境中。这些差异导致不同的儿童在前书写发展的过程中存在巨大的差异。

2. 教育情境中的儿童书写行为

近年来,儿童读写研究关注的重点,逐步从单纯地研究儿童书写的规则向研究学前儿童的读写萌发和早期书写行为的发展与教育转移(Ritchey 2008;Mayer 2007)。国外有研究显示,教育情境下的书写活动则被证明在包括语音意识、字母知识、单词书写和拼写意识等方面,比图画书阅读更能有效地促进学前儿童的读写萌发(Adam and Biron 2004)。

研究表明,儿童不仅通过观察自然环境中的书面语言获得书写的能力,更能从熟练的书写者身上学习到有关书写的知识(Teale,1995;Chapman 1996)。在与同伴和教师互动的教育情境中,学前儿童的前书写发展呈现一些独特的表现。

书写作为语言的一种形式,其根本目的是交流和沟通,是一种社会性的行为。在教育环境中,儿童能够有机会与同伴以及老师互动。有研究发现,当儿童与同伴或教师一同书写时,能够从更加熟练的书写者那里学习到一些有用的技巧(Teals,1995;Chapman 1996),从而提高其书写的水平。

在学前时期,同伴互动的教育环境对儿童的前书写发展意义重大。戴森(Dyson,1997)的研究阐述了儿童是如何在与同伴解释想要书写的内容和想法的过程中学习书写的。当儿童获得了与同伴一同书写的机会时,他们会讨论有共同兴趣的话题——比如,著名的体育明星、卡通形象等,儿童就像作者一样与这些概念性的人物互动。在这一过程中,儿童习得了作为"作者"来书写的关键经验:他们了解到书写是一项社会性的活动,书写的内容必须考虑读者的感受,需要使用各种策略让读者明白自己的意思。在这个过程中,儿童互相讨论、探索如何明白地表达意思,写出他们脑海中的想法。

前期的研究表明,在与同伴的互动中,儿童的书写活动结合了叙述、讨论和游戏,通过这些活动,儿童逐渐明白了书写的过程:首先准备纸笔等书写材料;然后根据内容,结合自己已有的书写知识,发挥创想,最后完成作品。此外,儿童还理解了书写的目的:书写是交流方式的一种,书写的目的即交流自己的想法,因此需要考虑读者的感受,书写的同时应该不断与同伴交流,传递信息也确保这些信息的准确,此类交流行为是儿童在家庭环境中很难被发现的。

在教师的支持下,儿童能够在书写活动中得到及时的反馈和学习帮助。一名积极的、具有早期读写教育经验的教师对儿童的支持是不言而喻的:教师能为儿童的书写结果提供及时的反馈,最快时间给儿童教育支持,并将儿童的书写与其他的早期阅读行为和口头语言的发展联系起来。前期许多研究都提及,教师的示范作用是促进儿童在教育情境中前书写发展的重要方面(Teals,1995;Yaden & Tardibouno,2004)。作为一名熟练的书写者,教师在教育情境中示范的书写能为儿童提供许多关键性的帮助,例如,儿童能够学习如何使用纸笔等书写工具、如何握笔和掌握书写时的力度、如何安排笔画等。

研究者认为,教师在课堂上作出示范,对儿童来说是一种极好的学习机会,儿童通过观察,逐步理解书写的过程和步骤,到后来,就可以自己执笔完成书写的任务。除了示范之外,教师在儿童书写时的积极参与,也能让儿童获得及时的提问机会。无论是儿童向教师寻求帮助,还是请教师评价书写的作品,教师积极的回应和正面的态度都能使儿童获得鼓励,从而对书写产生更大的兴趣。

汉语学前儿童前书写的发展这一内容在目前的研究中较少涉及。现有学前儿童的书写研究多从教育入手,探讨如何在幼儿园阶段对幼儿进行书写教育,尝试在现有的幼儿园课程活动设计中加入书写教育的内容(徐艳贞,2007),但鲜见有学者以系统和深入的观察为基础,结合汉字象形的独特性,对学前儿童前书写行为的发展及特点作出描述。目前,学者们对汉语儿童早期阅读的研究发现,学前儿童对书面文字的关注和自然习得是汉语儿童语言发展的重要方面,如何引导和促进在自然环境中萌发的前书写行为值得教育者深思。汉字独特的构型特点决定了儿童习得汉字的过程势必与拼音文字大相径庭。许多学者敏锐地看到了对汉语儿童在象形文字的独特语言环境中如何习得书写能力进行研究的重要性(周兢,2007),指出针对汉语儿童前书写能力习得的研究对于了解汉语儿童书面语言获得具有重要的意义。

研究者希望了解,在充满了丰富的早期阅读教育资源和同伴互动的教育环境中,汉语儿童的前书写是否会呈现与自然习得不同的特点呢？这些特点又指示了汉语儿童在前书写发展中的哪些独特之处？

二、研究设计

汉语儿童的前书写发展是否有自己独特的发展轨迹呢？遗憾的是，目前对于汉语儿童前书写发展阶段的探讨还很少。我们希望能够回答：汉语儿童的前书写发展轨迹是怎样的？

(一) 研究设计一

为了回答这个问题，研究者从上海市 5 所幼儿园选取了 113 名 4-6 岁儿童作为系统观察研究对象。其中 4 岁组（平均年龄 48 个月）有 34 人，5 岁组（平均年龄 60 个月）有 41 人，6 岁组（平均年龄 72.4 个月）有 38 人。参加测查的儿童满足以下条件：为排除幼儿园教学的影响，这些儿童所在的幼儿园均未开展以拼音、写字、识字为目标的课程和活动。儿童的家长学历为大专、本科及以上。儿童无学习困难，无听说言语障碍。儿童家长均签署《家长知情同意书》。

研究者使用自由书写任务的方式。研究者提供儿童一张空白 A4 纸和笔。通过一定的提示，鼓励儿童书写所有他/她能写出来的汉字。参照国外类似的研究（Clay，1993），本研究设计中，研究者依次询问每位儿童"是否会写"姓名、汉字的高频字和简单字等 32 个汉字。研究者仅限语言提示，不在纸上书写，测查中也不对如何写这个字、儿童书写的正误给予提示。儿童有 10 分钟的时间完成这项任务。测查过程全程录像。

10 分钟的测试结束后，施测者依次询问儿童书写的内容，以甄别该字是否可以计入评分。收集儿童书写作品后，研究者对儿童的书写作品进行评分。评分标准如下：

(1) 正确的书写：每个正确书写的汉字计 1 分。在对汉语儿童前书写水平的考察中，正确的书写汉字是指：笔画数目无缺失，笔形正确，部件结构正确；但不考虑汉字的笔画或部件的大小、笔画或部件之间的距离是否合适。

(2) 如果出现以下情况则不能计分：①儿童偶然地写对了一个汉字，但在测查情境下，研究者发现儿童实际想要书写的是另外一个字，例如，有儿童写"上"字但说自己写的是"下"字。②儿童偶然地写对了一个汉字，但研究者发现儿童并不清楚自己写的是什么。

（3）有一些错误的书写：根据情况，符合以下条件的每个汉字计1分：施测的研究者能辨认这个字，但该字的笔画有缺失；施测的研究者能辨认这个字，但该字的笔画的笔形与现代规范汉字有区别；施测的研究者能辨认这个字，但该字存在镜像书写的情况，包括笔画、部件或者整字的镜像书写。

（4）只由单一笔画构成的字，如"一"，得1分。

（5）其他情况的错误、研究者不能辨认的汉字不得分。

两位有经验的研究人员就评分的细则进行了讨论，先用预实验材料进行试评分，同时讨论有分歧的部分。统一意见后，两人分别独立评分。经统计，编码的内部信度检验一致率达到95%。

经过对评分和儿童在自由书写任务中作品的分析，研究者对这一年龄段儿童的前书写水平有一个总体的认识。对所收集的汉语儿童前书写作品进行质化分析和整理，从线条、笔形、字形入手，与拼音文字背景儿童的书写作对比，研究者归纳总结了汉语儿童前书写从涂鸦到规范文字发展的阶段性特征。

（二）研究设计二

研究者将研究拓展至教育情境，在四川省成都市某一级幼儿园收集105件教育情境下儿童前书写作品，这些作品由32名幼儿完成，年龄跨度为4-6岁，主要家庭成员受教育程度普遍为大专及以上；家庭经济情况较好，儿童在家中使用的语言均为汉语。

两位带班教师从中班下学期开始到大班毕业的一年半时间里，在未进行以写字、识字为目标的教学活动的情况下，将前书写的意识融入早期阅读活动中，为儿童提供了大量的自由书写的机会，并鼓励儿童交流、相互学习新的书写策略。教师和研究者有意识地收集了儿童大量的前书写作品，这些作品涉及8个主题活动，研究者按照主题内容将作品归类整理，进行质化的分析。

所有教育情境的数据都来自包括主题活动和区角活动八个真实的教育场景。两位教师在幼儿园的教育活动中设计并组织了这些有趣的活动，并给儿童机会以书写的方式表达自己的想法。在此过程中，教师并未对儿童进行与识字、抄写、默写等有关的额外教学活动。在儿童遇到不会写的字时，教师并不直接告诉儿童规范的书写，而是鼓励儿童发挥创意，互相交流，思考如何用绘画等手段来"写"出这个字。

教师在设计活动目标和过程时将前书写的要求有机融入,并提供儿童以书写的方式记录活动的内容和自己的想法,在儿童书写结束之后马上请儿童复述书写的内容,并忠实记录。研究者在收集数据时反复与教师、儿童沟通交流,确认书写和涂画的内容。通过对比和分析不同儿童在同一教育场景中书写的内容,研究者试图分析,随着书写机会的增加以及教育情境的变化,儿童的书写策略是如何发展的。

第二节　汉语儿童前书写发展阶段与特点

　　研究者发现儿童的前书写行为确实存在从涂画到规范汉字的发展过程,在这个过程中,即使同年龄的儿童也呈现出巨大的个体差异性。根据汉字构型学的基本理论,结合研究者在测查中观察到的实际情况,研究者将汉语儿童的前书写发展也可大致分为 7 个阶段,相比前一阶段,每个阶段的儿童都能在对汉字的构型和理解上有所突破。研究者发现,与英语国家儿童的发展相类似,汉语儿童的前书写发展也具有极大的个体差异性,一些儿童在 4 岁时就能表现出很强的书写能力,而另一些 6 岁的儿童,书写能力还停留在较低的阶段。同样,下文所总结的 7 个发展阶段也并非每个儿童都会经历。有的儿童在书写时往往同时表现出两个或几个阶段的特征,这与儿童所书写汉字本身的困难程度相关。书写越难、越抽象的汉字时,儿童越容易表现出较低阶段的书写特点。

阶段一

　　儿童的书写以随意的线条、无意义的涂鸦为主,儿童不回答或无法回答所写内容是什么的问题(见图 9.2)。在这一阶段,研究者提问儿童:"你会写字吗?"研究者能够得到肯定的回答,但当儿童拿起笔,开始在纸上"书写",他并不能将书面语言的经验很好地应用,而是只能通过涂画,表现"写"的状态。当研究者询问儿童书写的内容时,儿童不回答。

阶段二

　　儿童的书写呈现有结构但含义不明的线条,例如,像方块字的曲线或线条、表现一行行字的波浪线等。儿童在这一阶段能够解释自己涂画的内容。如图 9.2 的"阶段 2"所示,儿童在纸的上半部分画的三条竖线,实际上代表了他名字中的三个汉字。而在下半

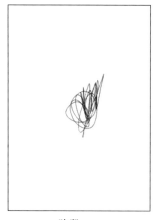 

阶段一   阶段二

图 9.2 汉语儿童前书写发展的七个阶段(1)

部分呈现的一个简单图形则包含了汉字笔画的一些特征。这一阶段儿童所书写的内容虽然不能被汉字熟练书写者识别,但融入了在环境中观察书面语言的经验。如三条竖线代表三个汉字,儿童其实是具有了初步的方块字意识,并对汉语中一字一音的重要原则有了模糊的概念。

阶段三

儿童能写出阿拉伯数字、英语字母、简单的符号等。在这一阶段,儿童倾向于书写一些简单的曲线,以及由这些曲线组成的数字、符号等。如图 9.3 的"阶段 3"所示,曲线组成的字母和符号等是儿童较容易掌握的书写内容。

阶段四

儿童能根据汉字的意思画出图形,或者用同一个汉字代替其他的字。如图 9.3"阶段四",云、太阳、月、风等,儿童都是以图画的形式来表现的。这种绘图与儿童平时的绘画存在一些区别,如以三条曲线代替"风"字的象形程度就较高,通过观察也可以发现,儿童的"象形图示"的大小与其他汉字类似,在研究者的询问中,儿童强调图画是"字"。

阶段五

儿童能抽象出汉字的字形,写出"像汉字而非汉字"的符号,但熟练书写者很难仅仅

阶段三　　　　　　　　阶段四

图 9.3　汉语儿童前书写发展的七个阶段(2)

凭借这些符号了解儿童书写的内容。如图 9.4 的"阶段五"中,就不难找到类似的书写。但必须认识到,儿童能够"模仿"环境中的汉字,写出这些像字而非字的符号,这是其早期阅读经验积累到一定程度的表现。

阶段六

儿童书写的汉字已经十分接近正确的水平,只是有一些小错误,包括:使用现代汉语中不出现的笔画;笔画的冗余或缺失;笔画的方向错误;镜像书写等。阶段六与阶段五

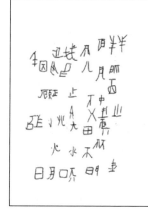

阶段五　　　　　　　　阶段六

图 9.4　汉语儿童前书写发展的七个阶段(3)

的根本区别是：儿童的书写符号虽然包含一些错误，但已经能被熟练书写者认读。

　　基于汉字独特的象形文字特征，在这一阶段儿童表现出的特征与拼音文字背景儿童大相径庭。以英语为母语的儿童，在这一阶段，儿童拼写的错误与语音敏感性关系密切（例如，将 winter 写作 WTR，将 robin 写成 ROBBIN 等）。而汉语儿童的错误类型则与视觉敏感性关系密切。汉字中很多的不对称结构，例如竖钩（亅）许多儿童就会将其方向写为向右，而部件甚至整字的镜像书写现象也十分常见。这一特征指示儿童在这一阶段对书面语言经验的积累与汉字本身的视觉特征联系紧密。儿童常常忽略汉字不对称部分的细部特征（如图 9.5 所示）。

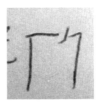

局部不对称的笔画出现了镜像书写

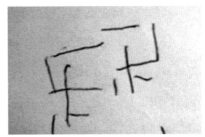

部件以及整字的镜像书写现象

图 9.5　汉语儿童书写萌发中的镜像书写现象

阶段七

　　儿童能够书写的汉字符合规范汉字的字形标准。不排除存在汉字部件或笔画之间距离过大或过小、笔形与规范楷体有些区别等问题，但儿童书写的汉字已经非常接近规范汉字，如图 9.6 所示。

　　通过这 7 个阶段的发展，汉语儿童的前书写实现从无意义的涂画到可辨识汉字的过渡，儿童在自然环境中积累的早期阅读经验也转化为书面文字的输出。儿童在前书写发

阶段七　　　　　　　　　　　阶段七

图 9.6　汉语儿童前书写发展的七个阶段(4)

展过程中,具有下列几个方面的特点:

第一,汉语儿童前书写的发展具有明显的对高频字的偏好。儿童对一些字形、笔画比较特殊的汉字具有特别的偏好,这些汉字的特点明显:都是独体字、具有严格的对称结构、笔画数量少、笔画以横竖的笔画和折笔画为主、高频字之间的视觉特征具有一定的联系。

第二,镜像书写的现象在汉语学前儿童的作品中出现频繁。从年龄阶段上看,在学前阶段,随着儿童年龄的增长,系统观察情境下出现镜像书写的人数增加,这一现象和以往的研究结果有差异,研究者从本研究情境的特殊性进行了解释。在这种情境下儿童主要出现了整字、部件和笔画三种镜像书写。研究者认为,这种特殊现象的出现较深入地反映了汉语儿童对包括方块字、对称结构等在内的汉字本身特点的认识。

第三,特殊的"笔画"是学前儿童汉字书写中常见的现象。这里指的是学前儿童书写的汉字,与规范汉字相比,在笔画层面具有的特点,主要包括了笔形错误、笔画数目的增减、笔画的不当配合三个类型。儿童的笔形错误集中表现为折笔画和点笔画处理不当;笔画数目的增减在儿童书写具有连续相同笔画的汉字时较常出现;笔画的不当配合主要是指儿童较难把握一些汉字笔画配合的细节,比如"出头"与否、汉字笔画的相对长度等。这些现象的出现同样体现了儿童的前书写发展过程是一个不断观察、学习和体会汉字整体和细部特征的过程。

第四,以图代字是指儿童以简笔画的形式代替汉字,表达意思。在本章的观察中,这一现象主要在4岁及5岁幼儿的书写出现。儿童倾向于以图画的形式表达具有实际含义的汉字,如日、月、云等,研究者也发现了,儿童的以图代字呈现将图形简化的趋势,这也符合汉字象形造字"观物取相"的规律。

这四个方面的特点,提示我们,4-6岁汉语儿童的书写发展与图画的关系非常密切、儿童对汉字字形、部件和笔画的把握都有一定的局限性、儿童的前书写发展的过程,正是他们学习汉字独特的方块字、象形文字特点的过程。

根据上述特点,研究者总结和归纳了汉语儿童前书写发展的七个阶段,并根据汉字的笔画、部件、字形三个维度,对这七个阶段儿童书写的特点进行了阐述。研究者根据收集的数据,提供了每个阶段最具代表性的儿童前书写作品,通过这些作品和解释,能够清晰地发现汉语儿童前书写发展具有明显的阶段性特征,这些阶段性的特征指示儿童的书写萌发从图画到文字逐步发展变化的动态过程。

第三节　汉语儿童在教育情境中的创意前书写现象

如前所述,研究者希望了解,在充满了丰富的早期阅读教育资源和同伴互动的教育环境中,汉语儿童的前书写是否会呈现与自然习得不同的特点呢? 这些特点又表明了汉语儿童在前书写发展中的哪些独特之处? 通过对比和分析不同儿童在同一教育场景中书写的内容,研究者试图分析随着书写机会的增加以及教育情境的变化,儿童的书写策略是如何发展的。

一、教育情境中儿童的前书写策略

在丰富教育环境的启发下,结合儿童在汉语环境中获得的早期阅读机会,教师为儿童的前书写发展策略发展提供了机会。在对儿童作品的观察中我们发现,为了更好地实现沟通的目的,汉语儿童创造了一系列的前书写策略。

1. 以图代字的策略

研究者认为,儿童在获得了交流的意愿,想要通过书面语言记录自己想法之后,面临的最大问题并非"写什么",而是"怎么写"。事实上,在考察中我们发现,教育情境中,有经验的教师很容易在活动设计和组织里调动儿童的兴趣和积极性,儿童有许多想要表达和记录的内容。但是,如何将这些内容以书面文字的形式表达? 根据前文的分析,在 4 - 6 岁年龄段,儿童已经能区别"画画"和"写字",但他们会写的汉字非常有限,难以重现规范汉字的"字形",这成为儿童必须突破的瓶颈。意思的表达从口语到书面,对儿童来说,就是将口头语言,用汉字在纸上呈现的过程。

儿童使用以图代字的策略进行书写,实际上就是绕开了自己陌生的汉字"字形",同样达到交流的目的。

如图 9.7 所示,儿童作品来自活动《我长大了……》,教师忠实记录这名儿童书写的内容是:"我长大了,我想当老师。因为我喜欢当老师可以教小朋友们学知识。"这幅作品里,儿童共使用了 13 个绘画符号来代替 13 个汉字。而真正符合汉字规范的只有"我""大""了""石""欢""可""小""朋""友""学""是"。图 9.8 是研究者截取的图 9.7 中第一行和第二行的书写,按照儿童的解释,这些以图代字的符号都有其独特的含义。

图 9.7 儿童以图代字(1)

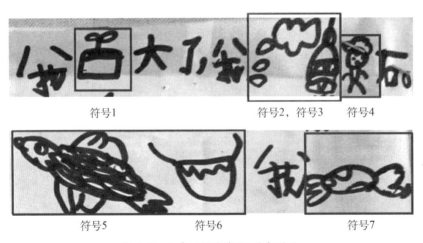

符号1　　　　　　　符号2,符号3　符号4

符号5　　　　　符号6　　　　　符号7

图 9.8 儿童以图代字(1)局部释义

符号 1 儿童画的是一棵小苗,代表"长大"的"长"字,取小树苗正在长大的含义;符号 2 具有比较抽象的含义,是漫画中思维泡泡的形象,代表了汉字"想";符号 3 是一个铃铛,与"当"同音,代表了汉字"当";符号 4 的小人实际上是一位老太太,这幅图就代表了汉字

"老";符号5是一只老鹰,在前文也解释过,根据同音的原则,这是"因为"的"因";符号6则是一件围裙,这就代表了"因为"的"为"(围);符号7则是一颗喜糖,代表了"喜欢"的"喜"。这幅作品中的其他以图代字符号,儿童都照这样给出了解释。通过儿童的讲解,成人或其他儿童了解到她通过书写想要表达的意思。以上的例子说明,以图代字能够帮助儿童绕开汉字字形的限制,在儿童不能准确重现汉字的情况下,仍达成有效的沟通。同时研究者发现,儿童以图代字书写的模式并非单一。从图9.8就能看出,这些图画符号可能是对汉字指示物体的真实写真(如,"老"字就画一位老人代替);也可能画的是目标汉字的同音字(例如,"鹰"="因"),也可能是这幅图代表的物体的名称里,含有儿童想表达的汉字(如,"喜糖"里含有"喜"字)。这些不同的替代模式提示研究者,儿童"以图代字"中的"图"与目标汉字之间的关系是什么。

实际上,儿童"以图代字"的"图"发挥的作用是表达一个"意思"。图的意思和真实汉字的意思之间,儿童使用各种思考方式和策略将其联系起来,形成了"以图代字"的关系链。"图"和"目标汉字"以及"儿童的策略"之间形成了有机的联系,这就使儿童绕过字形但仍然使用书面语言的方式表达自己成为可能。

深入考察儿童以图代字的方法和策略,本研究认为,这些方法策略可以分为两大类:以图代表字的意思;以图代表字的读音。

图 9.9　儿童"以图代字"的书写策略

(1) 以图画表示汉字的意思

在"以图代字"书写中,儿童所画的符号很多时候代表的都是汉字的意思。这种替代策略最直接、最清晰。特别是当汉字所代表的意思是实物或者常见的动作,儿童用图画来替代汉字的做法十分普遍,这类型的书写策略可细分为三种:以图代表具体的名词;以图代表动词;以图代表抽象的概念。

第一种,儿童以图来代表具体名词的策略。在目标汉字为名词,并且这件实物较容易用图画来表现时,儿童会采取直接描绘事物的方式,如图9.10中,儿童就使用了直接画出一本书的方法来表示"书"字。

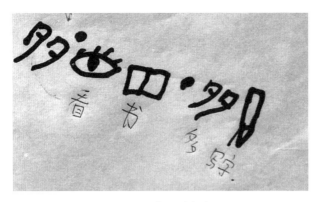

图 9.10　儿童以图代字(2)

　　第二种,儿童以图来表示一个动作。在书写中能够直接通过描摹事物外型来代替的汉字毕竟是少数,在遇到动词时,儿童的策略是画出与这个动词有关的具体事物来代替。例如,在图 9.10 中,"看书"的"看"字,儿童就画了一只眼睛;而"写字"这个动作则是通过一支笔来表现的。

　　而在图 9.11 中,儿童写道"我叫钱骁宇帮助老师做事情"。红色边框的图代表动作"帮",内容似乎是一个人在扫地,表示了"帮忙"这个概念。

图 9.11　儿童以图代字(3)

　　第三种,儿童以图表示抽象的概念。例如,在图 9.11 中,黄色边框的图是一个喇叭,儿童通过这个图代表汉字"叫",取喇叭会发出响声,会"叫"的意思。而蓝色边框的图同样是一个人在打扫卫生,这个图代表的意思是"事情"的"情",这是一个抽象的概念,儿童认为,"一个忙碌的人"这一形象能将其意思表达出来。

　　儿童本身的生活经验对其使用怎样的图画来表示汉字具有重要的影响。不同的儿童有自己表达的偏好和理解,特别是画图表现抽象概念时,儿童的书写方法是大不相同的。图9.12是研究者截取的不同儿童在同一活动《我长大了……》中书写的"长大"二字,可以看到,不同的孩子对如何表现"长大"这一抽象概念有自己的理解。有的孩子用变高的人,有的孩子用小苗,有的孩子用手掌(这种替代方法属于接下来要讨论的图画表示读音范畴)。

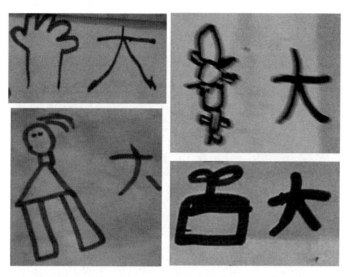

图9.12　儿童以图代字"长大"举例

(2)　以图画表示汉字的读音

在儿童以图代字的书写中,以图画表示汉字的读音也是常见的策略。在本章的表述中,也多次截取儿童前书写中使用以图画表示汉字读音的例子,如在图9.8中的符号3、符号5、符号6。

研究者发现,这种策略通常在以图表示含义较为复杂和抽象的目标汉字时多见。以图画来表示汉字的读音对儿童来说同样是具有挑战性的思维过程。儿童在使用这一策略之前,势必要对书面语言与口头语言之间的关系有进一步的理解。首先,儿童需要明白,汉语书面语言具有"一字一音"的特点,一个汉字指示一个读音;其次,汉字的字音是有限的,同一个字音,可能包含若干个汉字,指示若干种不同的事物,这就为利用同音异义的特点,使用可以画出来的事物代替含义较为复杂、较为抽象的汉字提供了可能;第三,儿童还必须理解多个同音但意思不同的词语,这样才能从同音的若干词语中,找到合适的替代。"字"代表的是书面语言,"音"代表的是口头语言,儿童只有理解了这两者之间的关系,才可能利用"同音替代"的方式找到同音异义的事物来指示目标汉字。

例如,在图9.13中,儿童就巧妙地使用了以图画代表汉字读音的策略。根据儿童的解释,图中红色方框中的图案是一瓶药,"药"的音同"要";而蓝色方框中的铃铛则同音替代了"当";黄色方框中画的是一件衣服,"衣"与"医生"的"医"同音;而绿色方框中的点则是一颗痣,"痣"要代替的就是"治病"的"治"。儿童在这幅作品中,所书写的内容连贯起来就是:"我长大了要当医生。因为医生可以给病人治好。"

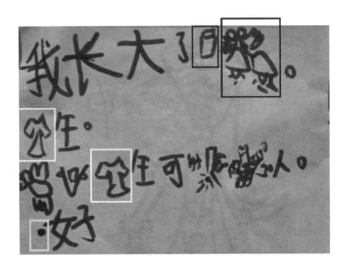

图9.13　儿童以图代字(4)

在图中,衣服图案代替"医"的情况出现了两次,以黄色方框表示。同一个汉字用同样的符号表示,这正符合"一字一音"和"一字一形"的规则。这里也印证了前文的分析,即儿童使用以图画代替汉字字音的策略,说明其具有较高的前书写发展水平,已经获得了一字一音的意识,并对书面语言和口头语言的关系有了进一步的认识。

2. 自创汉字的策略

如前所述,儿童在教育情境下的前书写中,应用了自创汉字的策略,以接近汉字的笔形或者一些类似部件的形式书写。在这里我们主要讨论的,就是这种区别于画图,使用像汉字的笔画和部件或者同音的其他汉字来表达的书写方法。例如,在图9.14中,儿童书写的"为""感"两字都与规范汉字有些区别;"本四"中的"四"是"事"的谐音;而右下角的"石"字代替"时"字,则同时有不规范和以同音代替的特点。

图 9.14　儿童自创汉字的策略

二、儿童在教育情境中创意书写发展的促进因素

对儿童在教育情境中的创意书写发展,研究发现存在着几个重要的促进因素。

1. 互动情境激发儿童的前书写策略

在对教育情境下汉语儿童前书写的考察中,研究者注意到,教师-幼儿以及幼儿-幼儿之间的互动,对儿童前书写的发展也具有重要的影响。越来越多的研究证明,成人与儿童,以及儿童同伴之间的互动,对儿童的发展具有重要意义(Karen M. La Paro, Robert C. Pianta & Megan Stuhlman,2004)。国外和国内的相关研究也提及,在教育情境下儿童的书写能够获得较为明显的进步和发展。在本研究对教育情境下数据的分析中,也能很明显地看出在系统观察情境下,教师未对儿童进行有意识的前书写教育时儿童的表现与教育情境下儿童的表现相比具有很大的不同,儿童在教育情境中出现的书写策略和多种表现形式,在系统观察情境下并未得见。虽然这与两种测查方法的差异有关,但也可以从一个侧面看到,教育情境下师幼互动与同伴互动对儿童的前书写具有明显的影响。教师与儿童的互动,及儿童同伴间的互动,是如何对汉语儿童的前书写产生影响的？这些影响为儿童的前书写发展提供了哪些关键经验？本小节将针对这些问题作出分析。

2. 良性师幼互动有利于儿童创意书写发展

有研究发现（Ferreiro & Teberokey，1983），学前儿童的书写并非一味模仿，而是在尝试书写的过程里，生成了一系列属于他们自己的有关书写的假设，而当年幼儿童与年纪稍大的儿童或成人在一起时，他们的书写能够坚持更长的时间。Hall（1987）也发现，在构建了包括电话、便签簿、铅笔等材料的书写环境之后，儿童会自发地生成一些读写活动，他们会在便签上写字母、画线条、记日记等。

在考察儿童前书写活动中的师幼互动时，研究者也发现教师给予儿童各方面的支持。这些支持包括书写机会、教室环境、书写材料、教师的示范、鼓励等。这些支持使儿童在教育情境下获得了更多与书写有关的关键经验。将这些教育支持分类能够发现，主要涉及教师对客观教育环境的创设以及主观的语言和情感上的交流。

创设积极的教育环境，包括教师布置与书写有关的教室、投放物质材料等。Y老师和Z老师在这方面做出了积极的示范。教室里设置有不同的墙面，分别展示儿童在不同活动中的书写作品；在区角投放图画书、铅笔、蜡笔、白纸、彩色纸等书写材料，并为儿童的阅读区角活动设计包括"我来推荐一本书""我的图书单"等，鼓励儿童在阅读图书之后，写写画画自己的感受，为其他幼儿推荐自己喜欢的书，并写出理由。此外，教师还特别在每周的讲述活动中，安排专门时间请儿童讲讲自己书写的内容，并给大家解释为什么要这样写。

在主观的语言和情感上，教师鼓励儿童进行书写的尝试并给予一定的教育支持。例如，教师注意与儿童交流时，对儿童的前书写行为表示积极的支持，并关注他们的一些独特的进步或者发现，引导他们表达自己的想法和意思。Y老师和Z老师介绍，她们对所有儿童的任何书写都持肯定的态度，每位孩子向她们展示自己的作品都能获得表扬。同时，任何儿童对自己作品的解释都能得到认可。

儿童在这些活动中获得了使用纸笔书写的关键经验。此类活动为儿童创设了积极的环境氛围，并让他们理解书写是日常学习的一部分。教师引导他们观察环境中的印刷字体以及书面语言，区分图画和书写的相似与区别，并逐步令儿童感受到书写是他们表达意思的好方法，愿意并喜欢用书写的方式作记录。

3. 教育情境下的同伴互动有利于儿童的创意书写水平提升

近期研究发现，儿童在同伴互动的情境下，其前书写的发展能够获得独特的发展（Nixon & Topping, 2001）。儿童不仅能够通过书写达成信息的交流，分享感受和想法，更能通过谈话、交流前书写的心得，获得书写能力的提高。

从研究者收集到的数据中，能明显看到儿童之间的相互影响。图9.15展示的是研究者截取四名儿童书写的"因为"二字。可以看到，左上的儿童画了一只鹰，和一个围兜，"鹰"通"因"，"围（兜）"通"为"，两幅图连在一起即"因为"。左下的儿童也画了一只鸟（鹰），同时写了一个汉字"为"，表示"因为"；右上和右下的儿童都以鸟的形象代表"鹰"而通"因"字。

图9.15　教育情境下不同儿童书写的"因为"二字

这种独特的替代方式并非4名儿童独立创造的。根据老师的介绍，如何表示"因"字一直都困扰着儿童。"因为"是儿童经常使用的词语，但是如何表示这两个字却不容易。这是一个抽象词语，很难想到用什么具体的东西可以代表。在某次活动中，一名儿童画了一只鸟，和老师解释这是"鹰"，代表"因"。教师觉得这个方法很独特，在书写活动之后的交流环节中，特别请他和大家讲了讲这个方法，当场就引起了其他儿童的兴趣。在后来的书写活动中，教师注意到，开始有儿童专门向他"取经"，学习"因为"的写法，而后来，其他儿童又有了新的创想，用自己的方法来写"为"字，更有儿童将老鹰的画法简化了，如图9.15中右下的儿童，她画的"鹰"就比左上的儿童要简练得多。这种简化符合文字发展的规律：以越来越简练和抽象的图示来表达意思；简单的图示也能使书写的过程更简单、便捷，有助于信息的传播。儿童通过交流，互相学习新的书写策略，并与自己的书写方法对照，对儿童书写能力的提高有积极的促进作用。

综上，创意前书写的策略使儿童绕开规范汉字书写的樊篱，以自己的思维方式和表现手法获得信息交流的目的成为可能。研究者认为，在这一过程中，儿童与教师的互动及同伴间的互动对于他们创造性书写策略的出现具有重要的意义，第四部分中以实例分析了师幼、同伴互动在教育情境下对儿童前书写发展的影响。研究者认为，师幼互动对汉语儿童前书写发展的影响主要体现在：客观上，教师创设适合前书写发展的教育环境；主观上，教师给予儿童积极的情感支持和语言示范。同时，同伴之间的互动对儿童的书写发展也具有重要意义，儿童之间不仅能够通过书写达成信息的交流，分享感受和想法，更能通过谈话，交流前书写的心得，获得更丰富的前书写策略。

第四节 促进汉语儿童前书写发展的教育建议

通过对汉语儿童自然情境和教育情境下前书写发展的观察和研究,我们发现,汉语儿童的前书写能力是在学前阶段不断发展和变化、随着儿童接触的书面语言信息的增加,伴随教育环境中成人、同伴密切的互动,儿童能够通过自己的观察,习得一些基本的汉字表达方法,并在一定条件下,发展出独特的前书写策略。我们根据儿童前书写发展特点和规律的研究,提出下列教育建议。

1. 在系统观察情境下,汉语儿童的前书写能力呈现随年龄发展的明显趋势

研究者设计的系统观察情境及评分体系,从统计上很好地体现了汉语儿童前书写发展与年龄之间的关系。对照克莱(Clay,1993)对新西兰儿童进行的英语前书写测查发现,汉语儿童的前书写发展与英语儿童具有相似之处,都呈现随年龄变化增长的趋势。以儿童在规定时间内正确书写的汉字作为评分标准,各年龄组儿童的得分具有显著的差异,分数反映了随着儿童年龄的增长,其前书写能力也在逐步增强的特点。这一发现与国外的相关研究的结论吻合(Christopher J. Lonigan & JoAnn M. Farver;Beth M. Phillips;Jeanine Clancy-Menchetti,2009;Myhill D & Jones S,2009),即英语背景的儿童,甚至生长在英语环境中的双语儿童,都呈现对环境中的文字信息产生兴趣并自发地关注这些信息的过程,这就是儿童前书写的开端。随着关注程度的增加,儿童能够使用纸笔将这些信息反馈出来,表现为书写能力的逐步增强。本研究补充了汉语学前儿童系统观察的数据,与国外的研究相互验证,说明这一年龄阶段的学前儿童,无论其语言背景如何,对环境中的文字信息都会产生越来越强的敏感性,并能将这些文字意识通过书写的方式表现出来。

这一发现提示教育者,汉语儿童在学前阶段确实存在前书写的能力,这些能力的发

展变化也是清晰可见的。一些教育研究者认为，前书写的教育是指学龄前儿童"自娱自乐，表达、传递信息，分享、交流思想、情感和经验的游戏或学习活动"（王纬红，申毅，2004），并强调了儿童的前书写具有较强的游戏性（王纬红，申毅，庞青，2003）。本研究认为，教育者对汉语儿童前书写的看法，可以超越儿童"非正式的书写"或者"绘画式的书写"的现象，看到其本质反映的内涵是儿童书面语言意识的萌芽与发展。从发展的角度看待儿童的前书写能力，教育者应注意到儿童前书写能力随年龄的增长指示了儿童对环境中文字信息的收集、记忆和重现。前书写能力并非单纯的儿童与纸笔的游戏或者对绘画的升华，儿童前书写的发展体现的是他们对书面语言的理解，以及包括早期阅读、前识字和前书写三者在内的早期读写能力的增长。研究者认为，这一视角有益于教育工作者认识前书写的重要意义。

研究发现，5岁到6岁阶段汉语儿童的前书写能力发展更为迅速。以分数作为考察的出发点，能够观察到，4岁组儿童与5岁组儿童得分虽然具有明显差异，但较为接近；6岁时儿童的前书写测查得分具有显著的增长，儿童得分的区间扩大，儿童分布在高分数段人数较多。数据的分析说明：汉语儿童在4－6岁阶段的前书写能力发展是清晰可见的，相对而言5－6岁阶段是学前儿童前书写能力发展最为迅速的阶段。从本研究出发，5－6岁阶段应该是汉语儿童前书写发展的关键时期，在这一阶段儿童对文字系统有了更深入的理解，同时汉字字形的记忆和重现能力有了提高。相似的结论尚未明确体现在英语儿童的研究中。在克莱（Clay，1993）的测查中，学前时期儿童的前书写发展只在72个月至78个月的区间呈现一个小的高峰；而其他的研究则大部分关注个案或者某一年龄段儿童在幼儿园环境中的互动（Neumann M. M，Hood M & Neumann D. L，2009；Perera K，1984）。

这一发现说明，5－6岁年龄段对汉语儿童前书写发展具有特别的意义，应该引起教育者和研究者的特别关注。太早开始的针对汉字书写的教育活动对儿童意义是有限的，这一点从4岁组儿童的前书写得分可获证实。5－6岁阶段的儿童在书写得分上具有显著的差异。研究者认为，这提示了在幼儿园的课程设置以及家庭中前书写教育应该注意为不同年龄段的儿童设定不同的教育目标：针对4岁的儿童，应该更多设定观察环境中的文字信息，以纸笔涂鸦的方式熟悉书写，体会文字符号和图画之间的区别等；而具有书写汉字内容的活动，应该设计针对5－6岁的儿童开展。这一结果也说明了在早期教儿童抄写、默写唐诗的教育行为意义不大。

2. 汉语儿童的前书写经历了从图到文的发展过程,其中具有来自汉字系统的独特影响

汉语儿童的书写发展与图画的关系非常密切。研究者归纳和总结了系统观察情境下儿童前书写发展的特点,包括高频字、镜像书写、特殊的"笔画"、以图代字四个类型,发现汉语儿童对汉字的理解和掌握,存在"从图画到文字"的发展过程。"从图像到文字"即是摹画客观事物的外形,将其抽象再形成文字。在对英语儿童的研究中,发现了儿童的前书写萌发是从绘画开始的:Diffily(2001)总结了前期关于英语儿童前书写的研究结论,认为从绘画转向书写文字符号的过程具有普遍性;Baghban(2007)指出,儿童通过无目的地涂鸦、涂画,逐步转向书写书面语言的符号、字母等。本研究中,汉语儿童的前书写发展也符合从图画到文字的过程。

然而,研究者发现,比起英语背景儿童,汉语儿童前书写的发展与文字的关系更为密切。这与汉字本身的特点是分不开的。作为象形文字,"观物取象"是创造汉字的主要思维方式,即观察环境中的事物,从中抽取形象的特征,创造表达特定意思的汉字。针对汉字构型学的研究指出,从文字图画到象形字产生,一个关键因素即图形的简化,概括性的象征取代了图画式的描绘,间接的线条取代了投影式的块面结构(郭优良,1997)。

汉语儿童将汉字按照"图画"的形式进行理解先于作为"文字"理解的规律反映为高频字和以图代字等前书写现象。研究发现,这些特殊的前书写现象体现了儿童对汉字的字形和字音的了解先于对字义的理解的特点。儿童写出了"土"字后,继续写出了"士"字,并读出"shi"的音。当研究者询问儿童"士"字的意思时,儿童却不知道。研究者认为,儿童会写"士"字很可能是出于一种视觉敏感性,因为"土"字和"士"字的字形实在太相似了,在注意到这两个类似的字之后,向大人询问后,得知了两字的读音并记了下来。

同时,儿童对汉字字形、部件和笔画的把握都有一定的局限性,类似图画的曲线、弧线经常出现在儿童的书写作品中,这一特点与英语背景儿童十分相似,许多前期研究都提到,儿童的书写作品包含许多绘画的元素(Haney, Bissonnette & Behnken, 2003, Baghban, 2007; Zalusky, 1982)。但是汉语儿童的前书写发展与绘画的关系更为深入:许多图画式的笔画出现在书写中,儿童直接用图画来表现意思,这体现了象形文字的特点。儿童的前书写发展的过程,正是他们学习汉字独特的方块字、象形文字特点的过程。

基于以上的研究结果和分析,研究者认为,汉语学前儿童的前书写的教育应该把握

"从图像到文字"的发展规律。教育者应该看到,儿童在很早就对汉字产生了敏感性,但对汉字的理解更多是一种直观的、图画式的观察。这种图画式的观察表现在儿童的前书写发展中即对相似的字形特别有兴趣,容易记忆和掌握相近的汉字,对简单的、结构特点明显的汉字具有偏好。

3. 关注汉语儿童的前书写能力发展中的视觉敏感性与语音敏感性

研究者在系统观察情境中发现,儿童观察字形早于了解汉字读音的情况也十分明显。这一特点主要在较大年龄儿童的书写中得到体现,与汉字中形声字的关系密切。这一发现与英语背景儿童的研究是截然相反的。研究表明,英语儿童前书写的萌发与其语音敏感性之间的关系极其密切(Clay,2001;Elliot & Olliff,2008),儿童在拼写单词时常常出现字母的缺失或冗余,这些错误体现了语音对英语儿童书写的重要性,如"write"拼为"writ"等。而在对汉语儿童的研究中,则发现书写字形相对简单而字义复杂、比较少见的汉字时,儿童能写出汉字但对汉字的读音并不了解。如有儿童写出了"凤"字就会写"冈"字,也同样说不出"冈"的读音和意思;同样有儿童同时写出了"网"字和"冈"字,但不知道"冈"字的读音。同时,年龄较大的儿童具有初步的利用部件书写的意识,但这种利用部件的书写往往是用简单的形旁作为线索,能大概感知汉字包含的意思,但有时无法通过字形把握汉字的读音。如图9.6所示,儿童使用了"木"这一部件书写,连续写出了"木""林""森"三个字,但是这名儿童并不知道"森"字的读音,只是告诉研究者:"这是好多树的意思。"出现这一现象的原因可能是儿童在学前阶段的书写中,对一些简单形旁的掌握要早于声旁。这也指示了儿童对于汉字象形文字的特点有初步的理解。对儿童来说,形旁代表的意思是由视觉印象直接产生的,属于具体的形象思维过程,例如"木"就像一棵大树,"森"就是好多大树了。然而声旁的学习则需要抽象思维,且需要配合记忆。在学前阶段,形旁比声旁更早被儿童觉察并开始被初步掌握,是符合儿童思维习惯和认知水平的。

这一结论从正反两方面提示教育者:一方面,应该善于利用儿童对特殊和相似字形汉字的"喜爱"。教师或家长可以有意识地收集和整理一些具有强烈视觉特征的汉字,如全部是方形组成的"口 日 田"或者都由木字组成的"木 林 森"等;或者是一些十分相似的汉字,如"大 太 木"和"水 冰 永"等,请儿童来"找茬"。在日常生活中,也应该有意识地请儿童观察身边"相似"或者相同的字,例如,看看能不能在街上或超市里找到自己名字里的字等。这样的活动符合儿童前书写的发展规律,又能激发儿童的兴趣,使儿童认识和学习更多的汉字。

另一方面,儿童从图画到文字学习书写的发展过程也提示教育者,这一阶段的儿童更多是将文字当作一种特殊的图画进行理解的,特定细部的特征是他们很难关注和掌握的。因此,一些常见的书写错误是儿童在发展中必然经历的阶段。教师和家长应该认识到,儿童在这一阶段会出现各种书写错误,包括镜像书写、笔画、部件和整字的冗余或缺失。这些错误的出现,是因为他们对汉字的认识水平和记忆的能力有限,是这一阶段必然出现的正常现象,并无一定要纠正的必要。

与以英语儿童为对象的相关研究(Baghban,2007;Clay,1975;Teale,1995)对照,汉语学前儿童的前书写发展与英语儿童的前书写发展,两者既有相同之处也有不同之处:阶段一和阶段二几乎是一致的,儿童的前书写探索都是从涂鸦、简单的线条开始的;阶段三和阶段四也出现在英语儿童的前书写中,汉语儿童表现得略有区别,即汉语儿童书写英语字母等只是体现了对书面语言符号的关注,而这是英语儿童前书写发展的重要阶段;从阶段五开始,汉语儿童的前书写发展与英语儿童有了巨大的差异,英语儿童体现为语音敏感性为主导的对英语拼写规则的理解和掌握;汉语儿童对汉字的视觉敏感性和对汉字文字系统的象形特征的初步认知则引导了汉语儿童通过截然不同的发展模式习得汉字书写。

4. 帮助儿童从观察走向到创意书写:对课程与活动的启示

汉语儿童前书写发展过程的阶段特征提示教育者,4-6岁汉语儿童前书写的发展是一个循序渐进的过程:儿童从无意识地涂鸦开始,到逐步从环境中注意到文字的存在,对书面语言产生兴趣,开始尝试自己用纸笔涂画一些像文字的符号;慢慢地,儿童更深入地理解了文字系统的内涵,对汉语而言,儿童习得了汉字的外在特征,包括方块字、相同或相似的部件、笔画之间的差异;儿童更能够综合这些特点,发挥想象力,以绘画和像汉字的符号,创造自己的文字,实现沟通的目的。

汉语儿童前书写的发展确实具有清晰的阶段特征,这为我们观察和评估儿童的前书写发展以及设计相应的课程奠定了基础。教师或家长可以按照这一标准,观察和评估儿童的前书写发展。在承认儿童前书写发展具有个体独特性的基础上,对他们的书写行为进行评价。同时,教育者应该针对每个儿童的独特情况,制定适合其发展水平的前书写活动并进行指导。

同时,儿童前书写发展所具有的阶段性特点,使设计和实施具有连续性的前书写活动和课程成为可能。教育者应该有意识地在每个阶段,对照儿童前书写以及文字本身的特点,找到相对应的关键经验和教学目标,设计有针对性的包含前书写活动的早期阅读课程。在这些课程中,重要的是强调给儿童更丰富的题材和更多的机会进行书写,而并非一定要儿童"会写"甚至"写对"若干汉字。

李文艺等(2003)曾提出,学前儿童书写的教育目标应该按照"字音—字义—字形—书写"的顺序进行。在本研究中发现,汉语儿童对相当一部分汉字的认知很可能是根据视觉特点进行的,如果一味强调"字音",将与学前儿童在本阶段的发展特点有差异。因此,本研究更建议教师根据各年龄段儿童对汉字认知的不同特点,设计符合儿童前书写发展阶段特点的教育活动。

5. 帮助幼儿获得整合的、重视交流和讨论的早期读写经验

通过观察儿童的前书写发展阶段,教师应该理解,前书写能力的发展综合了儿童在生活中每个方面的书面文字信息(儿童在早期涂鸦、写数字、英语字母、符号等),是儿童学习、了解、掌握书面语言不可缺少的一部分。提高儿童的前书写发展水平,不仅需要给儿童纸笔,增加其书写的经验,更要整体创设早期阅读课程和情境。儿童前书写的开端是对书面语言和文字产生了感性的认识,将文字内容和图画区分开来,并初步感知文字的特点和用途,最后拿起纸笔,体验书写的感觉并发展自己书写的能力。在这个过程中,儿童能通过早期阅读的环境,接触到更多的文字信息,如通过图画书的阅读,区分图画和文字,并通过多次接触相同的文字,对字形和字义产生记忆,最后自己动笔时能把这些文字符号写出来。

教育者能从教育情境下汉语儿童的前书写中获得很多启示。教育情境下儿童的前书写呈现许多系统观察情境下未发现的特点。儿童在这一情境下,发挥了创造力和想象力,实现了沟通。这一特点说明,沟通的意愿是促进儿童前书写发展至关重要的因素。当儿童处于希望表达自己、有内容可以书写的环境中,他们会特别愿意回忆在环境中习得的汉字,并利用对汉字的知识,进行创意书写。同时,这一类环境也会特别刺激儿童注意收集生活中的书面文字知识,促进他们对文字的习得。

教师在教育环境中,应该特别注意引起和促进儿童的沟通意愿。例如,发现儿童感兴趣的话题,将书写和以书写表达融入这一话题的讨论中,鼓励儿童写一写自己的发现和想法。受活动设计的启发和影响,儿童能够更深入地观察周围生活中的汉字信息,将这些信息反映在前书写活动中。而一些与儿童生活相关的、发生在儿童周围的事情,特

别能够引起儿童书写的兴趣,如写一写自己的爱好、喜欢吃的水果蔬菜等。

研究者认为,从前书写的教学出发,教师也应该特别注意选取有利于儿童书写和绘画两方面发挥的素材,组织课堂活动。当儿童遇到书写困难时,很可能会直接向教师求教:某字怎么写?研究者认为,教师可以在适当的情况下告诉儿童某字的写法,但更应该鼓励儿童发挥创想,利用自己对文字体系的认识,试试用绘图或者其他方式表示出这个汉字。在有儿童以自己的方式创意书写之后,教师应该给予儿童互相交流的机会。如第五章中,老师选用"制作名片"这一活动,就符合儿童都会写自己名字、电话号码的书写特点;选择"我喜欢的蔬菜"则符合了儿童对蔬菜的外形熟悉,不会写汉字也可以以图画代替,同样能实现交流。

教育情境中儿童的前书写发展特点也体现了儿童对汉字体系本身的理解,这些理解包括一字一义、方块字、一字一音等。儿童开始理解到"字形"和"意思"具有一一对应的关系,哪怕是用图画或者其他方式代替,也会使用同一个符号表示同一个意思(如图9.14所示,黄色方框中,儿童画了两件衣服表示"医生"的"医"字)。对儿童来说,这种"一字一义"的规律意味着儿童对文字体系的认识:同一符号代表同一个意思,哪怕其中文字部分的表现形式是绘图、同音替代或者自创的书写符号。

教育情境下儿童的书写充分体现了儿童对汉字方块字特点的认识。方块字是汉字直观的外形特征。这一特征给儿童学习书写带来的视觉直感就是每个汉字具有独立的结构,字与字之间是有间隔的,字的大小是统一的。观察儿童的书写,也确实能够发现这样的情况。儿童逐字书写,字与字之间有间隔。随着年龄的增长,儿童书写的汉字大小趋于统一,从开始的复杂汉字写得较大,简单汉字写得较小,到后来无论笔画数多少和结构多复杂,都能写成较为统一的大小。不仅如此,在教育情境中,儿童即使以图画代替汉字,也注意到图画的大小和汉字的大小趋于整齐。儿童在教育情境下自如表达体现了汉字"一字一音"的特点。"一字一音"也是汉字方块字一个显著的特征。在儿童的书写作品中,逐渐能发现他们注意到了汉字"一字一音"和与口语表达的密切关系。儿童在教育情境下的创意书写,从一开始的以一个图表达一个意群(如图9.10中,儿童以一支笔代表了"写字"两个汉字),逐步发展为一字一音的表征方式,严格对应汉字系统的表达方法。

从研究中不难发现,儿童在没有学习如何写笔画、写部件、写整字的情况下,同样能从环境中收集关于书写的信息,形成对文字的初步认识,甚至能根据自己的需要和目前掌握的书写水平,创造出自己的文字体系。如前所述,前书写体现的并非单纯的"握笔写字"本身,而是儿童对整个书面语言系统的理解、掌握。针对目前幼儿园普遍存在的"抄写""誊写""描红"等书写教育,以及一些研究者提倡的在幼儿园进行书写教育时要纠正儿童的坐姿、握笔姿势甚至运笔姿势等观点(李文艺,王明晖,2003),本研究持反对的态度。这些学习与儿童以交流的需要为目的汉字学习相反,是以家长或老师的意志为出发,带有强迫性质的"书写训练"。这种练习不仅与儿童本身的沟通需要无关,更缺乏趣味性,只是一味地重复和记忆,常常令儿童丧失了对书写的挑战性和兴趣,甚至产生排斥、厌恶的感受。

教育情境下儿童前书写发展的特点又一次说明,放弃了传统的"描红式"和"抄写式"书写教育,发现儿童看似错误的书写背后隐含的文字系统知识更为重要。这些错误很可能显示出儿童对文字体系认识的进一步加深,教师应该特别关注这些与文字体系知识对应的发展信号,一定要在儿童书写之后,请儿童复述所写的内容,并和他讨论为什么要这样写。

总之,儿童的文字意识发展是一个复杂、立体的过程,书写只是其中的一部分,所反映出的也是儿童对文字系统的整体认识。儿童前书写能力的发展离不开早期阅读经验的逐步积累。关注儿童书面语言经验积累的早期阅读课程对儿童前书写的发展来说,是极好的获得文字经验的途径。目前的幼儿园教师在早期阅读活动设计中,还很少有意识地将前书写作为系列活动展开。事实上,对早期阅读课程的探索中,教师完全可以结合特定年龄阶段儿童前书写的特点,在教育目标中体现对前书写的关注,支持儿童的前书写萌发,提供更多机会让儿童习得和掌握汉字系统的规律。因此,教师应该特别注意早期阅读环境的整体架构,以多元化的早期阅读课程、大量的图画书资源和丰富的书面语言环境,帮助儿童习得文字体系的特点和规律。

第十章

汉语儿童早期阅读与读写能力发展的文化特殊性思考

　　有关儿童早期阅读和读写能力发展的研究,是过去若干年国际儿童语言和认知研究的热点(Whiterhurst,1998;Snow,2002;Evans,2002,2005;Justice,2005,2008)。研究发现,儿童早期文字习得和读写经验是书面语言学习的重要准备,早期读写能力的发展预示了入学以后读写能力的高低。研究早期文字经验的形成,开展适当的读写教育,已经成为一种共识。然而,有关汉语儿童早期阅读与读写发展问题,鲜有研究聚焦于中国文化情境下儿童早期阅读能力发生发展过程的探讨,也一直缺少完整的早期文字习得发展过程的信息以供实践运用,现有研究无法满足国内早期阅读与读写教育实践的迫切需要。

　　本章主要归纳前面各个研究的发现,试图提出汉语儿童早期阅读和读写的认识框架,以期得到国内外研究者的批评指正。

在探讨儿童语言和文字习得发展的过程中,研究者已经发现了汉语文字与其他印欧语系语言的差异。汉字所具有表意文字的较强的图形特征和形象性、整体性以及以形表意的特点,吸引着诸多研究者探讨汉语文字学习与信息加工处理的方式,因而揭示汉语儿童早期阅读与文字习得发展的独特规律,成为具有特别的价值意义的重要问题。

一、汉语文字的特殊性与儿童读写的特殊规律

汉语文字是世界上历史最悠久的语言文字之一。从文字学的角度来看,汉语文字的主要特点包括:(1)汉字是表意性质的文字,汉字的形音义之间原本存在一定的理据;(2)汉字是平面型方块体文字;(3)汉字记录的语言单位是汉语的音节,一个汉字代表一个音节;(4)汉字数量繁多,字形结构复杂,但是仍然存在着一定的结构规律。从文字构造的角度来看,汉语文字的构制自古以来被认为主要有指事、象形、会意、形声的规律和方法,而汉语文字的"形声"也不同于任何其他拼音文字,具有方块字形同音旁的结构特殊性。从文字的结构来看,汉语文字研究者们认为(殷寄明,2007),现代汉字字形以部件为核心,共有三个层次,即笔画、部件和整字。研究者们一致认为,汉语文字可以分为独体字和合体字,分析时需要注重部件和形旁,偏旁部首在汉语文字结构中占据重要地位。

汉语语言文字的文化特性,提醒我们在思考和研究汉语儿童阅读和读写发展的问题上,应当具有中国文化和中国教育立场。作为拼音语言与文字的英语,在大量研究中认定,儿童的语音敏感性成长对儿童的阅读与读写发展具有决定性的作用。那么,在文字构造与结构特征完全不同的汉语文字情景中,只有四分之一"形声"特征的汉语文字阅读与习得,儿童的认知加工过程完全等同于英语儿童吗? 我们的研究是否需要另辟蹊径予

以不同的关注？

的确,汉语文字与所有主要使用拼音文字系统的印欧语系语言不同,因为汉字是表意文字,在字形上与拼音文字有很大区别,它的较强的图形特征和形象性、整体性以及以形表意的特点,吸引着诸多研究者探讨汉语文字学习与信息加工处理的方式。因此,儿童汉字的习得发展是否具有独特的规律,是研究者们关注的一个重要的问题。目前国际范围内,已有的国际研究结果主要告诉我们三点。(1)一些研究者从汉字识别的角度来进行研究,认为在最初的汉字识别中,汉字更可能通过视觉特征进行识认(Ho & Bryant,1997)。汉字在声音—文字映象中的规则性不够。母语为字母语言的儿童学习字母形状,探索字母序列,他们一旦发现声音和字母间的联系,就会把学习重点转移到字母-声音对应上。而学汉语的儿童需要学认三千多汉字,每一个汉字图形表征都是不同的。在复杂的汉字中,有可以给出单字发音提示的语音部分,有可以给出单字意义提示的语义部首部分,因此学习汉语之类的象形文字非常强调视觉能力的重要性(Cheng,1992;Seidenberg,1985;Hue & Erickson,1988;Shu,Chen,Anderson,Wu & Xuan,2003),视觉感知是学会阅读的必备技能,视觉技能可能是对早期汉字识别中认读能力的最强有力的预测指标(McBirde,2002,2005)。(2)包含在一个汉字中的视觉信息量远远多于一个英语单词中所含有的视觉信息量(Hoosain,1991),汉字从视觉上是有独立的部首笔画特征,所占据的空间规定性和每个汉字的书写结构的复杂性使得文字学习者可能产生不同的阅读习惯。汉语儿童阅读的眼动轨迹不同于英语儿童,这种情况可能源自汉字阅读的习惯(Feng,2006)。(3)汉字习得过程中的偏旁部首识别能力可能对汉语儿童文字习得具有重要意义,偏旁在书面汉语中有可能作为拼写单元而存在,有助于儿童文字语义加工的过程;同时理解汉字拼写结构的关键期始于学前阶段(Chan,2008)。然而,究竟汉语儿童早期阅读和读写发展的过程是怎样的呢? 汉语儿童通过早期阅读和读写经验形成的视觉阅读策略是值得我们探讨的重要问题。

二、汉语文字的特殊性与儿童视觉阅读加工策略

从汉语文字的文化特殊性角度,我们认为,汉语儿童阅读与读写的认知加工与发展过程中,儿童视觉阅读与读写的几个方面值得予以高度关注。

1. 汉语儿童从图像到文字的视觉关注水平发展

在早期阅读与读写发展过程中,汉语儿童如何关注阅读的信息以及怎样获取读写对象的信息,是研究首先需要回答的问题。基于已有的关于儿童阅读和汉语文字特征的研究信息,我们使用眼动仪观察不同年龄汉语儿童阅读眼动轨迹,的确发现了汉语儿童从视觉关注图画起始,在增加对图像关注水平的过程中,逐渐增加对汉语文字的视觉关注水平的发展过程。

儿童最早的阅读材料是图画书,儿童图画书由图画和文字两个部分组成。考察 2—6 岁汉语儿童在图画和文字上的阅读眼动注视次数比例以及阅读眼动注视时间比例,我们可以发现,不同年龄汉语儿童阅读图画书的主要视觉关注点先在图画;在 2—4 岁期间,从注视次数和注视时间比例两个角度看,儿童阅读图画的视觉关注水平呈现不断增长的态势;4 岁之后,汉语儿童在不断提高从图画中获取信息的前提下,开始将视觉关注分配到文字区域中去,他们在阅读中注视文字的次数比例明显增加,注视时间比例亦有增长。在整个 3—6 岁期间,儿童对文字注视的水平低于图画上的水平,但随着年龄的增长,在注视时间和注视次数上都显著增加,在 5—6 岁期间的发展尤其迅速。通过捕获视觉关注水平的变化,我们可以获得汉语儿童阅读与读写过程中的成长特点。

2. 汉语儿童从图像到文字的关键信息关注水平的发展

儿童在阅读过程中如何逐渐获得对于阅读内容的理解?以图画书为阅读材料的早期阅读,儿童对阅读内容关键信息的视觉信息捕获能力是评价他们阅读能力的关键指标,其中包括对图画关键信息的视觉捕获和对图画书文字作为关键信息的关注。从图画阅读能力来看,儿童要理解图画书的内容和意义,必须通过对图画画面中关键信息的注视来达成,关键信息即图画书阅读中最能帮助儿童理解故事内容的信息。图画书中有关主角的画面信息往往是最重要的关键信息。此外,文字在图画书中常常具有"画龙点睛"的功能作用,因而也应归属于关键信息部分。分析儿童在图画书阅读中对于关键信息的视觉注视范围、对图画的关键信息的关注度,比较儿童在图画主角和文字这两个关键信息上的注视水平差异,可以进一步揭示儿童图画阅读能力的发展状况,并验证儿童阅读从图像到文字的发展过程。

具体指标可能参考的是:3—6 岁儿童视觉捕获图画关键信息的范围扩展增长(随着年龄的增长,儿童对图画书中关键信息的注视范围越来越多,越来越广);儿童阅读关键信息注视时间占总注视时间的比例和阅读关键信息注视次数占总注视次数的比例。这些指标可以提炼出：儿童视觉上能迅速关注到大部分的关键信息，能比较有效地提取图画中的关键信息，获得对阅读画面的理解。汉语儿童在图画阅读能力提高，特别是从图画阅读中获取重要信息的能力发展的同时，逐渐将母语文字作为阅读的重点信息不断加强视觉关注水平。

3. 汉语儿童从图像到文字的汉字视觉解析能力发展

汉字是一种有规则的文字，最重要的视觉特征就是"方块字"。因为汉字的这种特别性，汉语儿童早期阅读和读写的文字意识和文字认知过程有无独特的发展规律？他们对于汉字的视觉解析能力是如何逐步形成的？从视觉认知的角度来看，汉字作为表意文字的字形特征是：由笔画构成部件，由部件组合成"方块字"。因而儿童对于汉字的部件与整体关系的感知，是汉字文字意识和文字认知的重要表现。

为了进一步考察儿童的汉字解析能力，我们观察儿童对于汉字方块字视觉特征的认知水平，同时了解儿童对一些汉字部件位置特殊性的意识。儿童有关汉字部件位置知识和字型构造的概念，说明汉语儿童正在逐步学习将文字作为一个有特定规则的对象来进行加工，也揭示了汉语儿童从"图像到文字"的文字习得过程。

4. 汉语儿童从图像到文字的汉字视觉表现能力发展

已有的研究告诉我们，儿童学习阅读过程中较早出现了前书写行为，他们可能通过涂鸦、涂画、画图、像字而非字等符号形式，表达他们萌发的对于文字的理解。汉语儿童的前书写能力究竟是怎样发展起来的，是否具有汉语文字视觉表现的独特性？在研究中观察分析不同阶段汉语儿童的前书写作品，我们可以清楚地发现儿童早期书写经历的发展变化过程。早期书写反映出儿童有关汉字视觉表现的童年经验，也呈现出儿童在一定语言文字的文化情景中成长，他们潜移默化地受到来自母语语言文化的影响。

第二节　从实证研究结果看汉语儿童早期阅读与读写发展

通过对汉语儿童在图画书阅读过程的眼动研究、汉语儿童早期文字习得和汉字加工特征研究,小结本书内容呈现一系列的课题研究成果发现,汉语儿童早期阅读与读写发展遵循着下列基本特点与规律。

一、从图像到文字:汉语儿童早期阅读与读写发展的基本过程

在我们的系列研究中,发现了汉语儿童早期阅读与读写发展经历了从图像到文字的发展过程,具体可以提炼出下列结论观点。

1. "从图像到文字"是儿童图画书阅读中视觉关注的发展规律

汉语学前儿童在图画书阅读过程中,平均在 0.11 秒的时候就注视到了整页上的画面,而到 3.42 秒的时候才注视到文字。在每页上 8.81 秒的平均注视时间中,幼儿只有 2.15 秒左右的时间在关注文字,只占总注视时间的 23%。在图画书自主阅读过程中,儿童首先关注图画,并在阅读过程中主要注视图画。相比其他语系中学前儿童图画书阅读的文字视觉关注状况,汉语学前儿童更早、更多地关注文字。独立阅读情境中,汉语学前儿童在图画书阅读中对文字的注视时间占总注视时间的比例平均为 23.97%,注视次数占总注视次数的比例平均为 16.83%,这两项指标都远远高于其他语系下儿童在亲子阅读中对文字注视的水平,也显著高于汉语学前儿童在亲子阅读中的注视水平(Guo,2007;韩映红,2011)。汉语儿童平均在 3.42 秒左右的时候就注意到了文字,而其他语系学前儿童在 10 秒的时间内,儿童要在一页阅读时间快要结束的时候才注视文字,即使是类似图片的文字,也是在 6 秒左右的时候才注意到(Evans,2009)。以《好饿的毛毛虫》一

书中学前儿童对文字的视觉注视为例,有研究发现,学前儿童对文字的注视时间占总注视时间的比例仅为 0.70%,注视次数占总注视次数的比例平均仅为 1%(Justice & Lankford et al.,2002)。而在本研究的独立阅读情境中,汉语学前儿童在这本书的阅读中对文字的注视时间占总注视时间的 23%,注视次数占总注视次数的 15%,远远高于国外其他语系学前儿童研究中的比例。

进一步分析发现,不同年龄幼儿在图画书自主阅读中,在文字注视的眼动指标上差异显著,随着年龄的增长,幼儿越来越早地在阅读中关注文字,在文字上的注视水平越来越高。研究同时发现,4-6 岁期间,不同年龄阶段幼儿在图画书自主阅读中的文字注视的水平随着年龄显著提高,但不同性别幼儿在图画书自主阅读中文字注视水平发展的敏感期不同,男孩在图画书自主阅读中文字的视觉注视发展最快的时期是 4-5 岁,而女孩在图画书自主阅读中文字视觉注视发展最快的时期是 5-6 岁。导致这种发展敏感期差异的原因还需要进一步研究,但是研究结果证明,汉语学前儿童随着年龄的增长越来越多地关注文字。

研究同时发现,汉语学前儿童在阅读图画书过程中,逐渐将文字作为关键信息予以关注。文字与图画是图画书构成的两大要素,是图画书内容理解的关键信息,因此课题进一步对学前儿童对文字的视觉关注水平在"关键信息"的意义上进行了分析。通过对不同年龄阶段儿童在文字和主角上的视觉注视水平的比较,眼动研究告诉我们,4 岁儿童还完全未能将文字作为关键信息来予以注视;5-6 岁是儿童在图画书阅读中文字视觉注视能力发展的迅速发展期;到了 6 岁的时候,儿童对文字的视觉注视时间比例逐渐赶上并超过对主角的视觉注视时间比例。说明 5-6 岁期间儿童开始将文字作为关键信息来注视。

2. "从图像到文字"也是儿童早期文字习得的基本特征

我们对 3-6 岁儿童的汉字习得水平进行了研究,结果发现,汉语学前儿童早期所习得文字也呈现出"从图像到文字"的特征。

(1) 汉语学前儿童在阅读图画书过程中,可以逐渐自然习得一些文字

研究表明,儿童在未接受正式的识字教学之前已经能够认识一些汉字,并且识字数量随着年龄的增长而逐渐提高。当然,随着年龄的增长,儿童早期识字测试成绩的平均数在增加,标准差也在增大;同时,同一年龄组儿童识字测试成绩的差异也在增大。研究结果证明了一点,4-6 岁汉语儿童虽然未接受正式的识字教学,但随着年龄的增长,他们

认识的汉字数量每年都在显著增加。

（2）汉语学前儿童所习得汉字从独体字发展为合体字

如我们所知,汉字中的合体字约占90％(Zhu,1987)。我们研究所采用的237个汉字字表中,独体字有77个,占全部测试项目的32％;合体字有160个,占全部测试项目的68％。为了解儿童早期所习得汉字的特征,我们对超过一半儿童认识的汉字进行分析,发现在儿童认识人数过半的40个字中,独体字就占到了82％。同时,随着年龄的增长,儿童习得的汉字中独体字的比例越来越低,合体字的比例越来越高。汉语学前儿童识字顺序是从笔画数量少的字逐渐发展为笔画数量多的字。在儿童认识人数过半的40个字中,笔画相对简单的字较多,40个字的平均笔画数只有4.68,远不及测试材料中所有汉字平均笔画数(8.11)。这些研究发现与已有的对学前儿童早期文字习得的研究结论相似(莫雷,2006;周豹,2009)。随着年龄的增长,汉语儿童所习得的汉字的笔画数量越来越多。汉语学前儿童所习得的汉字逐渐从独体字发展到合体字,从象形字发展到形声字等类型。

（3）汉语学前儿童按部件对汉字进行区分的能力越来越强

研究结果表明,儿童在早期未接受正式的识字教学之前,已经能够以部件为单位对汉字进行视觉判断。这说明汉语学前儿童很早以前就发展起了按照部件对汉字进行判断的意识和能力,同时这种能力随着年龄的增长不断增强。汉语儿童对汉字部件记忆水平随着年龄的增长不断提高。沿循着"从图像到文字"的发展路径,在汉字的视觉加工中,汉语学前儿童逐步从"将文字视为一个整体"发展到"按部件进行汉字区分",儿童从不能记住特定的部件发展到能从不同的字中发现相同的部件。

二、从涂鸦到书写：汉语儿童早期文字构型书写的发展过程

在本课题研究中,团队采用实验法测量了汉语学前儿童文字构型意识和能力,采用系统观察法收集了汉语学前儿童文字书写的作品和教育情境下的汉字创意书写作品。通过比较、分析和讨论,课题研究发现,汉语学前儿童的早期文字构型书写发展经历了"从涂鸦到书写"的发展阶段,研究探讨了汉语儿童的汉字构型和汉字书写的水平、发展阶段和策略,获得如下几个认识。

1. 汉语学前儿童表现出初步的文字构型书写意识

课题研究通过对儿童基于部件的文字构型能力和对汉语学前儿童文字书写的特点进行分析,结果发现汉语学前儿童随着年龄的增长,逐步表现出初步的文字构型书写意识。具体表现为:汉语学前儿童汉字构型和文字书写能力水平不断提高;汉语学前儿童的构型和书写汉字越来越符合汉字视觉形态;汉语学前儿童表现出初步的偏旁部首意识。

在对 119 名 4-6 岁儿童的汉字构型能力的测验中发现,随着年龄的发展,汉语学前儿童的文字构型能力迅速发展。分析不同年龄阶段汉语学前儿童的文字书写水平,结果发现,各年龄文字书写水平之间差异显著(F=56.94,p<0.001);各年龄阶段的事后多重比较发现,5 岁到 6 岁的发展速度略快于 4 岁到 5 岁的发展。从本研究可以看出,4-6 岁是汉语儿童前书写发展的重要阶段,其中儿童对书写的理解在 5-6 岁阶段发展更为迅速。

研究发现,汉语学前儿童的构型和书写汉字越来越符合汉字视觉形态。在 4-6 岁儿童用实验者依次给的五个部件(又、扌、宀、灬、正)拼一个字时,出现了三种主要的形状:线形、十字形和方形。线形就是儿童将部件依次从左到右、从右到左或从上到下排列成线形;十字形就是儿童将部件分别放在"又"的上、下、左、右的位置而呈十字形。研究结果显示,将汉字拼成线形和十字形的儿童随着年龄的增加人数逐渐减少,而将汉字拼成方形的人数随着年龄的增加而明显增加。4 岁组将汉字拼成线形、十字形及其他形状的儿童人数较多,只有 14% 的儿童将部件组合成一个方形的汉字;到了 5 岁,84% 的儿童都将汉字拼成了方形结构;而几乎全部(98%)的 6 岁儿童都将汉字拼成了方形。如此可见,4 岁是儿童了解汉字是方形的初始阶段;4-5 岁时,儿童已经开始认识到汉字是方形结构,并且这种认识开始趋于成熟;到了 6 岁,绝大多数儿童都已获得了这一知识。

在汉字的构型任务中,研究者给儿童提供了上下左右四种偏旁部首,并在最后提供了一个"正"字以便于儿童进行调整,结果发现,随着年龄的增长,儿童表现出初步的偏旁部首意识。汉语学前儿童在汉字构型测验中反映出来,儿童对三个部首"扌""宀"和"灬"的摆放,在接近 6 岁时,"扌"的摆放已经有 84% 的正确率,"宀"的摆放达到 98% 的正确率,"灬"的摆放有 93% 的正确率。这些都体现出汉语学前儿童逐渐表现出初步的偏旁部首意识。

2. 汉语儿童早期文字书写经历了从涂鸦到规则书写的发展阶段

课题研究采用系统观察情境和教育情境对汉语儿童早期文字书写进行了分析，结合年龄发展阶段，发现儿童经历了从涂鸦到规则书写的七个发展阶段。

（1）儿童的书写以随意的线条、无意义的涂鸦为主，儿童不回答或无法回答所写内容是什么的问题。

在这一阶段，研究者提问儿童：你会写字吗？能够得到肯定的回答，但当儿童拿起笔，开始在纸上"书写"，他并不能将书面语言的经验很好地应用，而是只能通过涂画，表现"写"的状态。当研究者询问儿童书写的内容时，儿童不回答。

（2）儿童的书写呈现有结构但含义不明的线条，如像方块字的曲线或线条、表现一行行字的波浪线等。

儿童在这一阶段能够解释自己涂画的内容。这一阶段儿童所书写的内容虽然不能被汉字熟练书写者识别，但融入了在环境中观察书面语言的经验。如三条竖线代表三个汉字，儿童其实是具有了初步的方块字意识，并对汉语中一字一音的重要原则有了模糊的概念。

（3）儿童能写出阿拉伯数字、英语字母、简单的符号等。

在这一阶段，儿童倾向于书写一些简单的曲线，以及由这些曲线组成的数字、符号等。如图9.3的"阶段3"所示，曲线组成的字母和符号等是儿童较容易掌握的书写内容。

（4）儿童能根据汉字的意思画出图形，或者用同一个汉字代替其他的字。

例如，代表云、太阳、月、风等文字，儿童都是以图画的形式来表现的。这种绘图与儿童平时的绘画存在一些区别，如以三条曲线代替"风"字的象形程度就较高，通过观察也可以发现，儿童的"象形图示"的大小与其他汉字类似，在研究者的询问中，儿童强调图画是"字"。

（5）儿童能抽象出汉字的字形，写出"像汉字而非汉字"的符号，但熟练书写者很难仅仅凭借这些符号了解儿童书写的内容。

如图9.4的"阶段五"中，就不难找到类似的书写。但必须认识到，儿童能够"模仿"环境中的汉字，写出这些像字而非字的符号，是其早期阅读经验积累到一定程度的表现。

（6）儿童书写的汉字已经十分接近正确，只是有一些小错误，包括：使用现代汉语中不出现的笔画；笔画的冗余或缺失；笔画的方向错误；镜像书写等。

阶段六与阶段五的根本区别是，儿童的书写符号虽然包含一些错误，但已经能被熟练书写者认读。基于汉字独特的象形文字特征,在这一阶段儿童表现出的特征与拼音文字背景儿童大相径庭。以英语为母语的儿童为例,在这一阶段,儿童拼写的错误与语音敏感性关系密切(例如,将 winter 写作 WTR,将 robin 写成 ROBBIN 等)。而汉语儿童的错误类型则与视觉敏感性关系密切。汉字中很多的不对称结构,例如竖钩(亅),许多儿童就会将其方向写为向右,而部件甚至整字的镜像书写现象也十分常见。这一特征指示儿童在这一阶段对书面语言经验的积累与汉字本身的视觉特征联系紧密。儿童常常忽略汉字不对称部分的细部特征。

(7) 儿童能够书写的汉字符合规范汉字的字形标准。

不排除存在汉字部件或笔画之间距离过大或过小、笔形与规范楷体有些区别等问题,但儿童书写的汉字已经非常接近规范汉字。

通过这七个阶段的发展,汉语儿童的前书写实现从无意义的涂画到可辨识汉字的过渡,儿童在自然环境中积累的早期阅读经验也转化为书面文字的输出。

3. 汉语儿童早期文字书写经历以图代文到自创汉字的策略变化

汉语儿童早期虽然表现出初步的文字习得和文字书写能力,但是其发展并不成熟,有许多字、词并未获得,因此在汉字书写的过程中,儿童常常会通过涂鸦、涂画、画图、像字而非字等符号形式表达他们萌发的对于文字的理解(详见第九章)。汉字书写的策略中,儿童经历了以图代文到自创汉字的变化过程。具体体现出两种策略。

(1) 第一种策略是"以图代字"的策略

儿童使用以图代字的策略进行书写,实际上就是绕开了自己陌生的汉字"字形",同样达到交流的目的。如儿童表达《我长大了……》,这名儿童书写的内容是:"我长大了,我想当老师。因为我喜欢当老师可以教小朋友们学知识。"这幅前书写作品里,儿童共使用了 13 个绘画符号来代替 13 个汉字,而这些以图代字的符号都有其独特的含义。实际上,儿童"以图代字"的"图"发挥的作用是表达一个"意思"。图的意思和真实汉字的意思之间,儿童使用各种思考方式和策略,将其联系起来,形成了"以图代字"的关系链。"图"和"目标汉字"以及"儿童的策略"之间形成了有机的联系,他们可能是"音同",也可能是"意同",这样的以图代字的策略,使得儿童绕过尚未获得的真正汉字字形,仍然可以使用书面语言的方式表达自己的想法。在他们的以图代字策略背后,有着儿童口头语言表达的基础,也有着儿童思考的具体想法,儿童本身的生活经验对其使用怎样的图画来表示汉字具有重要的影响。

（2）　第二种策略是"自创汉字"的策略

儿童在教育情境下的前书写中,应用了自创汉字的策略,以接近汉字的笔形,或者一些类似部件的形式书写。用自己已经获得的某种汉字来替代表达意思,是这种策略的主要方式。这一方法帮助儿童利用已有的对汉字字形的概念,以简单的同音字、基本的笔画和部件的组合,达到书写的目的。系统观察研究中,也能够观察到儿童书写这种"像汉字"的字,这一书写特点指示儿童能够区别"图"和"字",但对于字形的准确把握还是有限。

在以图代文的过程中,儿童经历着以图代意发展到以图代音的成长过程;在自创汉字的过程中,儿童对汉字构型和书写意识进一步获得提升和发展,为下个阶段正式书写汉字做好了准备。汉语学前儿童汉字构型书写能力经历了"从涂鸦到书写"的发展阶段。

三、从图画阅读到文字读写：汉语儿童早期文字意识的萌发成长

文字意识是儿童阅读能力发展的基石,儿童早期文字习得来源于儿童文字意识的发展,儿童早期的文字意识在图画书阅读中萌发、成长。在课题研究过程中,我们注意探究汉语儿童在图画书阅读中文字意识的特点、加工方式和发展阶段。最后得到了初步的结论,即汉语儿童早期文字意识的萌芽成长在图画书阅读过程中表现为从图画阅读到文字读写。具体表现为：汉语学前儿童从图画理解发展到文字探索的信息表征加工;在文字意识的加工方式上从"自上而下"发展到"交互式";沿循了萌发、探索和类文字阅读三个发展阶段。

1. 有关汉语学前儿童从图画理解到文字探索的信息表征加工

文字习得来源于儿童逐渐学会从文字中获取信息,具体表现为儿童文字意识的发展、成熟。汉语儿童早期文字意识在图画书阅读过程中萌发并成长,首先对汉语学前儿童在图画书阅读中的信息表征加工进行了研究,结果发现,汉语学前儿童在信息的获取模式上表现为从"往复型"到"往复型"与"循环型"两种模式并存的方式;在图画和文字两种信息上的加工表征过程表现为多向、螺旋式递进的信息表征加工。

从眼动注视轨迹看"往复型"到"往复型"与"循环型"并存的信息获取模式(详见第七章),研究发现,在4岁的时候,儿童在图画书阅读过程中,经常迅速回到同一个兴趣区,或只在离开一个注视点后就迅速回到原来的注视区域,因此4岁儿童的眼动注视轨迹主

要表现为往复型的注视轨迹模式。5岁儿童常见的眼动注视轨迹的模式,呈现出与4岁儿童相似的特点;但是5岁儿童对图画内容的信息把握能力更强,并能较早地在图画信息之间形成回视,从而产生意义的联结。到6岁的时候,儿童出现了既有往复型的眼动注视轨迹模式。同时也出现了在几个兴趣区的连续注视之后才回到原初的兴趣区的情况,即出现了循环式的眼动注视轨迹模式;6岁儿童较早地关注到了图画书中的关键信息,并且也较快地关注到了文字,儿童在每一次回视过程中在信息区上的注视次数都不多,而是积极地通过信息区之间有意义的回视来获取信息区意义之间的联系,并且开始出现了从左到右的类文字阅读特征。通过对每个年龄段最具代表性的儿童图画书独立阅读过程中的眼动注视轨迹的分析发现,随着年龄的发展,儿童在图画书独立阅读过程中,对信息区的关注能力在迅速发展。

汉语学前儿童图画书阅读中呈现多向、螺旋式递进的信息表征加工特点。图画和文字是图画书的两大构成要素,儿童在图画书阅读过程中就是通过对图画和文字两者的表征来获得对图画书故事内容的理解,并在两种表征中不断进行转换来建构和产生新的意义和理解。表征来源于儿童对物体的关注,因此对儿童在图画书阅读过程中在图画和文字上的注视状况、注视轨迹模式的研究可以探测儿童在图画书阅读过程中的信息表征过程及转换过程。"从图画到文字"实际体现的就是儿童在阅读中对图画书两大要素表征转换和促进的过程。儿童文字意识是在图画书阅读过程中发展起来的,文字意识随着阅读能力的发展而提高。对儿童在图画书中两个重要的信息源(文字与主角)注视之间的比较,我们发现,随着年龄的增长,儿童在主角上的注视越来越少,在文字上的注视越来越多,在学前末期,儿童在文字上的注视已经赶上甚至是超过了对图画中主角的注视,这说明儿童在发展的过程中,视觉的关注、阅读信息的获得逐渐从图画转移到文字。研究同时发现,随着年龄的增长,特别是在6岁的时候,儿童在文字和图画之间的来回注视次数越来越多,这说明儿童在图画书阅读过程中不断地进行着文字表征和图画表征之间的转换,研究在眼动注视的证据上证实了基于媒介转换理论所提出的图画书阅读中文字和图画媒介转换的三角关系(Sipe,1998)。同时,根据儿童在图画书阅读过程中的眼动注视水平和注视轨迹模式的发展特点,本研究发现,在图画书阅读过程中,儿童在图画和文字媒介之间的转换是始于对图画的理解。在4岁时还未能产生两个媒介之间的转换;从5岁开始,儿童在两个媒介之间的转换迅速发展,并且在5岁时,媒介之间的转换仍然始于图画的理解;在6岁的时候,开始出现始于文字的理解。但在5岁和6岁时,儿童在图画书阅读过程中,图画和文字之间的媒介转换不是单向的,而是多向、螺旋式递进的。

2. 汉语学前儿童存在从"自上而下"到"交互式"的文字意识加工方式

随着年龄的增长,儿童逐渐由从图画注视中获得对故事的理解发展到从图画和文字两种信息中获得对故事内容的理解,表现为儿童文字意识的发展成熟。研究发现,汉语学前儿童文字意识的加工遵循着"自上而下"到"交互式"的加工方式,具体表现为儿童从图画注视到基于图画理解基础上的文字注视轨迹模式的发展;在心理加工方式上表现为"自上而下"到"交互式"的发展,即最初基于图画的理解来阅读文字,逐渐发展到图画阅读和文字阅读两种方式多次交互、往复的加工。

不管使用何种阅读材料,也不论是以文字为载体的文本为阅读对象,还是以图和文结合的图画书为阅读对象,所有的阅读都是为了从阅读中获取信息,进而理解文字、符号和图画所传达的意义。在以往的研究和本研究中,我们都发现,儿童是一个优秀的"图画阅读者",儿童在阅读过程中会从图画中获得对故事内容的理解,而图画书中的文本所承载的也正是图画故事内容,因此,儿童在图画阅读上的理解与儿童对文字的关注之间的关系就类似于文本阅读中阅读理解与文字解码之间的关系。儿童在图画上的眼动反映的是儿童对图画的理解,在文字上的注视反映的是儿童的文字意识,因此分析儿童在图画书阅读过程中图画信息上的眼动与文字上的眼动之间的关系,可以发现儿童在图画书阅读过程中文字意识发展的认知加工过程。本研究中关于儿童文字注视状况和图画书阅读注视轨迹的分析发现,4岁儿童很少甚至没有关注文字,直到5岁时,儿童才开始较多地关注文字,因此,儿童文字意识虽然在4岁左右的时候开始萌芽,但是未能形成文字和自身故事理解之间的关系,儿童文字意识的发展从5岁开始有着较为明显的表现。总体来看,我们可以发现,5岁时儿童文字意识的发展体现了"自上而下"的认知加工过程,而在6岁的时候,儿童表现为"交互式"的认知加工过程。

(1) 5岁时儿童文字意识"自上而下"的认知加工过程

从儿童在图画书阅读过程中的注视轨迹和文字注视前后、文字回视间注视轨迹的分析中可以发现,儿童在图画书阅读过程中,往往首先关注图画,并且在文字注视前在图画上的注视轨迹往往为循环型的注视轨迹模式,这说明儿童是在图画内容理解的基础上开始关注文字,试图通过文字的关注和阅读来验证自己对图画故事书的理解。但是由于5岁时,儿童文字习得水平不高,认识的汉字较少,因此,儿童会在文字注视(阅读)之后,又重新将注视转换到图画信息上,进一步从图画书中获取故事内容,所以在有文字回视之间的注视中,5岁儿童在文字回视间注视的信息区较多,表现为重复性的循环型注视模式。

(2) 6 岁时儿童文字意识"交互式"的认知加工过程

在 6 岁儿童图画书独立阅读过程中,我们发现,有文字注视的儿童往往在图画书阅读过程中迅速就关注到了文字,儿童试图先从文本(文字)的阅读过程中来获取故事内容,进而将阅读注意转移到图画信息,并从图画中获得对自己文字阅读理解的验证,这类似于文本阅读中的"自下而上"的认知加工过程。但是在 6 岁时,有文字注视儿童在文字回视间的注视信息区也表现为循环型的注视模式,说明儿童在文本阅读的基础上,需要通过图画阅读进一步获得对故事内容的理解,进而再次进行文本(文字)的阅读,以验证自己对故事内容理解的假设,这又是一种"自上而下"的认知加工过程。多次的文字注视之后,儿童继续通过注视图画来获取有关故事内容的补充信息。在两次甚至多次的文本(文字)与图画之间的循环型注视过程中,儿童获得了对故事内容更全面、更深入和更细致的理解,因此 6 岁儿童表现为明显的"交互式"认知加工过程。

3. 汉语学前儿童经历了从萌发到类文字阅读的文字意识发展阶段

结合学前期儿童文字意识的构成,我们认为,学前儿童在图画书阅读过程中的文字意识发展可以划分为以下三个阶段:

(1) 萌发阶段 (emergent stage)

在这个阶段,儿童在图画书独立阅读过程中,已经能意识到文字与图画之间的区别,初步形成了有关文字形式的意识。但未能意识到文字能够承载信息,文字和图画在信息承载功能上是分离的,文字功能意识还处于萌发阶段。此阶段在阅读过程中的眼动注视水平上表现为儿童很少关注文字符号。这个阶段往往在 4 岁儿童的阅读过程中体现得较为明显。

(2) 探索阶段 (experimental stage)

在这个阶段,儿童开始形成文字功能的意识,知道文字能承载信息,并且逐渐意识到文字传递的是图画所表达的信息,但这种意识还不稳定。儿童在包括文字在内的信息之间的探索显得比较零乱,还未能主动通过图画意义的获取去建构文字的涵义。此阶段在阅读过程中的眼动注视水平上表现为儿童在文字上的注视时间和注视次数逐渐增加,但没有规律,儿童在图画注视尤其是图画的循环注视的基础上开始关注文字。这个阶段往往在 5 岁儿童的阅读过程中体现得较为明显。

（3） 类文字阅读阶段（reading like stage）

在这个阶段，儿童的文字敏感性进一步增强，儿童开始形成有关文字规则的意识，出现从左到右、从上到下的类文字阅读。儿童会首先从文字中努力去获得故事内容，并在图画意义获得基础上去建构文字的涵义，采用各种策略去猜测文字的发音和意义等，努力辨认自己认识的文字。此阶段在阅读过程中的眼动注视水平上表现为儿童越来越早地关注文字，甚至在第一时间注视文字，在文字上的连续性注视增多，表现出类似文字阅读的眼动特征。在图画和文字之间的来回注视次数也更多。这个阶段在 6 岁儿童的图画书阅读过程中体现得较为明显。

四、从口头语言到书面语言：汉语儿童早期阅读与读写发展的多元模式构建

学前儿童早期阅读与读写发展是一个多元模式意义建构的过程，儿童运用口头语言、图画以及文字符号交流的能力在建构意义的过程中相互作用并各自获得发展。在这个意义的多元模式建构过程中，呈现出图画理解和文字理解的意义建构、口头语言和书面语言意义的建构以及汉语儿童本身文字习得与读写能力之间的相互建构。在这个重要问题上，我们需要反复强调我们的观点。

1. 口头语言是汉语学前儿童早期读写发展和文字习得的基础

儿童语言能力的发展表现为从口头语言的发展向书面语言能力获得过渡，在汉语儿童早期文字读写与文字习得的过程中，儿童已有的语言能力对儿童的文字习得和读写能力发展有何影响，这一问题的研究和解答对促进汉语学前儿童读写能力发展和文字习得水平的提高有着重大意义。课题研究通过测量汉语儿童的口头语言能力，获得了汉语儿童早期文字习得的水平和文字加工的水平；通过眼动仪研究了汉语学前儿童文字读写的发展特点。综合四者之间的关系，采用结构方程模型的方法，再次证明口头语言能力的发展是汉语学前儿童早期读写和文字习得的基础。

研究发现，汉语儿童的口头语言能力直接影响着汉语儿童早期文字加工能力。在总体上汉语儿童的口头语言能力对文字加工能力的影响显著（B＝0.682，p＜0.001），随着年龄的增长，汉语儿童的口头语言能力对汉字文字的加工能力作用越来越大；同时，也影响着汉语儿童的文字阅读水平；并通过其他因素对儿童的文字习得产生影响。

儿童的理解性语言能力作为影响儿童图画书阅读中文字注视的因素,是以往研究者重点关注的内容。本研究的相关分析结果发现,儿童的理解性语言能力(PPVT)与儿童在图画书独立阅读中文字的眼动注视水平之间相关显著,这与一些研究者(Evans,2008,2009;Gong,2007)的研究结果相同,未能支持另一些研究者(Justice,2006;Roy et al.,2007)的研究结果。各个年龄阶段中儿童接受性语言能力与汉字意识对儿童文字上的眼动注视水平的路径分析发现,在不同的年龄阶段,两者的作用大小不同。4岁时,儿童的接受性语言能力(PPVT)具有更强的预测作用;5岁是儿童理解性语言能力(PPVT)和汉字意识两者影响的转折点。随着年龄的增长,儿童汉字意识的预测作用逐渐增强,儿童理解性语言能力随着年龄的增长,通过对儿童的汉字意识起作用,从而影响儿童在图画书独立阅读中的文字视觉注视。

2. 汉语儿童早期阅读能力的发展是多元模式意义建构的过程

我们的课题研究通过对儿童在图画书阅读过程中的叙事,采用语料库的研究方法,发现学前儿童早期读写能力的发展是一个多元模式意义建构的过程,儿童运用口头语言、图画以及文字符号交流的能力在建构意义的过程中相互作用并各自获得发展。

汉语学前儿童是否能够在图画书阅读过程中建构起对意义的多元理解?我们的研究发现了与国际研究相似的肯定结果。Paris(2001,2003)的研究发现,随着年龄的增长,儿童在叙事和访谈两个理解任务中的得分逐渐增加,高年级的儿童能够讲述出更多与故事结构要素相对应的事件行动,对有关故事角色和角色感受、事件行动以及情节推理等问题的回答也更好。我们的研究中,儿童阅读理解得分的整体情况显示出同样的年龄发展趋势;同时,研究还发现,3-6岁可能是儿童图画故事书阅读理解能力大发展的重要时期,儿童在图画形象和事件行动上的理解能力在这一阶段持续快速发展,儿童在角色状态上的理解能力在3-5岁期间有较大提高,5-6岁期间进步缓慢。但总体而言,儿童在学前阶段后期表现出了对图画书中多元意义的理解能力。

儿童对图画书的图画形象、事件行动和角色状态三个维度的理解水平是同速发展的,还是存在发展速度的差异?为探索这一问题,需要比较儿童对这三方面的理解情况。为此,我们分别对3-6岁儿童在叙事任务中图画形象、事件行动和角色状态理解的百分比分数进行两两配对样本 t 检验,结果发现不同年龄儿童在事件行动理解上的分数都显著落后于在图画形象理解上的分数($t=12.998$, $p<0.001$),不同年龄儿童在角色状态理解上的分数又都显著落后于在图画形象和事件行动理解上的分数($t=31.810$, $p<$

0.001；t＝22.179，p＜0.001)。对阅读理解中图画形象、事件行动和角色状态理解之间的比较结果表明3岁儿童以理解图画故事书中的图画形象为主，对事件行动和角色状态的理解不足。4岁可能是儿童图画故事书阅读理解，尤其是事件行动和角色状态理解发展的一个关键起点：由4岁到6岁，儿童对事件行动的理解能力与对图画形象的理解能力一样持续快速发展，并逐渐接近对图画形象的理解水平；同一时期，儿童对角色状态的理解能力也持续发展，但与儿童图画形象和事件行动理解能力的发展相比速度较慢，且虽然儿童对角色状态的理解在4岁和5岁时较3岁儿童有较大提高，但在5～6岁之间则进步不大。由此可以判断，3～6岁儿童对图画故事书的理解遵循由图画形象到事件行动再到角色状态的发展顺序，3岁儿童以图画形象理解为主，4岁可能是儿童阅读理解能力，尤其是事件行动和角色状态理解能力发展的关键期。

这样的结果可以从儿童通过图画视觉阅读获取信息能力的发展以及儿童口头语言表达能力的发展两个方面来解释。图画形象是图画建构故事意义的基本元素(Kress & Leeuwen，1996)，直接代表物质世界中的人、事、物等对象，通过联系已有的生活和认知经验，儿童比较容易理解这种由图画直接表征的意义(Goldsmith，1984；Cooper，2008)。对事件行动的理解则要求儿童综合来自不同图画形象的信息，对图画形象之间的关系进行推理，而儿童在4～8岁期间整合图画信息、对图画进行推理的能力持续增强(Paris & Paris，2001；2003)，因而其对事件行动的理解水平也迅速获得了提高。对角色状态的理解除了要求儿童能综合图画信息进行推理外，还需要儿童具有一定的心理理论能力，能够推断角色的心理状态。

在以上的研究和分析中我们认为，汉语学前儿童在多元意义建构的基础上发展读写能力。3岁至6岁儿童的口语能力有利于他们对图画故事书的阅读理解，而儿童的图画视觉认知能力的发展也有利于他们的图画故事书阅读理解。实际上，儿童的图画视觉认知能力和口语能力都对儿童的阅读理解成绩产生影响，在不同程度上能够预测儿童阅读理解成绩的提高。学前儿童早期读写能力的发展是多元模式意义建构的过程，尽管在独立阅读图画故事书时儿童直接阅读的主要是图画，然而儿童会联系已有的口语经验，同时运用口语和图画两种不同形式的交流符号完成意义建构的过程。

3. 汉语儿童早期读写与文字习得之间存在相互促进的关系

儿童是因为识字而在图画书阅读中关注文字，还是因为在阅读中关注文字而识得了新的、更多的汉字？这个问题似乎是"先有蛋，还是先有鸡"的问题。本研究分别就两者因果关系构建了文字习得与文字阅读之间互为因果的两个模型,模型拟合的结果得到了一些新的发现。

研究结果表明,文字习得与文字阅读之间可能是一种互为因果,相互促进的关系。研究在文字习得与文字阅读之间的关系上未能完全同意 Evans 等人在 2008 年将文字注视作为儿童文字习得能力发展关键因素的结论,同时也未能证明她们(Evans,2009)将儿童文字习得能力作为文字阅读前提的观点。儿童文字习得与文字阅读之间可能是互为因果、相互促进的关系:儿童在图画书阅读以及其他活动中积极关注文字,就会逐渐形成有关文字功能、文字形式的意识,逐渐发展起初步的文字意识,从而有助于儿童初步习得文字;在此基础上,可能由于自我效能感(Evans,2009),儿童就越有可能在阅读中关注文字,形成文字注视与文字习得之间的循环。

已有的研究(Evans,2008)在综合亲子阅读对儿童语言能力发展的作用后认为,亲子阅读之所以对儿童的文字(书面语言)技能的发展没有促进作用,主要是因为儿童很少在阅读过程中阅读文字(注视的时间和次数比例非常低),因此许多研究者认为只要提高儿童在阅读中对文字的注视比例,就能有助于儿童的文字再认等文字技能的发展。已有的实验和训练研究在阅读材料上使用字母书,在指导过程中采用聚焦文字的策略吸引儿童对文字的注意,结果发现,让儿童更多地关注文字确实提高了儿童的单词、文字能力,在本研究中也发现了同样的特点,在总体数据中,儿童在文字上的注视水平越高,儿童的汉字习得能力越强。然而也有研究(Gong,2007)发现,只是简单地提高儿童对文字的注视,并不足以提高儿童的文字技能,在我们的研究中发现,相较于儿童在文字上的注视水平,儿童的文字意识能更强有力地预测儿童的汉字习得能力。

这一研究结论提示我们:在儿童图画书阅读过程中,通过在图画书阅读中点指、滑指文字的方式增加儿童对文字的注视,进而提高儿童的文字获得能力,这在国外的研究(Roy,2007)中已经被证明为是比较低效的,研究者认为,仅仅是吸引儿童在阅读中对文字的注视并不能提高儿童的文字能力和阅读能力,儿童在阅读中对文字的积极、主动、交互式的探索才是儿童文字获得发展的基础。本研究发现,儿童在独立阅读过程中,对文字的视觉注视远高于国外亲子阅读中儿童文字视觉注视的水平,甚至也高于国外亲子阅读中采用文字聚焦策略下儿童的文字视觉注视水平。这说明在独立阅读情境下,儿童更有可能积极、主动地探索文字。因此,即使要提高儿童图画书阅读中儿童的文字视觉注视水平,给予儿童独立阅读的时间和空间,激发儿童在图画书阅读中对文字的探索和交互,可能是更有效的方法。

当然,需要特别说明的是,从结构方程拟合的结果来看,汉语儿童文字习得与文字阅读之间互为因果的关系在5-6岁左右的时候才开始显现。汉字文字习得与文字阅读之间的关系在年龄上的差别可能揭示了儿童文字意识发展上的年龄差异。文字意识包括有关文字形式、文字功能、文字结构、文字规则和文字再认五个方面的意识和能力。4岁左右的时候,儿童通过注视文字初步形成文字形式和文字功能的意识,发展初步的文字意识,而在6岁左右的时候,儿童已经发展起了较好的文字规则和文字再认的能力,因此这个阶段中汉字习得能力对儿童的文字注视有着更大的作用。

不论何种模型,拟合结果都可以发现,汉字意识对儿童文字注视和文字习得都有着重要影响,尤其在5-6岁期间。本研究中的汉字正字法意识是文字意识中文字结构意识的表现,它是在文字的形式和功能意识的基础上发展起来的能力。当儿童具有较高的正字法意识的时候,其文字习得能力也会相应越高。而具备了这种正字法意识,儿童就越有可能对图画书中独特的文字、有认识的偏旁或部首等的字予以关注,因此,汉字正字法意识可能是儿童文字注视和文字习得的根本动因。这个研究结论提示我们:儿童文字上的视觉注视水平可能并不绝对受到儿童识字能力的影响,想通过提高儿童的识字水平,从而提高儿童在图画书中的文字注视水平并不是一种高效的方法,儿童在图画书独立阅读中对文字的注视更主要受到文字意识的影响。因此,进一步呼应研究所得出的结论,在儿童早期,积极提高儿童的文字意识不仅能促进儿童在阅读中对文字的注视,也能促进儿童文字习得能力的发展。

借此,我们希望通过实证研究结果进一步证明,汉语学前儿童的早期阅读与读写发展,经历了一个从图像到文字的逐渐发展过程。从事早期教育的工作者和家长,需要更多更好地关照儿童的图画书阅读,让儿童在阅读图画书过程中学会阅读,掌握关键信息,增长文字意识,构建对阅读材料意义的多元理解过程,并自然而然获得对汉语文字的敏感性。根据儿童发展的规律提供恰当的教育环境,将有效地促进汉语学前儿童的阅读与读写发展。

第三节　从阅读与读写发展特点讨论汉语文化情境下的早期阅读教育

基于前述有关汉语儿童早期阅读与读写发展的研究结果,我们进一步认识到,在汉语语言和文化情境下,我们必须打破过早让儿童集中认字和机械写字的传统习惯,对儿童进行立足于图画书的早期阅读教育。而我们的早期阅读教育,需要具有完整语言的教育观念,需要具有儿童全面发展的观念。

一、早期阅读与读写是汉语儿童早期语言学习核心经验的组成部分

学前儿童语言学习与发展的核心经验,是指在学前阶段儿童成长发展过程中,应当形成获得的最为重要的语言的经验。基于已有的研究探索,我们认为,学前儿童语言学习与发展核心经验可以分为三个重要的部分:早期口头语言学习与运用经验、早期文学语言学习与运用经验和早期书面语言学习与运用经验。这是汉语文化情境下学前儿童语言学习与发展的基本框架,也是学前阶段儿童语言教育需要帮助儿童获得的重要经验。

1. 早期口头语言学习与运用经验

如前所述,0-6岁阶段儿童处于语言发展的关键期,口头语言的形成与发展也在为阅读和读写能力成长奠基。因此,在学前阶段儿童口语交流能力的培养是幼儿语言学习的重中之重。儿童需要学习不断倾听、理解交流者的语言,并且在不同的社会交往情境中通过语言来表达自己的想法。可以说,0-6岁期间口语交流经验为儿童的语言符号系统的建立奠定了重要基础,同时也为儿童成长为成功的社会交流者做好了充分的准备。进一步从语言运用和交流的角度分析口头语言,0-6岁儿童的口语交流能力具体包含下

列经验的获得。

(1) 谈话经验

谈话是指两个或两个以上的人就某一主题进行的交谈。谈话是人们最常使用的语言运用形式,也是儿童交流能力发展的重要途径。就一个完整的谈话过程而言,包含着谈话的传递、谈话的导向和谈话的推进等语言要素(周兢,1996),每一个过程中又涉及若干个谈话的要素,其中较为关键的是谈话的发起、谈话中的应答与轮流、谈话主题的深入与转换、谈话的总结与结束等语言要素,这些语言要素都是儿童在口头语言发展过程中要逐渐学习和获得的。在学前阶段,儿童应当形成获得运用口头语言进行日常谈话交流的经验。他们需要学习使用恰当语句谈话;能够注意倾听并轮流对话;掌握交谈过程结构;采用策略达成交往。

(2) 辩论经验

辩论是运用语言交流表达不同意见的一种方式。在日常生活交流中,人们往往会对某一问题产生不同观点和意见,如何恰当地表达自己的想法,也是儿童需要逐渐学习获得的经验。学前阶段儿童可以学习运用语言解释己见;能够坚持表达个人想法;尝试不同方式证明自己的观点;逐步学习运用策略说服对方。

(3) 叙事讲述

叙事是一种脱离语境进行有组织表达的语言能力(张放放,周兢,2006)。叙说者需要由记忆系统启动与叙说主题相关的知识、选择适当的词语表达概念、选择适当的句子表达判断,也需要考虑所叙说内容的合理组织(如有条不紊地叙说内容,交待清楚角色、事件背景或前因后果等)、考虑听者的注意力与感受等等(齐宝香,2004)。叙事讲述的核心经验是指儿童在发展叙事性讲述语言能力过程中所需要学习并获得的最重要的经验,主要指儿童在学前阶段逐渐使用丰富多样的词句讲述,能够逐步学习有条理地组织讲述内容,同时能够感知独白语言的语境。

(4) 说明讲述

说明性讲述是独立讲述的一种类型,是用简单明了、规范准确的独白语言,说明与解释事物的形状、特征、功用或操作过程的讲述形式。说明性讲述较少使用生动形象的形容词,不需要丰富的感情色彩,而是从客观的角度表述明白事物的状态,交待清楚它的特点、来源或操作过程。学前阶段儿童说明性讲述学习的核心经验,主要包括以独白语言的形式进行说明性讲述,使用规范准确、简洁明了的说明性词句,以及理解说明性讲述的内容组织方式等。

2. 早期文学语言学习与运用经验

文学语言是早期语言学习的一种特别的经验储备。我们都知道,学前阶段儿童喜欢聆听学习各种儿童诗歌、童话故事和散文,这种通过口头语言方式输入传递的语言信息,却带有凝聚书面语言特质的高质量语言的价值,对于儿童的语言发展具有非常重要的意义。学前儿童在儿童文学作品学习过程中,主要获得哪些重要的文学语言经验呢?

(1) 文学语汇

文学语汇是指文学作品中所运用的全部的语词总和,即包括词汇、语言句式以及修辞方式。语汇是儿童语言的内容,也是儿童语言的材料。借助语汇,儿童了解文学作品的内容、形式和主题;同时,语汇还是儿童运用文学语言表达内心世界的重要材料。学习文学作品是儿童扩展词汇的重要途径。文学词汇的学习要求儿童理解、掌握作品中出现的新词汇以及描述人物或事件发展的关键性词汇的含义,并尝试在仿编和讲述中运用。

(2) 文学形式

文学作品的形式指作品内容赖以显现的文学的体裁、结构和表现手段等。学前儿童在经常接触学习文学作品的过程中,感知并获得汉语儿童诗歌、故事、散文文学作品的形式,理解儿童诗歌、散文和故事的结构的基本特征;感受汉语儿童诗歌的不同节奏韵律;了解汉语散文语言形式;理解故事的情节发展过程;尝试用语言按照诗歌、散文和故事结构进行仿编。

(3) 文学想象

文学想象是儿童学习依据语言进行文学想象的经验。文学作品是以想象为基础的作品,想象是文学作品的基础和灵魂。儿童在阅读文学作品时,会自然地跟随作者的描写、抒情、叙述形成相应的画面印象;在欣赏诗歌和散文时,会形成优美的景色、动人的情形;在理解故事时,会形成作品所描写的人物形象,会形成对情节的生动再现。由于每个人生活经验的不同,所想象的情形也会有差异,一个有着良好的作品理解和欣赏能力的儿童,必须具备良好的通过语言理解并进行文学想象的能力。文学想象的学习要求儿童通过口头语言或者图画画面想象理解文学作品内容;想象儿童诗歌或者散文的画面意境;调动个人生活经验想象理解故事的情节发展与主要人物特征;尝试用自己的经验想象和编构故事,并尝试创意仿编儿童诗歌。

3. 早期书面语言学习与运用经验

在着重关注幼儿口语交流能力学习与发展的同时,我们也不能忽略学前阶段儿童的早期书面语言准备经验。社会和经济发展迅速的今天,人的阅读能力被视为当今社会获得成功的基础。近年的研究的结果告诉我们,3－8岁是儿童学习早期阅读和读写的关键期,教育者要切实把握这个发展的时机,在培养儿童口语交流能力的同时,帮助幼儿做好书面语言学习准备。在实证研究的基础上,我们认定学前儿童的早期书面语言学习的核心经验,包括前阅读经验、前识字经验和前书写经验,我们将在下面几节逐一展开论述。

二、学前儿童前阅读核心经验学习与成长

阅读是从书面语言材料中获取信息、建构意义的过程。幼儿的阅读不同于成人的阅读,其中最大的区别是在阅读材料和阅读对象上。学前儿童主要以阅读图画书为主,并遵循着从"图画到文字"的规律逐渐增加阅读的经验。学前儿童前阅读的经验,重点在于通过学习阅读图画书,建立热爱阅读的行为习惯;逐渐学习观察理解图画书的内容,并逐步形成一定的阅读策略;发展对阅读内容的表达和评判能力。"前阅读"的核心经验是支持幼儿在终身学习中成为一个成功阅读者必备的经验,是一个有着良好阅读能力的幼儿应该具备的态度、行为和能力。学前儿童前阅读核心经验的内涵与发展要求如下:

1. 良好的阅读习惯和行为的养成

良好的阅读习惯和行为是影响幼儿终身阅读的关键因素,幼儿只有喜欢阅读,才可能亲近图画书,才能在图画书阅读中获取信息、建构意义。我国《3－6岁儿童学习与发展指南》要求,幼儿从3－4岁能"主动要求成人讲故事、读图书",逐步发展到5－6岁"喜欢与他人一起谈论图书和故事的有关内容",正反映了对幼儿"阅读习惯"的期望;要求幼儿从3－4岁"爱护图书,不乱撕、乱扔",逐步发展到5－6岁能"专注地阅读图书",反映的是对幼儿"阅读行为"的期望。幼儿在这个范畴核心经验上的发展阶段如下。

（1）初始阶段

幼儿获得对图画书的认识,知道封面在哪里;知道如何拿书,掌握基本的图画书翻阅规则,如正面翻阅,从前往后翻阅,一页一页翻阅;愿意与成人一起阅读图画书,在空余时间会积极、主动地选择翻阅图画书,比如在餐前活动时会主动去图书角阅读;在阅读图画

书时，能做到不撕书、不乱扔书。

（2）稳定阶段

幼儿知道图画书的标题，能指出故事开始和结束的页面；能熟练地按照阅读规则翻阅图画书，能迅速找到成人提到的页面，阅读时会指着图画书中的物体；会经常翻阅自己喜欢或与成人共读过的图画书，并能专注地阅读；能在教师的提示下根据图画书的封面或标记初步学习整理图画书。

（3）拓展阶段

幼儿熟悉图画书的结构，知道封面中不同形式文字所表示的意义，能准确指出故事开始和结束的页面，了解环衬、扉页在图画书中的作用；能熟练地跟随成人的朗读翻阅图画书，认真观察图画书的画面和文字信息；喜欢阅读不同类型、题材的图画书，养成每天阅读的习惯，并能较长时间专注地阅读；具有初步独立阅读的能力，愿意跟别人分享图画书。

2. 阅读内容的理解和阅读策略的形成

幼儿独自翻阅一本图画书或在成人的带领下阅读一本图画书时，需要通过画面或成人的讲述了解图画书的基本内容。如果是一个故事，幼儿就要通过阅读了解故事中有谁，在哪里，发生了什么事情，从而获得对故事中的时间、人物、地点的感知和对情节的理解。因此，幼儿在"前阅读"的过程中需要获得有关"阅读内容的理解和阅读策略的形成"的经验。《指南》要求3-4岁幼儿"会看画面，能根据画面说出图中有什么，发生了什么事等"，5-6岁幼儿"能说出所阅读的幼儿文学作品的主要内容"，反映的正是对幼儿"阅读理解"的期望。同时，在阅读的过程中，幼儿需要逐步获得一些基本的阅读策略，如预期、假设、比较、验证等，这些策略的获得有助于幼儿更准确地理解图画书的内容，有益于他们在后期学校教育中自我调节，最终走向自主阅读。根据已有研究（李林慧，2011），我们认为这一范畴的经验包括两个方面：一是阅读内容的理解，主要包括对主角形象的感知，对主角行动和主角状态的理解，对图画书从单个画面到整本图画书情节的理解；二是形成初步的阅读策略，指通过预期、假设、比较、验证等进一步理解图画书内容。幼儿在这个范畴核心经验上的发展阶段如下。

（1）初始阶段

幼儿通过对封面的阅读初步了解图画书中的主角，并初步感知主角的动作和表情。通过对封面的阅读，猜测图画书中的主角或主要人物，并猜想故事的情节。在阅读的过程中,能清晰、准确地指认页面上的物体,能够描述单个画面上的故事情节。

（2）稳定阶段

幼儿能主动观察图画书中主角或主要人物的动作以及行动路径和方向,了解主角在干什么;能描述单个画面上较为丰富的情节,并能将前后画面的故事情节串联起来;能较准确地理解图画书中的关键词。在阅读中,能在成人的提示下猜想图画书后面的情节,在成人的提问下,会通过观察图画书中主角或主要人物的动作、表情、姿态来验证文字所传递的信息或自己的猜想。

（3）拓展阶段

幼儿能细致观察画面中主角或主要人物的状态,包括动作、表情、姿态等,理解主角的心理状态,如情绪、想法等;能有意识地观察画面中的细节,并将细节与主要情节联系起来,通过对图画书画面布局、构图、视角、笔触、色彩等的感知进一步理解图画书的内容,能准确理解完整图画书的内容。在观察阅读图画书的封面时,会预测图画书的整体情节;在阅读过程中,能根据图画书的结构作出合理的预期,如在知道毛毛虫周一到周三都是吃了跟日期相同数量的水果后,就会猜想周四毛毛虫吃了四个水果,但肚子还是好饿;会有意识地对图画书中的画面信息进行比较,如主角表情的变化,画面色彩的变化,相关物体形态的变化,来深入理解图画书的内容;在阅读图画书之后,会以"如果……那就……"对图画书情节作出不同发展方向的猜想、假设。

3. 阅读内容的表达与评判

一个有着良好阅读能力的幼儿在阅读一本图画书之后,不仅能知道作者说了什么,还能较完整、准确地叙述图画书的内容,初步结合自己的阅读和生活经验,通过多种方式表达自己对图画书的理解,并能在生活中运用从图画书阅读中获得的经验;还能对图画书中的人物、主旨形成自己的看法,进行自己的判断和思考。这就是幼儿在阅读过程中对阅读内容的表达与评判的经验。《指南》提出5—6岁幼儿应"对看过的图书、听过的故事能说出自己的看法",反映的正是对幼儿在这个经验上的期望。根据已有的研究（杨凤,2010）,我们认为这个范畴的经验包括三个方面:一是对阅读内容的叙述,二是阅读内容的表达与迁移,三是儿童开始用评判性思维看待图书角色内容。幼儿在这个范畴核心经验上的发展阶段如下。

（1）初始阶段

幼儿会在成人的提示下做出与图画书主角相应的动作和表情,能用口头语言来叙述图画书的内容,但所叙述的内容情节性不强,缺乏逻辑性,不同画面之间未能形成联系;在成人的提示下,会在生活情境中想起图画书中主角的行为,并进行简单叙述,但还不能用图画书中主角的行为来调节自己的行为;在绘画活动中,会回忆和初步表现出自己看过的图画书中的形象;在阅读完一本图画书之后,会表达自己是否喜欢所阅读的图画书。

（2）稳定阶段

幼儿会根据自己对图画书的理解,产生与主角或主要人物相应的情绪,表现出移情性的反应;能较为连贯地叙述所阅读图画书的主要情节,在叙述过程中会较多地使用图画书中的语句;在日常生活中,会有意识地联想起自己看过的图画书,并用图画书中主角的行为来调节自己的行为;会在阅读之后做出与图画书中主角或主要人物相似的行为,如阅读了有关写信方面的图画书,会以图文结合的方式写出自己的信;会结合自己的生活经验和兴趣,采用图画或图文方式,仿编、续编图画书情节;在阅读完一本图画书之后,会表达自己是否喜欢所阅读的图画书,并能初步说明原因,还会表达自己对主角或主要人物特征的理解和喜好。

（3）拓展阶段

幼儿会准确地解释主角或主要人物出现的行为、状态的原因;在叙述图画书内容时,能逐步使用自己的语言,以书面语的方式清晰、连贯地叙述图画书内容;能较为完整、清晰地使用图画书中的词语、语句叙述图画书内容,表现出类似文字阅读的"朗读";在日常生活中,会根据自己的经历和想法,在仿编、续编图画书情节的基础上,合作制作图画书;在阅读完图画书之后,会对图画书中人物的特征进行评价,对主要人物的人格特质、道德品质进行判断,并说出自己的理由;会对图画书所传递的主旨和含义进行初步的思考,表现出对作者意图的认同或质疑,并说明理由。

幼儿在"前阅读"过程中所需获得的三个核心经验,贯穿了幼儿图画书阅读中从感知、理解到表达的基本过程。从三个核心经验的内涵可以发现,有些经验是需要教师和家长在区域活动、一日生活、亲子阅读中引导幼儿获得的,如阅读习惯与阅读行为的养成,而有些经验需要教师通过集体教学活动、小组活动帮助幼儿获得。从三个核心经验的发展阶段可以发现,不同范畴、不同阶段的经验所需的认知要求不同,如"良好阅读习惯和行为的养成"在认知要求上就低于"阅读内容的表达与评判"。这就提示我们在幼儿园教育和亲子阅读中要关注不同年龄阶段幼儿"前阅读"核心经验的成长点,即使是同一个经验,也会有不同的发展阶段,因此在面对同一年龄段的幼儿时,要根据他们已有的核心经验发展水平,逐步提出更高层次的挑战。

三、学前儿童"前识字"核心经验内涵与发展要求

"前识字"的核心经验是指幼儿在接受学校教育之前,获得的有关符号和文字在功能、形式和规则上的意识,并在有目的、有意义的情景中初步习得符号与文字的经验。需要特别指出的是,基于我们对汉语学前儿童阅读与读写发展规律的认识,我们更加坚定地认为,在汉语文化情境中,我们需要转变传统观念,不以儿童识字、认字为目的,帮助学前儿童获得前识字的经验,因为早期书面语言准备的经验重在激发儿童对符号和文字的兴趣,发展儿童文字意识。前识字的核心经验范畴包括三个方面,一是获得符号和文字功能的意识;二是发展符号和文字形式的意识;三是形成符号和文字规则的经验。

1. 逐渐获得符号和文字功能的意识

符号和文字具有表征功能,能表达特定的意义。因此,"获得符号和文字功能意识的经验"主要指儿童获得对文字与符号在功能和意义上的理解。具体表现为:(1)知道文字与符号能够表达一定的意义;(2)知道文字有记录作用,能够将口头语言或意义记录下来;(3)理解文字与符号跟口头语言之间的一一对应关系。儿童在该经验三个发展阶段上的主要表现如下。

(1) 初始阶段

在这个阶段儿童主要获得两方面的能力。一是会有意识地关注生活中的各种符号和标识。在幼儿阶段,儿童往往对功能性标识符号更容易关注,比如商店标识、交通标识、幼儿园和家里的门牌号码标识等等。二是知道生活中和图画书中的符号和标识有特定的意义。虽然儿童还不认识所看到的商店标识、交通标识、名称标识的汉字,但开始会有意识地关注,知道这些标识、符号或文字都是有意义的符号,并通过无意识记的方式记住这些符号和文字。

(2) 稳定阶段

在这个阶段,儿童基本获得符号与文字在传递信息、表达意义和记录口语方面的功能。在这个阶段中,儿童不仅需要有意识地关注周围生活环境中的符号文字,而且还需要逐渐获得这些符号和文字的意义,通过对文字和符号与意义的联结,逐渐形成符号和文字在传递信息、表达意义和记录口语上的功能。例如,在图画书阅读中,知道老师读的

是图画书中的文字,这些文字表达的是自己所看到画面的意义,进而初步形成"图画—口语—文字"三者之间的联结。在生活中,看到幼儿园大门口的园名,虽然儿童不认识其中的文字,但能意识到这些字表示的就是自己所在幼儿园的名称;儿童看到图画书上的封面,能意识到封面上的大大的、黑黑的字表示图画书的标题,是封面上出现的动物和情景的意思;了解到公用卫生间门上穿裙子的人像表示女厕所,烟斗表示男厕所;遇到交通标识时知道红灯表示停、绿灯表示行;看到五星红旗知道表示中国;看到五环旗知道是奥运等。

(3) 拓展阶段

在这个阶段,儿童会表现为对符号和文字功能的进一步理解,并将符号和文字功能的意识运用到生活和阅读当中。当幼儿开始意识到符号和文字能表示特定的含义后,儿童会表现出对符号和文字更大的兴趣和热情。因此,这个阶段,儿童会主动关注并寻找符号和文字的意义,尝试通过文字和符号在形式上的变化来理解图画书的故事内容。幼儿在生活中经常会指着符号或文字问成人"这是什么意思?"同时,随着阅读经验的丰富、对一本图画书的熟悉,儿童会逐渐从对图画的关注转移到对图画书中的文字的关注,甚至会假装阅读文字一样来朗读图画书。在这个阶段,儿童符号和文字功能的核心经验基本获得,并将利用这种核心经验去发展有关符号和文字在规则和形式上的经验。

2. 发展符号和文字形式的意识

符号和文字在书写表现形式上有着独特性,获得这种形式上的独特性意识是儿童辨析、识认汉字的基础。因此这个范畴的经验主要指儿童获得有关符号和文字尤其是母语文字独特性的认识。具体表现为:(1)知道文字与图画和其他视觉符号是有区别的;(2)知道汉字是方块字,由部件构成。儿童在三个阶段上主要有如下表现。

(1) 初始阶段

在这个阶段,儿童主要表现为能将文字与线描画、图画等区分开来,虽然说不出原因,但儿童知道类似方块字的文字才有意义和发音。比如,当幼儿面对线条画、图示、无意义字母和文字的时候,幼儿知道只有文字是成人可以阅读的。在这个阶段,儿童会表现出根据文字意义视觉的大小来判断汉字的意义,认为大的物体应该有更大的形式(占据更大的空间),即主要从视觉大小来分析文字的大小,比如,因为"大象"比"蚂蚁"在视觉上更大,所以儿童会认为表示"大象"的文字就必须比表示"蚂蚁"的文字更大。

（2）稳定阶段

在这个阶段，儿童能明确地将汉字与图形、图画区分开来，当面对不同字的时候，知道符合汉字形式的才是成人能够认识的汉字。开始初步形成符号和文字在书写形式上的固定性表征，即如果儿童了解自己的名字在家里是何种形状，也会知道在幼儿园中的名字也是同样的形状，并开始知道表示物体的文字不会因为物体大小的变化而有大小变化。在这个阶段，儿童开始意识到汉字是方块字，并根据象形字等表意性强的汉字在形式上的特点，猜测这些汉字的意义。

（3）拓展阶段

在这个阶段，儿童在图画书阅读中更多地关注文字，并且意识到同一个汉字有多种表现形式（横排和竖排；印刷体和手写体）；同时给予儿童几个不同位置的部件，儿童会拼成一个符合汉字正字法规则的汉字形式，例如，给儿童提供提手旁、宝盖头、立刀旁、心字底和一个"正"字，儿童会在拼字、造字的过程中，将提手旁放在"正"字的左边，立刀旁放在"正"字的右边，宝盖头放在"正"字的上边，心字底放在"正"字的下边，拼出、造出一个符合正字法规则的汉字形式。

3. 形成符号和文字规则的经验

文字是按照一定规则构成的，文字的阅读一般都是按照从前往后、从左到右、从上往下、一字一音的方式来进行。获得对文字构成和文字阅读规则的核心经验，是儿童未来文字习得和文字阅读的基础。因此，这个范畴的核心经验主要聚焦在文字上，作为母语为汉语的儿童来说，主要就是获得有关汉字阅读规则、汉字组成规律，并运用各种线索初步习得一些汉字的经验。具体表现为：（1）知道文字阅读要从左到右、从上到下阅读，文字之间有间隔；（2）初步了解汉字的组成规律；（3）获得利用汉字组成规律推测新字含义的策略，包括猜测、情景线索、语法线索和部件线索等策略。儿童在三个阶段上的表现如下：

（1）初始阶段

在这个阶段，儿童在关注文字的基础上，开始知道文字与文字之间有间隔，所以会告诉成人广告牌上有几个汉字，即对汉字进行点数。在生活中积极地再认和回忆自己熟悉的各种标识符号，对自己名字中的汉字有着特别的敏感性，能在各种场合中认出自己的名字。

（2）稳定阶段

在这个阶段，儿童在假装阅读图画书的标题和书中文字的时候，表现出从左到右、从上到下的文字阅读规则；会根据情景线索来猜测汉字的意义，如到了动物园门口的汉字，会指着文字说"动物园"，虽然并不认识单个的字，但能完整地说出来，并且音与字之间会有一一对应的表现；同时，这个阶段的儿童，还会根据一些象形字的象形特点，如"山""人"等，来猜测这些汉字的意义。在这个阶段，儿童会在生活和阅读中自然习得一些汉字，比如自己、爸妈或其他小朋友的名字，幼儿园、居住小区等的名称，常去的超市、商店或餐馆的招牌名称，熟悉的图画书中的文字等等。

（3）拓展阶段

在这个阶段，儿童主要表现为在生活中遇到一个汉字，能基本正确地指出这个字里面有几个"字宝宝"（部件）。儿童在这个阶段表现出对汉字猜测和再认的极大兴趣，会经常问成人自己所看到的汉字是什么意思，也会尝试使用情景线索、语法线索或部件线索来猜测字词的含义，如去饭店吃饭的时候，当大人给小孩子念招牌"××饭……"的时候，儿童开始知道下面一个字是自己平时知道的"饭店"；当看到一个"很"字中有"艮"字的时候，就会想到自己常常看到的"银行"的"银"中也有这个字，所以就会猜"很"字是"银行"的意思；进而还会根据"银行"的"银"的发音来命名"很"，虽然错误，但经过成人纠正之后，迅速就会获得"很"字的发音。

四、学前儿童前书写核心经验内涵与发展要求

前书写是儿童读写学习的一部分，主要指儿童在未接受正式的书写教育之前，根据环境中习得的书面语言知识，通过涂鸦、图画、像字而非字的符号、接近正确的字等形式进行的书写。早期的前书写经验对儿童整体的语言发展具有非常重要的作用，儿童应当在前书写过程中获得与汉字的纸笔互动的体验，建立书写行为习惯的经验，感知理解汉字结构的经验，并且能够形成创意书写表达的经验。

对汉语儿童来说，持续的前书写活动和学习，能够帮助儿童逐步了解和熟悉汉字的方块字体系，明白"一字一音"、一个符号代表一个特定的意思，这些逐渐发展的能力都是儿童书面语言学习的基础。此外，早期的前书写经验对儿童整体的语言发展也具有非常重要的作用，儿童不仅能够通过前书写学习汉字的纸笔互动，获得书面语言的发展基础，更能够通过对书面文字的熟悉，进一步加强口头语言能力，包括语音、词汇、语义、语法等语言发展指标，都能够通过前书写的经验得到发展和巩固。研究者也发现，儿童的前书写能力可以帮助和支持儿童其他能力的发展，包括认知、数学和社会性发展等，能够有效

地促进儿童语言之外的其他多项能力的综合发展。

汉语儿童前书写核心经验归纳为三条：建立书写行为习惯的经验；感知理解汉字结构的经验；学习创意书写表达的经验。

1. 建立书写行为习惯的经验

学前时期儿童从对书面语言产生兴趣开始，在教育资源充足的情况下，就能够自发地模仿成人"画字"，探索与纸笔互动的经验。建立书写的行为习惯，是儿童最初积累的关于前书写的经验。这里的"书写"并不是指儿童书写规范的汉字，而是指儿童能够涂画、模仿与书面文字相关的符号，这些符号不仅指简单的汉字字形，还包括简单的笔画、图形等。

（1）初始阶段

以随意的涂鸦和线条"假装"书写。儿童最早开始对书面语言、"写字"这种形式感兴趣时，对具体的文字体系和书写方法是一无所知的。在儿童年龄很小的时候，他们往往是凭着好奇，拿起笔在纸上涂画，内容仅仅是一些非常潦草和简单的线条、随机的图形。不过，许多儿童已经有意识地将这种行为和"画画"分开，他们会一本正经地告诉成人："我在写字。"然而，这种随意的涂鸦和儿童发展后期以固定的图形或符号指代文字是不同的，当成人询问儿童"写"的是什么时，儿童往往无法回答，或每次回答的说法都不同。这是因为儿童在"写"时，并未有意识地进行"表达"，只是以一些随意的线条来模仿成人的书写。我们将这种表现称之为"假装"的书写。不仅建立书写习惯的核心经验将儿童的"假装"书写作为初始阶段，这一核心经验也可看作是整个儿童前书写的初始阶段。根据国内外的研究，无论是哪种语言背景的儿童，前书写的萌发都具有共同的起始，就是在纸上涂鸦。儿童会随意地涂画线条、点、图形等，并称这些符号是自己的名字，或包含其他特别的意思。涂鸦能让儿童熟悉使用书写工具、感知纸张书写起来的质感并对线条和图形积累一定的认知，这些都是奠定儿童前书写发展的必要经验，是儿童学习正式书写的准备。

（2）稳定阶段

有初步的与纸笔互动的经验。这一阶段儿童在尚未习得正式书写之前，使用纸笔，进行涂鸦、涂画和绘画、模仿汉字的基本外形等活动。纸笔互动的经验是儿童在"假装"书写的基础上，进一步探索书面语言功能和形式的表现，对儿童的前书写发展是非常重要的。有关研究认为，儿童的纸笔互动经验，是他们学习书写不能缺少的一环，有较多经验的儿童,体现出较好的发展水平。

纸笔是儿童前书写的媒介和工具,与纸笔互动的经验是儿童学习书写的重要准备工作。儿童前书写的发展顺利与否,与是否积累了与纸笔互动的核心经验关系密切。与初始阶段的"假装"书写和随意涂鸦不同,进入到稳定阶段,核心经验强调儿童能够在纸上"书写"一些随机的符号、图形。这里的"书写"与正式的书写有所区别,只是强调儿童深一层的纸笔互动经验。儿童书写的内容比前一阶段略为丰富,不仅是随机随意的涂鸦,更包括一些符号、图形。这些内容有的可以看作是儿童对环境中文字信息的直接反馈,有的则表达了儿童对文字体系的更深理解,比如用一个方框代表一个汉字。

在此阶段,有的儿童还能够用纸笔书写一些有意义的简单符号或文字。这些简单的符号和文字一般包括儿童的名字、经常能够见到的汉字、结构简单有特点的符号和汉字等。研究发现,儿童在 4 岁之后,几乎都能书写自己名字中汉字的部件、名字中简单的汉字,甚至写出完整的名字。同时,儿童对汉字中有对称结构的汉字有偏好,他们特别喜欢呈现左右、上下对称的汉字,例如"田""口""日""小""上"和"下"等。一些小朋友能写出幼儿园名字中的汉字。这些研究结果提示我们,儿童随着年龄的增长,逐步对环境中的文字信息关注程度加深,并能够通过纸笔书写出来。还有一些符号也能引起儿童的重视,比如箭头、叉、圆圈、三角形等。

(3) 拓展阶段

积累并能够书写一些简单的汉字字形。儿童通过观察和简单的模仿,逐步地对一些特定的汉字字形产生了熟悉感,并能够在前书写中模仿这些字形,慢慢地学会这些字形的正确写法,例如"口"字型、"三"字型等。这是儿童学会书写更复杂汉字的基础,并能帮助儿童熟悉一些常见的汉字。这一阶段的儿童关注汉字字形的理解和认识程度。汉字的字形十分独特,呈现方块的特征。同时,汉字还具有表意的功能,一部分字形还保留了象形文字的特点,对儿童来说,这些字的外观天然具有吸引力。

一开始,这一核心经验强调了儿童开始意识到一些特定的汉字字形。经研究发现,这种意识的萌芽往往是从类似图画和图画符号的汉字字形开始的。比如,"田"字就呈现十分完美的对称结构,"日"字和"目"字非常相似又有一些不同。这些汉字字形同时出现,很容易吸引儿童的注意。儿童在观察这些汉字的过程中,对汉字整体的构型产生了一些最基本的概念,这种模糊的概念,就是意识到了一些特定的汉字字形。当儿童的核心经验逐步发展,儿童能够认识一些简单的汉字字形。这种"认识"就不仅仅局限在"熟悉"和"似曾相识"、对某些汉字字形有偏好的程度,而是了解了一些汉字的读音和意思,并将之对应起来。例如,有的儿童能够从若干汉字中认出自己名字里包含的汉字,还能够说出这个字的意思。

接下来,成人往往会发现,儿童能够书写一些笔画和结构简单的汉字字形。这些汉字一般是儿童在生活中较多接触的,例如,自己的名字和好朋友的名字;或者是在字形上有特点的字,比如,研究发现,许多会写"日"的儿童也会写"月""阳"。这时儿童的书写,已经反映出他们对周围环境中文字信息的理解更深,虽然在汉字的构型和书写规范上会有各种各样的问题,但已经可以发现,他们遵从了汉字方块字的特征,尽力将习得的书面文字规范反映在自己的书写中。

2. 感知理解汉字结构的经验

汉字的结构形式具有非常突出的特点:汉字呈现独特的方块字外形;书面语言和口头语言有"一字一音"的对应关系,即一个方块字对应一个音节,而不像英语等拼音文字,一个词可能对应多个音节;汉字书写时,字与字之间保持一定的间隔;特定的文本中,每个汉字的大小是趋于统一的。

汉字的结构和形式,具有很强的视觉特点。通过研究证实,儿童在童年早期就发现了这些视觉特点,并能够在对书面文字逐步熟悉的过程中,慢慢积累对汉字结构的认知和理解,并将这些理解贯彻在前书写的探索中。例如,汉字"方块字"的视觉特性十分突出,在4岁、5岁儿童的前书写作品中,常常能够发现,他们使用一个个方框来代替不会写的字;观察儿童一段时间前书写的变化,会发现他们书写汉字的大小和字之间的间隔,从一开始的忽大忽小,变为后来的趋于统一。这些都是儿童感知、理解了汉字基本的结构经验的具体表现。

(1) 初始阶段

感知汉字方块字的特点,并区别于图画。能够发现、感受汉字方块字的特点,将方块字与图画、相似的图形符号区分开,即获得了汉字前书写最基本的形式结构经验。

方形是汉字最突出的特征之一。研究发现,这也是儿童在习得书面语言的初期就能够感知到的特点。儿童核心经验关注了汉字最基本、最明显的形式特点:方形。对汉字构型学的研究表明,汉字的方块字形状,是整个汉字体系呈现的最基本的形式和结构特征。对这一特征的理解和把握,是儿童掌握汉字书写的形式结构经验的基础所在。在前书写发展的开始,儿童初步意识到了汉字方形的独特结构。儿童在这一阶段,会知道汉字是"一块一块"的"四方形",有的儿童会用一个一个的方框来代替汉字。儿童能够模糊地感知,汉字似乎是有某个特定的形状的,而这个形状是比较趋近于四方形的。逐渐地,儿童则能够观察和发现简单笔画和复杂笔画的方块字组合。例如,"口"字就是非常简单的方块字组合,而相对地,"日""月""目"就是相对"口"较为复杂的字形了。在这个阶段,儿童开始能够分辨有的汉字是独体的,而有的汉字则具有几个部件,具有若干部件的汉字,一般比独体字要更复杂,其形式结构也更精巧,对儿童的识记和书写带来更大的挑战,是儿童需要进一步观察的对象。进一步,儿童尝试按照方块字的形式进行前书写的探索。他们能够较好地把握"方块"的特点,一些简单的具有方块特征的汉字,儿童能够较好地表现出它们的特征,对这些汉字的学习也比其他汉字更早实现。

儿童能将汉字与图画分开,则是指儿童在对环境中的文字信息观察之后,能够逐步积累观察经验,了解到文字和图画是两个不同的体系、表达不同的功能。这种能力随着儿童接触越来越多的书面语言和环境中的文字信息得到发展。根据跨文化的比较研究发现,儿童可能先发现数字、字母等具有显著视觉特征的一系列符号与图画的区别,汉语儿童也在较早就能够分辨"字"和"图"的区别。在系统观察的研究中,年龄较小的儿童可能会在听到"请写出 X 字"这一指令之后,画图代替;而年龄较大的儿童则会写字,遇到不会写的,则会说明自己不会写。研究者认为,前书写的萌发,最基本的经验是儿童对环境中文字信息的注意和观察,而这种观察的基础,即是儿童理解图画和文字的不同,将它们分成两种不同的事物,初步辨识文字和图画在表意功能上的异同。

来自学前儿童阅读、眼动和前书写的研究认为,儿童最初是将图画和文字混合在一起理解的。在大约 3 岁的儿童早期,图画和文字的分界并不明显,儿童在阅读图画书时,视线极少停留在文字部分;儿童声称要写一个"字"时,他们会用画图代替。在这一时期,对于环境中的文字信息,儿童是很少关注的。随着儿童的成长,特别是进入幼儿园之后,接触到了相对正式的学习活动和阅读材料,同时家庭教育方面也会对儿童的读写发展提出一些要求,儿童对环境中的文字信息产生了敏感性。他们会观察到"文字"这一类特殊的图画,并通过一些最简单的线索来区分文字和图画,比如,在图画书里,图是"大"的,字是"小"的;图是彩色的,字是黑色的;图在书的"上边",字在书的"下边"等。这个阶段的儿童,对文字有了一定的关注,虽然不能说出文字的意思,也很难理解文字的功能,但他们开始逐步留意这一类特殊的"符号"。这就是区分图画和文字的初始阶段:儿童开始发现图画和汉字的不同。

接下来,儿童会积累这些简单的经验,发现汉字的一些特殊结构特征,并以此来区分汉字和其他图形。比如,汉字有明显的方块结构,汉字是由规则的笔画组成的,汉字有固定的构型。这时,哪怕图画和文字面积一样大、色彩一样、出现的地点一样,儿童也不会混淆。这时,儿童的核心经验发展进入了稳定阶段:儿童能分辨简单的图画和常见的汉字的不同。

不仅如此,儿童越来越多地观察环境中的文字信息,并通过阅读、与成人和同伴交流,获得了关于文字的知识,他们核心经验的积累进入了拓展阶段:儿童能进一步分辨符号、图形和汉字。例如,在马路上看到的交通标志、幼儿园里的指示标志、数字、英文字母等,许多儿童都能够指出它们不是"字",这意味着儿童对文字的认识更进一步,能够更细化文字和图画的区别,并呈现初步区分不同符号系统(数字、字母、汉字等)的能力。

(2) 稳定阶段

发现汉字"一字一音"的特点。汉字与拼音文字的区别就在于,一个方块字对应一个音节。在对儿童早期自发的前书写行为的观察中发现,儿童能够在早期意识到汉字一字一音的特点,即使遇到不会写的汉字,也会根据音节数量的多少,预留若干个方框,代表若干个方块字。理解了这一特点,代表儿童意识到了汉字书面语言和口头语言的对应关系。

如前所述,汉字与拼音文字的一大区别,即汉字每个方块字形都对应一个音节;而不像以英语为代表的拼音文字,一个词语可能对应一个音节,也可能对应若干音节,字母组合与发音的对应关系也不像汉字和读音那么固定。这种"一字一音"的对应,也是儿童前书写学习中,理解汉字结构特点的一个重要方面。在核心经验发展的初期,儿童可以根据汉字的读音区分个体的汉字。这种对汉字的基本音节和字形的对应关系的理解,是儿童口头语言发展到一定阶段,逐步向着书面语言过渡的表现。比如,研究发现,儿童的名字如果是三个字,在若干组陌生的汉字组合中,儿童会选择三个方块字的组合认定是自己的"名字";对糖果、零食、幼儿园名称的测试中也能够见到类似的现象。这说明儿童已经初步建立了汉语音节的划分能力,并能将这种划分与书面语言对应起来。进一步,儿童会发现汉字的读音与方块字结构之间的联系。儿童能够比较好地了解到汉字的读音和方块字结构之间的联系。在这个阶段,儿童能够比较好地分辨出某个独立的字和一个字中的若干个部件是不同的,独立的"月"字有音节,而"肚"字里的"月"则不发音。接下来,儿童能明白一些简单的不同的读音和汉字之间的联系。在这一阶段,有一定前书写经验的儿童能够敏锐地察觉到汉字具有的"声旁"特点,一些固定的表音的部件,往往指示相同或相似的读音,而一些字形非常相似的汉字,却没有相似的读音。儿童在区别这些汉字的过程中,对整个文字体系的了解更加深入。

（3）**拓展阶段**

理解汉字之间的间隔，书写时能逐步统一字的大小。汉字之间的间隔也是汉字结构组成的一部分。儿童在开始学习书写时，往往不能很好地掌握汉字之间的间隔，会将间隔扩大或缩小。但当儿童增加书写经验之后，就能够按照汉字书写的结构习惯，将汉字之间的间隔调成为合适的大小。年龄较小的儿童通过观察，逐步地理解到汉字之间是有一定间隔的。这种字与字之间的间隔和部件之间的间隔是不同的，儿童通过阅读图画书、观察环境中的文字信息得到感性的认识，并能够反映在书写中。

通过进一步的发展，儿童能发现无论笔画复杂或简单，汉字的字形大小趋于稳定。有的汉字笔画非常复杂，有的则相对简单，但在逐步规范的书写中，这些字形的大小都是趋于一致的。再深入探索汉字的形式结构，儿童会尝试在书写时有意识地统一字形的大小。例如，有的儿童名字里，姓是比较简单的，而名则比较复杂。在这一阶段，儿童能够有意识地将比较简单的汉字和复杂的汉字都统一大小。

3. 学习创意书写表达的经验

前书写是有别于正规汉字书写的一个发展过程。学前阶段的儿童表达自己意思时，只掌握了非常有限的汉字，对他们来说，如何创造性地使用这些已有的积累，结合绘画等形式，表达尽量丰富的含义，是一项巨大的挑战。有创意地使用纸笔表达自己的意思，是儿童前书写发展的较高阶段。这种创意表达的背后，是儿童对汉字的文字体系具有了一定的了解和认识，是儿童对书面语言的熟悉程度有了加深。

研究认为，儿童在尝试前书写活动到达一定阶段时，是能够尝试使用一些新颖的方法表达自己的意思，甚至在成人与他们交流讨论时，他们能够说出这些图形代表的是什么。渐渐地，有的儿童会将某些固定的"替代"方式记下来，重复使用，形成自己独特的表达策略。因而，儿童前书写的策略经验包括三个阶段。

（1）**初始阶段**

模仿成人的书写，借助画图来表达想法。

如前所述，学习创意的书写，对儿童来说，是前书写发展一条十分重要的核心经验，这条核心经验与其他核心经验的区别在于，这里的"书写"有特定目的——交流。即儿童所写的内容，表达了特定的意思。这就要求儿童调动所有关于书面语言表达的知识，在有限的汉字积累和书写技巧中，尽量发挥创意来达到交流的目的。因此，这一经验的获得，要求儿童全方位地调动纸笔互动经验、绘画经验和对汉字系统的理解。

创意书写表达发展的初始阶段,儿童往往是尝试模仿成人的书写,并借助画图来表达想法。儿童在这一阶段开始试着像大人一样用纸笔表达意思。在一开始,儿童只能模仿书写的简单形式,有的儿童在纸上画一个个的圆圈代表字,有的则用波浪线代替一行行的字。在这条经验中,模仿成人书写和简单的尝试书写不同,儿童是能够说出所写内容代表的含义的。

随着前书写能力的发展,儿童有了用纸笔交流的愿望时,往往会随意地画图、画符号。儿童能够与其他人解释这些符号和图画代表的意思,但是下次再遇到同样的情境,儿童不一定会再用同样的符号代表同样的意思。接下来,儿童会尝试模仿汉字笔画的基本特点。比如,点笔画是短的斜线,一开始儿童往往写作实心的圆圈,逐渐发现点笔画的正确写法。而一些角度比较少见的折笔画也是儿童需要通过较多的实践积累才能够真正学会的。

(2) 稳定阶段

使用图画、符号、文字等多种形式,有创意地表达比较复杂的意思。

儿童在需要表达又不会写某字时,如何通过已有的知识突破字形的藩篱,实现意义的表达呢?通过研究发现,这种情况下,儿童并非束手无策,他们能够通过十分丰富的形式来表达,包括画图(画出某个字的意思,或画出某个字的读音,如"因为"的"因"字就画一只老鹰代替)、画较为抽象简略的图、写相近的字等替代方式。

如前所述,在初始阶段,儿童用随机的画图、符号来表达意思,即儿童表达意思所使用的图画或符号是不固定的,哪怕表达的是同一个意思。例如,儿童可能某次会用小房子代替"幼儿园",下次则会使用两个小朋友的符号代替"幼儿园"。而在稳定阶段,儿童能够简化图画和符号的指代意义。越来越简化的图画,能够使得前书写更流畅。例如,儿童一开始用一只老鹰的图案(取"鹰"的音)来代替"因为"的"因"字,这只老鹰一开始画得很复杂,有许多细节;后来,儿童将一些不必要的细节都去除了,只画一个鸟头,同样取"鹰"的音。这样的处理方式,就能够使书写更流畅。

除了图画,简单的文字代替也是儿童在本阶段常用的创意书写手段。儿童通过观察,能够发现汉字字形之间的相似之处。发现汉字的构型中有相似和相同的部件、组成部分,是习得流畅书写不可缺少的一个环节。在发现相似之处后,儿童对字形的记忆和重现就能够以相似的单元作为基本单位,这样就大大地减少了记忆的难度。

(3) 拓展阶段

在创意书写中出现利用汉字"同音""形似"等特点进行的书写,能够表达更复杂的内容。

在借助图画、写相近的汉字等形式的基础上，儿童的创意书写还将进一步发展为利用汉字"同音""形似"等特点，以自创的形式书写。这样就能够表达更加复杂的内容。在这一阶段，儿童的前书写能够调动各种表达手段，"同音"即利用比较简单的、具有相同或非常接近的读音的汉字，来替代较为复杂的陌生汉字；"形似"即利用外形接近的一个字来代替另一个字。比如，用"是否"的"是"代替"知识"的"识"（同音）、用"日"字代替"阳"字（形似）等。

上文提到的替代策略，并非僵化、孤立的。事实上，儿童在创意表达的过程中，能够结合多种替代策略，灵活使用，并能够逐步地积累一些常用的替代策略。研究发现，观察一些儿童长期的前书写作品能发现他们坚持使用某些特定的替代策略，一直到他们习得正确的字形。这事实上说明儿童已经具有了对文字的深入认识：某个特定的符号表达某个特定的意思。

当儿童能有意识地专门使用某些符号表达特定的意思时，这种"用某一符号固定地表达某个意思"的思想，其实反映了儿童对文字体系的理解：文字的作用就是使用特定符号表达固定意思。儿童意识到，使用一些符号、图画表达特定意思可以节省书写时构思的时间，是对文字的进一步理解。

在创意书写核心经验的拓展阶段，儿童能够固定地使用某些符号或汉字来表达特定的意思。在这一阶段，儿童甚至能够使用非常有限的规范汉字，结合自己的符号系统，表达一些非常复杂的含义。同时，长期观察同一儿童不同时期的作品，也能发现，儿童在不同的作品中，都能使用相同的符号来代替某个意思。

总而言之，有关汉语儿童早期阅读与读写的系列研究，综合采用眼动研究法、实验法、观察法等多种研究方法，对大样本的学前儿童进行了测查，结果证实了汉语学前儿童的阅读和读写发展表现出"从图像到文字"的发展过程。研究同时发现，汉语学前儿童读写能力成长过程，也体现出来自汉语语言和文字特点的文化独特性，需要我们认真考量早期阅读与读写教育的特点规律。为了将这些研究结果落实到教育情境中去，研究者提出适宜中国文化和教育情境的早期阅读与读写发展要求，希望对我国学前阶段儿童的阅读与读写教育提供正确的路径方式。

参考文献

1. Adam D. & Biron S. (2004). Joint storybook reading and joint writing interventions among low SES preschoolers: Differential contributions to early literacy. *Early Childhood Research Quarterly*, *19*, 588 - 610.

2. Adams M. J. (1990). *Learning to read: Thinking and learning about print*. Cambridge, MA: MIT Press.

3. Ahmad Z., Balsamo L. M., Sachs B. C., Xu B. & Gaillard W. D. (2003). Auditory comprehension of language in young children: Neural networks identified with fMRI. *Neurology*, *60*(10), 1598 - 1605.

4. Akamatsu N. (1997). Writing and Literacy in Chinese, Korean and Japanese (Book Review). *Canadian Modern Language Review*, *53*(4), 755.

5. Alderson J. C. (2000). *Assessing Reading*. New York: Cambridge.

6. Alonzo J., Basaraba D., Tindal G. & Carriveau R. S. (2009). They read, but how well do they understand? An empirical look at the nuances of measuring reading comprehension. *Assessment for Effective Intervention*, *35*(1), 34 - 44.

7. Anderson J. & Matthews R. (1999). Emergent storybook reading revisited (Research Note). *Journal of Research in Reading*, *22*(3), 293.

8. Anderson J., Anderson A., Lynch J. & Shapiro J. (2004). Examining the effects of gender and genre on interactions in shared book reading. *Reading Research and Instruction*. 43: 1 - 20.

9. Roy-Charland A., Saint-Aubin J. & Evans M. A. (2007). Eye movements in shared book reading with children from kindergarten to grade 4. *Reading and Writing*, *20*(9), 909 - 931.

10. Baghban M. (2007). Scribbles, labels and stories: The role of drawing in the development of writing. *Young Children*, *62*, 20 - 26.

11. Baker L., Fernandez-Fein S., Scher D. & Williams H. (1998). Home experiences related to the development of word recognition. In J. L. Metsala and L. C. Ehri (eds.), *Word recognition in beginning literacy*. Mahwah, N. J.: Erlbaum.

12. Barredo J. , Öztekin I. & Badre D. (2013). Ventral fronto-temporal pathway supporting cognitive control of episodic memory retrieval. *Cerebral Cortex*, *25*(4),1004 - 1019.

13. Beals D. E. & Tabors P. O. (1995). Arboretum, bureaucratic, and carbohydrates: Preschoolers' exposure to rare vocabulary at home. *First Language*, *15*: 57 - 76.

14. Berlyne D. E. (1958). The influence of complexity and novelty in visual figures on orienting responses. *Journal of Experimental Psychology*, *55*(3),289 - 296.

15. Bialystok E. (1992). The emergence of symbolic thought: Introduction. *Cognitive Development*, *7*,269 - 272.

16. Bialystok E. (1997). Effects of bilingualism and biliteracy on children's emerging concepts of print. *Dev Psychol*, *33*(3),429 - 440.

17. Bialystok E. , Shenfield T. & Codd J. (2000). Languages, scripts, and the environment: factors in developing concepts of print. *Developmental Psychology*, *36*(1),66 - 76.

18. Biemiller A. & Boote C. (2006). An effective method for building meaning vocabulary in primary grades. *Journal of Educational Psychology*, *98*: 44 - 62.

19. Binder J. R. & Desai R. H. (2011). The neurobiology of semantic memory. Trends in *cognitive sciences*, *15*(11),527 - 536.

20. Binder J. R. , Desai R. H. , Graves W. W. & Conant L. L. (2009). Where is the semantic system? A critical review and meta-analysis of 120 functional neuroimaging studies. *Cerebral cortex*, *19*(12),2767 - 2796.

21. Black J. M. , Myers C. A. & Hoeft F. (2015). The utility of neuroimaging studies for informing educational practice and policy in reading disorders. *New directions for child and adolescent development*, *2015*(147),49 - 56.

22. Bodrova E. & Leong D. J. (1998). Scaffolding emergent writing in the Zone of Proximal Development. *Literacy Teaching and Learning*, *3*,1 - 18.

23. Boudreau & Donna. (2005). Use of a parent questionnaire in emergent and early literacy assessment of preschool children. *Language Speech and Hearing Services in Schools*, *36*(1),33.

24. Bourg T. , Bauer P. & van den Broek P. (1997). *Building the bridges: the development of event comprehension and representation*, In P. van den Broek, P. Bauer & T. Bourg (ed.). Developmental spans in event comprehension (pp. 385 - 407). Mahwah, NJ: Erlbaum.

25. Breznitz Z. , Shaul S. , Horowitz-Kraus T. , Sela I. , Nevat M. & Karni A. (2013). Enhanced

reading by training with imposed time constraint in typical and dyslexic adults. *Nature communications*, 4, 1 - 6.

26. Broce I. J., Bernal B., Altman N., Bradley C., Baez N., Cabrera L., et. al & Dick, A. S. (2019). Fiber pathways supporting early literacy development in 5-8-year-old children. *Brain and cognition*.

27. Bruner J. (1983). *Child's Talk: Learning to use Language*. Oxford: Oxford University Press.

28. Brunswick N. (2010). The functional neuroanatomy of reading. In P. L. Cornelissen, P. C. Hansen, M. L. Kringelbach & K. R. Pugh (Eds.), *The Neural Basis of Reading* (pp. 79 - 110). New York: Oxford University Press.

29. Burns M. S. & R. Casbergue. (1992). Parent-child interaction in a letter-writing context. *Journal of Reading Behavior*, 24(3): 289 - 312.

30. Bus A. G. (2001a). Parent-child book reading through the lens of attachment theory. In L. Verhoeven & C. E. Snow (Eds.), *Literacy and motivation: Reading engagement in individuals and groups* (pp. 39 - 53). Mahwah, NJ: Erlbaum.

31. Bus A. G. (2001b). Joint caregiver-child storybook reading: A route to literacy development. In S. B. Neuman & D. K. Dickinson (Eds.), *Handbook of early literacy research* (pp. 179 - 191). NY: The Guilford Press.

32. Bus A. G., Van Ijzendoorn M. H. & Pellegrini A. D. (1995). Joint book reading makes for success in learning to read: A meta-analysis on intergenerational transmission of literacy. *Review of educational research*, 65(1), 1 - 21.

33. Buswell G. T. (1935). *How people look at pictures*. Chicago: University of Chicago Press.

34. Buysse V., Winton P., Rous B., Epstein D. & Cavanaugh C. (2011). CONNECT module 6: dialogic reading practices [Web-based professional development curriculum]. Chapel Hill: University of North Carolina, FPG Child Development Institute, CONNECT: The Center to Mobilize Early Childhood Knowledge.

35. Byrne B. & Fielding-Barnsley R. (1989). Acquiring the alphabetic principle: A case for teaching recognition of phoneme identity. *Journal of Educational Psychology*, 82: 805 - 812.

36. Cabell S. Q., Justice L. M., Zucker T. A. & Kilday C. R. (2009). Validity of teacher report for assessing the emergent literacy skills of at-risk preschoolers. Language, *Speech & Hearing Services in Schools*, 40(2), 161 - 173.

37. Cannon T. D. & Keller M. C. (2006). Endophenotypes in the genetic analyses of mental disorders. *Annual review of clinical psychology*, 2(1),267 – 290.

38. Cao F. (2016). Neuroimaging studies of reading in bilinguals. *Bilingualism: Language and cognition*, 19(4),683 – 688.

39. Carolyn C. (1992). Language development, metalinguistic skills, and print awareness in 3-year-old children. *Applied Psycholinguistics*, 13(4),30.

40. Chall J. S. & Stahl S. A. (1985). Reading comprehension research in the past decade: Implications for educational publishing. *Book Research Quarterly*, 1(1),95 – 102.

41. Chan L. (1990). Pre-School children's understanding of Chinese writing.

42. Chan L. (1996). Children learn to read and write Chinese analytically.

43. Chan L., Cheng Z. J. & Chan L. F. (2008). Chinese preschool children's literacy development: from emergent to conventional writing. Early Years: *Journal of International Research & Development*, 28(2),135.

44. Chapman M. (1996). More than spelling: Widening the lens on emergent writing. *Reading Horizons*, 36: 317 – 339.

45. Cheng X., Li X. & Hu Y. (2015). Synchronous brain activity during cooperative exchange depends on gender of partner: a fnirs-based hyperscanning study. *Human Brain Mapping*, 36(6),2039 – 2048.

46. Church J. A., Coalson R. S., Lugar H. M., Petersen S. E. & Schlaggar B. L. (2008). A developmental fMRI study of reading and repetition reveals changes in phonological and visual mechanisms over age. *Cerebral cortex*, 18(9),2054 – 2065.

47. Clay M. M. (1966). Emergent reading behavior. Unpublished doctoral dissertation, University of Auckland, New Zealand.

48. Clay M. M. (1967). The reading behavior of five-year-old children: A research report. *New Zealand Journal of Educational Studies*, 2: 11 – 31.

49. Clay M. M. (1972). *Reading: The patterning of complex behavior*. Auckland. New Zealand: Heinemann Educational.

50. Clay M. M. (1975). *What did I write? Beginning writing behavior*. Auckland: Heinemann.

51. Clay M. M. (1979). *Reading: The patterning of complex behavior*. Portsmouth, NH: Heinemann.

52. Clay M. M. （1993）. *An observation survey of early literacy achievement*. Auckland: Heinemann.

53. Clay M. M.. （1989）. Concepts about print in english and other languages. *Reading Teacher*, *42*(4),268 - 276.

54. Clay M. M. （1991）. *Becoming literate: The construction of inner control*. Portsmouth, NH: Heinemann.

55. Clay M. M. （2001）. *Change over time in children's literacy development*. Portsmouth, NH: Heinemann.

56. Clifton Jr C., Ferreira F., Henderson J. M., et al（2016）. Eye movements in reading and information processing: Keith Rayner's 40 year legacy. *Journal of Memory and Language*, *86*: 1 - 19.

57. Cooper L. Z. （2008）. Supporting visual literacy in the school library media Center: Developmental, socio-cultural, and experiential considerations and scenarios. *Knowledge Quest / Visual Literacy*, *36*(3),14 - 19.

58. Cope B. & Kalantzis M. （2000）. *Multiliteracies: Literacy learning and the design of social futures*, London: Routledge.

59. Cortazzi M. （2002）. *Narrative Analysis* (pp.61 - 62). London: RoutledgeFalmer.

60. Cui X., Bray S., Bryant D. M., Glover G. H. & Reiss A. L. （2011）. A quantitative comparison of NIRS and fMRI across multiple cognitive tasks. *Neuroimage*, *54*(4),2808 - 2821.

61. Cunningham A. E. & Stanovich K. E. （1991）. Tracking the unique effects of print exposure in children: associations with vocabulary, general knowledge, and spelling. *Journal of Educational Psychology*, *83*(2),264 - 274.

62. Day K. C. & Day H. D. （1984）. Kindergarten knowledge of print conventions and later school achievement: a five-year follow-up. *Psychology in the Schools*, *21*(3),393 - 396.

63. Day K. S. （1996）. The challenge of style in reading picture books. *Children's Literature*, *27*(3),153 - 166.

64. Deckner D. F., Adamson L. B. & Bakeman R. （2006）. Child and maternal contributions to shared reading: Effects on language and literacy development. *Applied developmental psychology*, *27*,31 - 41.

65. Dehaene S. (2009). *Reading in the brain——the science and evolution of human invention* (pp. 195 – 233). New York: Penguin Group.

66. Dehaene S. & Cohen L. (2007). Cultural recycling of cortical maps. *Neuron*, *56*(2), 384 – 398.

67. Dickinson D. K. & Snow C. E. (1987). Interrelation ships among prereading and oral language skills in kindergartners from two social classes. *Early Childhood Research Quarterly*, *2*: 1 – 25.

68. Dickinson D. K. & Tabors P. O. (2001). *Beginning literacy with language*. Baltimore: Brookes.

69. Diffily D. (2001). From scribbles to stories: Supporting writing development. *Texas Child Care*, summer 2001, 1 – 7.

70. Duchowski A. T. (2003). *Eye Tracking Methodology: Theory and Practice* (pp. 143 – 152). London: Springer.

71. Dunn J., Wooding C. & Herman J. (1977). Mothers' speech to young children: variation in context. *Developmental Medicine and Child Neurology*, *19*: 629 – 638.

72. Dunning D. B., Mason J. M. & Stewart J. P. (1994). Reading to preschoolers: a response to scarborough and dobrich (1994) and recommendations for future research. *Developmental Review*, *14*(3), 324 – 339.

73. Durkin D. (1968). When should children begin to read? In H. M. Robinson (Ed.) *Innovation and change in reading instruction: The sixty-seventh yearbook of the National Society for the Study of Education* (*Part Ⅱ*). Chicago, IL: The National Society for the Study of Education.

74. Dyson A. H. (1997). *Writing superheroes: Contemporary childhood, popular culture, and classroom literacy*. New York: Teachers College Press.

75. Dyson A. H. (2003). *The brothers and sisters learn to write: Popular literacies in childhood and school cultures*. New York: Teachers College Press.

76. Ehri L. C., & L. S. Wilce. (1980). The influence of orthography on readers' conceptualization of the phonemic structure of words. *Applied Psycholinguistics*, *1*: 371 – 385.

77. Ehri L. C., & Roberts, T. (2005). The roots of learning to read and write: Acquisition of

letters and phonemic awareness. In D. K. Dickinson & S. B. Neuman (Eds.), *Handbook of early literacy research* (Vol. 2, pp. 113 – 131). New York: Guilford Press.

78. Elish-Piper L. (2010). Understanding reading comprehension: Information and ideas for parents about reading comprehension. *Illinois Reading Council Journal*, *38*(3), 49 – 52.

79. Elizabeth Sulzby. (1985). Children's Emergent Reading of Favorite Storybooks: A Developmental Study. *Reading Research Quarterly*, *20*(4): 458 – 481.

80. Elley W. B. (1989). Vocabulary acquisition from listening to stories. *Reading Research Quarterly*, *24*: 174 – 187.

81. Elliot E. M. & Olliff, C. B. (2008). Developmentally appropriate emergent literacy activities for young children: Adapting the early literacy and learning model. *Early Childhood Education Journal*, *35*, 551 – 556.

82. Elnakib A., Soliman A., Nitzken M., Casanova M. F., Gimel'Farb G. & Elbaz A. (2014). Magnetic resonance imaging findings for dyslexia: a review. *Journal of Biomedical Nanotechnology*, *10*(10), 2778 – 2805.

83. Elster C. (1994). Patterns within preschoolers' emergent reading. *Reading Research Quarterly*, *29*: 409 – 425.

84. Espy K. A., Molfese D. L., Molfese V. I. & Modglin A. (2004). Development of auditory event-related potentials in young children and relations to word-level reading abilities at age 8 years. *Annals of dyslexia*, *54*(1), 9.

85. Evans M. A. & Saint-Aubin J. (2005). What children are looking at during shared storybook reading. *Psychological science: a journal of the American Psychological Society*, *16*(11), 913 – 20.

86. Evans M. A. & Saint-Aubin J. (2008a). Alphabet book reading by senior kindergarteners: Does their letter knowledge dictate their eye movements? *International Journal of Psychology*, *43*(3 – 4), 492.

87. Evans M. A. & Saint-Aubin J. (2008, July). Eye movements of senior kindergarten children reading an alphabet book and relationship to their letter knowledge. In M. A. Evans (Chair), *New perspectives on young children's acquisition and application of alphabetic knowledge*. *Symposium conducted at the Society for the Scientific Study of Reading*, Asheville, NC.

88. Evans M. A. & Saint-Aubin J. (2010). An Eye for Print: Child and Adult Attention to Print

During Shared Book Reading In DAram & OKorat (Eds.), *Literacy Development and Enhancement Across Orthographies and Culture* (pp. 43 - 53). Literacy Studies 101.

89. Evans M. A., Saint-Aubin J. & Landry N. (2009). Letter names and alphabet book reading by senior kindergarteners: an eye movement study. *Child development*, *80*(6), 24 - 41.

90. Evans M. A. & Shaw D. (2008). Home grown for reading: parental contributions to young children's emergent literacy and word recognition. *Canadian Psychology / Psychologie canadienne*, *49*(2), 89 - 95.

91. Evans M. A., Williamson K. & Pursoo T. (2008). Preschoolers' attention to print during shared book reading. *Scientific Studies of Reading*, *12*(1), 106 - 129.

92. Ewers C. A. & Brownson S. M. (1999). Kindergartners' vocabulary acquisition as a function of active vs. Passive storybook reading, prior vocabulary, and working memory. *Reading Psychology*, *20*: 11 - 20.

93. Ezell H. K. & Justice L. M. (2000a). Encouraging the print focus of shared reading sessions through observational learning. *American Journal of Speech-Language Pathology*, *9*: 36 - 47.

94. Ezell H. K. & Justice L. M.. (2000b). Increasing the print focus of adult-child shared book reading through observational learning. *American Journal of Speech-Language Pathology*, *9* (1), 36.

95. Ezell H. K. & Justice L. M. (2005). *Shared storybook reading*. Baltimore, MD: Paul H Brooks Publishing.

96. Farley A. M. (1976). A computer implementation of constructive visual imagery and perception. In Monty R. A. & Senders J. W. (Eds), *Eye movements and psychological processes*. Hillsdale, N. J.: Erlbaum.

97. Ferreiro E. & Teberosky A. (1982). *Literacy before schooling*. Portsmouth, NH: Heinemann.

98. Ferreiro E. & Teberosky A. (1983). *Literacy before schooling*. Oxford: Heinemann.

99. Freeman E. & T. Sanders. (1989). Kindergarten children's emerging concepts of writing functions in the community. *Early Childhood Research Quarterly*, *4*: 331 - 38.

100. Frith U. (1985). Beneath the surface of developmental dyslexia. In: K. E. Patterson, J. C. Marshall & M. Coltheart (eds.) *Surface dyslexia: Neuropsychological and cognitive studies of phonological reading* (pp. 301 - 330). Hillsdale, NJ: Lawrence Erlbaum Associates.

101. Gasquoine P. G. (2014). Contributions of the insula to cognition and emotion. *Neuropsychology review*, *24* (2), 77 - 87.

102. Gibbons G. (1984). *Tunnels*. New York: Holiday House.

103. Glenn C. G. (1978). The role of episodic structure of story length in children's recall of simple stories, *Journal of Verbal Learning and Verbal Behaviour*, *17*, 229 - 47.

104. Gober M. C. (2008). *Concepts About Print and the development of early reading strategies in kindergarten*., Ph. D. dissertation. Walden University.

105. Golden R. & Rumelhart D. (1993). A parallel distributed processing model of story comprehension and recall. *Discourse Processes*, *16*, 203 - 237.

106. Goldsmith E. (1984). *Research into illustration: an approach and a review*. New York: Cambridge Univ. Pr.

107. Gonzalez J. E., Goetz E. T., Hall R. J., Payne T., Taylor A. B. & Kim M., et al. (2011). An evaluation of early reading first (erf) preschool enrichment on language and literacy skills. *Reading & Writing*, *24* (3), 253 - 284.

108. Goodman K. (1986). *What's whole in whole language?* Portsmouth: NH: Heinemann.

109. Greenwood P., Hutton J., Dudley J. & Horowitz-Kraus T. (2019). Maternal reading fluency is associated with functional connectivity between the child's future reading network and regions related to executive functions and language processing in preschool-age children. *Brain and cognition*. (in press) https://doi.org/10.1016/j.bandc.2018.11.010.

110. Guo J. & Feng G. (2007). Eye movements during shared stroybook reading: do children look at the text? Paper presented at the the meeting of Scientific Studies of Reading. Retrieved Access.

111. Haden C. A., Reese E. & Fivush R. (1996). Mothers' extratextual comments during storybook reading: Stylistic differences over time and cross texts. *Discourse Processes*, *21*: 135 - 169.

112. Hall N. (1987). *The emergence of literacy*. London: Hodder & Stoughton.

113. Halliday M. A. K. (1978). *Language as Social Semiotic: The social interpretation of language and meaning*. London: Edward Arnold.

114. Haney M. R. (2002). Name writing: A window into the emergent literacy skills of young children. *Early Childhood Education Journal*, *30* (2), 101 - 105.

115. Haney M. R. , V. Blessonnette & K. L. Behnken. (2003). The relationship among name writing and early literacy skills in kindergarten children. *Child Study Journal* , 33 : 99 - 115.

116. Helen Raikes, B. L. Green, J. Atwater, E. Kisker, J. Constantine & R. Chazan-Cohen. (2006). Involvement in Early Head Start home visiting services: Demographic predictors and relations to child and parent outcomes. *Early Childhood Research Quarterly* , 21(1): 2 - 24.

117. Helen Raikes, Barbara Alexander Pan, Gayle Luze, Catherine S. Tamis-LeMonda, Jeanne Brooks-Gunn, Jill Constantine & Louisa Banks Tarullo, H. Abigail Raikes, Eileen T. Rodriguez. (2006). Mother-child bookreading in low-income familes: correlates and outcomes during the first three years of life. *Child Development* , 77(4): 924 - 953.

118. Hickman J. (1981). A new perspective on response to literature: Research in an elementary school setting. *Research in the Teaching of English* , 15 ,343 - 354.

119. Ho Connie, Suk-Han & Bryant Peter. (1997). Development of phonological awareness of Chinese children in HongKong. *Journal of Psycholinguistic Research* , 26 : 109 - 126.

120. Hoff-Ginsberg E. (1991). Mother-child conversation in different social classes and communicative settings. *Child Development* , 62 : 782 - 796.

121. Holmes & Betty C. (1987). Children's inferences with print and pictures. *Journal of Educational Psychology* , 79(1) ,14 - 18.

122. Holper L. , Goldin A. P. , Shalóm D. E. , Battro A. M. , Wolf M. & Sigman M. (2013). The teaching and the learning brain: a cortical hemodynamic marker of teacher-student interactions in the Socratic dialog. International *Journal of Educational Research* , 59 ,1 - 10.

123. Hood M. , Conlon E. & Andrews G. (2008). Preschool home literacy practices and children's literacy development: A longitudinal analysis. *Journal of Educational Psychology* , 100 . 252 - 271.

124. Horowitz-Kraus T. (2016). In I. B. -K. A. Khateb (Ed.), *The role of executive functions in the reading process* , *in reading fluency: Current insights from neuro-cognitive research and intervention studies* . Netherlands: Springer.

125. Horowitz-Kraus T. & Hutton J. S. (2015). From emergent literacy to reading: how learning to read changes a child's brain. *Acta Paediatrica* , 104(7) ,648 - 656.

126. Horowitz-Kraus T. , Hutton J. , Philean K. J. & Holland S. K. (2017). *Better maternal reading fluency is related to stronger functional connectivity in future reading networks in*

preschool children. San Francisco：Cognitive Neuroscience Society.

127. Horowitz-Kraus T.，Hutton J. S.，Phelan K. & Holland S. K.（2018）. Maternal reading fluency is positively associated with greater functional connectivity between the child's future reading network and regions related to executive functions and language processing in preschool-age children. *Brain and cognition*，*121*，17－23.

128. Horowitz-Kraus T.，Schmitz R.，Hutton J. S. & Schumacher J.（2017）. How to create a successful reader? Milestones in reading development from birth to adolescence. *Acta Paediatrica*，*106*（4），534－544.

129. Horowitz-Kraus T. & Toro-Serey C.（2015）. *Reading-related neural-circuits disruption in children with dyslexia at a familial-risk for dyslexia*. Hawaii：Human Brain Mapping Organization.

130. Horowitz-Kraus T.，Vannest J. J. & Holland S. K.（2013）. Overlapping neural circuitry for narrative comprehension and proficient reading in children and adolescents. *Neuropsychologia*，*51*（13），2651－2662.

131. Horowitz-Kraus T.，Vannest J. J.，Kadis D.，Cicchino N.，Wang Y. Y. & Holland S. K.（2014）. Reading acceleration training changes brain circuitry in children with reading difficulties. *Brain and behavior*，*4*（6），886－902.

132. Hua Shu，Xi Chen & Richard C，et al.（2003）. Properties of school Chinese：implications for learning to read. *Child Development*，*74*（1），27.

133. Huang H. S. & Hanley J. R.（1995）. Phonological awareness and visual skills in learning to read Chinese and English. *Cognition*.（54）：73－98.

134. Hue C. W. & Erickson J. R.（1988）. Short-term memory for chinese characters and radicals. *Memory and Cognition*，*16*（3），196－205.

135. Huey E. B.（1908）. *The psychology and pedagogy of reading*. New York：Macmillan.

136. Hutton J. S.，Horowitz-Kraus T.，Mendelsohn A. L.，DeWitt T. & Holland S. K.（2015）. Home reading environment and brain activation in preschool children listening to stories. *Pediatrics*，*136*（3），466－478.

137. Hutton J. S.，Phelan K.，Horowitzkraus T.，Dudley J.，Altaye M. & Dewitt T.，et al.（2017a）. Shared reading quality and brain activation during story listening in preschool-age children. *The journal of pediatrics*，*191*，204－211.

138. Hutton J. S. , Phelan K. , Horowitz-Kraus T. , Dudley J. , Altaye M. , DeWitt T. & Holland S. K. (2017b). Story time turbocharger? Child engagement during shared reading and cerebellar activation and connectivity in preschool-age children listening to stories. PloS on*e*, 12(5),1 – 19.

139. Jana, M. Mason & JoBeth Allen. (1986). A Review of Emergent Literacy with Implications for Research and Practice in Reading. *Review of Research in Education*, 13: 3 – 47.

140. JC Goffreda. (2010). An empirical review of psychometric evidence for the dynamic indicators of basic early literacy skills. *School Psychology Review*, 39(3),463 – 483.

141. Jim Anderson & Rose Matthews. (1999). Emergent storybook reading revisited (Research Note). *Journal of Research in Reading*, 22(3): 293 – 298.

142. Just M. A. , Carpenter P. A. (1987). *The Psychology of Reading and Language Comprehension*. MA: Allyn and Bacon, Inc. p305 – 316.

143. Justice L. M. & Lankford C. (2002). Preschool children's visual attention to print during storybook reading. *Communication Disorders Quarterly*, (24),11.

144. Justice L. M. , Pullen P. C. & Pence K. (2008). Influence of verbal and nonverbal references to print on preschoolers' visual ttention to print during storybook reading. *Developmental Psychology*, 44(3),855 – 866.

145. Justice L. M. , Skibbe L. E. & Bowles R. P. (2006). Measuring preschool attainment of print-concept knowledge: a study of typical and at-risk 3-to 5-year-old children using item response theory. *Language*, *Speech & Hearing Services in Schools*, 37(3),224.

146. Justice L. M. , Skibbe L. , Canning A. & Lankford C. (2005). Preschoolers, print and storybooks: an observational study using eye movement analysis. *Journal of Research in Reading*, 28(3),229 – 243.

147. Justice L. M. & Ezell H. K. (2002). Use of storybook reading to increase print awareness in at-risk children. *American Journal of Speech-Language Pathology*, 11: 17 – 29.

148. Justice L. M. , Pullen P. C. & Pence K. (2008). Influence of verbal and nonverbal references to print on preschoolers' visual attention to print during storybook reading. *Developmental Psychology*, 44(3),55 – 66.

149. Karen M. , La Paro, Robert, C. Pianta & Megan Stuhlman. (2004). The classroom assessment scoring system: findings from the prekindergarten year. *The Elementary School*

Journal, *Vol. 104*, No. 5. 409 - 426.

150. Katt T. (1995). Examining emergent literacy as privileged practice in language arts education. Paper presented at the Annual Conference of the American Educational Research Association, San Francisco, CA.

151. Keith Rayner. (1998). Eye movements in reading and information processing: 20 years of research. *Psychological Bulletin*, *124*(3): 372 - 422.

152. Keller T. A. & Just M. A. (2009). Altering cortical connectivity: remediation-induced changes in the white matter of poor readers. *Neuron*, *64*(5),624 - 631.

153. Kintsch W. & Rawson K. A. (2005). *Comprehension. in Snowing*, *M. J. & Hulme*, *C. (ed.)*, *The Science of Reading: A Handbook* (pp. 209 - 226). Oxford: Blackwell Publishing.

154. Kisilevsky B. S., Hains S. M., Lee K., Xie X., Huang H., Ye H. H., et al & Wang Z. (2003). Effects of experience on fetal voice recognition. *Psychological science*, *14*(3),220 - 224.

155. Klein I., Paradis A. L., Poline J. B., Kosslyn S. M. & Le Bihan D. (2000). Transient activity in the human calcarine cortex during visual-mental imagery: an event-related fMRI study. *Journal of cognitive neuroscience*, *12*(Suppl. 2),15 - 23.

156. Knudsen E. I. (2004). Sensitive periods in the development of the *brain and behavior*. *Journal of cognitive neuroscience*, *16*(8),1412 - 1425.

157. Kolb B. & Whishaw I. Q. (2012). *An introduction of brain and behavior* (4th ed.) New York: Worth Publishers.

158. Kress G. & Leeuwen T. V. (1996). *Reading Images: The Grammar of Visual Design*. London: Routledge.

159. Kuby P., Goodstadt-Killoran I., Aldridge J. & Kirkland L. (1999). A review of research on environmental print. *Journal of Instructional Psychology*, *26*, 173 - 182.

160. Kuhl P. K. (2004). Early language acquisition: cracking the speech code. *Nature reviews neuroscience*, *5*(11),831 - 843.

161. LaBerge D. & Samuels S. J. (1974). Toward a theory of automatic information processing in reading. *Cognitive Psychology*, *6*, 293 - 323.

162. Landsmann L. T. & Karmiloff-Smith A. (1992). Children's understanding of notations as domains of knowledge versus referential communicative tools. *Cognitive Development*,

7：287 - 300.

163. Langer N. , Peysakhovich B. , Zuk J. , Drottar M. , Sliva D. D. , Smith S. , et al & Gaab N. (2017). White matter alterations in infants at risk for developmental dyslexia. *Cerebral cortex*, *27*(2),1027 - 1036.

164. Laura M. Justice. & L. S. A. C. (2005). Pre-schoolers, print and storybooks：an observational study using eye movement analysis. *Journal of Research in Reading*, *28*(3), 229 - 243.

165. Laura M. Justice. & Lankford, C. (2002). Preschool children's visual attention to print during storybook reading：Pilot findings. *Communication Disorders Quarterly*. 24：11 - 21.

166. Lea Kozminsky & Ely Kozminsky. (1995). The effects of early phonological awareness training on reading Success. *Learning and Instruction*.(5)：187 - 201.

167. Levy B. A. , Gong Z. , Hessels S. , Evans M. A. & Jared D. (2006). Understanding print：Early reading development and the contributions of home literacy experiences. *Journal of Experimental Child Psychology*, *93*,63 - 93.

168. Lidzba K. , Schwilling E. , Grodd W. , Krageloh-Mann I. & Wilke M. (2011). Language comprehension vs. language production：Age effects on fMRI activation. *Brain and language*, *119*(1),6 - 15.

169. Lin S. M. (1999). The effects of creative drama on story comprehension for children in Taiwan. Dissertation presented in partial fulfillment of the requirements for the degree doctor of education of Arizona State University.

170. Loftus G. R. & Mackworth N. H. (1978). Cognitive determinants of fixation location during picture viewing. Journal of Experimental Psychology：*Human Perception and Performance*. 4：565 - 572.

171. Lomax R. G. & McGee L. M. (1987). Young children's concepts about print and reading：Toward a model of word reading acquisition. *Reading Research Quarterly*. 22：237 - 256.

172. Lonigan C. J. (1994). Reading to preschoolers exposed：Is the emperor really naked? *Developmental Review*. 14：303 - 323.

173. Lonigan C. J. , Burgess S. R. , Anthony J. L. & Barker T. A. (1998). Development of phonological sensitivity in 2-to 5-year-old children. *Journal of Educational Psychology*, *90*(2),294 - 311.

174. Lonigan C. J. , Burgess S. R. & Anthony J. L. (2000). Development of emergent literacy and early reading skills in preschool children: evidence from a latent-variable longitudinal study. *Developmental Psychology*, *36*(5),596 – 613.

175. Lonigan C. J. , Farver J. M. , Philips B. M & Clancy-Menchetti J. (2009). Promoting the development of preschool children's emergent literacy skills: a randomized evaluation of a literacy-focused curriculum and two professional development models. *Reading and writing*, *29* October. DOI 10.1007/s11145-009-9214-6.

176. Lonigan C. J. , Farver J. A. M. , Phillips B. M. & Clancy-Menchetti J. (2011). Promoting the development of preschool children's emergent literacy skills: a randomized evaluation of a literacy-focused curriculum and two professional development models. *Reading & Writing*, *24*(3),305 – 337.

177. Lonigan C. J. & Shanahan T. (2010). Developing early literacy skills: things we know we know and things we know we don't know. *Educational Researcher*, *39*(4),340.

178. Lyon G. R. , Shaywitz S. E. & Shaywitz B. A. (2003). A definition of dyslexia. *Annals of Dyslexia*, *53*(1),1 – 14.

179. Mackworth N. H. & Brunner J. (1970). How adults and children search and recognize pictures. *Human Development*. *13*: 149 – 177.

180. Machado J. M. (1985). Early childhood experiences in language arts. United States of America.

181. MaGee L. M. (1992). An exploration of meaning construction in first graders' grand conversations, in Kinzer, C. K. & Leu, D. J. (Eds). *Literacy Research*, *Theory*, *and Practice*: *Views from Many Perspectives* (pp. 177 – 186). Forty-First Yearbook of the National Reading Conference. Chicago: National Reading Conference.

182. Mandler J. M. & Johnson N. S. (1977). Remembrance of things parsed: Story structure and recall. *Cognitive psychology*, *9*,111 – 115.

183. Marian J. A. J. , Verhallen & Adriana G. Bus (2011). Young second Language Learners'Visual Attention to Illustration in Storybooks. *Journal of Early Childhood Literacy*, *11*(4)480 – 500.

184. Martin A. , Schurz M. , Kronbichler M. & Richlan F. (2015). Reading in the brain of children and adults: A meta-analysis of 40 functional magnetic resonance imaging studies.

Human brain mapping, *36*(5),1963 - 1981.

185. Martinez M. , Roser N. & Dooley C. (2006). Young Children's literary meaning making. in Hall, N. , Larson, J. , & Marsh, J. (ed.), *Handbook of Early Childhood Literacy*(pp. 222 - 234). London: SAGE Publications.

186. Martinez M. , Roser N. L. , Hoffman J. V. & Battle J. (1992). Fostering better book discussions through response logs and a response framework: a case description, in Kinzer C. K. & Leu D. J. (Eds). *Literacy Research*, *Theory*, *and Practice* (pp. 303 - 311): Views from Many Perspectives. Forty-First Yearbook of the National Reading Conference. Chicago: National Reading Conference.

187. Mary Ann Evans & Jean Saint-Aubin. (2005). What Children Are Looking at During Shared Storybook Reading-Evidence From Eye Movement Monitoring. *Psychological Science*. *Vol*. *16*, No. 11: 913 - 921.

188. Mary Ann Evans & Deborah Shaw (2008). Home grown for reading: Parental contributions to young children's emergent literacy and reading development. *Canadian Psychology*. 89 - 95.

189. Mason J. M. (1980). When do children begin to read: An exploration of four-year-old children's letter and word reading competencies. *Reading Research Quarterly*, *15*: 203 - 227.

190. Mayer K. (2007). Emerging knowledge about emerging writing. Young Children, *62*,34 - 40.

191. Mcbride-Chang C. & Ho S. H. (2000). Developmental issues in chinese children\"s character acquisition. *Journal of Educational Psychology*, *92*(1),50 - 55.

192. Mcbride-Chang C. , Chow B. & Zhong Y. (2005). Chinese character acquisition and visual skills in two Chinese scripts. *reading and writing*, (18),99 - 128.

193. McBride-Chang C. , Zhou Y. , Cho J. , Aram D. , Levin I. & Tolchinsky L. (2011). Visual spatial skill: A consequence of learning to read?. *Journal of Experimental Child Psychology*, *109*(2),256 - 262.

194. McGee L. & V. Purcell-Gates. 1997. So what's going on in research on emergent literacy? *Reading Research Quarterly*, *32*(3): 310 - 318.

195. Mehler J. , Bertoncini J. , Barriere M. & Jassik-Gerschenfeld D. (1978). Infant recognition of mother's voice. *Perception*, *7*(5),491 - 497.

196. Meyler A., Keller T. A., Cherkassky V. L., Gabrieli J. D. & Just M. A. (2008). Modifying the brain activation of poor readers during sentence comprehension with extended remedial instruction: A longitudinal study of neuroplasticity. *Neuropsychologia*, *46*(10), 2580 – 2592.

197. Milner A. D. & Goodale M. A. (2006). *The visual brain in action* (2nd ed.). Oxford: Oxford University Press.

198. Mine S., Shiozaki J., Kunimoto C., Ishida E., Kurata K. & Ueda S. (2007). Children's eye movement while reading picture books. *Library & Information Science*, (58), 69 – 90.

199. Molfese V. J., Modglin A. A., Beswick J. L., Neamon J. D., Berg S. A. & Berg C. J, et al. (2006). Letter knowledge, phonological processing, and print knowledge: skill development in nonreading preschool children. *Journal of Learning Disabilities*, *39*(4), 296.

200. Monique Sénéchal, Edward. Cornell, Lorri S. Broda. (1995). Age-Related Differences in the Organization of Parent-Infant interactions During Picture-Book Reading. *Early Childhood Research Quarterly*, *10*: 317 – 337.

201. Monty R. A. & Senders J. W. (1976). Eye movements and psychological processes. *Quarterly Review of Biology*, *61*(9).

202. Monzalvo K. & Dehaene-Lambertz G. (2013). How reading acquisition changes children's spoken language network. *Brain and language*, *127*(3), 356 – 365.

203. Morrow L. M. (2009). *Literacy Development in the Early Years*. *Literacy development in the early years: helping children read and write*. Pearson.

204. Moya G. (2014). *A Multimodeal Analysis of Picture Books for Children: a systemic functional approach*. Equinox Publishing Ltd.

205. Muter V. (2003). *Early Reading Development and Dyslexia*. London and Philadelphia: Whurr Publishers.

206. Myhill D. & Jones S. (2009). How talk becomes text: investigating the concept of oral rehearsal in early years' classrooms. *British Journal of Educational Studies*, *57*(3), 265 – 284.

207. Nakamura K., Dehaene S., Jobert A., Bihan D. L. & Kouider S. (2005). Subliminal convergence of Kanji and Kana words: further evidence for functional parcellation of the posterior temporal cortex in visual word perception. *Journal of Cognitive Neuroscience*, *17*(6), 954 – 968.

208. National Early Literacy Panel. (2008). *Developing Early Literacy: Report of the National Early Literacy Panel*. Washington, DC: National Institute for Literacy.

209. Neumann M. M., Hood M. & Neumann D. L. (2009) The scaffolding of emergent literacy skills in the home environment: A case study. *Early Childhood Education Journal*, *39*, 313 – 319.

210. Nicholas J. L. (2007). A*n Exploration of the Impact of Picture Book Illustrations on the Comprehension Skills and Vocabulary Development of Emergent Readers*. PhD dissertation submitted to Louisiana State University.

211. Niedo J., Lee Y. L., Breznitz Z. & Berninger V. W. (2014). Computerized silent reading rate and strategy instruction for fourth graders at risk in silent reading rate. *Learning Disability Quarterly*, *37*(2), 100 – 110.

212. Nikolajeva M. (2006). Verbal and visual literacy: the role of picture books in the reading experience of young children, in Hall, N., Larson, J., & Marsh, J. (ed.), *Handbook of Early Childhood Literacy* (pp. 235 – 248). London: SAGE Publications.

213. Nikolajeva M. & C. Scott. (2001). *How Picture books Work*. New York and London: Garland Publishing.

214. Nixon J. G. & Topping K. J. (2001). Emergent writing: the impact of structured peer interaction. *Educational Psychology*, *21*, No. 1, 2001

215. Norton E. S., Beach S. D. & Gabrieli J. D. (2015). Neurobiology of dyslexia. *Current opinion in neurobiology*, *30*, 73 – 78.

216. Ohgi S., Loo K. K. & Mizuike C. (2010). Frontal brain activation in young children during picture book reading with their mothers. *Acta paediatrica*, *99*(2), 225 – 229.

217. Oken-Wright, Pan. 1998. Transition to writing: Drawing as a scaffold for emergent writers. *Young Children*, *53*(2): 76 – 81.

218. Olson I. R., Plotzker A. & Ezzyat Y. (2007). The enigmatic temporal pole: a review of findings on social and emotional processing. *Brain*, *130*(7), 1718 – 1731.

219. Olulade O. A., Flowers D. L., Napoliello E. M. & Eden G. F. (2013). Developmental differences for word processing in the ventral stream. *Brain and language*, *125* (2), 134 – 145.

220. Ozernov-Palchik O. & Gaab N. (2016). Tackling the 'dyslexia paradox': reading *brain and*

behavior for early markers of developmental dyslexiax. Wiley interdisciplinary reviews：*cognitive science*，7(2)，156－176.

221. Painter C.，Martin J. R. & Unsworth L. (2013). *Reading Visual Narratives：Image analysis of children's picture books*. Equinox Publishing Ltd.

222. Pappas Christine C. (2006). The information book genre：Its role in integrated science literacy research and practice. *Reading Research Quarterly*，*Vol. 41*，No. 2：226－250.

223. Paris A. H. & Paris S. G. (2001). *Children's Comprehension of Narrative Picture Books*. CIERA Report.

224. Paris A. H. & Paris S. G. (2003). Assessing narrative comprehension in young children. *Reading Research Quarterly*，38(1)，36－76.

225. Perera K. (1984) *Children's Writing and Reading：Analysing Classroom Language*. Oxford：Blackwell.

226. Perfetti C. A.，I. Beck，L. Bell & C. Hughes. (1987). Phonemic knowledge and learning to read are reciprocal：A longitudinal study of first grade children. *Merrill-Palmer Quarterly* 33：283－319.

227. Perfetti C. A. & Liu Y. (2005). Orthography to phonology and meaning：Comparisons across and within writing systems. *Reading and writing*，18(3)，193－210.

228. Perry Nodelman. (1988)，Words about Pictures：*The Narrative Art of Childrens Picture Books*. Georgia：The University of Georgia.

229. Peterson R. L. & Pennington B. F. (2012). Developmental dyslexia. *The Lancet*，379 (9830)，1997－2007.

230. Pick A. D.，Unze M. G.，Brownell C. A.，Drozdal J. G. & Hopmann M. R. (1978). Young children's knowledge of word structure. *Child Development*，49：669－680.

231. Raikes H.，Pan B. A.，Luz G.，Tamis-Lemonda C. S.，Brooke-Gunn J.，Constantine J.，et al & Rodriguez E. T. (2006). Mother-child book reading in low-income families：Correlates and outcomes during the first three years of life. *Child development*，77(4)，924－953.

232. Rayner K. (1977). Visual attention in reading：Eye movements reflect cognitive Processes. *Memory & Congition*. 4：443－448.

233. Rayner K. (1978) Eye movement in reading and information processing. *Psychological Bulletin*. 85(3)：618－660.

234. Rayner K. （1998）. Eye Movements in Reading and Information Processing: 20 Years of Research. *Psychological Bulletin*. 124(3): 372 – 422.

235. Rayner K. , Chace K. H. , Slattery T. J. & Ashby J. （2006）. Eye movements as reflections of comprehension processes in reading. *Scientific Studies of Reading*, *10*(3),241 – 255.

236. Rayner K. , Pollatsek A. , Drieghe D. , Slattery T. J. & Reichle E. D. （2007）. Tracking the mind during reading via eye movements: comments on kliegl, nuthmann, and engbert （2006）. *Journal of Experimental Psychology*. General, *136*(3),520 – 529.

237. Rebecca Treiman, Jeremy Cohen, Kevin Mulqueeny, Brett Kessler & Suzanne Schechtman. （2007）. Young children's knowledge about printed names. *Child Development*, *78* (5),1458.

238. Reese E. （2015）. Your Child's Brain on Books. What's happening in your child's brain when you read a bedtime story? Psychology Today, Posted on Nov 14, 2015. https://www. psychologytoday. com/us/blog/tell-me-story/201511/your-childs-brain-books.

239. Rezaie R. , Simos P. G. , Fletcher J. M. , Cirino P. T. , Vaughn S. & Papanicolaou A. C. （2011）. Temporo-parietal brain activity as a longitudinal predictor of response to educational interventions among middle school struggling readers. *Journal of the international neuropsychological society*, *17*(5),875 – 885.

240. Ritchey K. D. （2008）. The building blocks of writing: Learning to write letters and spell words. *Reading and Writing*, *21*,27 – 47.

241. Rose D. （2011）. Meaning beyond the margins: learning to interact with books. In S. Dreyfus, S. Hoodand M. Stenglin（eds.）, *Semiotic Margine: Meaning in Multimodalities* （pp: 177 – 209）. London and NewYork: Continuum.

242. Rosenhouse J. , Feitelson D. , Kita B. & Goldstein Z. （1997）. Interactive reading aloud to Israeli first graders: Its contribution to literacy development. *Reading Research Quarterly*, *32*,168 – 183.

243. Roy-Charland A. , Saint-Aubin J. & Evans M. A. （2007）. Eye movements in shared book reading with children from kindergarten to grade 4. *Reading and Writing*, *20*(9),909 – 931.

244. Rumelhart D. E. （1975）. Notes on a schema for stories in Bobrow, D. G. & Collins, A. （Eds）. *Representation and Understanding: Studies in Cognitive Science*（pp. 211 – 236）, London, Academic Press.

245. Rumelhart D. E.（1977）. Understanding and summarizing brief stories in Laberge，D. & Samuels，S. J.（Eds）. *Basic Processes in Reading：perception and Comprehension*（pp. 263 – 303），New York，Wiley.

246. Saito Y.，Aoyama S.，Kondo T.，Fukumoto R.，Konishi N.，Nakamura K.，et al & Toshima T.（2007）. Frontal cerebral blood flow change associated with infant-directed speech. *Archives of Disease in Childhood-Fetal and Neonatal Edition*，*92*（2），113 – 116.

247. Scarborough H. S. & Dobrich A. W.（1994）. On the efficacy of reading to preschoolers. *Developmental Review*. 14：245 – 302.

248. Schickedanz J. & M. Casbergue.（2004）. *Writing in preschool：Learning to orchestrate meaning and marks*. Newark，DE：International Reading Association.

249. Schmithorst V. J.，Holland S. K. & Plante E.（2006）. Cognitive modules utilized for narrative comprehension in children：a functional magnetic resonance imaging study. *Neuroimage*，*29*（1），254 – 266.

250. Schott G. D.（1999）Mirror Writing：Allen' self observations，Lewis Carroll's "looking glass" letters，and Leonardo da Vinci's maps，*The Lancet*，*354*，2158 – 2161.

251. Sencibaugh J. M.（2007）. Meta-analysis of *reading comprehension interventions* for students with learning disabilities：Strategies and implications. *Reading comprehension interventions*，*44*，6 – 22.

252. Sénéchal M. & Cornell E. H.（1993）. Vocabulary acquisition through shared reading experiences. *Reading Research Quarterly*. *28*：360 – 375.

253. Sénéchal M. & LeFevre J. A.（2002）. Parental involvement in the development of children's reading skill：A five-year longitudinal study. *Child development*，*73*（2），445 – 460.

254. Sénéchal，Jo-Anne LeFevre.（2001）. Storybook Reading and Parent Teaching：Links to Language and Literacy Development. New Directions For Child And Adolescent Development，No. 92. Jossey-Bass，A Publishing Unit of John Wiley & Sons，Inc. Sénéchal，M.，LeFevre，J. A.，Thomas，E.，& Daley，K.（1998）. Differential effects of home literacy experiences on the development of oral and written language. *Reading Research Quarterly*. *32*：96 – 116.

255. Shapiro J.，Anderson J. & Anderson A.（1997）. Diversity in parental storybook reading. *Early Child Development and Care*. 127 – 128：47 – 59.

256. Short K. G. (1992). Intertextuality: searching for patterns that connect. In Kinzer C. K. & Leu D. J. (Eds.), *Literacy Research, Theory, and Practice: Views from Many Perspectives* (pp. 187 - 197). Forty-First Yearbook of the National Reading Conference. Chicago: National Reading Conference.

257. Si Chen & Jing Zhou (2010). Creative writing strategies of young children: Evidence from a study of Chinese emergent writing. *Thinking Skills and Creativity*, 5, 138 - 149.

258. Sipe L. R. (1998). How picture books work: A semiotically framed theory of text-picture relationship. *Children's Literature in Education*, 29(2), 97 - 108.

259. Sipe L. R. (2000a). The construction of literary understanding by first and second graders in oral response to picture storybook read-alouds. *Reading Research Quarterly*, 35(2), 252 - 275.

260. Sipe L. R. (2000b). "Those two gingerbread boys could be brothers": how children use intertextual connections during storybook readalouds. *Childrens Literature in Education*, 31(2), 73 - 90.

261. Sipe L. R. (2001). A palimpsest of stories: young children's construction of intertextual links among fairytale variants. *Reading Research & Instruction*, 40(4), 333 - 352.

262. Smolkin L. B., Conlon A. & Yaden D. B. (1988). Print salient illustrations in children's picture books: The emergence of written language awareness. In J. E. Readance & R. S. Baldwin (Eds.), *Thirty-Seventh Yearbook of the National Reading Conference: Dialogues in literacy research*. (pp. 59 - 68). Chicago: National Reading Conference.

263. Smolkin L. B. & Yalden D. B. (1992). "O" is for "Mouse": First encounters with the alphabet book. *Language Arts*. 69: 432 - 441.

264. Snow C. E. (1983). Literacy and language: Relationships during the preschool years. *Harvard Educational Review*, 53: 165 - 189.

265. Snow C. E. & Goldfield B. A. (1983). Turn the page please: Situation-specific language acquisition. *Journal of Child Language*, 10: 551 - 569.

266. Snow C. E., Griffin P. & Burns M. S. (Eds.). (1998). *Preventing reading difficulties in young children*. Washington, DC: National Academy Press.

267. Snow C. E., Jenkins P. D. & Burns M. S. (2005). *Knowledge to Support the Teaching of Reading: Preparing Teachers for a Changing World.*. Jossey-Bass, An Imprint of Wiley.

268. Snow C. E., Burns M. S. & Griffin P. (1998). *Preventing Reading Difficulties in Youn Children*. Washington, DC: National Academy Press. pp. 41.

269. Snow C. E., Griffin P., Burns M. S. & the NAE Subcommittee on Teaching Reading. (2005). *Knowledge to support the teaching of reading: Preparing teachers for a changing world*. Jossey-Bass.

270. Stein N. L. & Glenn C. G. (1979). An analysis of story comprehension in elementary school children. in Freedle, R. O. (ed.). *New Directions in Discourse Processing*. Norwood, NJ: Ablex.

271. Stewig J. W. (1975). *Book illustration: key to visual and verbal literacy. Paper presented at the 20th annual meeting of the international reading association*, New York: May 13 – 16.

272. Storch S. A. & Whitehurst G. J. (2002). Oral language and code-related precursors to reading: Evidence from a longitudinal structural model. *Developmental psychology*, *38* (6), 934 – 947.

273. Strickland D. S. & Morrow L. M. (1988). *Emergent literacy: Young children learn to read and write*. Newark: International Reading Association.

274. Strickland D. S. II New Brunswick Group. (2002). *Preparing our teachers: opportunities for better reading instruction*, Washington, DC: Joseph Henry Press.

275. Sulzby E. & Otto B. (1982). "Text" as an object of metalinguistic knowledge: A study in literacy development. *First Language*. *3*: 181 – 199.

276. Sulzby E. & Teale W. H. (1987). Young children's storybook reading: longitudinal study of parent-child interaction and children's independent functioning. final report. *Beginning Reading*, 119.

277. Sun F, Feng D. Eye Movements in Reading Chinese and English Text. In Wang J, Infhoff A W, Chen HC(Eds), *Reading Chinese Script*, *A cognitive analysis*. NJ: Lawerence Erlbaum Associates Publishers, 1999. 189 – 204.

278. Teale W. H. (1986). Home background and young childrens literacy development. In W. Teale & E. Sulzby (Eds.), *Emergent literacy: Writing and Reading* (pp. 173 – 206). Norwood, NJ: Ablex Publishing.

279. Teale W. H. (1995). Young children and reading: Trends across the twentieth century. *Journal of Education*, *177*(3): 95 – 128.

280. Teale W. H. & Sulzby E. (1986). *Emergent literacy as a perspective for examining how young children become writers and readers*. Emergent literacy: Writing and reading. New Jersey: Ablex publishing corporation.

281. Thorndyke P. W. (1977). Cognitive structures in comprehension and memory of narrative discourse, *Cognitive Psychology*, *9*(1), pp.77 - 110.

282. Tong X. & Mcbride-Chang C. (2010). Developmental models of learning to read chinese words. *Developmental Psychology*, *46*(6),1662 - 1676.

283. Underwood G. & Foulsham T. (2006). Visual saliency and semantic incongruency influence eye movements when inspecting pictures. *The Quarterly Journal of Experimental Psychology*, *59*(11),1931 - 1949.

284. Vogel A. C., Church J. A., Power J. D., Miezin F. M., Petersen S. E. & Schlaggar B. L. (2013). Functional network architecture of reading-related regions across development. *Brain and language*, *125*(2),231 - 243.

285. Vurpillot E. (1968). The development of scanning strategies and their relation to visual differentiation, *Journal of Experimental Child Psychology*. *6*: 632 - 650.

286. Vygotsky L. S. (1978). *Mind and society: The development of higher mental processes*. Cambridge, MA: Harvard University Press.

287. Wagner C. R., Sahln, B. & Nettelbladt, U. (1999). Narration and comprehension in Swedish preschool children. *Child language teaching and therapy*, *15*,113 - 137.

288. Wagner R. K., Torgesen J K. (1987). The nature of phonological processing and its causal role in the acquisition of reading skill. *Psychological Bulletin*. *2*: 192 - 212.

289. Waker—Simith G. J., Gale A. G. & Findlay J. M. (1977) Eye movement strategies in face perception. *Perception*. *6*: 313 - 326.

290. Wells G. (1985). *Language, Learning and Education*. Philadelphia: NFER-NELSON.

291. Wells G. (1987). *The Meaning Makers: Children Learning Language and Using Language to Learn*. London: Hodder and Stoughton.

292. Welsch J., Sullivan A. & Justice L. (2003), That's my letter: What preschoolers name writing representation can tell us about emergent literacy knowledge. *Journal of Literacy Research*, *35*(2).

293. Whitehurst G. J. & Lonigan C. J. (1998). Child development and emergent literacy. *Child*

Development，*69*(3)，848 - 872.

294. Whitehurst G. L. et al. (1994). A Picture Book Reading Intervention in Day-Care and Home for Children from Low-Income Families. *Developmental Psychology*. *30*：679 - 689.

295. Whitmore K. F.，P. Martens.，Y. Goodman. & G. Owochi. (2005). Remembering critical lessons in early literacy research：Developing literacy in young children. *Language Arts*，*82*：296 - 307.

296. Wolf M. & Stoodley C. J. (2008). *Proust and the squid*：*The story and science of the reading brain*. New York：Harper Perennial.

297. Wollman-Bonilla J. E. & Werchadlo B. (1995). Literature response journals in a first-grade classroom. *Language Arts*，*72*，562 - 570.

298. Wollman-Bonilla J. E. (1989). Reading journals：invitations to participate in literature. *The Reading Teacher*，*43*，112 - 120.

299. Worden P. & Boettcher W. (1990). Young children's acquisition of alphabet knowledge. *Journal of Reading Behavior*，*22*，277 - 295.

300. Xu M.，Baldauf D.，Chang C. Q.，Desimone R. & Tan L. H. (2017). Distinct distributed patterns of neural activity are associated with two languages in the bilingual brain. *Science advances*，*3*(7)，e1603309. Yaden D. B.，Smolkin L. B. & Conlon A. (1989). Preschoolers' questions about pictures，print conventions，and story text during reading aloud at home. Reading *Research Quarterly*，*24*：188 - 214.

301. Yaden D. B.，Smolkin L. B. & MacGillivray L. (1993). A psychogenetic perspective on children's understanding about letter associations during alphabet book reading. *Journal of Reading Behaviour*. *25*：43 - 68.

302. Yaden D. & J. Tardibouno. (2004). The emergent writing development of urban Latino preschoolers：Developmental perspective and instructional environments for second language learners. *Reading and Writing Quarterly*，*20*：29 - 61.

303. Yarbus A. L. (1967) *Eye movements in and vision*，NewYork，Plenum Press，105.

304. Yarrow F. & Topping K. (2001) Collaborative writing：the effects of metacognitiveprompting and structured peer interaction，British *Journal of Educational Psychology*，*71*，261 - 282.

305. Zalusky V. L. (1982). What did I write? What did I draw? In *Linguistics and literacy*(ed.). W. Frawley. New York：Plenum.

306. Zaporozhets A. V. (1965). The development of perception in the preschool child. *European Research in Cognitive Development*. 30(2): 82 - 101.

307. Zhang Y., Meng T., Hou Y. Y., Pan Y. F. & Hu Y. (2018). Interpersonal Brain Synchronization Associated with Working Alliance during Psychological Counseling. *Psychiatry research: Neuroimaging* (accepted).

308. Zheng L., Chen C., Liu W., Long Y., Zhao H., Bai X., et al & Chen B. (2018). Enhancement of teaching outcome through neural prediction of the students' knowledge state. *Human brain mapping*, 39: 3046 - 3057.

309. Zucker T. A., Cabell S. Q., Justice L. M., Pentimonti J. M. & Kaderavek J. N. (2013). The role of frequent, interactive prekindergarten shared reading in the longitudinal development of language and literacy skills. *Developmental psychology*, 49(8),1425 - 1439.

310. Zucker T. A., Ward A. E. & Justice L. M. (2009). Print referencing during read-alouds: a technique for increasing emergent readers' print knowledge. , 63(1),62 - 72.

311. Zucker T. A., Justice L. M. & Piasta S. B. (2009). Prekindergarten teachers' verbal references to print during classroom-based, large-group shared reading. *Language, Speech & Hearing Services in Schools*, 40(4),376 - 392.

312. Zuckerman B. & Khandekar A. (2010). Reach Out and Read: evidence based approach to promoting early child development. *Current opinion in pediatrics*, 22(4),539 - 544.

313. 白学军,李馨,闫国利.汉语阅读眼动控制:20年研究的总结[J].心理发展与教育,2015,1:85 - 91.

314. 白学军,阎国利.儿童理解课文时眼动过程的研究[J].天津师范大学学报(社科版),1993,6:12 - 18.

315. 陈帼眉.学前心理学[M].北京:北京师范大学出版社,2002.

316. 程利,杨治良.大学生阅读插图文章的眼动研究[J].心理科学,2006,29(3):593 - 596.

317. 陈凌育,赵信珍,孙复川.汉字识别的眼动特性-字频效应及信道容量[J].生物物理学报,1999,15(1):91 - 97.

318. 陈向阳,沈德立.中小学生阅读寓言过程的眼动研究[J].心理科学,2004,4:777 - 780.

319. 戴静静.儿童图画故事书形态设计研究[D].合肥:安徽大学,2011.

320. 单春雷,李静薇,翁旭初.视觉词形加工:从脑区到神经通路[J].心理科学进展,2008:16(3):441 - 445.

321. 邓志瑷.中国文字学简说[M].南昌：江西人民出版社,2008.

322. 范可育.从外国学生书写汉字的错误看汉字字形特点和汉字教学[J].语文建设,1993,04：28 - 31.

323. 费锦昌.现代汉字部件探究[J].语言文字应用,1996,02：20 - 26.

324. 傅永和.汉字七题[M].开封：河南教育出版社,1993.

325. 海飞.中国：正在崛起的儿童读物大国[J].中国编辑,2006,9：21 - 25.

326. 韩映虹,刘妮娜,王佳,郭向卿,李运余,丁敏.5 - 6岁幼儿在不同阅读方式下阅读图画书的眼动研究[J].幼儿教育·教育科学,2011,1：44.

327. 韩映虹,刘妮娜,闫国利,刘健.自主阅读和伴读方式下3 - 4岁幼儿图画书阅读的眼动研究[J].心理发展与教育,2011,27(4)：394 - 400.

328. 韩玉昌.观察不同形状和颜色时眼运动的顺序性[J].心理科学,1997,20：40 - 43.

329. 韩玉昌.眼动仪和眼动实验法的发展历程[J].心理科学,2000,23(4)：454 - 457.

330. 贺荟中,贺利中.聋生篇章阅读过程的眼动研究[J].中国特殊教育,2007,11：31 - 35.

331. 黄瑞琴.幼儿读写萌发课程[M].台湾：五南图书出版公司,1997.

332. 高晓妹.汉语儿童图画书阅读眼动研究[D].上海：华东师范大学,2009.

333. 耿彬彬.超扫描视角下的师生互动的脑机制研究[D].上海：华东师范大学,2017.

334. 郭伟."语-图"关系认知考辨[J].武汉科技大学学报(社会科学版),2013,15(03)：340 - 348.

335. 郭优良.汉字与中国传统思维方式[J].汉字文化,1997,02：12 - 15.

336. 蒋波.分栏设计对大学生阅读影响的眼动研究[D].南京：南京师范大学,2007.

337. 金慧慧.2 - 3岁婴幼儿图画书阅读眼动水平研究[D].上海：华东师范大学,2010.

338. 凯瑟琳·斯诺,苏珊·布恩斯,佩格·格里芬.预防阅读困难：早期阅读教育策略[M].南京：南京师范大学出版社,2005.

339. 康长运.图画故事书与学前儿童的发展[J].北京师范大学学报(人文社会科学版),2002,4：20 - 27.

340. 康长运.幼儿图画故事书阅读过程研究[M],北京：教育科学出版社,2007.

341. 康长运,唐子煜.图画书本质特点研析[J].大学出版,2002,02：29 - 32.

342. 柯南.图画书：幼儿文学的现代形式[J].浙江师大学报,1994,6：7 - 10.

343. 堀内诚一.血的故事[M].北京：中国少年儿童出版社,1995.

344. 利伯特等.发展心理学[M].北京：人民教育出版社,1983.

345. 李麦浪.幼儿图书阅读指导的实验研究报告[J].教育导刊教育版,1999,6：7 - 10.

346. 李林慧.学前儿童图画故事书阅读理解发展研究[D].上海：华东师范大学,2011.

347. 李文艺,王明晖.关于幼儿园前书写教育：另一种观点[J].学前教育研究,2003,Z1：24－27.

348. 李心天,徐震雷,崔耀吴,任刚,关东秀.儿童镜像书写的研究[J].心理学报,1989,03：254－260.

349. 李秀红,静进,邹小兵,黄旭,陈学彬,杨斌让.汉语阅读障碍儿童阅读文章的眼动试验研究[J].中国心理卫生杂志,2007,21(6)：362－365.

350. 李玉华,陈睿,何清华.功能性近红外光谱技术在社会互动脑机制研究中的应用[J].心理科学,2018,41(2)：305－311.

351. 刘宝根,周兢,李菲菲.脑功能成像的新方法——功能性近红外光谱技术(fNIRS)[J].心理科学,2011,34(4)：943－949.

352. 刘宝根.4－6岁儿童图画书阅读中文字意识发展的眼动研究[D].上海：华东师范大学,2011a.

353. 刘宝根.4－6岁幼儿图画书自主阅读中文字注视的眼动研究[J].心理科学,2011b,34(1)：112－118.

354. 刘宝根.学前儿童文字意识发展研究综述[J].幼儿教育(教育科学),2013,6.

355. 鲁忠义,彭聃龄.研究故事理解的一个重要方法——故事语法[J].心理科学,1990,3：46－50.

356. 闵兰斌.4－6岁维吾尔族儿童双语图画书阅读发展研究[D].上海：华东师范大学,2017.

357. 彭聃龄.语言心理学[M].北京：北京师范大学出版社,1991.

358. 彭懿.图画书：阅读与经典[M].南昌：二十一世纪出版社,2006.

359. 彭懿.世界图画书：阅读与经典[M].南宁：接力出版社,2011.

360. 祁亨年,陈丰农,庄立,陈频.一种无大小约束的汉字书写结构评测方法[J].郑州大学学报(理学版),2008,03：59－62.

361. 沈德立.学生汉语阅读过程的眼动研究[M].北京：教育科学出版社,2001.

362. 施正宇.现代汉字的几何性质及其在汉字教学中的意义[J].语言文字应用,1998,04：62－68.

363. 宋华,张厚粲,舒华.在中文阅读中字音、字形的作用及其发展转换[J].心理学报,1995,27(2)：139－144.

364. 宋菊英.关注幼儿家庭早期阅读[J].幼儿教育,2004,12：20－21.

365. 松居直.幸福的种子：亲子共读图画书[M].上海：明天出版社,2007.

366. 松居直.我的图画书论[M].上海：上海人民美术出版社,2009.

367. 隋雪.学习困难生阅读过程的眼动特征[D].大连：辽宁师范大学,2004.

368. 陶云.不同年级学生阅读有或无配图课文的眼动实验研究[D].天津：天津师范大学,2001.

369. 陶云,申继亮,沈德立.中小学生阅读图文课文的眼动实验研究[J].心理科学,2003,02：199－203.

370. 王刚.一种基于眼动轨迹的语义提取方法研究[J].重庆师范大学学报(自然科学版),2013,30(01)：73－76.

371. 王津.学前儿童科学知识图画书阅读理解研究[D].上海：华东师范大学,2013.

372. 王纬虹,申毅.也谈对前书写的认识——兼与李文艺、王明晖同志商榷[J].山东教育：幼教刊,2004,30：6－8.

373. 王纬虹,申毅,庞青.幼儿前书写活动的研究与实践[J].学前教育研究,2004,05：40－42.

374. 王文生,王炳钊,安立忠.学龄期儿童、少年汉字镜像书写与书写语言发展的初步探讨[J].临床神经病学杂志,1994,04：245－246.

375. 王益文,张文新.3－6岁儿童"心理理论"的发展[J].心理发展与教育,2002,1：11－15.

376. 王玉.图画书阅读：对图像语言的诠释[J].幼儿教育·教育科学,2008,5

377. 王振宇.儿童心理发展理论[M].上海：华东师范大学出版社,2000.

378. 王志清.眼睛运动在学前儿童视觉和认知发展中的作用[J].心理学报,1963,7(1)：50－56.

379. 王志清.学前儿童的眼动和物体知觉的发展[J].心理学报,1965,3：259－264.

380. 谢芳群.文字和图画中的叙事者[M].武汉：湖北少年儿童出版社,2003.

381. 熊建萍,闫国利,白学军.高中二年级学生中文阅读知觉广度的眼动研究[J].心理与行为研究,2007,5(1)：60－64.

382. 徐宝良.学前儿童汉语语音意识与阅读能力的相关性研究[J].教育导刊(下半月),2006,5：14－17.

383. 徐德江.普通语言文字学简论[M].北京：同心出版社,2009.

384. 徐艳贞.早期阅读背景下幼儿前书写教育活动研究[D].桂林：广西师范大学,2007.

385. 阎国利.不同年级学生阅读科技文章的眼动研究[J].心理科学,1999,3：226－228.

386. 杨凤.3－6岁汉语儿童图画书阅读行为发展的研究[D].上海：华东师范大学,2011.

387. 杨剑峰,党敏,张瑞,王小娟.汉字阅读的语义神经回路及其与语音回路的协作机制[J].心理科学进展,2018,26(3)：381－390.

388. 苑莉,韩玉昌.阅读不同难度水平英文文章的眼动特征研究[J].鞍山师范学院学报,2007,9(2).

389. 周洪飞.识字和不识字幼儿图书阅读的比较研究[J].学前教育研究,1999,2：13－16.

390. 周兢.汉语儿童语言发展研究—国际儿童语料库研究方法的应用与发展[M].北京：教育科学出版社,2009.

391. 周兢,刘宝根.汉语儿童从图像到文字的早期阅读与读写发展过程：来自早期阅读眼动及相关研究的初步证据[J].中国特殊教育,2010,12：64-71.

392. 周兢.幼儿园语言教育活动设计与组织[M].北京：人民教育出版社,1996.

393. 周兢.论早期阅读教育的几个基本理论问题——兼谈当前国际早期阅读教育的走向[J].学前教育研究,2005,1：20-23.

394. 周兢.早期阅读发展与教育研究[M].北京：教育科学出版社,2007a.

395. 周兢.幼儿园早期阅读的新进展——由汉语早期阅读研究反思早期阅读教育问题[J].幼儿教育(教育科学版),2009,12：14-19.

396. 周利.对儿童图画书研究文献的定量分析[J].出版广角,2012,12：59-61.

397. 周统权,徐以中,杨亦鸣.正常被试与失语症患者镜像书写的对比研究——镜像书写发生机制新论[J].语言科学,2008,01：18-25.

398. 周欣.前阅读和前书写能力的发展和培养[J].早期教育,2002,5：6-7.

399. 朱从梅.图画书阅读中母亲和儿童的语用研究[D].南京：南京师范大学,2003.